国分寺造営と在地社会

須田　勉
有吉重蔵　編

高志書院

刊行にあたって

公益財団法人交通研究協会
理事長　住田親治

二〇二二(令和四)年十二月、国分寺市教育委員会と住田古瓦・考古学研究支援委員会の共催による「武蔵国分寺跡史跡指定・住田正二先生生誕一〇〇周年記念」と冠したシンポジウム「武蔵国分寺の造営と文字瓦」が開催され、武蔵国分寺跡の長期にわたる膨大な発掘調査の成果について「文字瓦」を中心に論じられました。そして、この度、シンポジウムの成果を基礎に『国分寺造営と在地社会』と題し、高志書院より刊行する運びとなりました。国分寺市教育委員会様はじめ関係者の方々のご尽力に対し、衷心より敬意を表する次第です。

住田正一(元東京都副知事・国際汽船会長など)、住田正二(元運輸省事務次官・JR東日本初代社長など)父子が全国の国分寺や廃寺を踏査して蒐集した膨大な古瓦の資料は、一九三四(昭和九)年に『国分寺古瓦拓本集』として刊行されました。『国分寺古瓦拓本集』は住田正一・平塚運一(版画家)・料治熊太(古美術研究家)氏により手拓された拓本の実物を帙に収めたもので、会津八一氏による手書きの題箋が張り付けられています。昭和初期に限定で五四部作成されたこの拓本集は、現在、如何ほど現存するのかわかりません。

その後、半世紀以上の時をかけて蒐集された古瓦は、二〇〇六(平成十八)年、大川清先生にご協力いただき、全国の国分寺と諸寺の古瓦を網羅した『住田正一蒐集古瓦図録』を交通研究協会編として上梓いたしました。

これらの資料などは国分寺市に寄託させていただき、二〇〇九(平成二十一)年、武蔵国分寺資料館で開催された特別企画展『住田古瓦コレクションの世界―瓦に魅せられて―』の図録が二〇一八(平成三十)年に刊行され、資料が紹介されました。そのほか、旧新橋停車場 鉄道歴史展示室で東日本鉄道文化財団主催、須田勉先生監修の企画展が二回開催され、図録『国分寺物語　諸国国分寺を巡る旅―住田コレクションを中心として―』では須田先生に「国分寺の七重塔と二寺制」、木本雅康先生には「国分寺と古代駅路」と題してご寄稿いただきました。また、図録『古代文字瓦の世界―住田コレクションを中心として―』では須田勉先生に「多賀城・多賀城廃寺の造営と文字瓦」と題してご寄稿いただいております。

また、古瓦を研究する若い人たちを支援したいという父正二の想いから、交通研究協会の委託をうけてできた組織「住田古瓦・考古学研究支援委員会」は、古瓦研究の次世代を担う研究者の育成を図ることを目的として、毎年、古瓦研究などに関する優れた業績に対して奨励賞を授与しており、結成から十二年目を迎えました。なお、第一回目の受賞作は、須田勉・佐藤信編『国分寺の創建　組織・技術編』でした。

これからも武蔵国分寺をはじめ諸国の国分寺、古瓦の研究がさらに発展されますことを祈念して、刊行の言葉とさせていただきます。

二〇二四年四月吉日

はじめに

住田古瓦・考古学研究支援委員会
前委員長　須田　勉

二〇二二年は、武蔵国分寺跡史跡指定一〇〇周年の記念すべき年でありました。国分寺市はこの記念すべき年にあたり、十月二十二日に第一回目の「国分寺の伽藍と武蔵国分寺」をテーマとして、発掘調査が進んでいる相模国分寺・上総国分寺・下野国分寺などの事例を含めてシンポジウムを開催し、これまでにおける長年にわたる発掘調査の成果について「遺構」を中心に議論を展開いたしました。

二〇二二年はそれに加え、武蔵国分寺や古瓦研究に多大な貢献をされた住田正二先生生誕一〇〇周年と「住田古瓦考古学奨励賞」の選考を柱の一つとする住田古瓦・考古学研究支援委員会の創設一〇周年の節目にあたる記念すべき年でもありました。この慶賀の年に際し、十二月十一日に国分寺市教育委員会と住田古瓦・考古学研究支援委員会との共催による「武蔵国分寺の造営と文字瓦」をテーマとする第二回目のシンポジウムを開催し、文字瓦がもつ造営上の意義を中心に論じることにいたしました。

武蔵国分寺跡は江戸や都心の近郊にあり、そこには巨大な礎石が残され、膨大な量の瓦や文字瓦が出土することから、江戸時代から文人・墨客などにより多くの関心が寄せられてきました。斎藤鶴磯の『武蔵野話』や植田孟縉による『武蔵名勝図会』などがあり、すでに瓦に記された文字瓦の解明に興味の中心がありました。明治時代以降は、篠原市之助・高橋健自・住田正一・平塚運一・後藤守一氏などによる資料収集や研究が相次ぎ、武蔵国分寺出土瓦を歴史資料としての科学的研究へと進展させました。

戦後は、一九五六・一九五八年(昭和三十一・三十三)の日本考古学協会仏教遺跡特別委員会や一九六四〜一九六九年(昭和三十九〜四十四)には早稲田大学などによる伽藍中枢部や寺院地などの発掘調査が行われ、全国に先駆けて寺院地や伽藍地の解明などがなされました。一方、一九五八年(昭和三十三)に大川清氏による『武蔵国分寺古瓦塼文字考』、一九六〇年には石村喜英氏が『武蔵国分寺の研究』を出版されました。特に大川氏は、武蔵国分寺出土の豊島郡の文字瓦の記名方式が、正倉院の調庸関係墨書銘に類似することから、戸主に負担を求めた、いわば律令税制に基づく貢納形態を主張されました。その後、知識説や雑徭の援用説などの新説が出されるなど、諸国国分寺における造営過程を考えるうえで、つねに先駆的役割を果たしてきました。

諸国国分寺の造営過程を考えるうえで大切なことは、古代律令国家が考えた国分寺建立という国家的事業を、各国の在地社会がどのように受け止め、それをどのように実施に移したのかを政治的・社会的動向のなかで検証することであり、国分寺研究の多くは、その点にあるといっても過言ではないでしょう。本書を『国分寺造営と在地社会』としたゆえんであります。

二〇二四年四月吉日

目次

第1部　伽藍・建物

武蔵国の建国と国分寺の伽藍造営
——Ⅰa期からⅠb期への改作期の検討——

須田　勉

はじめに

古代日本の国分寺政策は、全国六六か国と壱岐・対馬におよぶ徹底した仏教政策であった。各国に設置された国分僧寺と国分尼寺には、丈六の釈迦如来像と阿弥陀如来像をそれぞれ安置する二寺制が採用され、天皇の権威を象徴して国分僧寺に建立された七重塔には、聖武天皇勅願の金字「金光明最勝王経」が収められた。そこでは国家の安寧と除災を願った法会が一斉に執り行われ、ここに律令国家が目指した列島社会を仏教に守られた国土とする一つの到達点を迎えたのである。

しかし、そこに至るまでの列島社会は、未曽有の天然痘の猛威に苦しめられ、平城京の皇族や貴族も相次いで死亡し、日本の人口の三分の一から四分の一を失ったといわれる。そうした状況のなかで進行した国分寺造営事業は、困難をきわめたことが予想される。また、造営組織の編成や各国が抱える様々な国内事情も、事業の進捗に大きく影響をおよぼしたと考えられる。

そこで、本稿は、諸国国分寺の中でも最大規模を誇る武蔵国分僧寺の特異な伽藍配置や建物構造に着目し、そうした配置と構造が何故生まれたのかという背後の問題について、伽藍の実態と国分寺造営に向けた瓦生産組織の分析を

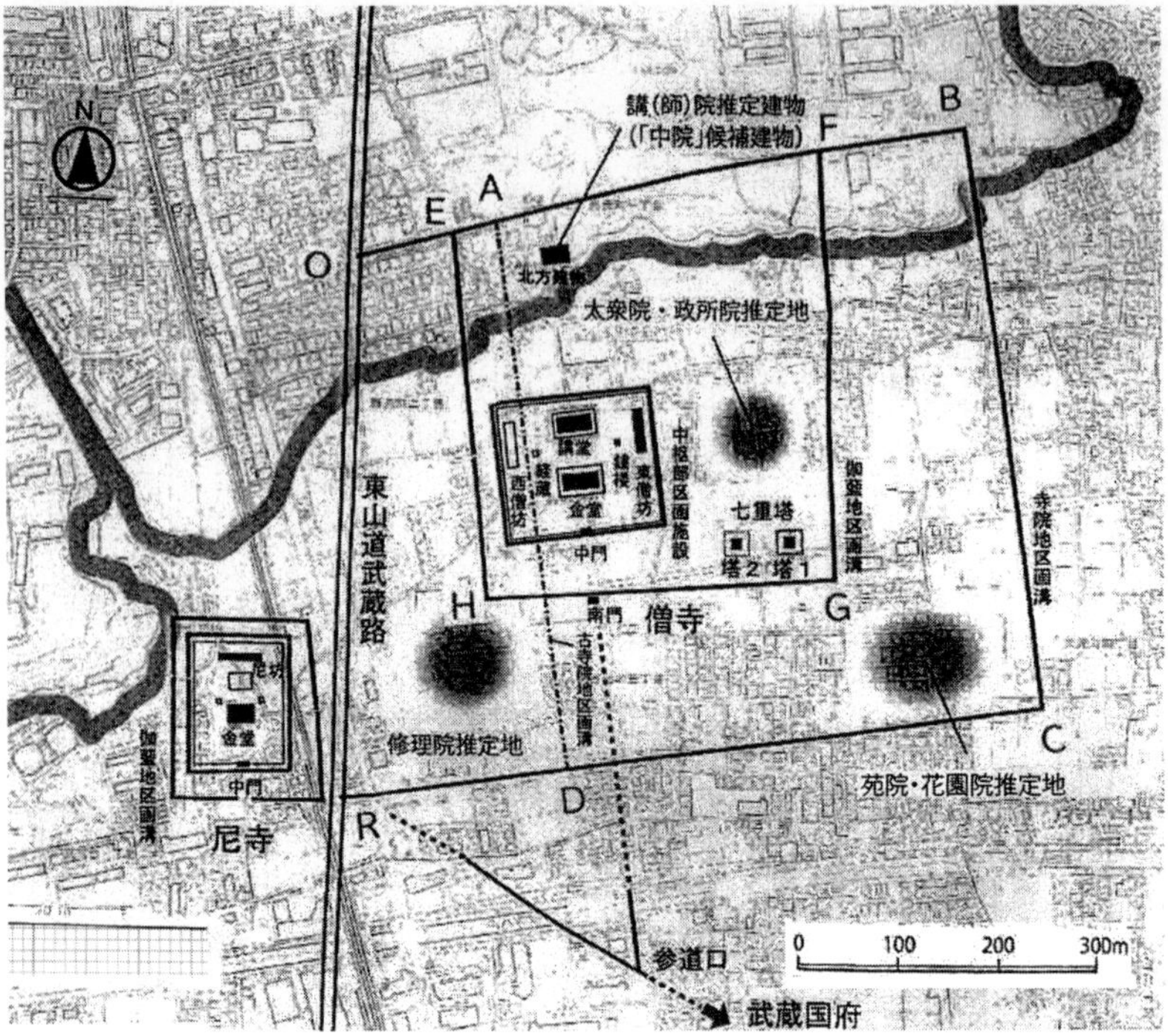

図１　武蔵国分僧尼寺全体図

通し、該期における武蔵国の実情を検討することを目的とする。

1　遺構からみた武蔵国分寺の伽藍地と寺院地

(1)　Ⅰa期の寺院地と塔の評価

Ⅰa期（区画ABCD）における寺院地の範囲は、東辺五八〇・二㍍、西辺五四二・八㍍、南辺四八三・二㍍、北辺四八一・六㍍の素掘溝による全体で約二七町にもおよぶ区画が設定される（図1）〔国分寺市教委 二〇一六〕。その規模は、諸国国分寺のなかでも最大であり、平城京内外の寺院との比較においても東大寺に次ぐ規模を有する。また、寺院地の南辺をほぼ二等分した中軸線上には、他の伽藍に先行して塔の造営が開始される。この段階で、どのような伽藍配置が計画されたのかは明らかではないが、大規模な寺院地の導入は最新の平城京内の官大寺に倣ったと考えられ

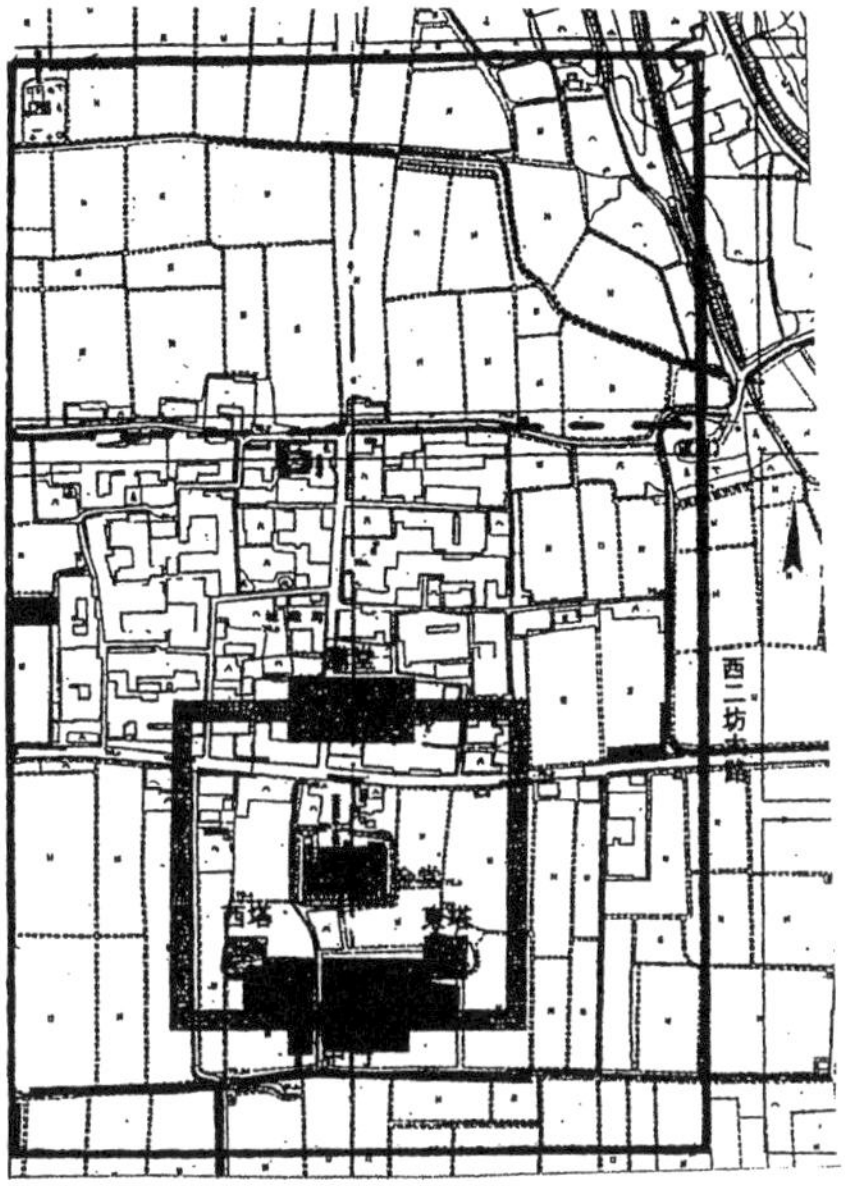

2. 藤原京薬師寺型（Ⅱ類）

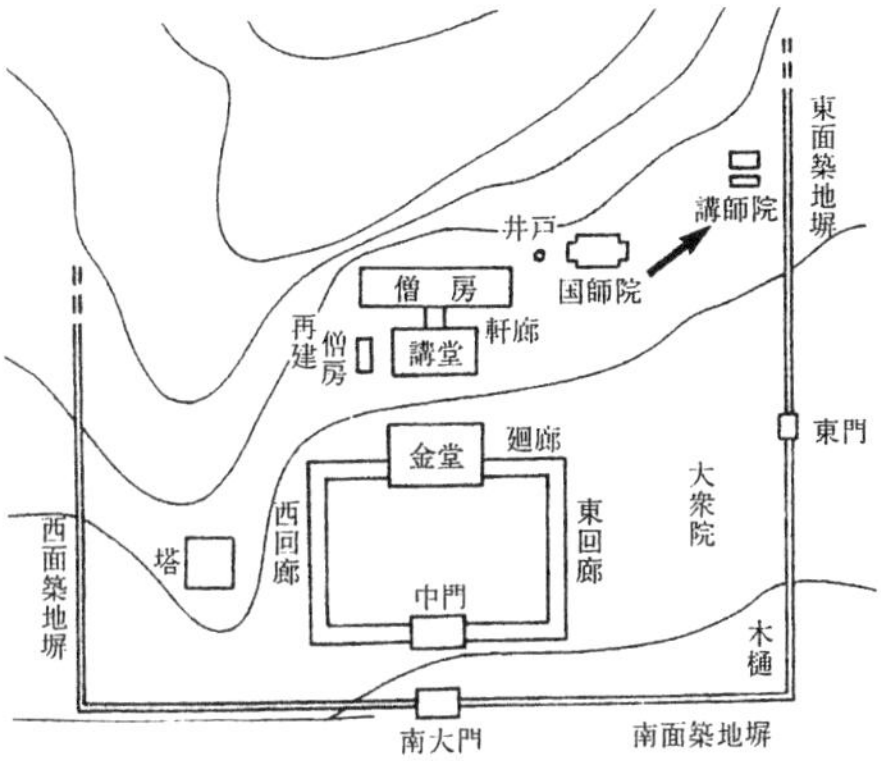

1. 安芸国分寺型（Ⅰ類）

図２　国分寺寺院地の類型（1）

る。また、本尊を安置する金堂より先行した七重塔[1]の造営は、国分寺建立の詔やその他の詔をはじめ律令政府の方針をよく理解しての行動であった。

① 寺院地の類型

諸国国分寺では、これまでの発掘調査の成果から寺院地内の構造を主要伽藍地の仏教空間と寺院運営上の施設を配した運営空間に分けることができる。そうした構造の寺院地を、伽藍地内に大衆院を配した安芸国分寺型の国分寺をⅠ類（図２―１）、伽藍地の北や東に接して大衆院などの運営施設を配した藤原京薬師寺型の国分寺をⅡ類（図２―２）、Ⅱ類の北や東に接して薗院や賤院などを配した相模国分寺型をⅢ類（図３―１）、さらに、寺院地内に仏教空間である伽藍地と運営施設である大衆院（政所院）・薗院・修理院・賤院などを配した平城京薬師寺型のⅣ類（図３―２）に分類することができる［須田 二〇一三］。武蔵国分寺の寺院地は、そのなかのⅣ類に相当する。

平城京内の官大寺の造営に際し寺院地の規模を大幅に拡大した理由は、僧尼が遵守すべき規範や罰則

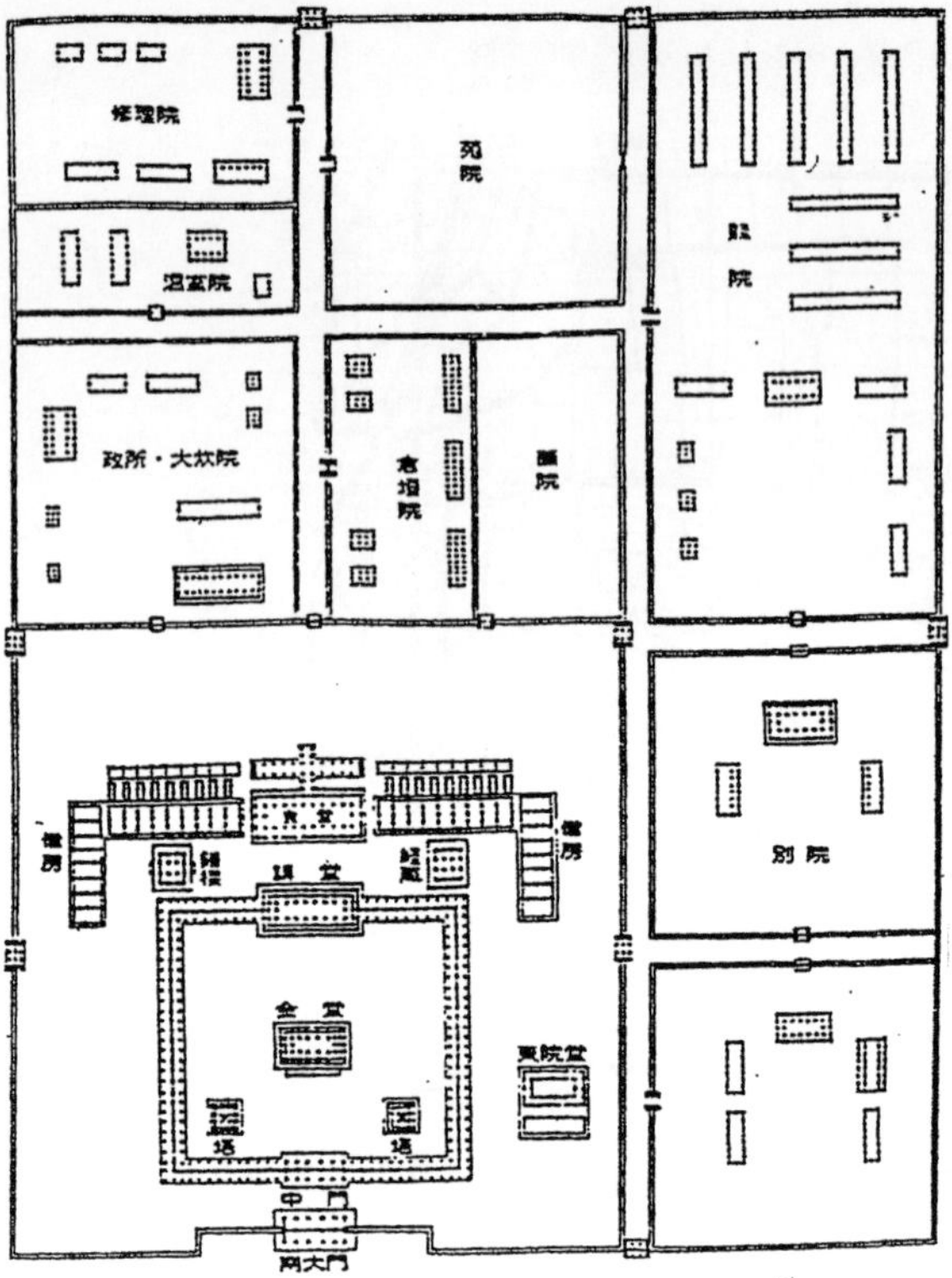

2. 平城京薬師寺型（Ⅳ類）

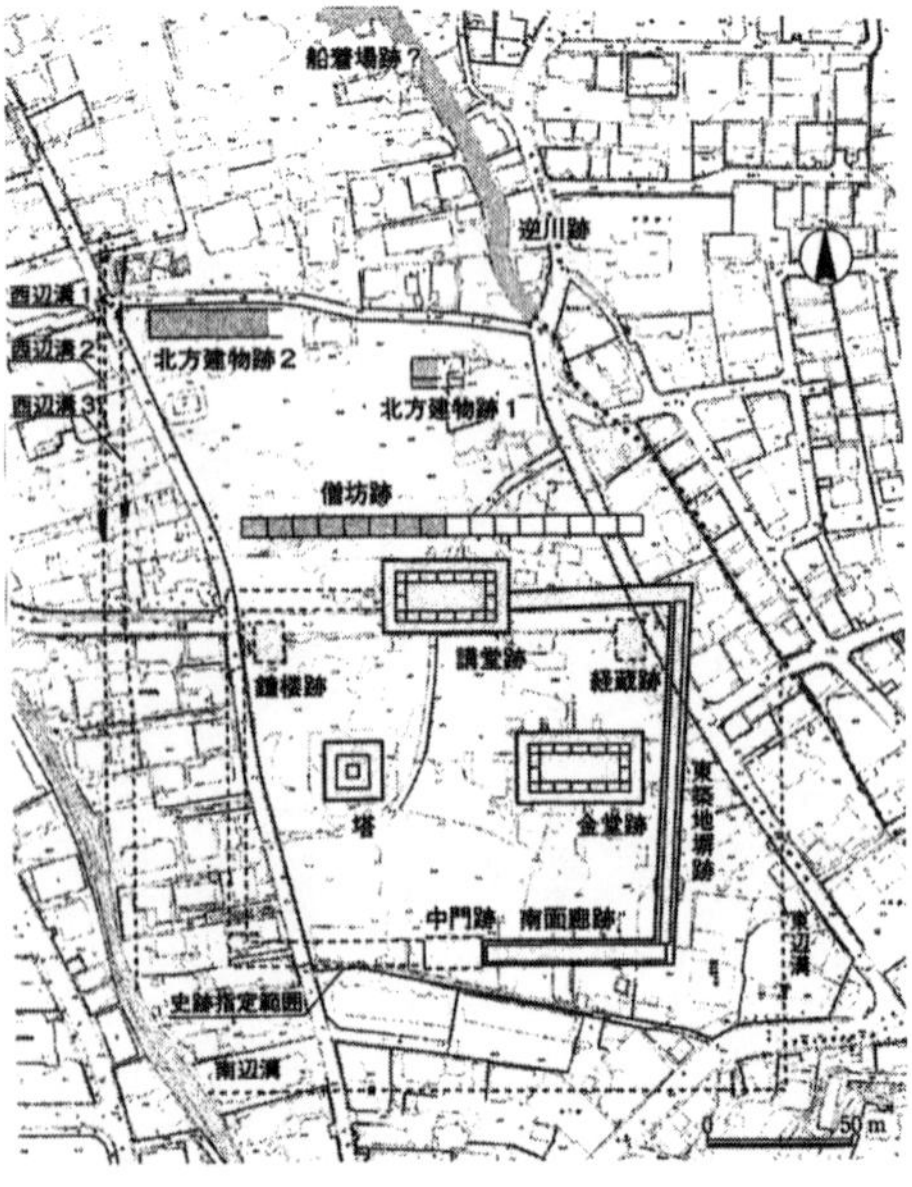

1. 相模国分寺型（Ⅲ類）

図3　国分寺寺院地の類型（2）

規定を定めた「僧尼令」にある。その中で、僧尼の諸活動が寺院内で完結することを求めた第五条（非寺院条）に示された内容は重要である。その条文を寺院内で具体化するためには、寺院地内に大衆院・薗院・賤院・修理院などの寺院運営上の諸施設を配し、僧尼の活動が寺院内で完結できるように広大な寺院地を設けた構造の寺を建てることが求められた。平城京内に建てられた興福寺・元興寺・大安寺・薬師寺や東郊外に造営された東大寺などは、まさに、僧尼が寺院内に止住することを求めた僧尼令に基づく寺院を具現化した姿であった。諸国国分寺の事例では、これまで武蔵国分僧寺、上総国分僧尼寺、下総国分僧寺、下野国分僧寺などの主に坂東の国々の国分寺において、この類型の寺院を採用したことが確認されている。Ｉａ期の武蔵国分寺は、平城京における最新の官大寺に相当するⅣ類の寺院構造を導入した点に大きな意味があった。

② 天皇を象徴した塔

武蔵国分寺では、Ｉａ期寺院地の策定後、七重塔の造営から開始されたことが判明している。古代寺院の造営に際しては、塔の造営より金堂を優先させる事例が一般的であるが［宮本 一九八四］、諸国国分寺に関しては金堂より天皇を象徴した塔の造営を先行させる例が上総国分寺・下総国分寺・相模国分寺・三河国分寺・美濃国分寺などで遺構の構築順序や軒先瓦の笵傷などをもとに確認されており［須田 一九九五］、武蔵国分寺もこの例に含まれる。日本の律令国家は、諸国国分寺の造営に際し、一貫して七重塔の造営を先行させることを求めており、前述の国分寺は、実際に施工されたことを遺構や遺物をもとに確認できる例である［須田 二〇一六］。

国分寺の七重塔は、天皇権威を維持するためにそれを象徴して建てられた建物であり、その七重塔を建てるために国分寺の建立を計画したといっても過言ではない［田村 一九八三、本郷 二〇〇四］。Ｉａ期の武蔵国分寺の造営計画にあたっては、最新型式の寺院地の採用や天皇権威を象徴した七重塔の造営を優先させるなど、律令政府が期待した国分寺の建立計画を進めた点を高く評価すべきである。

⑵ Ｉｂ期の寺院地と伽藍地の評価

Ｉｂ期（区画ＥＦＧＨ）の寺院地は、Ｉａ期に策定された寺院地の北辺を基準にし、中軸線を約二〇〇メートル西に移動させ、またＩａ期に造営が開始された七重塔を包括する形で新たな寺院地が策定された（図1）。寺院地そのものを移動

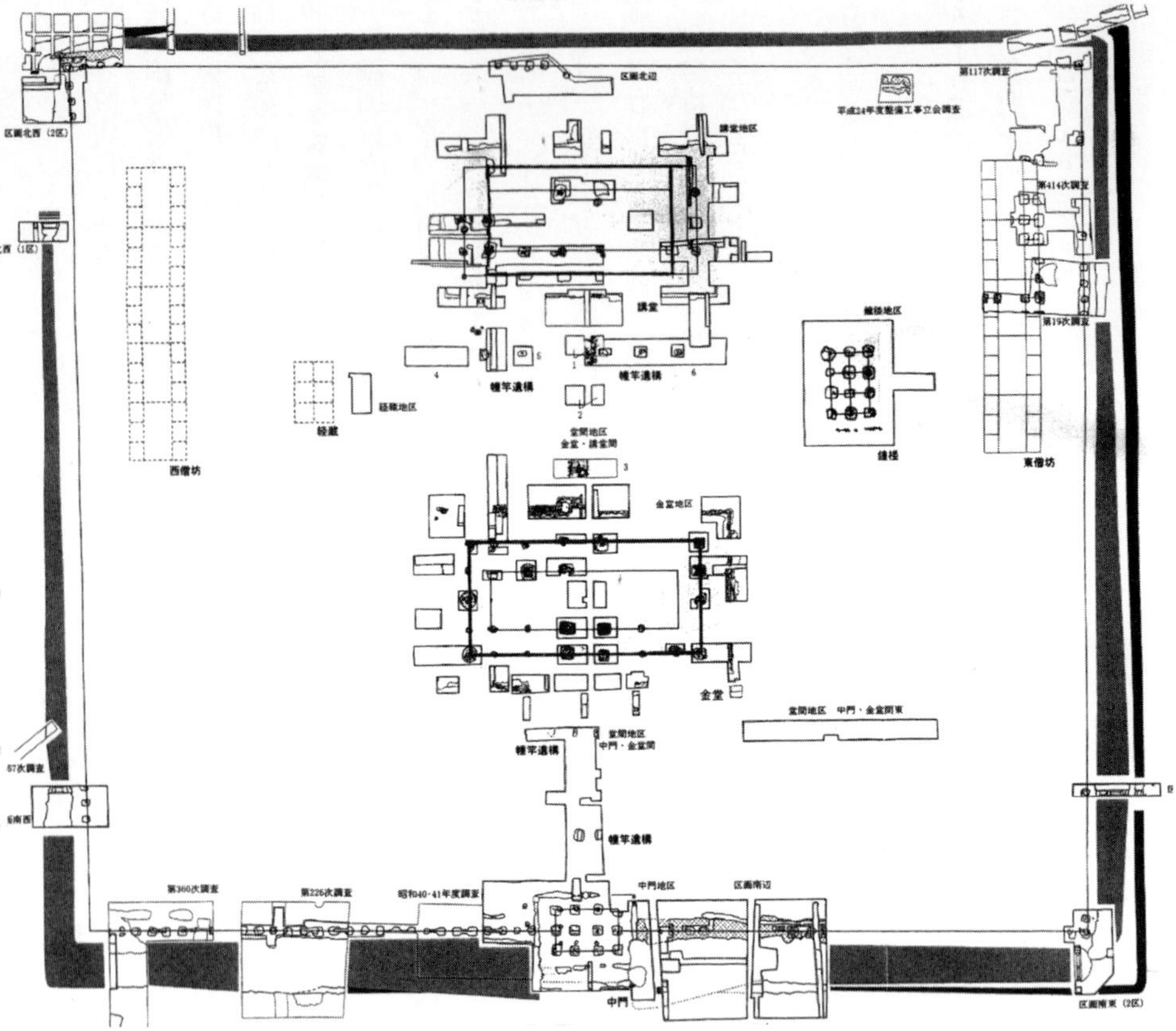

図４　武蔵国分寺中心伽藍配置図

したのである。その規模は、北辺三八四・一㍍、東辺四二八・三㍍、南辺三五六・三㍍、西辺三六五・四㍍の範囲を占地し全体で約一五町を占める。Ⅰa期の面積と比べ約五六％に縮小化されるが、寺院地分類のⅣ類に相当し平城京内の官大寺型の最新型式が維持される。

伽藍地は、南辺の西寄り三分の一等分線を中軸線とし、寺院地区画に設けた南門、伽藍地に設けた中門、伽藍地区画内の金堂とその背後の講堂、伽藍地区画外の北方建物が一直線上に並び、金堂・講堂の両側には鐘楼・経蔵と東西僧坊が配され、この段階で武蔵国分寺の伽藍地の造営が完成する（図４）。

①　七重塔

Ｉａ期に最初に着手された七重塔の造営をＩｂ期に引き継いだのが塔1と考えられている。基壇の平面規模は一七・七㍍四方、高さ〇・九五㍍、建物初層辺長が三三尺（一〇・七尺＋一一・六尺＋一〇・七尺）の塔である。塔1とは別に塔2の存在がある。承和二年（八三五）、武蔵国分寺の塔1が火災を受け、その一〇年後の承和十二年（八四五）に、前男衾大領壬生吉志福正によって再建願いが政府に提出され（『続日本後紀』承和十二年三月二十五日条）、福正により再建事業が始められたのが塔2である。しかし、塔2は造営が開始されてから間もなく事業が中断される。塔再建を願い出た福正は、前男衾郡大領であることから、かなり高齢であったと考えられ、造営途中で死亡したか、事業の続行が困難な状況に至った可能性が高い。その後、武蔵国府主導で塔1の位置で七重塔の再建事業が始められる。その際、塔1の再建以外に、講堂の再建、北方建物の再建、伽藍地区画施設の再建など、広域にわたる大事業が行われた。塔1の再建事業による初層辺長三三尺の塔は、武蔵国府が主導した塔再建段階の規模である。

②金　堂

Ｉｂ期における金堂の建物平面規模は、

桁行七間　三六・二㍍、一二二尺＝一三尺＋一八尺＋二〇尺＋二〇尺＋二〇尺＋一八尺＋一三尺

梁間四間　一六・六㍍、五六尺＝一三尺＋一五尺＋一五尺＋一三尺

の寄棟ないし入母屋造の屋根構造であり、諸国国分寺では最大規模の金堂である（図4）。総地業の基壇には、礎石据え付け位置の下部の基壇版築を方形に掘り込み、その中に土と石とを互層に突き固めて壺地業を施した強固な基壇が築かれている。

平城京内の官大寺では、大安寺金堂の平面規模は

桁行七間　一一八尺＝一四尺＋一六尺＋一九尺＋二〇尺＋一九尺＋一六尺＋一四尺

梁間四間　六〇尺＝一四尺＋一六尺＋一六尺＋一四尺

また興福寺中金堂の平面規模は、

桁行七間　九六尺＝一〇尺＋一四尺＋一六尺＋一六尺＋一六尺＋一四尺＋一〇尺

梁間四間　五八尺＝一四尺＋一五尺＋一五尺＋一四尺

金堂で二番目に大きい国分寺の平面規模は相模国分寺であるが、その規模は

桁行七間　一一六尺＝一二尺＋一六尺＋二〇尺＋二〇尺＋二〇尺＋一六尺＋一四尺

梁間四間　五六尺＝一二尺＋一六尺＋一六尺＋一二尺

武蔵国分寺の金堂・講堂と同様の構造上の特徴を有する。特に中央三間を二〇尺等間とする構造や金堂・講堂を同規模とすることなどの共通性は、計画段階で両国の交流関係があったことを予測させる。

③　講　堂

Ｉｂ期における創建時の講堂の建物平面規模は、

桁行七間　二八・五㍍、九六尺＝一八尺＋二〇尺＋二〇尺＋二〇尺＋一八尺

梁間四間　一六・四㍍、五六尺＝一三尺＋一五尺＋一五尺＋一三尺

の切妻造建物である(図4の太い線)。この建物は、塔再建時に寄棟造り構造で建て替えが行われる。再建された建物規模は、

桁行七間　三六・二㍍、一二二尺＝一三尺＋一八尺＋二〇尺＋二〇尺＋二〇尺＋一八尺＋一三尺

梁間四間　一六・六㍍、五六尺＝一三尺＋一五尺＋一五尺＋一三尺

の金堂と同規模の建物として再建されている(図4の細い線)。

Ｉｂ期における創建期の講堂は、仏堂建築でありながら全国でも珍しい切妻造建物であった。また、桁行九六尺(一八尺＋二〇尺＋二〇尺＋二〇尺＋一八尺)、梁間五六尺(一三尺＋一五尺＋一五尺＋一三尺)の規模は、金堂の身舎部と

同規模の建物である。この二つの事柄を合わせると、もともと金堂と講堂はⅠa期の段階で同規模に設計された建物であり、Ⅰb期の講堂の造営段階で東西の廂部分を切り落とし、身舎部のみを残した構造の講堂で造営されたと想定できる。相模国分寺の金堂・講堂が同規模で造営されていることが参考になる。

そのように考えると、塔再建期における講堂の建て替え規模は、Ⅰa期の設計段階の構造に戻されたことになる。その場合、Ⅰb期の段階で、なぜ規模を縮小化して造営されたのか、その理由を明らかにする必要があるので、改めて後述する。

④僧　坊

東僧坊の調査があり、房割りが三間房五房の大型の僧坊が東西に二棟建てられたと考えられている(図4)。国分寺における僧坊は東西棟で建設され、講堂の北に設置される例が多い。南北棟の僧坊は現段階では信濃国分寺と武蔵国分寺の二例のみである。僧坊の全体像が把握される国分寺には、下野国分寺・駿河国分寺・近江国分寺・紀伊国分寺・讃岐国分寺・安芸国分寺などで決して多くはない。国分僧寺における僧侶の定員の規定は二〇名であるが、各国の僧坊の規模にはばらつきがみられる。その原因は各部屋の大きさに相違があるからである。武蔵国分寺は全体像が把握されているわけではないが、その推定復元値はほぼ間違いないと思われ、復元された規模は全国最大である。

⑤中　門

中門は礎石建物で創建され、その後、掘立柱建物に建て替えられている。掘立柱構造の時期の門は、桁行三間×梁間二間の簡易な側柱建物である。創建時における中門の平面規模は、

桁行三間　九・五㍍、三二尺＝一〇尺＋一二尺＋一〇尺
梁間二間　五・九㍍、二〇尺＝一〇尺＋一〇尺

に復元され、正面中央を扉口とする三間一戸の八脚門である(図4・5)。

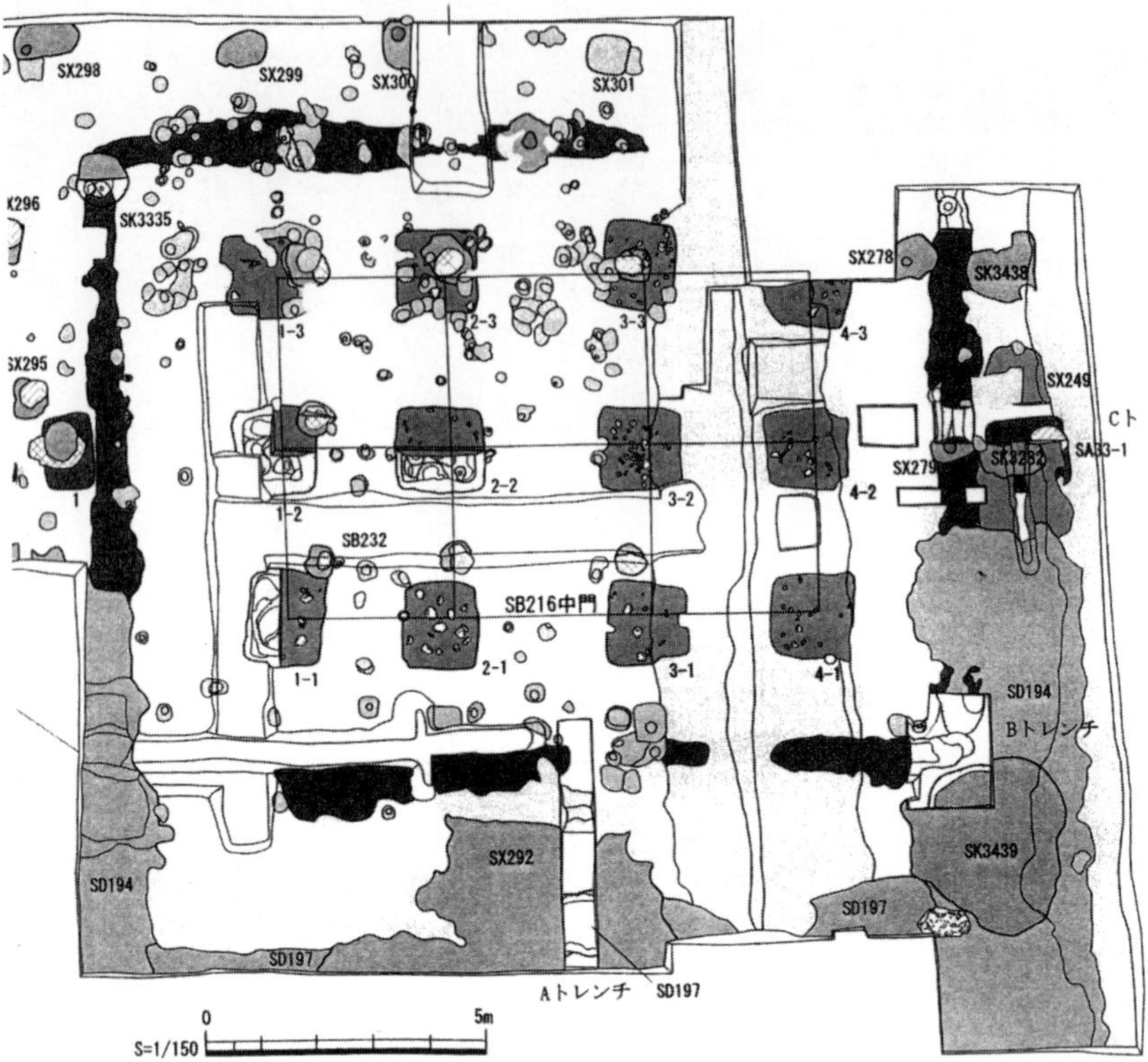

図５　武蔵国分寺中門

基礎地業は礎石下部のみの壺地業であり、地業内には、礫や瓦などを突き込んだ版築が施され、下層には完形の軒平瓦が敷かれていた。下野国分寺や相模国分寺の中門は桁行五間門であり、金堂の規模と比較するといかにも小規模の建物で、基壇も総地業の形を取らず簡易な壺地業で施工されている。中門からは横見郡を除いた武蔵国一九郡の文字瓦が出土するので、少なくとも中門の造営までは国内全郡による協力体制が維持されたと考えられる。

⑥伽藍地の区画施設

創建当初の伽藍地区画施設は、掘立柱塀と外側の素掘溝で構成され、中門から両翼に延びた塀は北に折れ、東西僧坊を取り込んで講堂の背後で閉じる形を取る。廻廊をもたないこの区画施設は、伽藍地の区画と廻廊を兼ねた古代寺院としては異例の構造になる（図4）。北辺の東西長約一五六㍍、東辺の南北長約一三一㍍の東西に長い長方形の区画を形成し、一回以上の建て替えが認められている。しかし、武蔵国分寺Ⅰb期の寺院地の規模からすると、伽藍地の規模は二町四方ほどの規模が標準と考えられる。その後、この掘立柱塀は、同規模で築地塀に建て替えられるが、その時期は塔再建の時期に想定される。

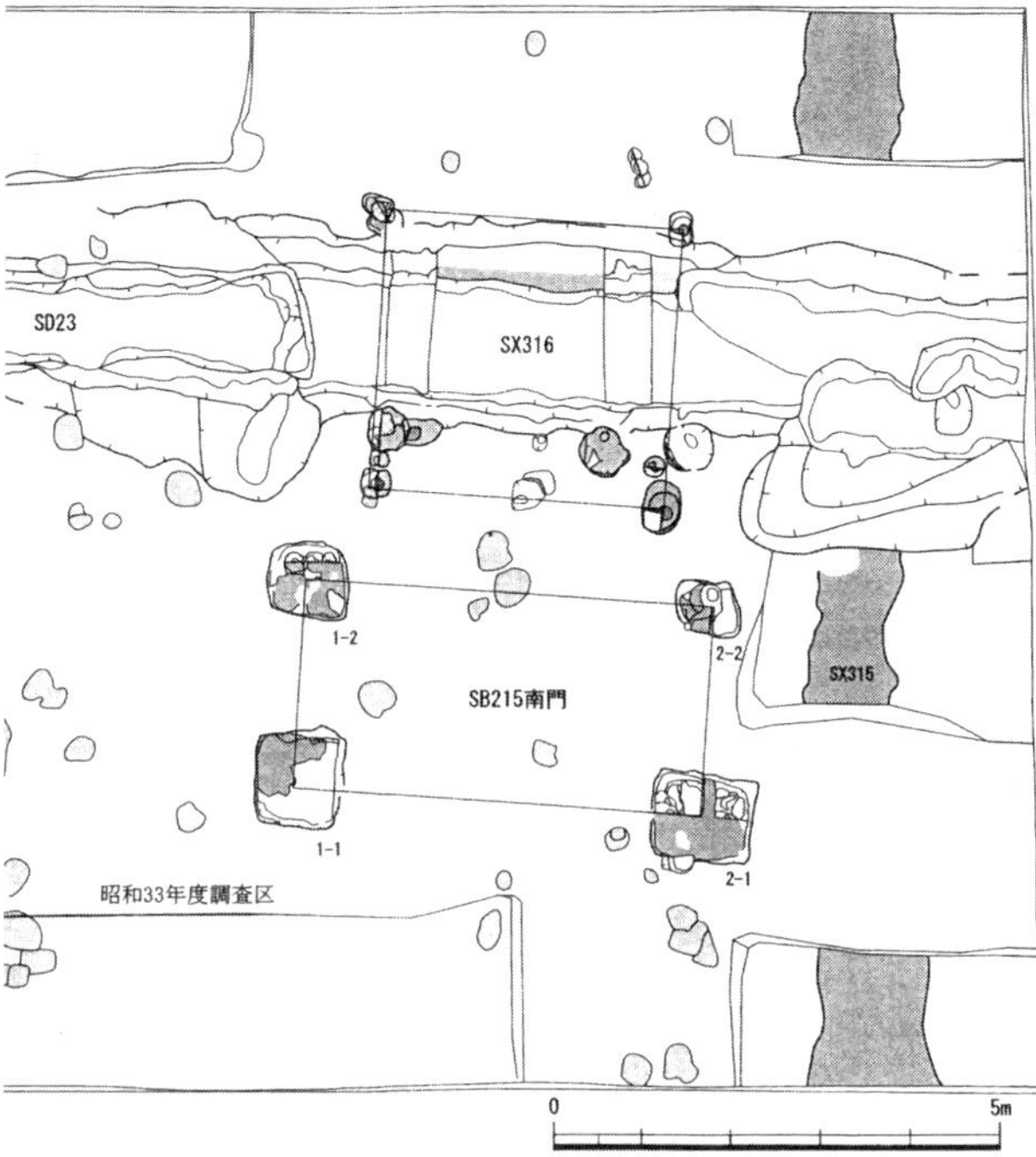

図6　武蔵国分寺南門

　このように伽藍地の区画は、掘立柱塀・築地塀とも中門の両脇から発し講堂北で閉じる構造なので、廻廊内での儀式を重要視したこの時期における金堂前面の儀式空間の欠如は、寺院の伽藍配置としては異例の構成をとったことになる。仏門である中門の規模においても、金堂規模に比べると著しく小規模でバランスを欠く。廻廊の造営は、構造的には単純であるが、膨大な量の瓦を必要とする建物なので、それ故、Ⅰb期の伽藍では廻廊を省略した形がとられたと考えられる。伽藍地の区画施設を中門と接続させたのは、南門より中門を伽藍地の実質的な南限と考えたからであり、そのために異例な南門の構造が生まれたと考えられる。また、区画施設の構造は一本柱塀であった。そうした伽藍構造の実態を、どのように評価するかが重要な課題である。

⑦ 南　門

武蔵国分寺の南門は仏門としての性格を有する門であるにもかかわらず、伽藍地の区画施設外に設置されている。しかも、その構造は桁行一間（約四・五㍍）、梁間一間（約二・二五㍍）の二本柱の背後に控柱を建てた礎石建ちの棟門の構造を有する門である（図6）。諸国国分寺で確認されている南門の多くは、平城京内の官大寺の影響を受け、桁行五間門とする国分寺が多く、武蔵国分寺の南門は他に例のない異例の構造である。Ⅰb期の武蔵国分寺の造営に際して誕生した武蔵国内二〇郡における協力体制が維持されたのは、伽藍地中枢部における建物の造営が完成するまでのことで、南門の造営時にはすでにその組織は解体され、国府の造寺組織と数郡による協力体制に移行していたと考えられる。

2　瓦生産体制からみた武蔵国分寺の造営

(1) 武蔵国分寺におけるⅠa期とⅠb期の瓦生産

① 南比企窯におけるⅠa期の瓦生産

有吉重蔵が瓦文様や製作技法・胎土などの特徴から六分類したなかの「南比企上野系」がこれに相当する〔有吉 一九九五〕。窯跡は未発見であるが、赤沼地区窯やその周辺地区などから該期に相当する軒先瓦が採集されている。武蔵国分寺では主に塔跡から集中的に出土し、胎土に白色針状物質を含むことから南比企窯産の瓦と考えられる。軒丸瓦の瓦当文様や縦置型一本作り技法などの製作技法、また三重弧文軒先瓦の顎部にみられる「加」の押印から（図8―7）、武蔵国の最北に位置する賀美郡の瓦工人が南比企窯で武蔵国分寺Ⅰa期の瓦生産にあたったと考えられる。

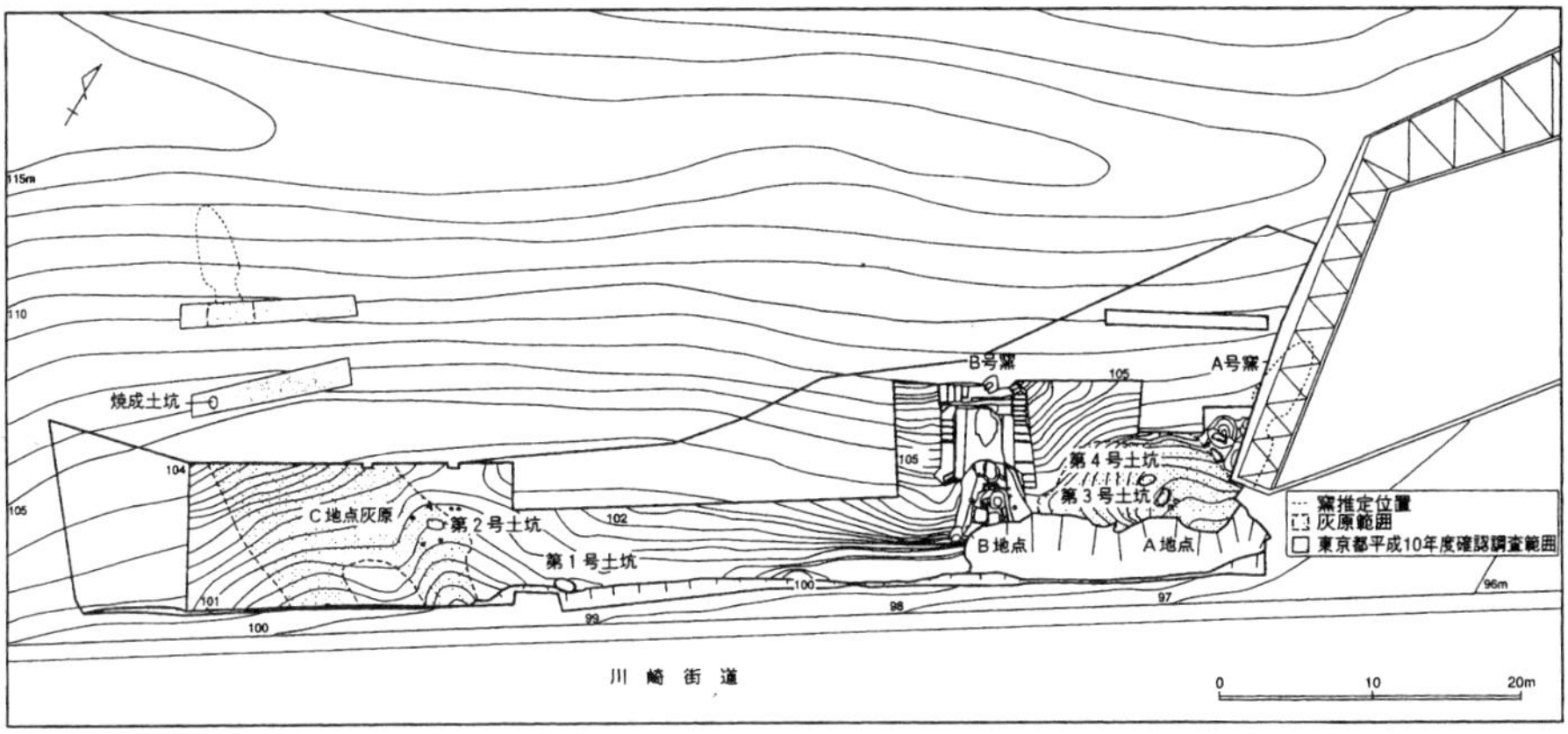

1　瓦谷戸瓦窯全体図

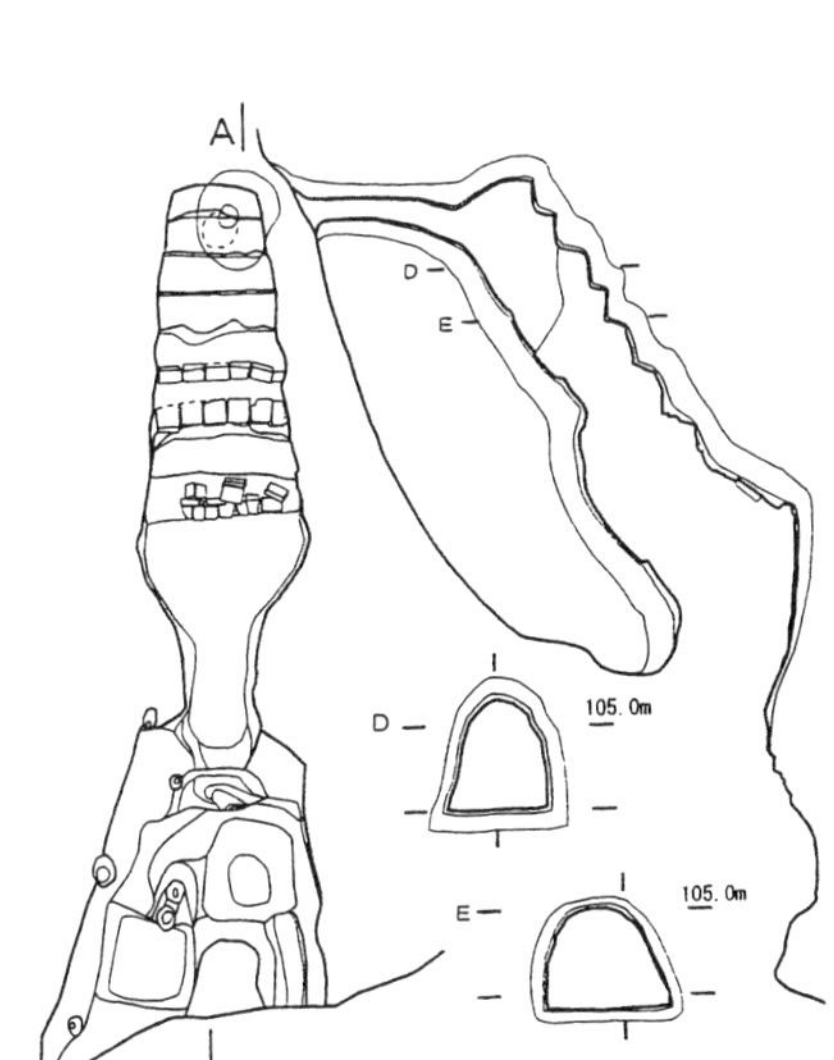

2　瓦谷戸B号窯

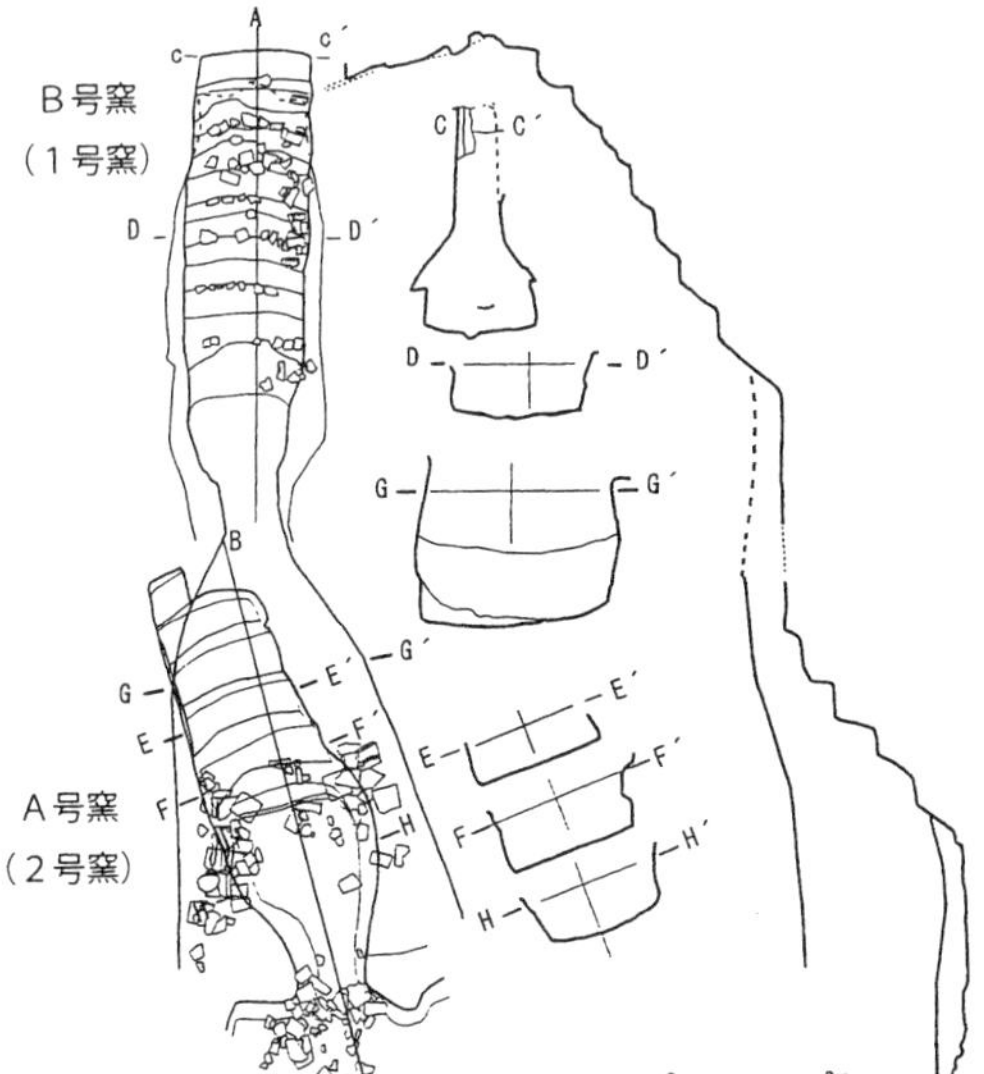

3　大丸A・B窯

図7　瓦谷戸窯・大丸窯全体図（坂詰他 1996、宇野 1956）

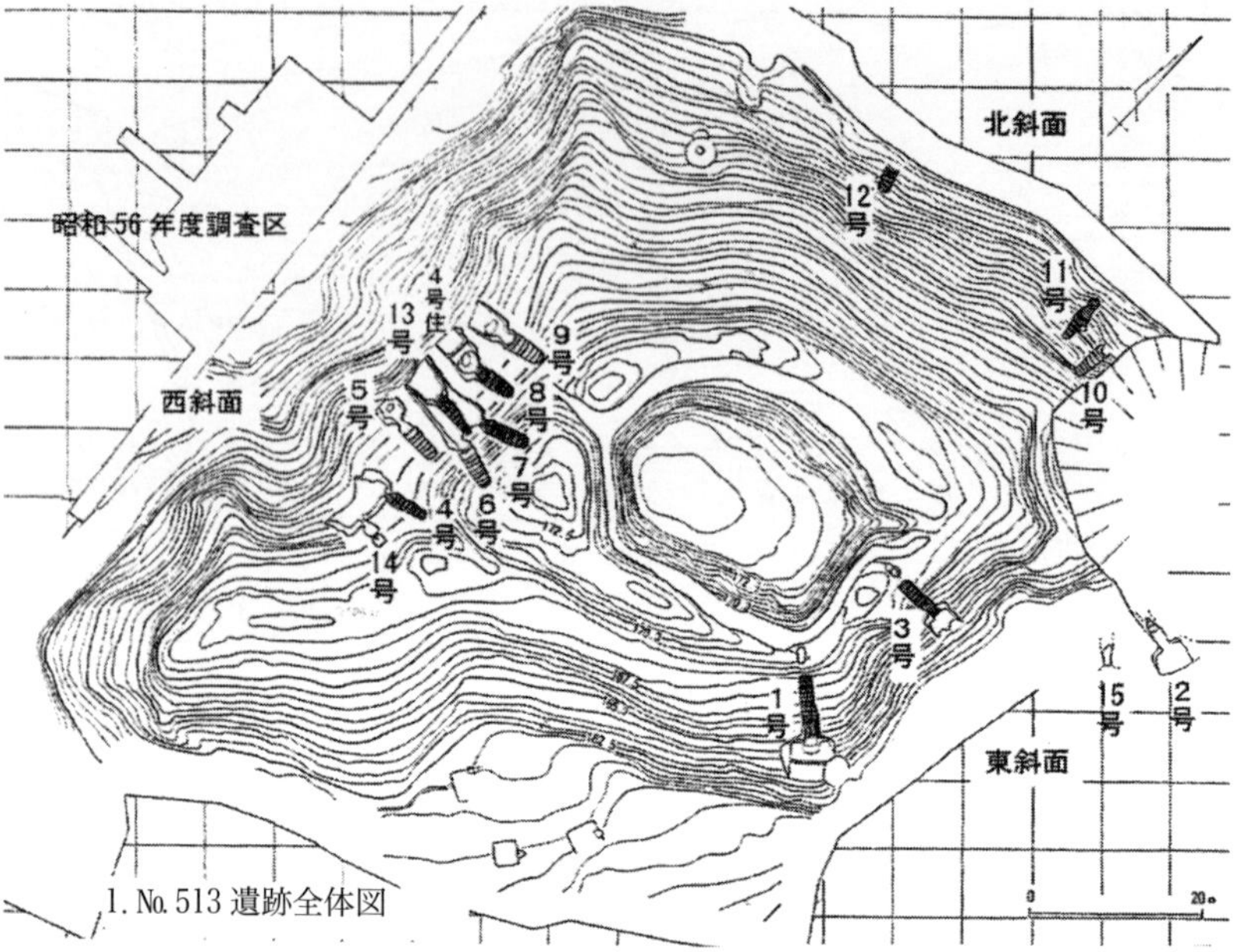

1. No.513 遺跡全体図

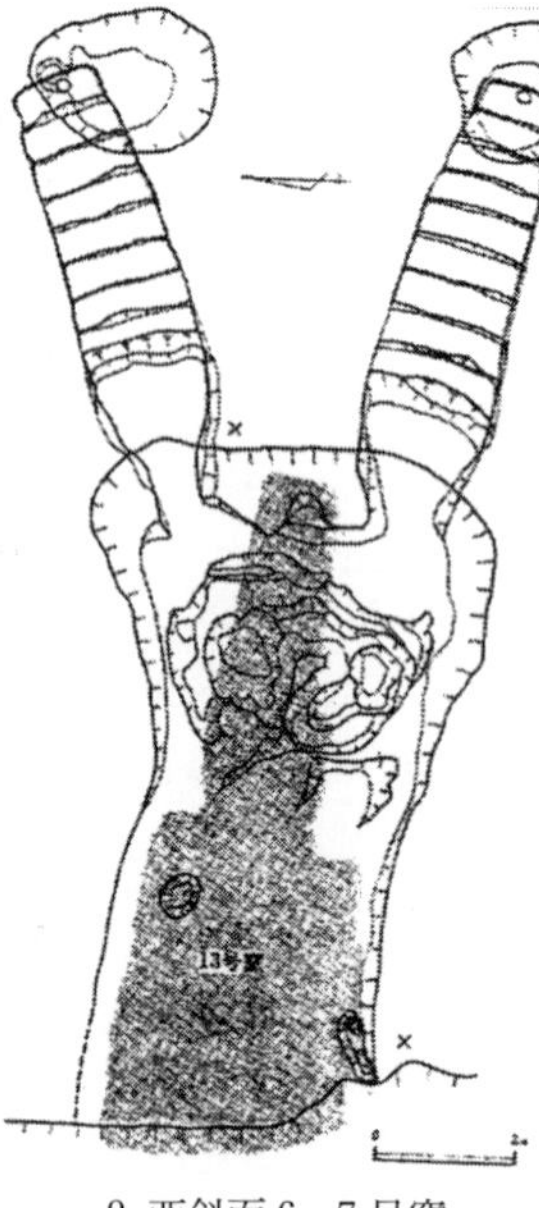

2. 西斜面6・7号窯

3「多磨郡」

4「多磨郡」

5「多磨郡」

6「榛沢郡」

7 国分寺「加美郡」

8 多賀城廃寺「常陸」

9 多賀城廃寺「今」

図8　No.513 遺跡全体図と窯跡・出土遺物

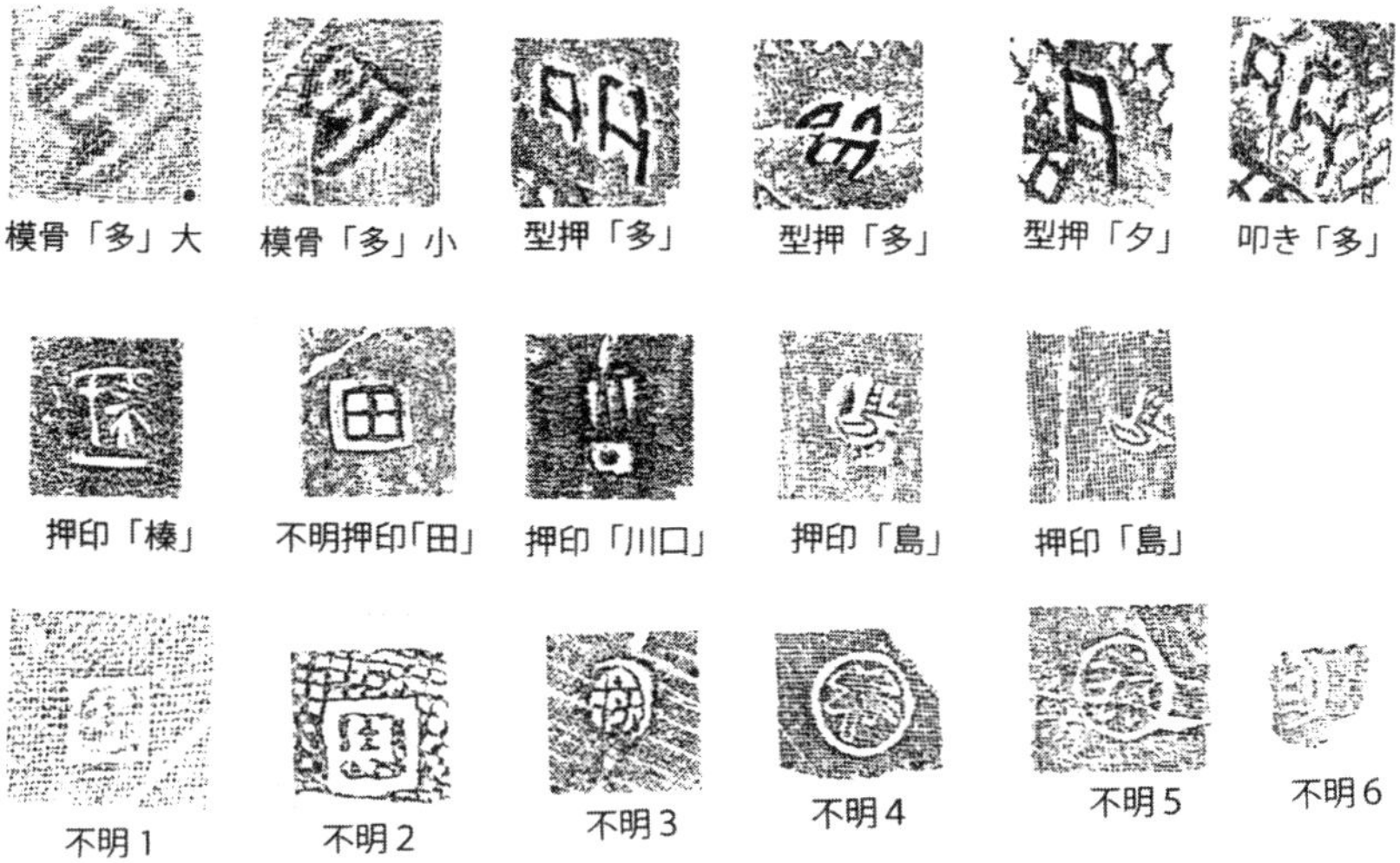

図9　№ 513遺跡出土文字瓦

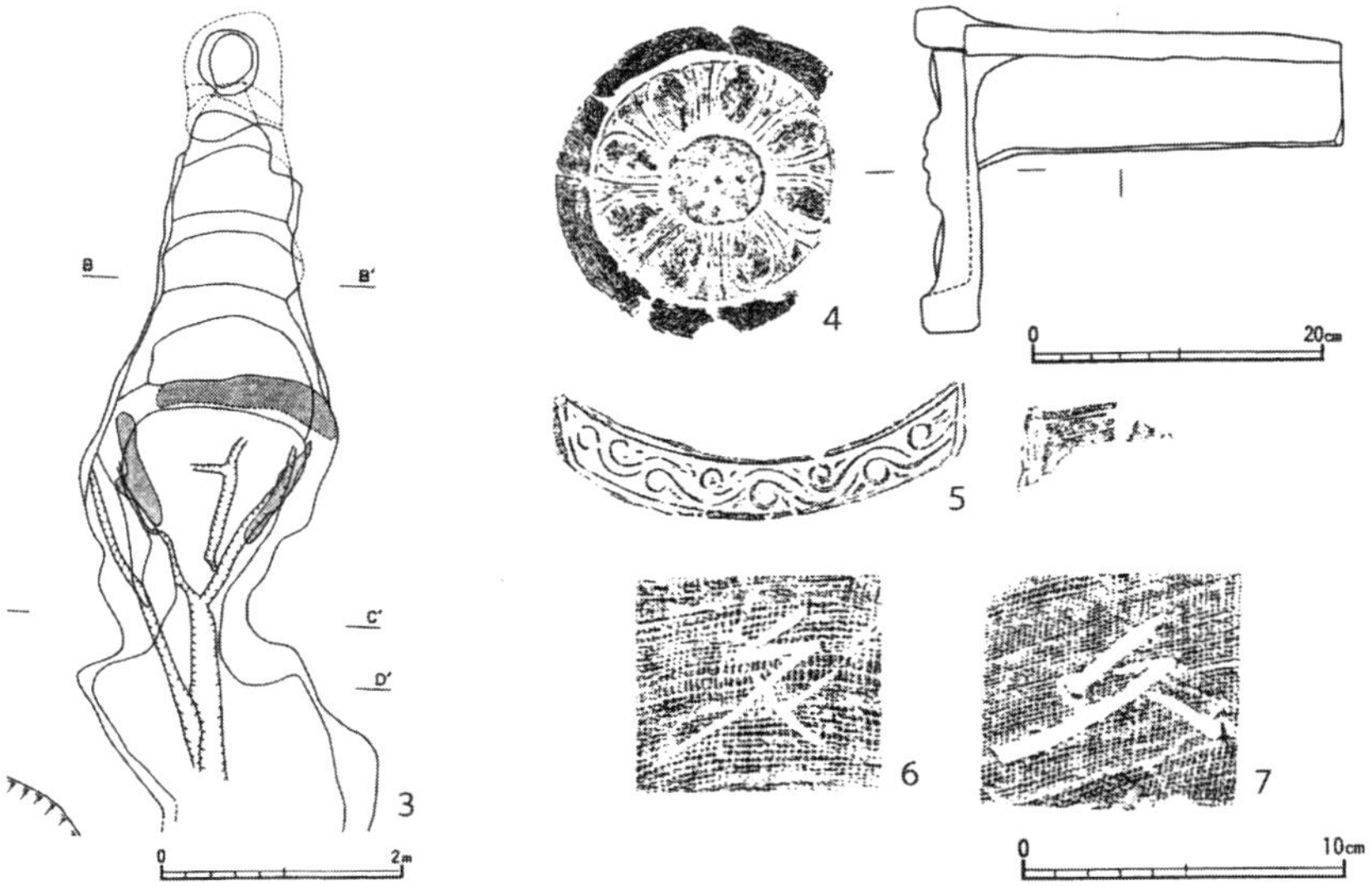

図10　№ 944遺跡と出土遺物

②南多摩窯におけるⅠa期の瓦生産

南多摩窯跡では、瓦谷戸窯(図7―1・2)〔坂詰他 一九九六〕と多摩ニュータウン№513遺跡(図8―1・2)〔東京都埋文 一九八二・一九八七〕が対象になる。瓦谷戸窯では三基の窯が調査され、C→B→A号窯の順で創業されたと考えている。このうち最も古いC号窯は国府に供給された窯であり、単弁八葉蓮華文軒丸瓦が三種(Ⅲ・Ⅳ・Ⅴ類)、素弁八葉蓮華文軒丸瓦が一種(Ⅵ類)、素弁八葉蓮華文軒丸瓦が一種(Ⅶ類)と三重弧文軒平瓦(Ⅳ類)と均整唐草文軒平瓦が各一種(Ⅴ類)などの瓦が生産された。このうち、C号窯の生産に携わった瓦工人は軒丸瓦Ⅲ類の瓦笵を携えて№513遺跡に移動し、同4・5・13号窯で国分寺Ⅰa期の造営にともなう瓦生産を行ったと考えられている(図8―1)〔坂詰他 一九九九〕。

一方、多磨郡専用の瓦窯である№513遺跡からは、ヘラ状圧痕を有する平瓦と模骨文字「多」・押型「多」、他の郡では押印「榛(榛沢郡)」のほか、「嶋(小嶋郷)」「川口(川口郷)」「田(海田郷カ)」などの多磨郡内の郷名を表記した文字瓦が出土する(図8・9)〔東京都埋文 一九八七〕。武蔵国分寺からは、上記のほか「川口瓦印」「石津瓦印」「小河(小川郷)」のほか判読不明な多くの押印が出土する。『倭名類聚抄』によると、多磨郡の郷数は一〇郷であるが、多磨郡では郷の協力をもとに多磨郡の瓦生産にあたった。Ⅰb期における武蔵国全郡の協力体制構築の発案の基礎は、Ⅰa期における多磨郡の瓦生産方式にあったといってよいであろう。

③南比企窯におけるⅠb期の瓦生産

a　赤沼地区の瓦生産

雷遺跡(雷瓦工房)　雷遺跡は赤沼地区の久保1号窯・石田国分寺瓦窯・金沢窯などを統括する瓦工房である〔金井塚 一九九二〕。同工房で製作された生瓦は、それらの窯で分散して焼成された(図11―1)。調査された2号瓦工房は、東西九・四㍍×南北四・七㍍の竪穴状遺構で、内部には多量の粘土が貯蔵され、東にはカマドが敷設されていた(図11

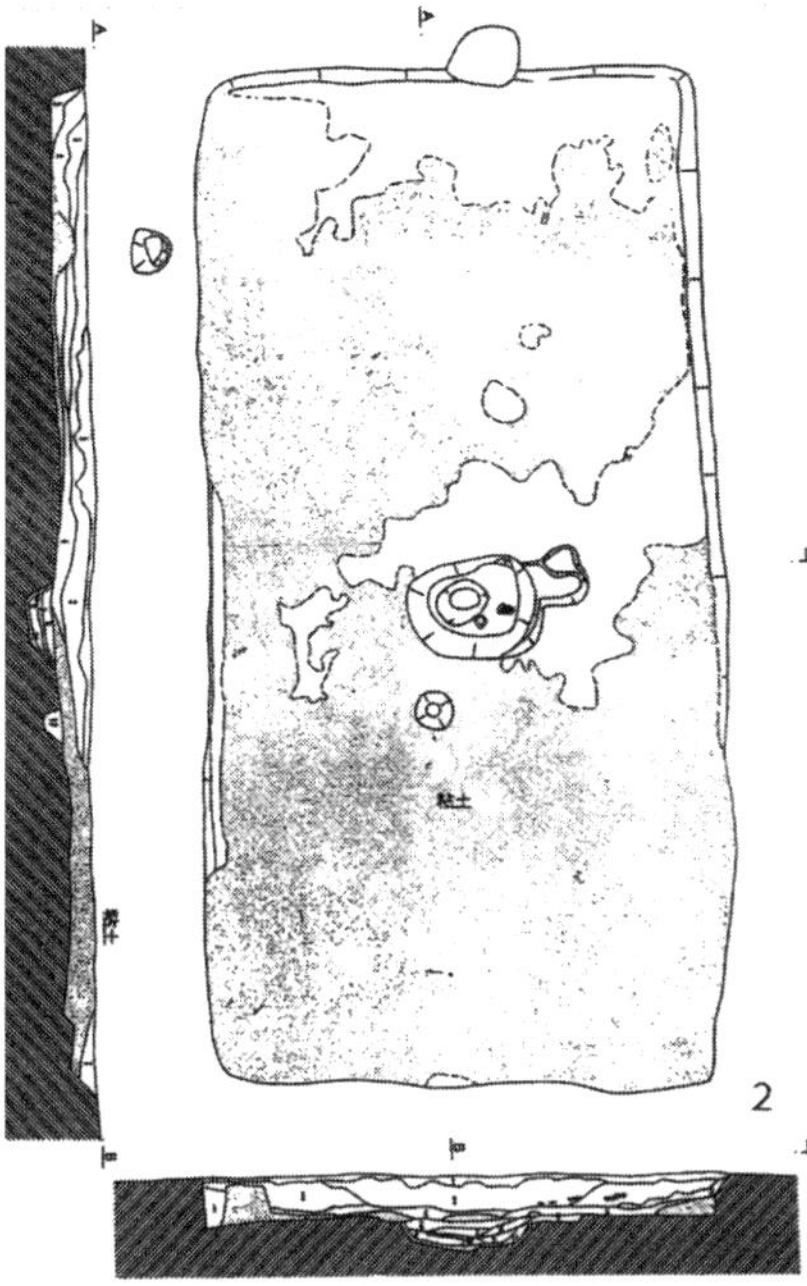

2.2号工房

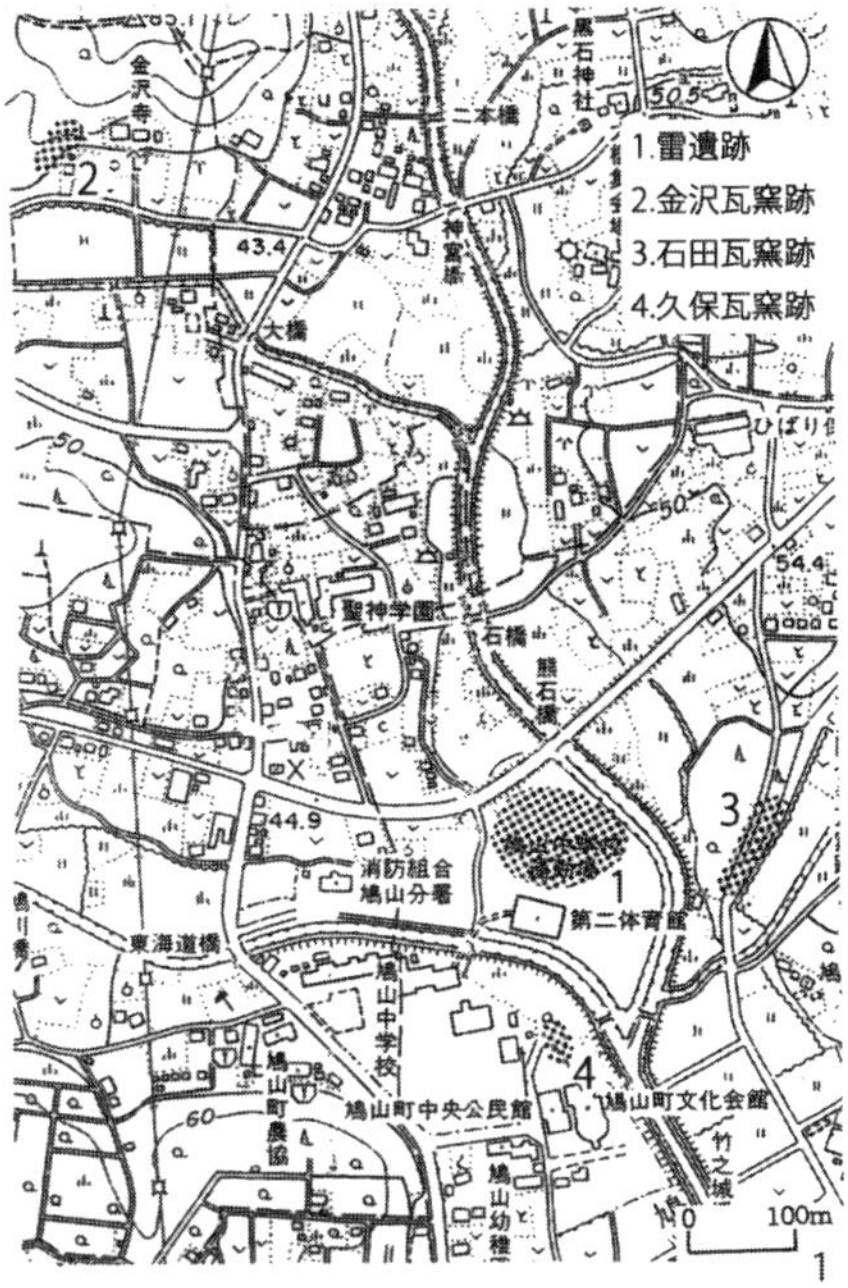

1. 赤沼地区遺跡群

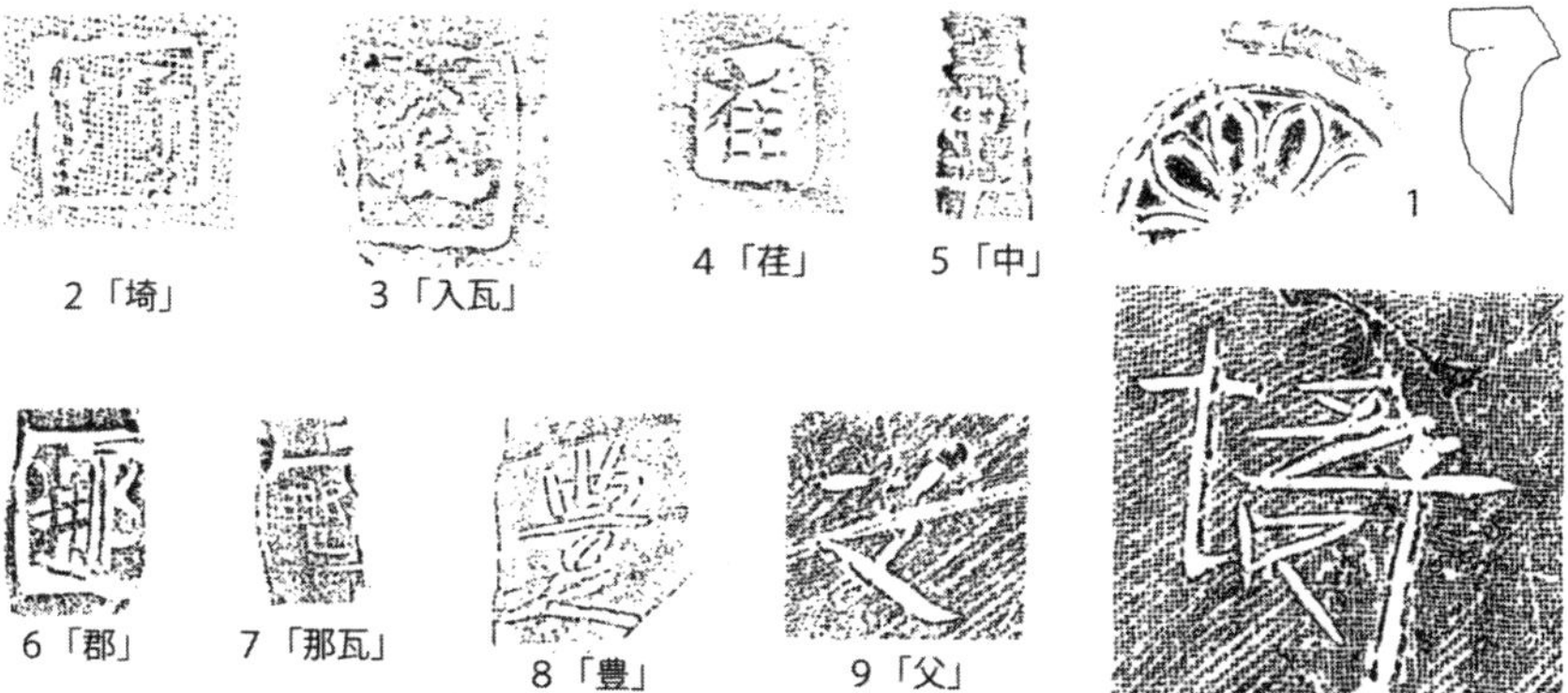

3. 雷瓦工房出土遺物

図11　雷遺跡（瓦工房）と出土遺物（金井塚1991）

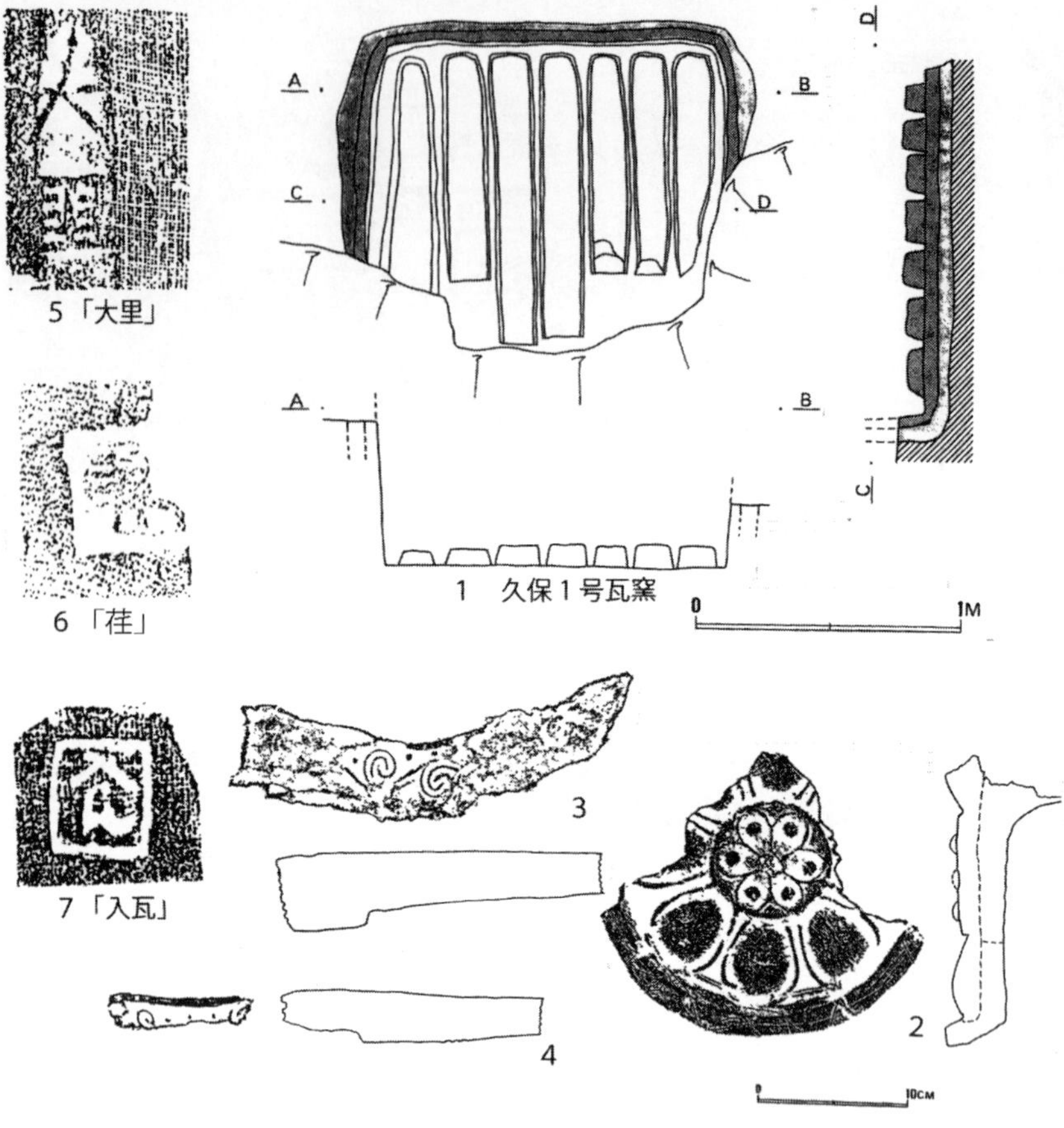

図12　久保1号窯と出土遺物（金井塚 1993）

―2）。同遺跡からは、同様の瓦工房が五基、竪穴建物四軒、小鍛冶一基などが確認されている。竪穴建物は瓦工人の住居であろう。

出土遺物には、石田国分寺瓦窯と同じ単弁十葉蓮華文軒丸瓦（図11―1）、長方形塼、須恵器、土師器がある。文字瓦はいずれも郡名を表記した資料である。「埼玉」八点、「秩父」四点、「那珂」一九点、「入間」一点、「豊島」一点、「荏原」一点を出土。那珂郡の文字瓦が多い（図11―3）。

久保1号瓦窯　雷遺跡の南約二〇〇㍍にある瓦窯である〔金井塚 一九九三〕。瓦窯は開墾により障壁部より前面が失われ、焼

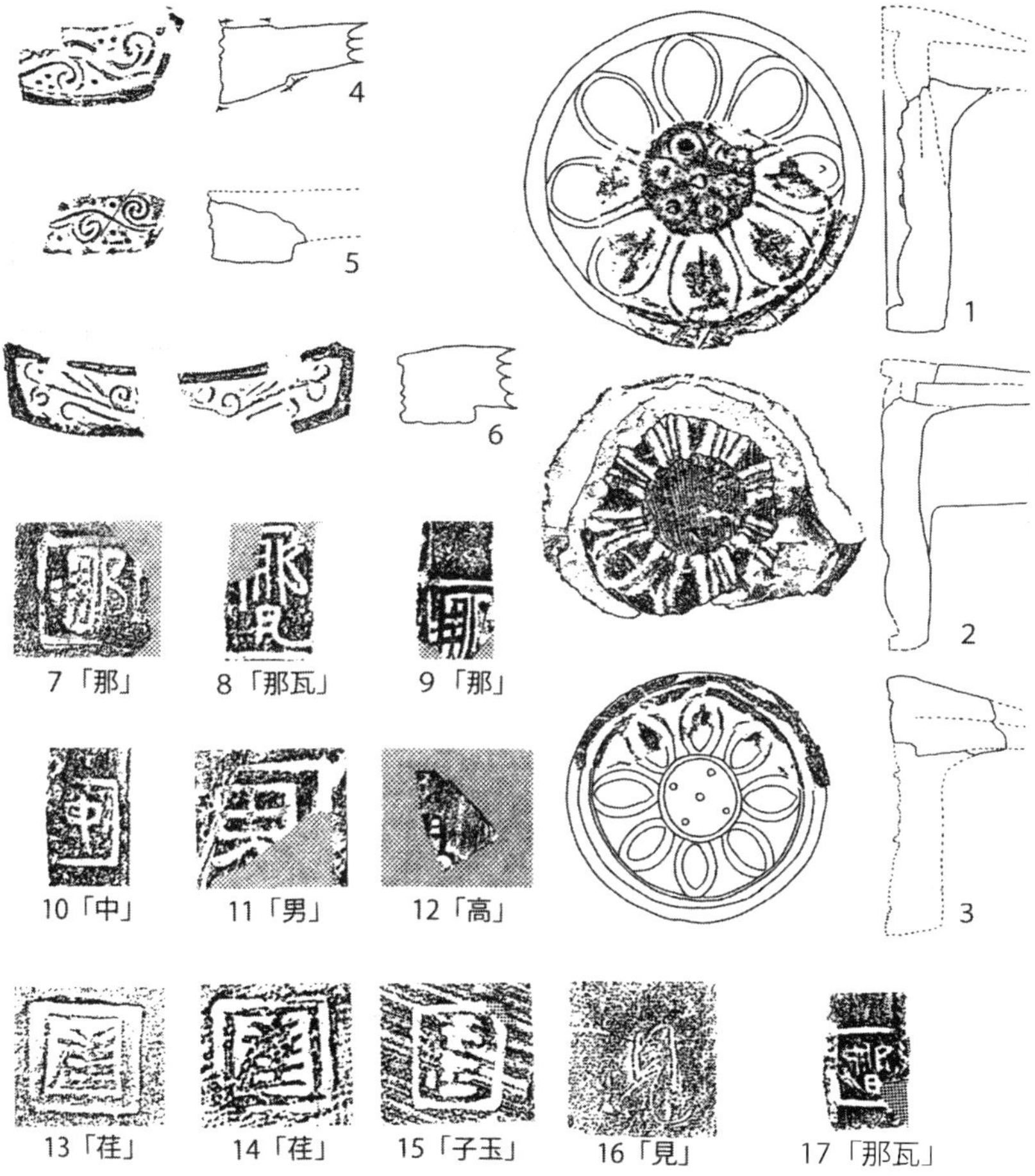

図13　石田国分寺瓦窯と出土遺物（渡辺2007）

成室のみが残された（図12—1）。国分寺造営期の典型的な有畦式平窯で、多摩ニュータウンNo.513遺跡14号瓦窯の影響を受けて成立したと考えられている（図8—1）。久保1号窯跡での窯体は、もともと複数存在したのであろう。本窯のような有畦式平窯や金沢窯にみられる地下式有階有段式登窯のような瓦専用窯は、多磨郡の直接的な関与のもとで成立したと想定される。そのように考えると、多磨郡内で同郡が経営する瓦生産地区のなかで瓦工房は未発見であるが、雷瓦工房の存在から、同様の形態であつたことを類推することができる。

軒先瓦には素弁八葉蓮華文軒丸瓦二種と内区に珠文を配し、右から左に展開する偏向唐草文軒平瓦がある（図12―2・3）。後者の偏向唐草文軒平瓦の瓦当文様は、赤沼地区窯跡で誕生した新たな文様である。丸瓦には、行基式と玉縁式とがあり、前者が七二％、後者が二八％の割合で出土し、平瓦は粘土板一枚作りが主体を占める。郡名文字瓦は一三点出土した。「大里」「入瓦」「荏」「播瓦」の四郡である。

石田国分寺瓦窯　雷瓦工房跡から東約一五〇㍍の丘陵斜面にある（図11―1）。確認調査の結果、三基の窯の前庭部が確認され、いずれも有畦式平窯に想定されているが、それ以上の窯の存在が予想されている［渡辺 二〇〇七］。

本窯からは、軒丸瓦三種、軒平瓦三種、長方形塼などが出土した（図13―1〜6）。軒丸瓦1は蓮蕾《れんらい》文の花弁を有する素弁八葉蓮蕾文軒丸瓦で、中房の連子は花弁状に表現した久保1号瓦窯と同笵の1類で、2は楔状の間弁を有する久保1号瓦窯と同笵の素弁八葉蓮華文軒丸瓦の2類、3は1・2類と比べ面径が小さく、雷瓦工房と同笵の可能性がある花弁が細身の素弁八葉蓮華文軒丸瓦の3類がある。蓮蕾文の花弁を用いた個体が多いのが特徴である。軒平瓦は三種確認されている。4は内区に珠文を配した左から右に展開する偏向唐草文、5は同じく内区に珠文を配し、逆に右から左に展開する偏向唐草文である。6は多摩ニュータウン№513遺跡11号窯出土資料と同系の牛角状中心飾りの均整唐草文軒平瓦などがある。軒丸瓦の花弁に蓮蕾文を用い、内区に珠文を有する偏向唐草文軒平瓦が新たに登場するのが赤沼地区窯であり、それらの特徴は高句麗系文様が採用されたといってよい。文字瓦は、押印の「子玉」「那」「那瓦」「中」「男」「荏」「高」、刻書の「男」「見」の六郡がある。

金沢窯　雷瓦工房の北東七〇〇㍍の北に面した丘陵斜面にある。昭和三五・三八年（一九六〇・一九六三）の二度にわたる発掘調査が行われ、五基の窯が確認されている（図14―1）。このうち金沢山1・2号窯と金沢2・3号窯の四基が八世紀前半期に地下式無階無段登窯の須恵器窯として開設された既設の窯である。これらの窯が武蔵国分寺Ⅰb

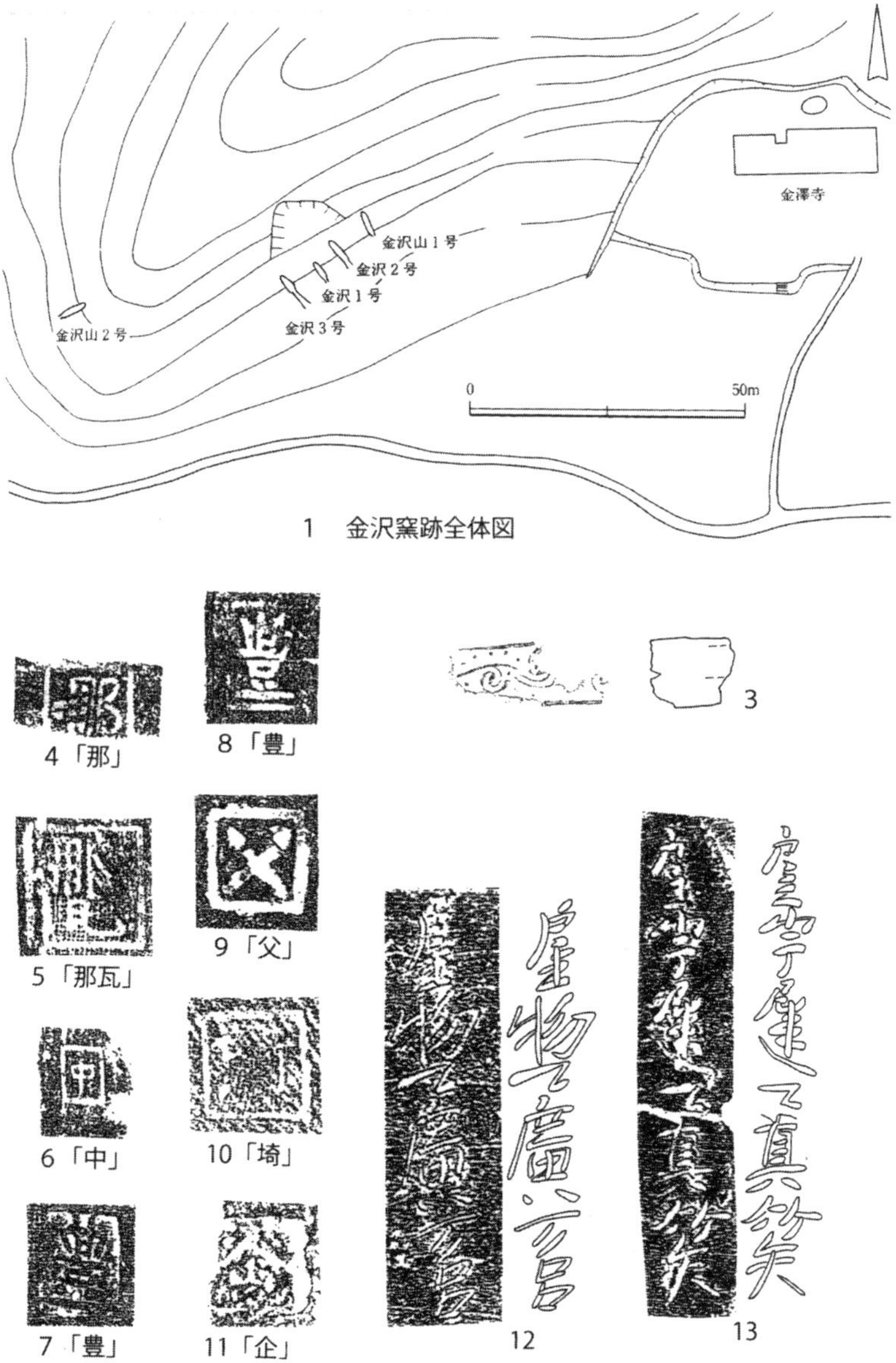

1　金沢窯跡全体図

3

4「那」　8「豊」

5「那瓦」　9「父」

6「中」　10「埼」

7「豊」　11「企」

12　13

図14　金沢窯跡と出土遺物

期の段階に再利用され、新たに金沢1号窯の地下式有階有段登窯が多磨郡の影響を受けて開設され、五基の窯が国分寺向けの瓦窯として稼働した［須田他二〇一四］。

瓦生産にあたっては、丸瓦・平瓦・長方形塼などが焼成されている。軒先瓦については、内区に珠文を有する偏向唐草文軒平瓦の小片が二点出土したのみであることから、軒先瓦は焼成していなかった可能性がある。丸瓦は全体の二九・四％を占め、すべて粘土紐巻作りの行基式である。これに対し平瓦は全体の五八・六％を占め、確認できる資料はすべて粘土板一枚作りである。長方形塼は全体の一二％であった。

郡名を有する丸瓦・平瓦の分析で注目すべきことは、郡ごとに製作技法や胎土・焼成などに相違がみられる点である。そうした実態から推察できることは、瓦を発注する郡とそれを受ける瓦工人との関係が、郡ごとに異なっていたという事実である。郡を単位とした瓦製作は、生瓦の生産段階から焼成段階に至るまで一貫して守られていたことが指摘できる。

文字瓦は二〇一点が出土した。出土瓦全体の二二％を占め、郡名・郷名・人名瓦などがある。郡名文字瓦には押印と刻書とがあり、豊島・秩父・那珂・埼玉・比企の五郡と不明押印の瓦とがある（図14）。豊島郡に関する人名瓦は五八点が出土した。人名瓦を表記した瓦で豊島郡の押印がある資料は二〇点あり、いずれも豊島Ⅰ（図14―7）の押印が使用されていることから、最終的には郡が取りまとめたことがわかる。また、人名瓦の側面には、豊島郡の郷名である白方・荒墓・廣岡・湯島・日頭郷の郷名が刻書され、二三点が確認されている。人名瓦は「戸主＋氏＋名」の形式で記される。氏族名は「宇遅部」「土師部」「若田部」「鳥取部」「椋椅」「漆部」「長谷部」「城部」「壬生部」「宍人部」「若工部」の一一氏族に及ぶ。これらの氏族名からは、名代・小代といったヤマト王権に直接かかわる氏族名が多いことから、豊島郡は屯倉であった可能性が高い［香川二〇二〇］。多摩川下流域の郡から豊島郡・荏原郡を含めた地域は、屯倉に該当するのであろう。これらの氏族名＋名の記載のなかで特に多いのが宇遅部姓であり、宇遅部姓のみの

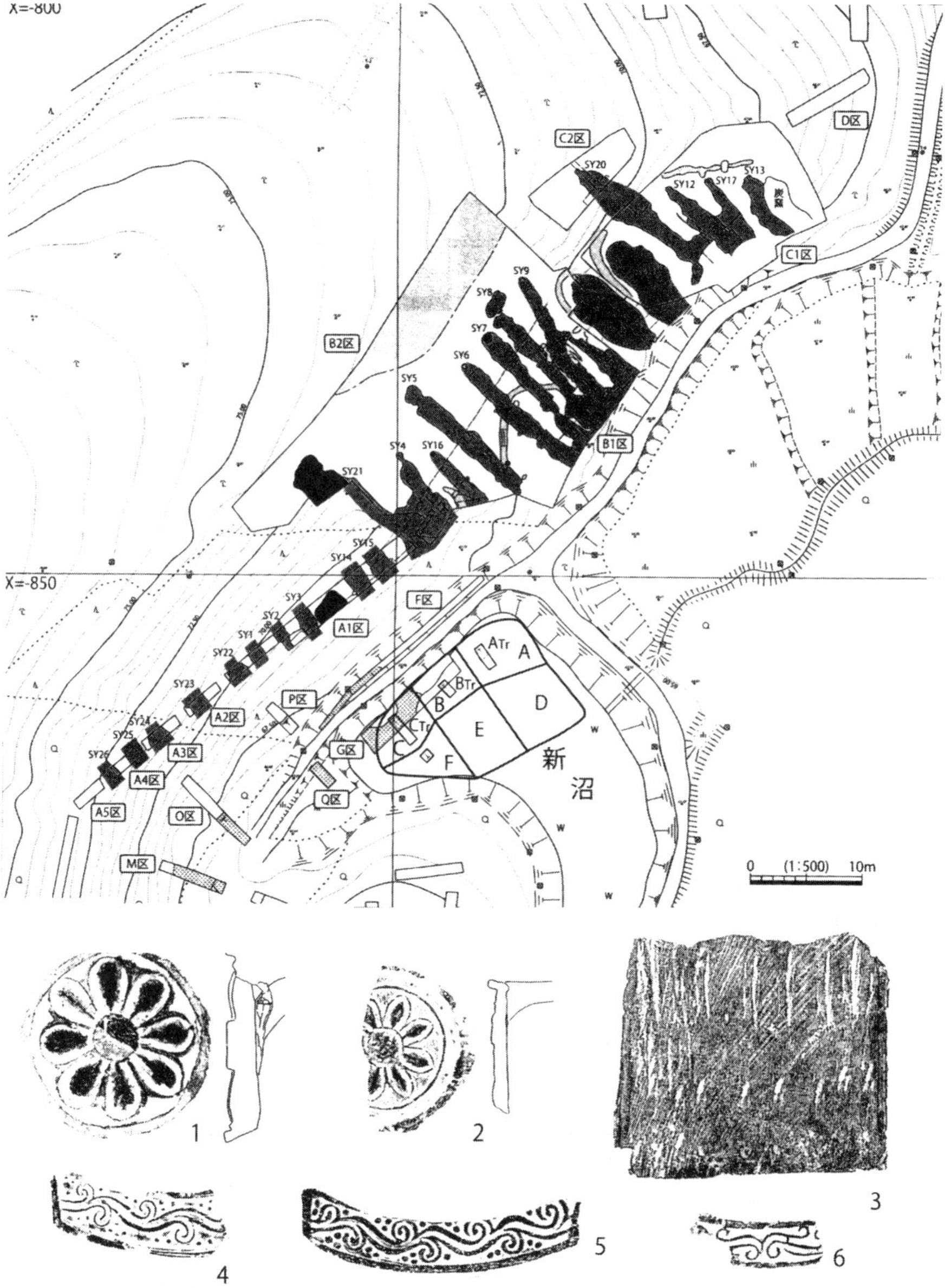

図 15　新沼窯跡全体図と出土遺物

記載も多くみられる。これは宇遅部姓の氏族が集まって知識結を結成し、知識として武蔵国分寺に瓦を寄進した。その他の人名瓦も同様に知識瓦と考えて齟齬はないであろう。

b　泉井地区の瓦生産

新沼窯跡　二〇一〇年から二〇一二年に確認調査が行われ、窯跡二六基が確認されている［手島 二〇一六］。各窯跡は一定の間隔をおき、計画的に構築された須恵器生産を中心とした瓦陶兼業窯である（図15）。窯構造が判明した12号窯は地下式無階無段登窯であり、他の窯も同様の窯構造と想定される。

軒丸瓦には、7・12号窯から出土した中房に「父」の押印をもつ単弁八葉蓮華文軒丸瓦がある。同笵瓦は、大橋地区鳩山窯の小谷11号窯からも出土する（図16—1）。前者が接合式であるのに対し、小谷11号窯は縦置型一本作り技法で製作されている［渡辺 一九九二］。

軒平瓦は、内区に珠文を有する偏向唐草文、国府系の牛角状中心飾りの均整唐草文があるが、前者の出土が多い。いずれも雷瓦工房を中心とした赤沼地区窯の影響を受けて成立した瓦当文様であるが、軒先瓦の出土は赤沼地区窯に比べると少なく、当地区での瓦生産は、瓦作りの経験の少ない工人により丸瓦・平瓦の生産を中心に進められた可能性が高い。ただし、平瓦の製作技法は粘土紐一枚作りであり、その点では赤沼地区窯から影響を受けることはなかった。また、丸瓦・平瓦と郡名文字瓦との関係は、郡ごとに製作技法や胎土・焼成が異なることが確認されることから、赤沼地区金沢窯のところで検討したように、瓦生産にあたっては郡を単位として、生瓦の製作から焼成段階に至るまで一貫した作業が行われたことを確認した。したがって、郡名・郷名の表記は、生産段階における仕分けのためではないことは明らかである。

文字瓦は三七九点出土した。郡名・郷名・人名などがあり、そのうち、郡名・郷名が二七〇点を占める。郡名瓦は、賀美・児玉・那珂・秩父・男衾・大里・榛沢・幡羅・横見・埼玉・豊島・高麗の一三郡が出土する。多摩川流域の多磨・都築・橘樹・久良郡の四郡については、南比企窯では瓦生産を行っていないので〔須田 二〇二二〕、これらを除くと比企・足立郡の文字瓦がみられない点が注目される。

比企郡小用廃寺と足立郡大久保領家廃寺は、八世紀第2四半期に交叉鋸歯文縁八葉蓮華文軒丸瓦の同笵瓦を使用し、それまでも赤沼窯で生産された特殊な枠板連結模骨作り丸瓦などの瓦が大久保領家廃寺からも出土するなど、その背後に比企郡の物部氏と足立郡の丈部氏とが同族関係にあるという緊密な関係があり〔酒井 一九八七〕、両郡が新沼窯での経営に関与した可能性がある。

c 大橋地区の瓦生産

鳩山窯跡 石田国分寺瓦窯のある小支谷を北東に約一㌔進んだ一帯が鳩山窯跡である。窯跡とその関連施設は、広町A・B地区、柳原A・B地区、小谷A・B・C地区に広がり、窯跡四四基、竪穴建物の工人集落八九軒、粘土採掘跡などの多数の遺構が確認されている〔渡辺 一九八八・一九九〇・一九九一・一九九二〕。須恵器生産を中心とした一大窯跡群である。これらの窯跡は、八世紀第1四半期に突然本格的な操業が開始されたことから、重要な政策にともない計画的に開設された窯業生産地であることが考えられる。その後、八世紀中頃から後半にかけて生産のピークを迎えるが、八世紀末以降は衰退する。瓦は広町B窯跡と小谷B窯跡の二か所で焼成されるが、瓦を出土する窯は一一窯ある。これらの瓦は、窯の補修瓦として使用される場合が多いと考えられるので、実際に瓦を焼成した窯は二、三基に留まるであろう。

軒丸瓦は四種出土している（図16―1〜3・6）。1の単弁八葉蓮華文軒丸瓦は、新沼7号からも出土し、中房に「父」の文字をともなう同笵瓦であるが、新沼7号窯の個体が接合式であるのに対し、小谷B窯の場合はいずれも縦置型一本作りと技法が異なる。同様に、2・3・6も縦置型一本作りであり、軒丸瓦の製作技法が共通する。軒丸瓦のうち図16―3はⅠc期に属する瓦であり、道鏡政権の時期まで降ることは確実である。

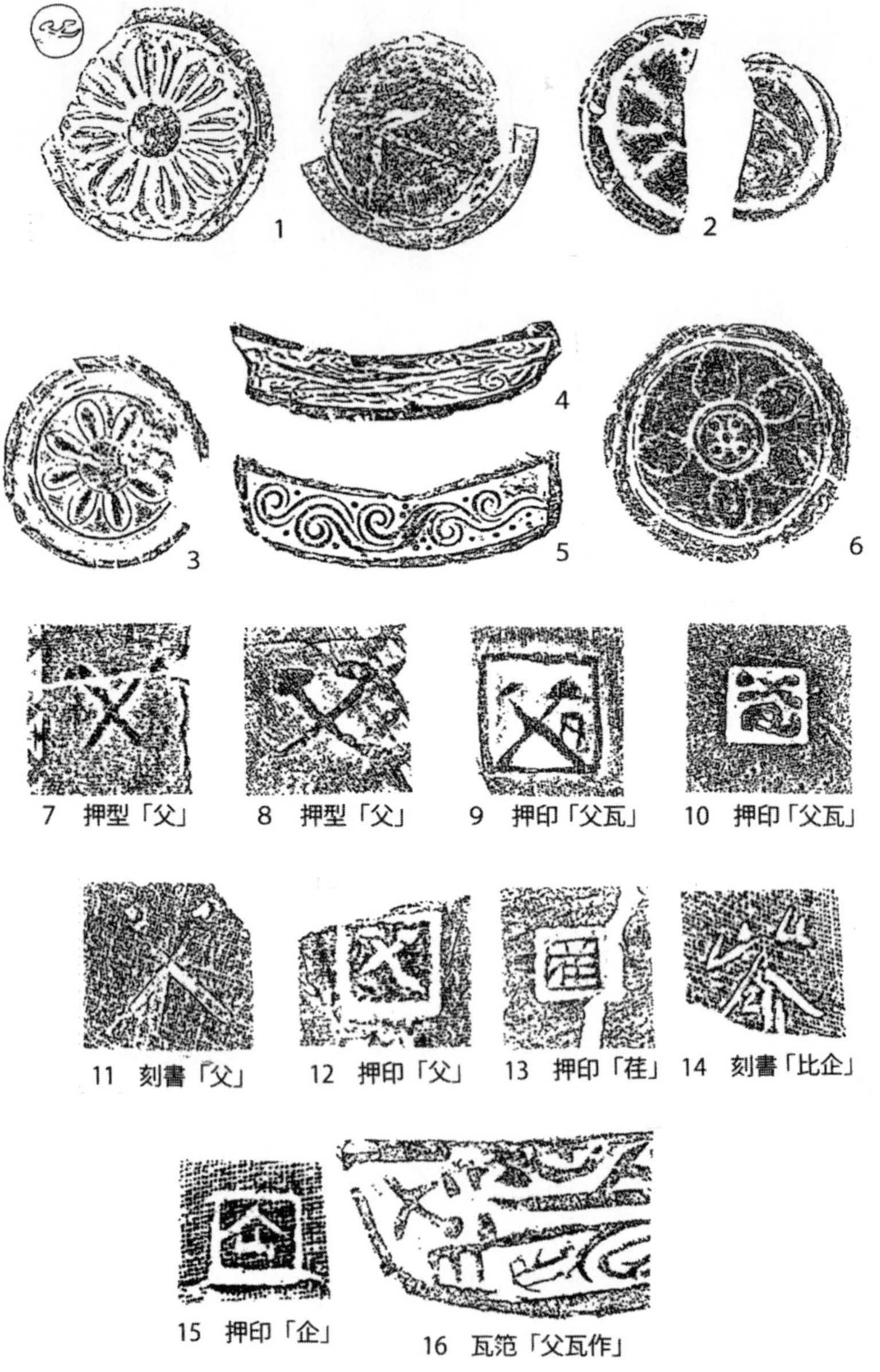

図 16　鳩山窯出土遺物（渡辺 1991）

軒平瓦は二種出土している（図16―4・5）。4の変形偏向唐草文と5の内区に珠文を配した右から左に展開する偏向唐草文である。前者は偏向唐草文をモデルに新たに作笵された資料で、瓦笵の左隅に「父瓦作」の文字が彫られた秩父郡専用の瓦笵である（図16―16）。5は新沼12号からの窯出土資料と同笵である。軒丸・軒平瓦の瓦笵は、新沼窯から鳩山窯に移動したことになる。丸瓦は、すべて粘土紐巻作りの行基式で、平瓦は基本的に粘土紐一枚作りである。

軒丸瓦の縦置型一本作り技法は、南比企窯跡群の中では賀美郡が瓦生産に関わった時の武蔵国分寺Ⅰa期の瓦作りの特徴である。その賀美郡の工人がⅠb期の段階に鳩山窯の須恵器生産に組み込まれ、その系譜をひく工人によって製作された瓦が鳩山窯での瓦生産と考えられる。文字瓦は、秩父・荏原・比企郡の三郡に限られるが、秩父郡の瓦が圧倒的に多い。

鳩山窯は八世紀第1四半期に、須恵器専用窯として計画的に開設された。それと同時に、鶴ヶ島市から坂戸市にかけての地区に、計画的に活動が開始された大規模な若葉台遺跡群が成立する。それらの遺跡群の検討からは、在地勢力による単なる私的経済活動とは異なることから、霊亀二年（七一六）の高麗郡建郡という国家的政策として成立した遺跡とする考えが多い［加藤 二〇一六、須田 二〇二一］。鳩山窯跡は、国分寺造営以前から大規模な窯業生産の実績をもちながら、その力を国分寺に向けた瓦生産に活用せず、泉井地区や赤沼地区に新たに武蔵国分寺向けの瓦窯を開設した理由は、同じ国家的政策であっても鳩山窯での自立に向けた須恵器生産は、高麗郡の建郡を成し遂げるという大きな目標があったからであろう。したがって、鳩山窯での武蔵国分寺向けの瓦生産は、臨時的に関与したに過ぎない。

④南多摩窯跡におけるⅠb期の瓦生産

a 大丸地区の瓦生産

瓦谷戸窯跡　一九九七年に発掘調査が実施され、A地区（A号窯：前庭部の一部）、B地区（B号窯：有階有段登窯一基）、C地区（C号窯：灰原の一部）からなる窯跡である（図7―1・2）。出土文字瓦から多磨・都筑・橘樹郡の三郡の瓦が焼成された［坂詰他 一九九九］。

本窯跡の重要な成果は、Ａ・Ｂ号窯における製品のほとんどが国分僧寺Ｉｂ期の塔に供給されたこと、その後に武蔵国府に向けて方形塼が焼成されたことが判明している。また、Ａ・Ｂ号窯出土の単弁八葉蓮華文軒丸瓦Ⅱ類とNo.944遺跡出土の軒丸瓦が同笵関係にあることが判明した。さらにＡ号窯出土平瓦の格子叩きとNo.513遺跡11号窯出土平瓦の押印「多」の周辺の格子叩きの特徴と製作技法が一致することから、瓦谷戸Ａ号窯の操業後に工人が窯道具を携えてNo.513遺跡11号窯に移動したことが確認されている［坂詰他 一九九九］。

瓦谷戸Ｃ窯については多くの軒先瓦が出土するが、これらのうち、中房の大きい単弁八葉蓮華文軒丸瓦Ⅳ類は、国府に供給された軒丸瓦である。また、同Ⅲ類は、武蔵国分寺瓦の中でも最も古く位置付けられる軒丸瓦であり、武蔵国分寺の造営に際し、瓦谷戸Ｃ号窯から瓦笵がNo.513遺跡に移され、そこでＩａ期の焼成が行われたと考えることが可能になった。また、Ｃ号窯からは平瓦の出土は多いものの、文字瓦は一点も出土しないことから、当初は武蔵国府に供給する瓦窯であり、その後に武蔵国分寺創建Ｉａ期のNo.513遺跡の成立に関わる窯であることが明らかになった［有吉二〇一六］。

大丸窯跡　一九五六年に調査されたＡ・Ｂ窯の二基からなる。いずれも有階有段登窯である。Ａ窯の上にＢ窯が築かれ、Ａ窯が古くＢ窯が新しい（図７―３）［宇野 一九五六］。Ａ窯からは、丸瓦・平瓦・熨斗瓦・面戸瓦が出土し、文字瓦は「多」「巳」「都」のほか「橘」が表採されているので、瓦谷戸窯と同様に多摩川下流域の多磨・都筑・橘樹郡の三郡のみの瓦が焼成された。

後出のＢ窯からも国府に供給した方形塼のみが出土した。Ｂ窯出土の塼に押印された郡は一五郡、瓦谷戸窯から出土した塼が一八郡、それらに瓦谷戸窯で表採された「加美」を加えると一九郡になり、武蔵国二〇郡のうち多磨郡の文字瓦のみが欠けることになる。多磨郡は瓦生産に直接関与したことから、瓦の負担から除外されたと考えられる。

b No.513遺跡地区の瓦生産

No.513遺跡 一九八一・一九八四・一九八五年に発掘調査が行われ、遺跡の東・西・北斜面において一五基の窯跡が確認されている。東斜面で確認された四基の窯は、いずれも地下式有階有段登窯であり、瓦窯二基、須恵器窯一基と未使用窯一基で構成される(図8―1)。いずれも国分寺造営以前の窯であり、瓦は京所廃寺(多磨寺)・武蔵国府に供給されたと考えられている[東京都埋文 一九八二]。

西斜面からは七基の国分寺瓦窯が確認された。窯構造は14号の有畦式平窯(未使用窯)を除き、いずれも地下式有階有段登窯である。軒先瓦は国府系の単弁八葉蓮華文軒丸瓦と型押三重弧文軒平瓦の組み合わせであるが、唐草文軒平瓦の破片が4・5窯からわずかに出土するのみである。丸瓦は玉縁式丸瓦も出土するが、全体としては行基式が多い。平瓦は粘土板桶巻作りと粘土板一枚作りが出土するが、後者が圧倒的に多く、多磨郡の平瓦はほぼこの技法で統一されていた[竹花 二〇一九]。

文字瓦については、9号窯を除くすべての窯で模骨文字「多」1(図8―3)、「多」2(図8―4)の二種が出土しているので、模骨文字「多」の製作はNo.513遺跡において一貫していたといえよう(図9)。また、平瓦凸面には型押「多」のほか、多磨郡以外ではⅠa期とされる唯一の型押「榛」(榛沢郡)がある(図9)。多磨郡は一〇郷からなる武蔵国最大の郡である。「川口」「小嶋」は多磨郡の郷名であり「田」も新田郷の略と考えると、「不明押印1～6」も同郡の郷名(記号)である可能性が高い(図9)。

北斜面で確認された三基の窯は、いずれも地下式有階有段登窯であり、そのうち10・12号窯からは剣菱状八葉蓮華文軒丸瓦・牛角状中心飾りの均整唐草文軒平瓦などが出土し、武蔵国府・寺尾台廃寺(川崎市)などに供給された。11号窯からは模骨文字「多」1・「多」2と平瓦凸面の型押「多」1・「多」2のほか多磨郡の郷名である「嶋」「川口」「田」が出土し、武蔵国分寺に供給した多磨郡の瓦窯であることがわかる。

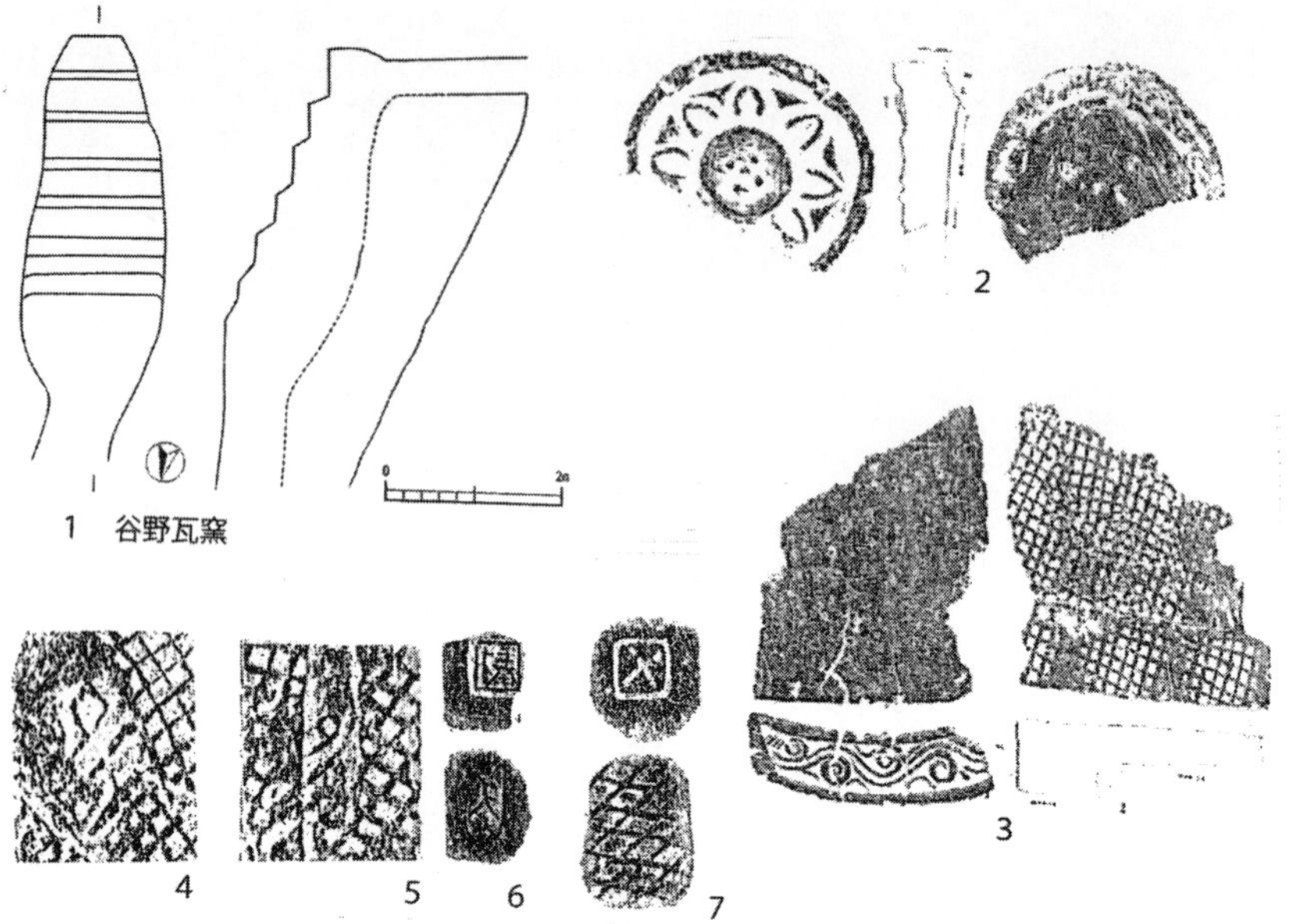

図17　谷野瓦窯と出土遺物

No.513遺跡は、多磨郡が武蔵国府・多磨寺・武蔵国分寺などの造営に際して設置した、多磨郡が直接経営する瓦窯である。これに対し、瓦谷戸・大丸窯は、国分寺・国府の造営にともなう瓦を供給する要請があった際に、多磨郡が多摩川下流域の他郡と合わせて瓦を焼成するために設置した臨時的な出先機関である。したがって、瓦谷戸A号窯からNo.513遺跡11号窯に移動した瓦工人は、本来、多磨郡に属する瓦工人であり、元の組織に戻ったと考えることができる。

c　瓦尾根地区の瓦生産

No.944遺跡　大栗川上流域の武蔵国と相模国の国界付近には、双方の国で四か所の瓦窯が点在する。その中でNo.944遺跡は相模国に属する遺跡である。本窯は地下式有階有段登窯一基が単独で存在し、「久」の刻書文字瓦のみが出土することから武蔵国分寺に供給した久良郡の専用窯であることが判明している（図10）〔東京都埋文 一九九八〕。

出土した軒丸瓦は、素弁八葉蓮華文軒丸瓦Ⅱ類と同笵瓦で、瓦谷戸A・B両窯で使用された瓦笵が後にNo.944遺跡に移され、武蔵国分寺に向けて生産された（図10―4）。

軒平瓦の右端には、反転逆字の「多」が陰刻されていることから、多磨郡の所有であることがわかる(図10―5)。その「多」字は生瓦製作の段階で消去され、その代わりに久良郡の寄進瓦であることを示すため、丸瓦・平瓦に久良郡の頭文字である「久」字が刻書される(図10―6・7)。いずれも同一筆跡とみられ、書き手は一人であったと思われる。

多摩川下流域の多磨・都筑・橘樹・久良郡の四郡のうち、瓦谷戸・大丸窯での瓦生産に携わったのは多磨・都筑・橘樹の三郡であり、久良郡のみが別行動をとり、相模国に属するNo.944遺跡において多磨郡の協力を得て久良郡の瓦を焼成した。久良郡は相模国鎌倉郡に隣接した郡であり、相模国との地縁的関係が強かったと考えられる。

d 谷野地区の瓦生産

谷野瓦窯 武蔵国分寺東約一三キロの谷地川流域にある地下式無階有段登窯で、単独で存在したと考えられている(図17―1)〔内藤 一九六二〕。多磨郡小川郷に属する。

軒丸瓦は国府系の鋸歯文縁八葉蓮華文軒丸瓦の瓦当文様を改変した個体と考えられ、本窯からのみ出土する(図17―2)〔竹花 二〇一九〕。軒平瓦は左から右に転回する偏向唐草文であり、左上部に「多」の文字を刻印する(図17―3)。武蔵国分寺出土の軒平瓦の瓦当文様の中で、偏向唐草文を使用するのは多磨郡の特徴であるが、本窯の場合は右上端に「多」の文字を刻む。また、No.513遺跡出土と同じ平瓦凸面に型押「多」1と「多」2が出土するなど、多磨郡の瓦生産との関係が強い(図17―4・5)。そのほか、この窯での瓦生産にあたり、平瓦凹面に「父」「榛」の押印文字瓦があり、荒川流域の郡が多磨郡の地で瓦生産に関わったことは注目される(図17―6・7)。国内二〇郡の全郡で組織されたⅠb期の国分寺造営体制が解体したのちに、多磨郡小川郷に居住する有力氏族の経営による瓦窯の可能性があろう。

3　Ⅰa期からⅠb期伽藍への改変にみる在地社会

(1) 伽藍構造にみる国分寺の改変

Ⅰa期における武蔵国分寺の寺院地の規模は、平城京内の官大寺や諸国国分寺の規模を遥かに上回り、全国最大の寺院地が策定された。また、古代寺院の造営に際しては、本尊を安置する金堂の造営を優先することが一般的であった[宮本 一九八四]。しかし諸国国分寺の造営に際し律令国家が最も望んだことは、天然痘の猛威や藤原広嗣の乱で失った天皇権威の復権であった。そのため国家は、他の伽藍に先立って七重塔の造営を優先することを一貫して求めた。本尊を納める金堂より聖武天皇勅願の金字「金光明最勝王経」を安置する七重塔の造営を優先したのである。武蔵国分寺の造営に際してはこの政策が遵守され、七重塔としてふさわしい規模と他の伽藍に優先して造営されたことが確認されている。Ⅰa期の武蔵国分寺における造営計画を主導したのは武蔵国司であり、お膝元の多磨郡をはじめ国内数郡が協力関係をもつ体制のなかで推進されたと考えられる。陸奥国を除く全国六十余か国のなかで、配下の郡数が二〇郡という最大規模を誇る大国としてふさわしい国分寺を造営しようとした意気込みを強く感じさせる。それがⅠa期における武蔵国分寺の実態と評価できる。その時期は、国分寺造営督促の詔が発令される天平十九年(七四七)十一月以前の、天平十八年から同十九年前半頃と考えられる。

Ⅰb期の伽藍のなかで、Ⅰa期から造営が引き継がれた七重塔を除き、最初に造営されたのは金堂である。その規模は桁行七間(一二二尺)×梁間四間(五六尺)の諸国国分寺のなかでも最大規模であり、基礎の基壇にも強固な地業が施されていた。一方、講堂については、金堂の身舎と同じ平面規模の桁行五間(九五尺)×梁間四間(五六尺)で建てられた。この建物は金堂平面の両脇間を切り落とした切妻造建物であり、仏堂建築であるべき講堂としては他に例をみないきわめて異例の建築構造であった。前述したように、Ｉｂ期における武蔵国分寺の金堂・講堂は、すでにＩａ期の段階で設計されていた計画をそのまま踏襲し、講堂のみは両脇間を切り落す形でＩｂ期の講堂として採用された。その目的は、建物を簡略化して造営することにあった。また、金堂・中門・廻廊などの伽藍中枢部との関係においても、中門の平面規模は三間×二間の八脚門であるが、金堂の規模と比べるとバランスを欠く小規模建物であり、しかも、基壇は総地業ではなく壺地業という簡略化された平易な構造で造営されていた。さらに、金堂前面の儀式空間を構成するうえで重要な廻廊は設置されず、ここにも国立寺院としては例をみない措置が取られたのである。

国分寺の伽藍配置に関しては、各国分寺ともまちまちであることが明らかにされている。整理すると興福寺式、元興寺式、文武朝大官大寺式、法隆寺式（法起寺式）などがあり、ほとんどの国分寺がそのいずれかに分類される。このことは、諸国国分寺の伽藍配置について律令国家が規定した様子はみられず、七重塔を重視した政策に基づき、各国が独自に採択したと考えられる［網 二〇一四、須田 二〇一九］。武蔵国分寺におけるＩａ期の伽藍配置計画をＩｂ期に引き継いだ塔の位置から類推して、文武朝大官大寺式や法隆寺式（法起寺式）伽藍が採択されたことは考えられないので、興福寺式が諸国国分寺の伽藍配置全体の過半数を占めることを重視すると、興福寺式を指向している可能性が高い。興福寺式伽藍配置は、廻廊に囲まれた金堂前面の儀式空間を重視した伽藍配置であり、廻廊を撤廃してまで伽藍の簡略化を図ったことは、諸国国分寺の伽藍配置のなかでもきわめて異例な措置であった。

武蔵国分寺におけるＩｂ期造営計画は、造営途中のＩａ期の計画を無視し、中軸線を約二〇〇㍍東に移動して新たに寺院地・伽藍地を策定した計画であった。そうした設計変更の背後には、武蔵国司が主導したＩａ期の造営計画に対し、武蔵国の内部に強い反発があったことを想定せざるを得ない。寺院地の区画施設や南門の構造についても同様である。

しかし、その一方で、七重塔・金堂・僧坊のみは諸国国分寺をしのぐ規模で造営されたのも事実である。天平十九年(七四七)の国分寺造営督促の詔は、現任郡司に対し、塔・金堂・僧坊を三年以内に造営することを求めた詔であると同時に、その見返りとして協力郡司に対し末代まで郡司職に任用することを約束したことを内容とする詔でもあった。その詔のなかで塔・金堂・僧坊を重要視したのは、塔は天皇権威を象徴した建物であり、金堂は本尊を安置する建物、僧坊は定員を二十名に定めた僧侶が止住する建物なので、最低限この三つの建物があれば寺院としての運営は可能である、と律令政府は考えたのであろう。武蔵国分寺の造営に抵抗する勢力が、Ⅰb期の造営にあたり律令国家が望んだ塔・金堂・僧坊の三つの建物のみを盾にとり、そのほかの建物については、寺院機能や体裁を損なってまでも著しく簡略化した形で造営を進行させた。その理由は、南武蔵の地に国分寺を建立することで武蔵国の中心がさらに南武蔵に移ることに抵抗したからに他ならない。この反発した地域を想定するとしたら、荒川流域の北武蔵の地域であろう。『日本書紀』は、安閑天皇元年(五三四)のこととして、次のような事件があったことを伝える。

武蔵国造の笠原直使主と同族の小杵は、国造の職をめぐって何年も争った。小杵は上毛野君小熊に援助を求め、使主を殺そうとした。使主は上京してその状況を報告。朝廷は使主を国造に任命し、小杵を殺害した。国造になった使主は、横渟・橘花・多氷・倉樔の四か所の屯倉を献上した、というのである(『日本書紀』安閑天皇元年閏十二月四日条)。篠川賢はこの記述を一定の事実に基づいた伝承と考えるが、東国に国造制が制定されたのは六世紀末と想定する[篠川二〇一〇]。

以後、国造制が敷かれ、武蔵地域においては北武蔵地域が優位に立つが、七世紀中葉頃を境に上円下方墳や八角形墳などの特異な墳形が多摩川下流域を中心に築造され、中央政権が介入する形でこの地域に大きな変化がみられるようになる[江口二〇一四]。さらに、七世紀後半になると、天武十二・十三年(六八三・六八四)には全国的に国境が策定され、その頃から国司が地方に常駐し、武蔵国においても屯倉の地である南武蔵地域が律令国家における新たな地方支配の拠点として定められる。五世紀後半以降、支配の拠点として存続した北武蔵地域の在地社会からすると、事態はただ事ではないことは明らかである。天平十九年の国分寺造営督促の詔には、国分寺の造営に協力する郡司に対し末代まで郡司に任用するという見返りへの期待があった。しかしその一方で、一国の支配の中心である国府の設置に続き、一国の仏教の拠点である国分寺も南武蔵に造営され、支配の中心が南武蔵に移ることに対する北武蔵地域の郡司層の間に強い反発があり、その勢いに武蔵国司も抗しきれず、そのことがⅠa期からⅠb期の改作やⅠb期伽藍に不整合を生む結果となったと考える。

一方、広瀬和雄によると、七世紀中葉頃になると北武蔵における首長層により、彼らの墳墓である切石胴張複室構造の横穴式石室を南武蔵においても採用し、ここにおいて政治的一体化が図られたと指摘する［広瀬 二〇一二］。さらに、中央政権の主導に基づき、南武蔵に移動した首長層が上円下方墳や八角形墳という特異な墳丘形態を採用することで、在地首長層との差別化が図られたと主張する。

そうした広瀬の主張が正鵠を射たものとすると、これまで述べてきたように、八世紀における武蔵国分寺の造営過程から判断する限り、中央政権による北武蔵からの首長層の移動は、ほとんど政治的効果を上げていなかったことになる。

⑵ 瓦生産からみた武蔵国分寺の造営

① 南多摩窯における瓦生産

南多摩窯における瓦生産は多摩ニュータウン№513遺跡から始まる。この窯は多磨郡の郡寺である京所廃寺（多磨寺）や国府関連、さらに国分寺の瓦生産を行った窯場である。多磨郡は主にこの丘陵の東斜面を利用し、国分寺に向けたⅠa期の瓦生産を開始した。前述したように、該期における武蔵国分寺の造営は、武蔵国司と多磨郡司とが中心になり、それに北武蔵の加美郡と榛沢郡とを加えて瓦生産を行った。北武蔵地域の郡司の協力関係は、Ⅰb期の段階には様相を変え、表向きは協力関係を保つが、伽藍の造営に対しては細かく注文をつけたのが実態であり、その協力関係には郡司による強弱があったと考える。

多磨郡の瓦生産方式は、郡名を表記する方法として模骨文字「多」1と「多」2、型押文字として「多」1と「多」2を使用した。そのほか郷の瓦生産に関しても、郷名を表記する方法として「嶋」「川口」のほか、丸印・角印が使用されている(図9)。この郷名押印の中に丸印が存在することは注目に値する。私はこの瓦作り工人の中に高句麗系の郷名をもつ狛江郷が関係したと注目しているが、そのことは、Ⅰｂ期における南比企窯跡群赤沼地区の瓦生産のところで再度述べたい。

模骨文字や型押文字を使用して郡名を表記する方法は、文字瓦を多用する上野国分寺と下野国分寺よりも古く、国分寺の中では武蔵国分寺の事例が最も古い[須田 二〇〇五]。問題はそうした方法をどこから学んだのかである。国家的事業の推進にあたり、瓦生産に文字を表記する方法を最初に採用したのは、養老四年(七二〇)九月、蝦夷による大規模な反乱が起きた以後の荒廃の中で進められた多賀城・多賀城廃寺の再建事業の際である。具体的には、「常」(常陸)・「上」(上総)・「下」(下総)・「上毛」(上野)・「下野」・「武」(武蔵)・「相」(相模)などの国名を冠した模骨文字や刻書文字として表記される(図8)。疲弊した陸奥国を救済するため、国家的要請に基づく大規模な造営事業が計画された際に、新たな方法として採用されたのが背後地における坂東諸国に対し協力を求めた多賀城再建方式である[須田二〇〇五]。武蔵国分寺の瓦生産にあたっても、寄進瓦に表記する方法として模骨文字や刻書文字を使用した多賀城方式が採用された。多磨郡は、No.513遺跡での瓦生産にあたりⅠａ・ｂ期を通じ一貫してこの方法を守り、その方法を武蔵国分寺造営の全体にまで拡大したのである。

Ⅰｂ期の本格的な国分寺造営にともなう瓦生産にあたっては、No.513遺跡に属する瓦工人を瓦谷戸窯や大丸窯に派遣し、多摩川下流域の都筑・橘樹・多磨郡の三郡の瓦を生産した。その際、No.513遺跡で使用した多磨郡の模骨文字は使用せず、都筑・橘樹郡と同様に方形の押印を使用した。しかし、久良郡のみは前記三郡との交流関係が薄かったらしく、相模国に属する多摩ニュータウン№944遺跡において、多磨郡が抱えていた№513遺跡に所属する瓦工人を派遣し、多磨郡の瓦笵を使用して瓦生産を行った。武蔵国分寺の造営において久良郡のような行動はみられるものの、多摩川流下域の地域は多磨郡を中心にまとまって瓦生産を行った。

②南比企窯跡における瓦生産

Ｉａ期の上野系の瓦生産にともなう瓦窯は未発見である。しかし赤沼地区の周辺でこの種の瓦が表採されることや武蔵国分寺から出土する資料に白色針状物質を含む一群が存在することから、当地で生産されたことは明らかである。

南比企窯跡における本格的な瓦生産は、Ｉｂ期の武蔵国分寺の造営と合わせ本格的な操業に入る。それらの窯は、泉井地区における新沼窯、雷瓦工房を中心とした赤沼地区の久保１号窯・石田国分寺窯・金沢窯、さらに臨時的に瓦生産を行った大橋地区の鳩山窯である。これらのうち、本格的に瓦生産を行ったのは泉井地区と赤沼地区窯跡群であり、大橋地区の鳩山窯は、本来、国家的要請に基づく高麗郡の建郡にともなう経済的基盤の形成を目的とした須恵器生産を主体としていたので、武蔵国分寺に向けての瓦生産は、道鏡政権時における臨時的な生産にとどまった。

泉井地区の新沼窯跡で確認された二六基の窯は、いずれも地下式無階無段登窯と想定される瓦陶兼業窯である。須恵器生産を中心とする操業であるが、完掘された12号窯で最初に焼成したのは瓦塼であることが判明していることから、武蔵国分寺Ｉｂ期の瓦生産を契機に操業が開始されたと考えられている［手島 二〇一九］。しかし、通常、瓦生産は継続的な性質をもたず、供給する施設の建設が完成することで事業が終了するという性格を有する。このため、継続的で安定性の高い須恵器生産を併用した方法が選択されたと考えられる。前述したように、窯場が比企郡にあることから、生産の中心をなしたのは比企郡の物部氏と同族関係にある足立郡の丈部氏であったと推測される。

確認された二六基の窯が一つの丘陵に計画的に開設された景観は圧巻である。これらの窯が同時に操業していたのか否かまでは明らかではないが、単なる私的な窯業生産に関わる窯場として開窯されたとは考えにくく、武蔵国分寺の造営と密接に関わって成立したことは明らかである。したがって、新沼窯成立の背後に、武蔵国司や国分寺造営関係の組織の主導があったことは間違いあるまい。在地社会の観点からすると、それまで入間郡・比企郡域に分布していた土師器が次第に生産量を減少させ、国分寺が創建される八世紀中頃には、完全に生産を停止する現象がみられる。これまでの土師器生産者は、新設された新沼窯の工人として転じ、須恵器生産や国家的要請にもとづく国分寺向けの瓦生産に従事した。その計画を命じたのは国分寺造営を推進する武蔵国司であろう［富元 二〇一九］。したがって、南比企窯跡における新沼窯は、入間郡・比企郡の土師器生産者が動員され、武蔵国府主導で成立したと想定できる。

これに対し赤沼地区の諸窯は、瓦専用窯である有畦式平窯と地下式有階有段登窯を使用する工人を中心として組織された。有吉重蔵によると、窯形態のほかに石田国分寺瓦窯から出土する均整唐草文軒平瓦（図13―6）、金沢窯から出土するヘラ状圧痕平瓦（図15―3）、赤沼地区窯の全体から出土する粘土板一枚作り平瓦など、多磨郡の瓦専用窯であるNo.513遺跡と共通する瓦窯形態、瓦製作技術などの多くの要素が共通することから、瓦生産のために多磨郡から比企郡への技術導入が行われたという重要な指摘がなされている［有吉 二〇一六］。

赤沼地区窯跡から出土する軒先瓦の瓦当文様の中には、No.513遺跡と同系文の軒先瓦は認められるが同笵瓦の出土はなく、すべて新たに作笵された瓦笵で占められる。それは多磨郡が管理する瓦笵は比企郡の赤沼地区にはもち込まれなかったことを意味し、そのことが新たに作笵された瓦当文様が自由に表現されることになり、多磨郡から派遣された瓦工人の性格が示される結果となった。すなわち、石田国分寺瓦窯から出土する偏向唐草文軒平瓦の内区に珠文を有する個体（図13―4・5）や雷瓦工房・石田国分寺瓦窯から出土する蓮蕾文の花弁を有する軒丸瓦には（図13―1〜3）、高句麗系文様の要素が強くみられることである。また、前述したNo.513遺跡や武蔵国分寺から出土するⅠa期の平瓦に丸印と角印の押印がみられ、多磨郡の郷名（記号も含む）を表記した平瓦が出土する（図9―不明1〜6）。特に丸印については、朝鮮半島で一般的にみられる資料と共通し、渡来系瓦工人との関連を示唆する。多磨郡の一〇郷の中には狛江郷が存在し、高句麗系移住民との関係は濃厚である。武蔵国分寺造営Ｉａ期の段階から多磨郡の瓦生産に彼らが関与した可能性は高いと考える。

狛江郷の瓦工人の一部が、Ｉｂ期における本格的な武蔵国分寺造営の再編制に際して比企郡に送り込まれ、荒川流域に所在する豊島・荏原郡を含む一六郡の瓦生産を行った。したがって、比企郡の国分寺造営に関わる赤沼地区の雷瓦工房を中心とした諸窯と泉井地区の新沼窯は、いずれも武蔵国府を中心とする南武蔵の勢力により成立したのであり、武蔵国分寺の瓦生産に対する北武蔵地域の関心は高くはなかった。

そうした地区割の前提になったのは、以下のように考えている。多摩川下流域に存在する四郡の瓦は、比企郡の泉井地区新沼窯や赤沼地区の雷瓦工房を中心とした諸瓦窯では焼成されておらず、逆に荒川流域の一六郡の瓦は多磨郡では焼成されていないので、Ｉｂ期の計画段階は荒川流域の一六郡の瓦を比企郡で、多摩川流域の四郡の瓦を多磨郡で生産することが決められたと考える(2)［須田 二〇二二］。その際、本来、屯倉に属する豊島郡と荏原郡を荒川流域の郡に加え、多磨郡の瓦工人を比企郡に派遣したのは、武蔵国分寺の造営を成功に導くために、熱意を示さない北武蔵の勢力に対する武蔵国司や多磨郡司の強い姿勢であったと考える。

おわりに

『倭名類聚抄』によると、武蔵国は二一郡からなる大国である。その規模は陸奥国についで全国二番目に郡の数が多い国である。その建国にあたっては、荒川流域と多摩川流域の異なる文化圏や歴史性を尊重した領域設定ではなく、両地域を広域的に包括して策定された国域の画定であり、その国境が天武十二・十三年に律令政府から派遣された使者により策定された武蔵国の国域であったのである。武蔵国の領域を大規模に定めた理由の一つは、律令国家による版図拡大のための東北政策にあった。陸奥国の黒川郡以北に新たに建郡された一〇郡の郡郷名に、しばしば武蔵国内の郡郷名がみられるように、東北地方に移配された移民のなかに武蔵国出身者が多く〔今泉 二〇〇二〕、武蔵国の広域的な国境策定と律令政府の蝦夷政策との関係は強いとみられる。このことは、武蔵国を律令政府の蝦夷政策における坂東を中心とした背後の兵站基地の中心国に位置付けたからに他ならない。武蔵国の建国にあたり、北武蔵地域と南武蔵地域の確執の解消は、蝦夷政策を重視する律令政府から軽視されたのである。しかしその一方で、東海道と東山道とを連結し武蔵国の中心を通る東山道武蔵道の設置は、北武蔵と南武蔵地域の習俗や文化圏を結びつけ、相互に交流を図ろうとする政策も取られていた。

前述したように、武蔵国の国内事情からすると、荒川流域の北武蔵と多摩川流域の南武蔵地域とは、大化前代から歴史的にも文化的にも一体化した地域とは考えられず、長い間、北武蔵が優位の状態で緊張関係は続いていたといえよう。それが、七世紀後半に多摩川下流域の屯倉の地に、新たに武蔵国府が設置されたことにより、国内における在地社会では、むしろ緊張関係が増幅され、さらにその後に進行した国分寺建立計画は、国府の近隣に国府と一体化した国立寺院を建立する計画であった。天平十九年に発令された国分寺の造営に協力した郡司には、末代まで郡司に任用するという優遇政策を含めた詔があったとしても、北武蔵の現任郡司からすると、さらに重い歴史的判断を背負ったといえよう。武蔵国分寺の造営におけるⅠa期からⅠb期への寺院地と伽藍の大幅な改作は、律令国家による武蔵国の建国事情と在地社会における確執とが密接に関わって露呈した現象であったのである。

註

（1）　武蔵国分寺の塔は、承和二年の記事により、創建当初から七重塔であることが判明しているので、ここでは七重塔と記述する。

（2） 石村喜英著『武蔵国分寺の研究』（昭和三五年刊）の中に、泉井窯跡出土の文字瓦「都」の逆字資料が川鍋重寿氏蔵として掲載されている（同書第87図―115）。昭和三五年以前の表採資料と思われるが、このことが南武蔵の郡が南比企窯跡群でも瓦を焼成した根拠としていくつかの論文で扱われている。しかし、今日までの幾多におよぶ南比企窯跡での発掘調査で得られた資料の中には、南武蔵四郡の文字瓦の出土例はみられない。川鍋資料は表採資料であり、誤認された可能性もあろう。

参考文献

青木忠雄　一九七一「埼玉県鴨川流域の布目瓦出土遺跡に関する考察」『浦和考古学会調査報告書』4
網　伸也　二〇一四「国分寺の伽藍配置」『季刊考古学―特集王権擁護の寺・国分寺』第一二九号　雄山閣
有吉重蔵　一九九五「武蔵国分寺の創建期瓦窯―南多摩窯跡群を中心として―」『王朝の考古学』雄山閣
有吉重蔵　二〇一六「武蔵国分寺創建期瓦窯再考」須田勉編『日本古代考古学論集』同成社
有吉重蔵　二〇一八「武蔵国分寺瓦の研究」『古瓦の考古学』ニューサイエンス社
今泉隆雄　二〇〇一「多賀城の創建―郡山から多賀城へ―」『条里制・古代都市研究』通巻一七号　条里制・古代都市研究会
江口　桂　二〇一四『古代武蔵国府の成立と展開』同成社
宇野信四郎　一九五六「東京都南多磨郡稲城村大丸窯跡発掘調査概報」『歴史考古』9・10合併号　日本歴史考古学会
香川将慶　二〇一四「武蔵国分寺の人名瓦」『金沢窯跡』国士舘大学考古学研究室
香川将慶　二〇二〇「武蔵国分寺に関する郷名文字瓦と人名文字瓦の製作背景について」『国士舘考古学』第7号　国士舘大学考古学会
加藤恭朗　二〇一六「坂戸台地内陸部に開発された集落」『武蔵国高麗郡建郡―入間からみた高麗郡建郡とその後―』古代の入間を考える会
金井塚厚志　一九九一『雷遺跡』鳩山町教育委員会
金井塚厚志　一九九三『久保1号瓦窯』鳩山町教育委員会
坂詰秀一他　一九九九『東京都稲城市瓦谷戸窯跡群発掘調査報告書』
国分寺市教育委員会　二〇一六『国指定史跡　武蔵国分寺僧寺跡発掘調査報告書Ⅰ』以下、直接触れなくとも発掘調査の成果に関するデータは本書による。

酒井清治　一九八七「窯・郡寺・郡家―勝呂廃寺の歴史的背景の検討―」『埼玉の考古学』人物往来社
篠川　賢　二〇一〇『大王と地方豪族』山川出版社
須田　勉　一九九五「国分寺造営勅の評価」『古代探叢Ⅳ』早稲田大学出版部
須田　勉　二〇〇五「多賀城様式瓦の成立とその意義」『人文学会紀要』第37号　国士舘大学人文学会
須田勉他　二〇一四『金沢窯跡』国士舘大学考古学研究室報告第16冊　国士舘大学考古学研究室
須田　勉　二〇一六『国分寺の誕生―古代日本の国家プロジェクト―』吉川弘文館
須田　勉　二〇一九「国分寺の伽藍配置」『史跡甲斐国分寺跡』笛吹市教育委員会
須田　勉　二〇二一「古代高麗郡の建郡と手工業生産」『古代日本と渡来系移民―百済郡と高麗郡の成立―』高志書院
須田　勉　二〇二二「国分寺の伽藍と武蔵国分寺」『武蔵国分寺跡　史跡指定一〇〇周年記念講演会資料』国分寺市・国分寺市教育委員会
須田　勉　二〇二二「南多摩窯跡群における瓦生産」『南比企窯跡群総括報告書Ⅰ』鳩山町教育委員会
須田　勉　二〇二三「国分寺の造営にみる東と西」『国分寺の名水を守る会講演資料』国分寺の名水を守る会
竹花宏之　二〇一九「南多摩窯跡群の瓦窯」『古代東国の国分寺瓦窯』高志書院
手島芙美子　二〇一六『新沼窯跡―第1次～第4次調査報告書―』鳩山町教育委員会
手島芙美子　二〇一九「南比企窯跡群の瓦窯―新沼窯跡を中心に―」『古代東国の国分寺瓦窯』高志書院
東京都埋蔵文化財センター編　一九八二『多摩ニュータウン遺跡―No.513遺跡―』Ⅰ東京都埋蔵文化財センター調査報告第3集
東京都埋蔵文化財センター編　一九八七『多摩ニュータウン遺跡　昭和60年度4冊分』東京都埋蔵文化財センター報告第8集
東京都埋蔵文化財センター編　一九九八「No.944遺跡」『東京都埋蔵文化財センター報告第52集』
田村圓澄　一九八三『日本仏教史』二　法蔵館
富元久美子　二〇一九「高麗郡建郡と東金子窯」『古代高麗郡の建郡と東アジア』高志書院
内藤政恒　一九六一「八王子市谷野瓦窯址調査報告」『多磨考古』3
広瀬和雄　二〇一二「多摩川流域の後・終末期古墳　七世紀における東国地域の一動態」『国立歴史民俗博物館研究報告』第一七〇集　国立歴史民俗博物館
本郷真紹　二〇〇四『律令国家仏教の研究』法蔵館
宮本長二郎　一九八四「古代寺院の伽藍配置」『全集日本の古寺』14巻　集英社
渡辺　一　一九八八『鳩山窯跡群Ⅰ』鳩山町教育委員会
渡辺　一　一九九〇『鳩山窯跡群Ⅱ』鳩山町教育委員会

渡辺　一　一九九一『鳩山窯跡群Ⅲ』鳩山町教育委員会
渡辺　一　一九九二『鳩山窯跡群Ⅳ』鳩山町教育委員会
渡辺　一　二〇〇七『鳩山の遺跡・古代窯業』鳩山町教育委員会

相模国分寺の建物構造と在地社会

浅井　希

はじめに

全国の国分寺の発掘調査成果により、各国分寺の伽藍配置や建物の規模・構造、基壇構造などは一様ではなく、様々な様相を呈することが判明してきている。相模国分僧寺と武蔵国分僧寺は、国分寺のなかでも規模が大きく建物構造に共通点がみられるが、国分寺としては異例ともいえる面も有している。

本稿では相模国分僧寺と武蔵国分僧寺の塔・金堂・講堂の建物構造の比較を中心として、平城京の寺院や他の国分寺ではみられない特徴が導入される背景について、国分寺の造営と在地社会との関係性から検討したい。

1　相模国分寺の発掘調査の成果と特徴について

相模国分寺の伽藍は、東西に塔・金堂が並び、東西の築地塀が講堂に接する法隆寺式伽藍配置で、中門の東西に接続する南面のみが単廊構造となり、東面は築地塀と推定されている。伽藍地の発掘調査は塔跡・金堂跡・講堂跡・推定鐘楼跡・推定経蔵跡・僧坊・中門跡・南面回廊・東面築地塀跡で行われた。他にも僧坊跡北側の伽藍中軸線上で確認された廂をもつ掘立柱建物（北方建物跡1）、僧坊跡北西側で壺地業による大型建物跡（北方建物跡2）など寺院の運営施設と考えられる遺構も確認されている（第1図）。

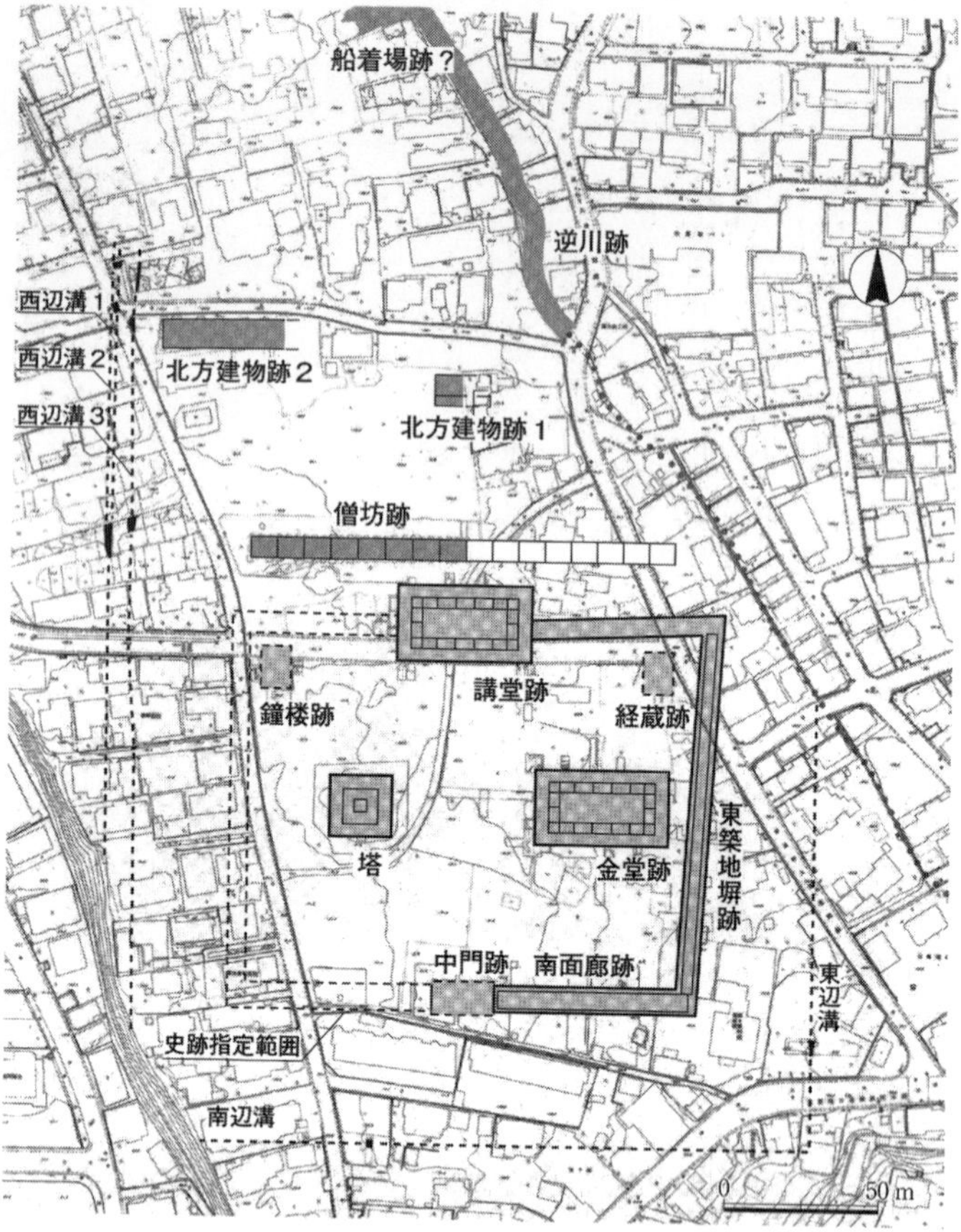

第１図　相模国分僧寺伽藍図（海老名市教委 2012）

(1) 塔跡（第2図）

掘込地業は基壇規模よりも大きな範囲で行われ、基壇外装端部の延石から外へ幅四〜四・五㍍、全体としては約二八三〇㎡と考えられる。基壇規模より平面規模が大きい掘込地業の例は、陸奥・上野・伊豆・遠江国分寺塔でもみられる。このような掘込地業について青木敬は薬師寺東塔の発掘調査を例として、基壇を構築する際に一回り大きく版築し、基壇外装を施工する際に外側を現在の規模まで削り、基壇を構築したとしている［青木二〇一二］。

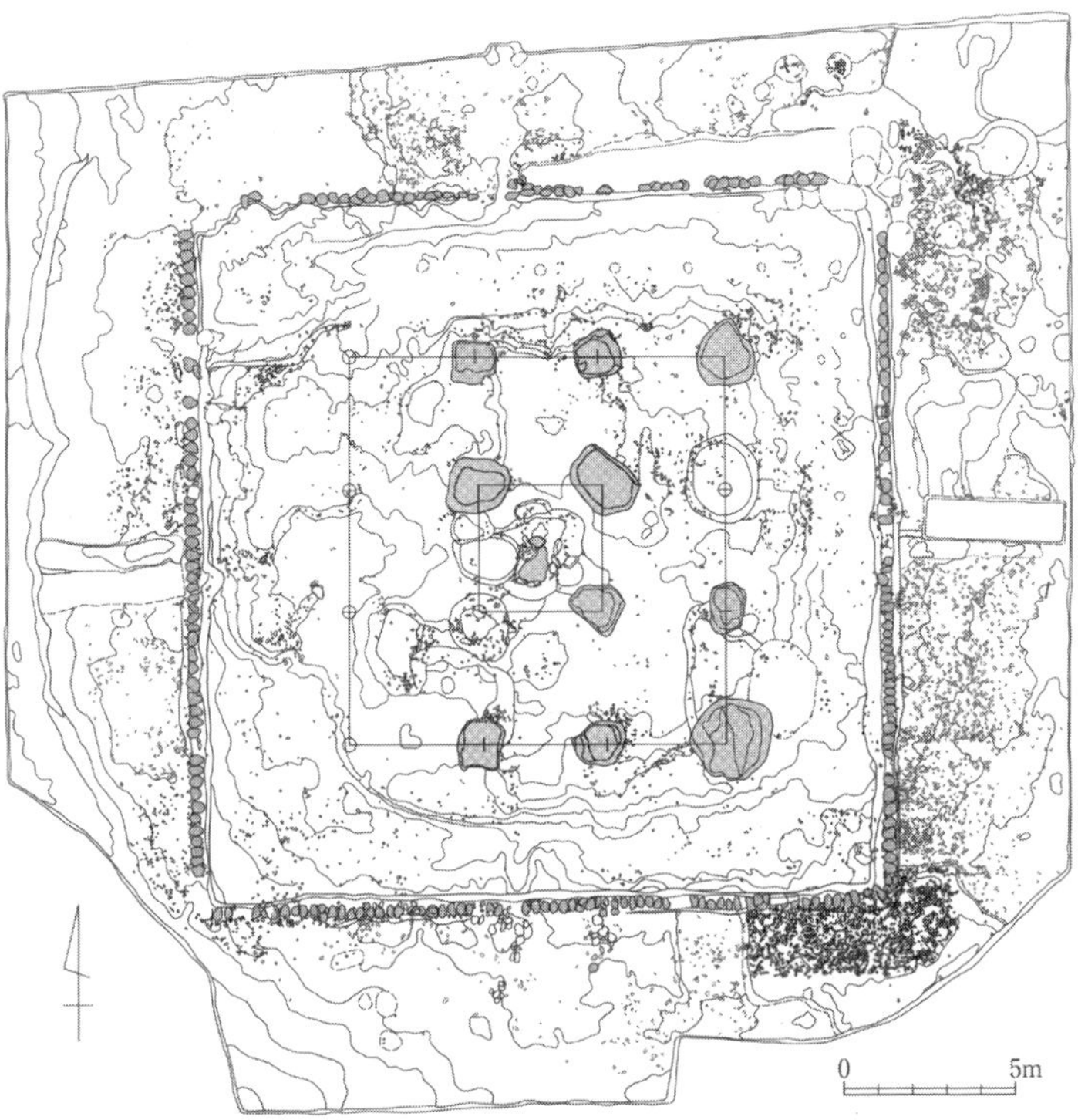

第２図　相模国分僧寺塔跡全体図（海老名市教委 2012）

相模国分寺塔の基壇は一辺二〇・五六㍍（六九尺）である。基壇規模が判明している国分寺塔は、上野・美濃国分僧寺塔で一辺約一九㍍（六四尺）、武蔵・伊豆・遠江・豊後で約一八㍍（六〇尺）、甲斐・三河で一辺約一六・六㍍（五六尺）、信濃で約一三㍍（四四尺）であり、現在基壇規模が判明している国分寺塔跡の中では最大の規模となる。

基壇外装は削平により失われ、正確な構造は不明であるものの、基壇外縁を巡る延石上の一部に凝灰岩地覆石が残存すること、また羽目石と推定される凝灰岩の破片や地覆石が確認されることから、壇上積基壇であったと推定されている。基壇北辺では川原石を用いた乱石積基壇が確認されているが、東・西辺と直交しない点から北辺基壇のみ乱石積基壇に改修されたとしている。

心礎は現存していないものの、礎石は一

七個中一〇個が残存する。礎石は、基壇上面の版築途中で礎石据付穴を掘り込み、長さ四〇センチ、幅一五センチ程の細長い根石を環状に配して据える。金堂・講堂跡でも同様の方法で礎石を据えている。塔は各面とも柱間三間で、いわゆる方三間と呼ばれる構造である。柱間寸法はすべて一二尺等間であり、初重平面は三六尺（一〇・七メートル）となる。

箱崎和久によると、中央官寺では奈良時代初頭から柱間を等間とせず、中央間を広くとる技法が普及していたが、国分寺塔では方三間の平面で、概して規模は大きく、中央間と脇間の柱間寸法を等間とする例が比較的多いとされる［箱崎 二〇一三］。他の国分寺塔では、豊後国分寺塔が約一一メートル（三七尺）で最大規模であり、次いで相模・美濃・伊豆が約一〇・七メートル（三六尺）となる。国分寺塔の初重平面は、一辺三〇尺前後が多くみられるが、三五尺を超える塔は限られる。

塔跡およびその周辺部の調査では、基壇全体が焼土で覆われていたため、最終段階は火災によって倒壊したと考えられている。塔跡の補修・再建に関しては、『類聚国史』弘仁十年（八一九）二月十九日条・八月二十九日条と、『日本三代実録』元慶三年九月の被災の記事を踏まえて（元慶五年十月三日条）、北辺の基壇が乱石積基壇に修造されていることと、基壇外周礫敷が二面確認されたことを根拠に、少なくとも二回の補修ないしは再建が想定されている。しかし筆者は、塔跡出土瓦の生産地別出土割合や、瓦の出土状況、被熱を受けた瓦の出土傾向を分析した結果、塔の補修は一回であり、再建はなかったと考えている［浅井 二〇一三］。瓦の出土は塔跡に集中し、他の遺構での瓦の出土は少ない。軒先瓦は塔跡で少量確認されるのみで、塔跡以外での出土はほとんどみられない。

(2) 金堂跡（第3図）

相模国分寺の金堂基壇は、全国的にも類例のないスロープ状の築土に川原石を貼り付けるように並べる構造であり、葺石状基壇外装と報告されている。同様の基壇外装を用いる例はなく、独自色の強い構造である。また、版築内から

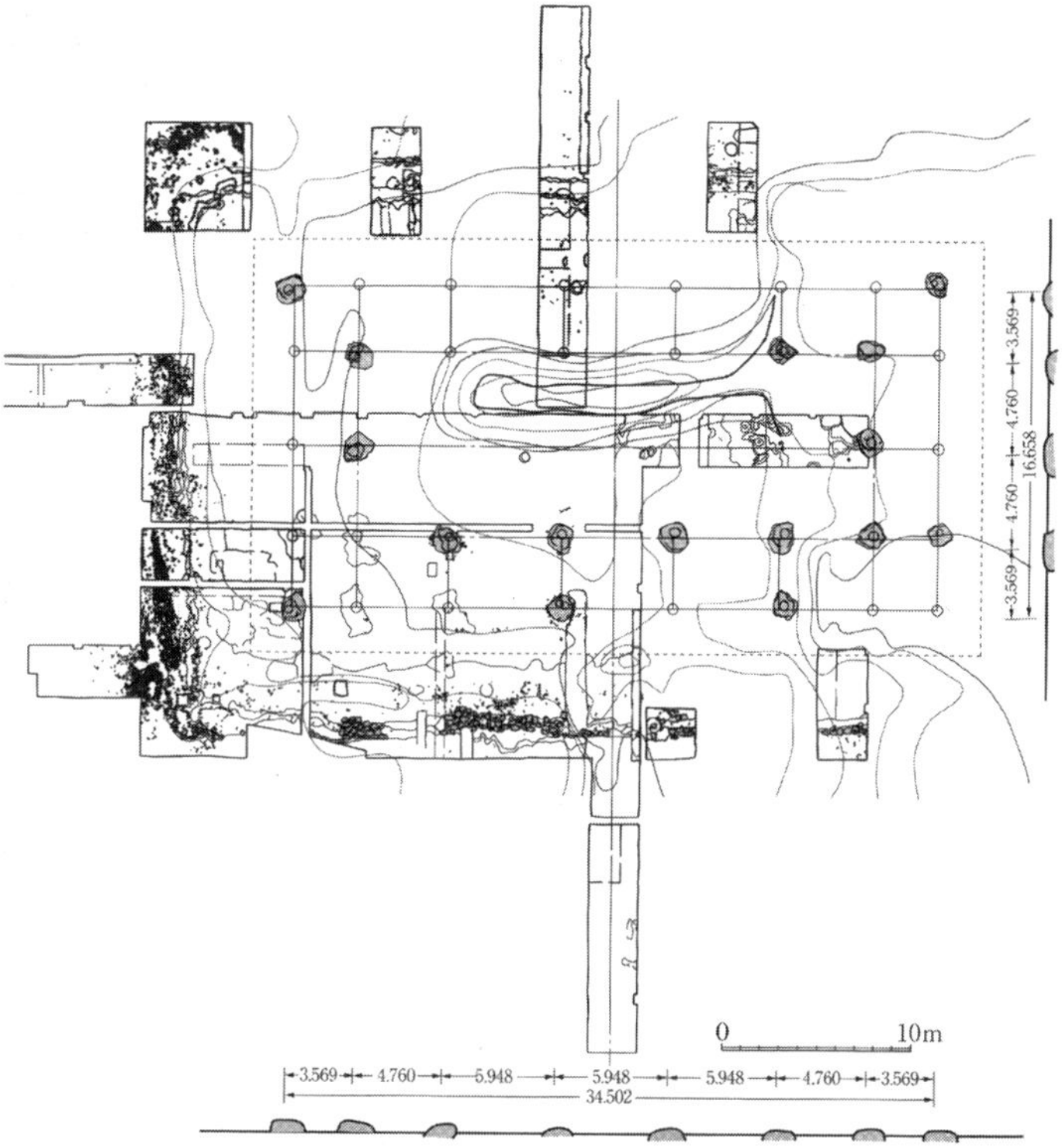

第３図　相模国分僧寺金堂跡全体図（海老名市教委 2012）

は少量の瓦が出土するものの、金堂に葺かれたと考えられる瓦は出土せず、大棟のみを瓦葺きとする甍葺きの屋根構造であった可能性がある。この点も大きな特徴である。

基壇は掘込地業で構築される。掘込地業の範囲は桁行約四〇㍍、梁間約一〇㍍と推定される。掘込地業は基壇より小さい範囲であり、外陣側柱礎石の外側約二㍍までとなる。基壇築土内には礫層を含む。基壇の平面規模は、東西四六・八㍍、南北三〇㍍となる。

他の国分寺金堂の基壇平面規模をみると、概ね三〇㍍前後〜三五㍍前後が多いのに対して、基壇規模は大きいといえる。同じく基壇平面の規模が大きな武蔵の国分寺金堂は東西四五・四㍍×南北二六・二㍍、甲斐は東西四二㍍×二二・五㍍、肥前は三九・四㍍×二〇・八㍍の国

写真1　相模国分僧寺金堂南辺葺石状

分僧寺金堂などがある。相模国分僧寺金堂の場合、規模が大きくなった要因は、スロープ状の葺石状基壇であるためである。

葺石状基壇外装は、締まりの弱い褐色土を概ね二〇度の緩い傾斜でスロープ状に築土し、最下段には縁石のように長辺三五㌢前後の石が並ぶ。スロープ状の築土には長辺三五〜四〇㌢程の川原石を貼り付けるように並べる。川原石は遺存状態の良い箇所で五段を確認している。報告書ではこの構造に近い例として水落遺跡の建物基壇の葺石を挙げている［海老名市教委二〇一二］。

礎石は三六個中一六個が残存している。前述のように礎石周りの版築は、塔跡同様、版築途中で礎石据付穴を掘り込み、根石を配置する方法である。建物規模は、桁行七間（三四・五㍍）×梁間四間（一六・六㍍）であり、多くの国分寺金堂と変わらないものの、柱間寸法は桁行一二尺＋一六尺＋二〇尺＋二〇尺＋二〇尺＋一六尺＋一二尺、梁間一二尺＋一六尺＋一六尺＋一二尺となっている。桁行の中央間を二〇尺×三間と非常に広くとる点に特徴がある。中央の三間を広くとる類例は、武蔵・備前・若狭国分僧寺金堂などでも見られるが、中央三間を各二〇尺とするのは、相模国分僧寺金堂・講堂、武蔵国分僧寺金堂・講堂、武蔵国分尼寺金堂のみである。また、相模国分尼寺金堂（桁行五間×梁間四間）では中央一間のみであるが二〇尺の広さをとる。

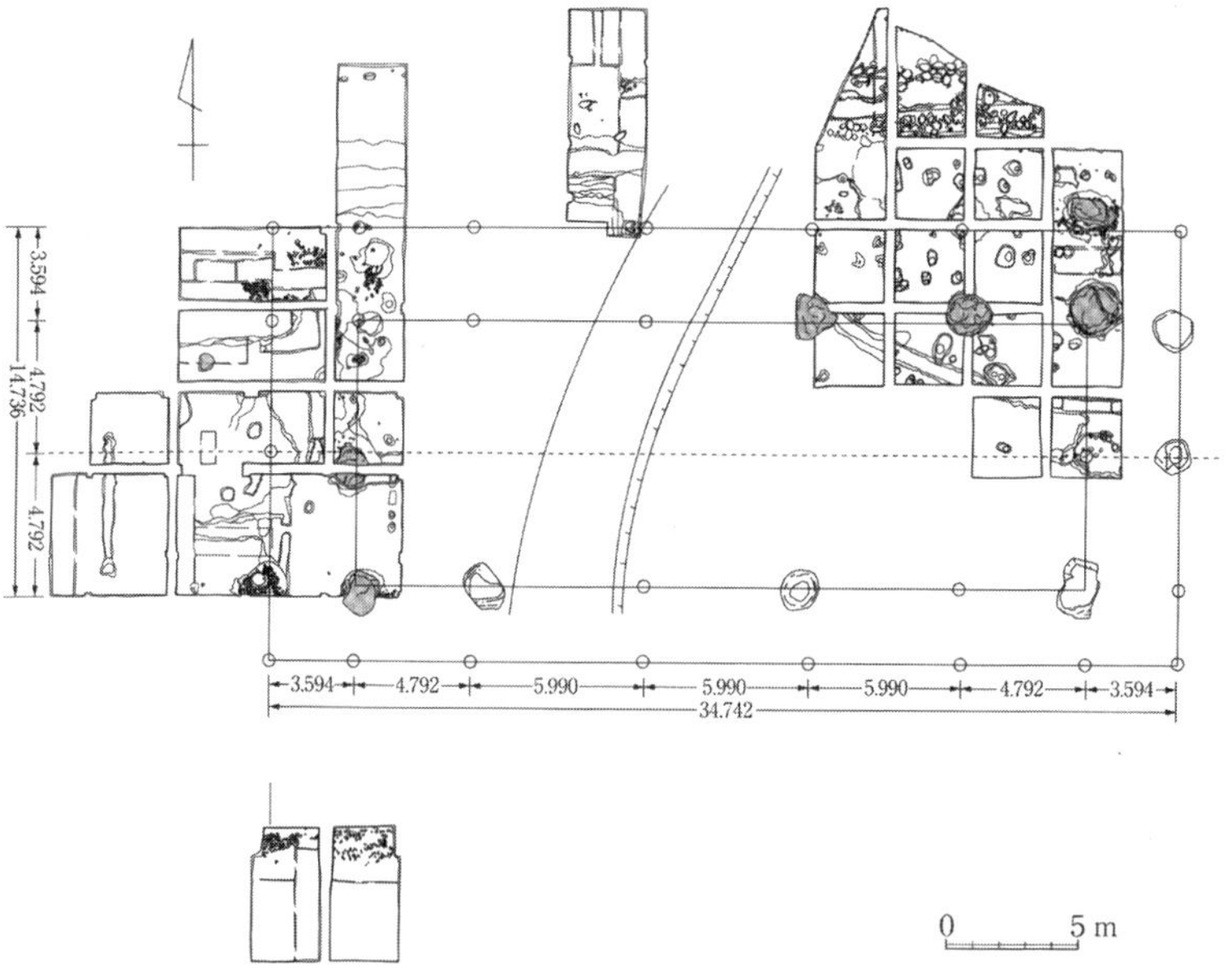

第４図　相模国分僧寺講堂跡全体図（海老名市教委 2012）

(3) 講堂跡（第４図）

基壇は掘込地業により構築される。地業の範囲や基壇の規模は遺存状態が悪く不明だが、金堂と同様、基壇中央部の礎石を配する範囲のみに地業されている可能性が高い。金堂と同様に基壇築土内は礫層を含み、三浦郡系の瓦が出土する。基壇規模は不明ながら建物の平面規模が金堂と同じであること、基壇外周に石敷きの痕跡が確認されることから金堂と同規模であると推定されている。また、講堂の建物規模は、残存する礎石と柱間寸法等から金堂と同様であると推定される。

基壇外装も遺存状態が悪く不明であるが、基壇・建物規模が金堂と同規模であると推定されること、講堂北側で長径三〇センチの川原石が出土することから、金堂と同じく葺石状基壇外装であったと推定されている。第１次調査では講堂西側の一間が増築されたと報告されている。しかし再調査においては増築の痕跡は確認できず、整理作業段階での齟齬であった可能性が高い。講堂は当初から金堂と同規模で造営されたといえる。

講堂北側では東西に基壇を切る溝跡が確認された。

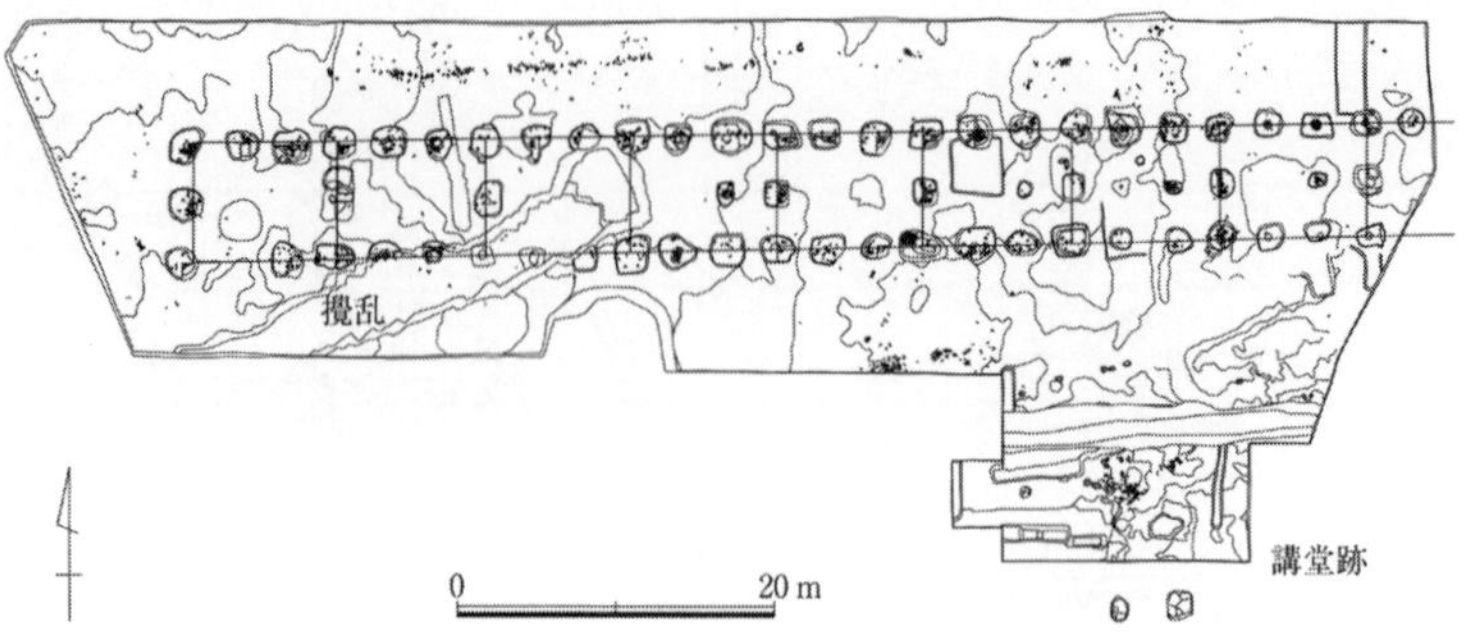

第5図　相模国分僧寺僧坊跡全体図（海老名市教委 2012）

溝跡の覆土から十世紀後半から十一世紀初頭と考えられる土器が出土しており、平安時代後期頃には講堂としての機能を終えていたと考えられる。

(4) 中門跡・瓦溜まり

中門跡は地業痕跡が確認された範囲を拡大して調査が行われた。明瞭な遺構は確認されず、推定される南面回廊との接続箇所から基壇範囲を推定している。この中門基壇の推定範囲の東南では、瓦溜まりが確認されている。出土瓦は塔跡で大半を占める三浦郡乗越瓦窯の瓦（一枚作り凸面縄叩き平瓦）は出土せず、桶巻き作り凸面格子叩き平瓦の三浦郡法塔瓦窯系、足下郡からさわ瓦窯の瓦が出土する。一点のみであるが三重弧文軒平瓦の小片も確認され、塔跡と対照的に在地系の瓦が出土する。

(5) 僧坊跡（第5図）

僧坊跡は、桁行三〇間（一六八・二㍍）×梁間二間（六・五七㍍）の長大な建物であったと推定される。柱穴に抜取痕が確認されること、柱位置に径四〇㌢の川原石が据えられている箇所があることから、掘立柱建物で一度の建て替えがあり、その後、礎石建物に建て替えられたと考えられている。

また、柱穴覆土に焼土粒、柱の抜取痕に炭化材が含まれるので、僧坊跡は二度焼失し、礎石建物に建て替えられたとされている。

(6) 回廊跡

回廊については全体的に遺存状態が悪い。南面回廊では地業や基壇の痕跡は明瞭ではないものの、径六〇～七〇㌢の川原石の礎石が南側列で六個、北側列で一個残存する。梁間一間の単廊と推定され、柱間寸法は桁行約三㍍（一〇尺）、梁間約五・四㍍（一八尺）である。梁間が長いため複廊の可能性も指摘されたが、梁間に中間柱となりうる遺構は検出されていない。

東面は築地塀であるとされているが部分的な調査で不明瞭な点が多い。西面は崖線に位置するために土層の流出が著しく、遺構は確認されていない。北面は一部で根石を確認し、桁行六・六㍍と推定されている。しかし、南面とは柱間寸法が異なり、接する講堂や伽藍中軸ラインとも直交しないなど、不明な点が多い。

(7) 相模国分僧寺主要堂宇の特徴

相模国分寺主要堂宇の特徴は以下のとおりである。

①塔・金堂・講堂は、基壇規模・建物規模ともに他の国分寺と比較して大きく、いずれも最大級の規模である。

②金堂・講堂の基壇外装は人頭大の川原石を傾斜した基壇上に並べた、寺院の基壇としては類例のない外装構造をもつ。

③金堂・講堂は、桁行七間×梁間四間で同規模の四面廂建物である。両建物とも掘込地業による基壇築成で、土壇積内に礫層を含むなど共通した工法を用いている。また、金堂・講堂の柱間寸法は、中央間を二〇尺×三間と広くとる正面観を意識した構造である。同様の構造は武蔵国分僧寺金堂・講堂と武蔵国分尼寺金堂でみられる。また、中央一間を二〇尺とする構造は、相模国分尼寺金堂で見られる。相模国分僧寺金堂・講堂は、建物平面規模・建物構造ともに共通し、両建物が同一計画のもとで施工されたと考えられる。

④金堂・講堂ともに軒先瓦は出土しない。建物の規模は大きいが、丸瓦・平瓦の出土量も極めて少ない。出土瓦も小破片のみである。これらの状況から、金堂・講堂は瓦葺ではなく、大棟のみを瓦葺きにした甍棟のような屋根構造であったと考えられる。

⑤金堂基壇内では、創建期の塔に葺かれた三浦郡系の瓦片や凝灰岩片が出土する。本格的な瓦葺き建物は塔のみであり、凝灰岩は塔基壇外装のみで使用された石材なので、塔は金堂に先行して造営されたと考えられる。

⑥基壇規模より大きな平面規模で掘込地業が行われたのは塔のみである。基壇外装も壇上積基壇であり、瓦葺き建物であることから、塔の造営や意匠が重視されたといえる。

⑦回廊については、礎石の遺存状況から南面は単廊と推定されるが、北・西・東面については遺存状態が悪く不明な点が多い。回廊はなかった可能性が高い。

以上、発掘調査成果を中心として相模国分僧寺の主要堂宇についての特徴をまとめた。次に規模や建物構造に相模国分僧寺と共通性のある武蔵国分僧寺の主要堂宇の発掘調査成果をまとめながら比較したい。

2　武蔵国分僧寺の発掘調査の成果と特徴

武蔵国分寺跡の発掘調査は、昭和四六年から継続して行われている。調査成果をもとに三時期の区分に大別される。創建期を中心としたI期はさらにⅠa～Ⅰc期に区分される［有吉 一九九八］。

Ⅰa期は天平十三年(七四一)二月の国分寺建立の詔発布後の、塔を中心とした伽藍計画にもとづき、国分僧寺の造営に着手した時期。Ⅰb期は、天平十九年(七四七)十一月の国分寺造営督促の詔を受け、国分尼寺を含めた本格的な造営に着手した時期。Ⅰc期は平城宮系の軒先瓦を導入した、塔を中心とした補修を行った時期に区分されている。

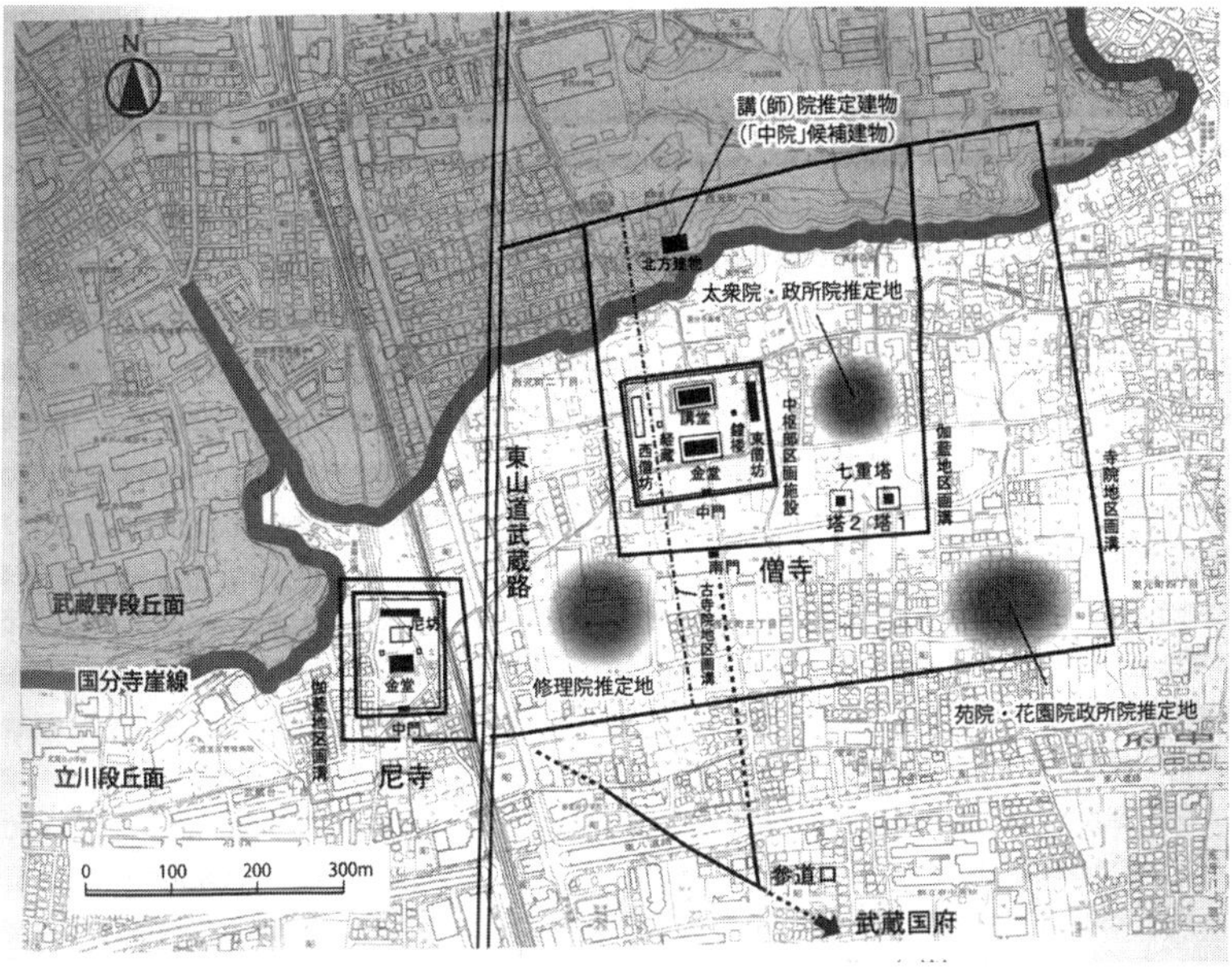

第６図　武蔵国分僧寺全体図（国分寺市教委 2016）

伽藍地内には金堂・講堂が南北に置かれ、その中間の東西に鐘楼・経蔵、さらにその東西に南北棟の僧坊が二棟配されていた。回廊をもたず、中門に取りつく掘立柱塀が伽藍地を区画する。掘立柱塀は後に同規模の築地塀に改修される。南北棟の僧坊（一五間×四間）を東西に二棟配置すること、回廊が存在しないことは国分寺では例をみない。

(1) 塔跡（第7図）

平成一五年以降の第3期調査では、現存する塔（SB223・塔1）の西方で新たに塔基壇（SB224・塔2）が検出された。『続日本後紀』承和十二年（八四五）の塔再建の記事との関係で注目される。本稿では創建期の塔1の調査成果を紹介しておく（詳細は本書須田論文を参照）。

基壇の平面規模は約一七・七㍍四方、掘込地業も基壇と同規模である。掘込地業の深さは約一・一五㍍、地上部の基壇の高さは約〇・九五㍍と推定される。礎石は枘穴円座式の心礎を含め八個が残存する。礎石の据付は、基壇上面ないしは基壇築成の途中で礎石据付穴を掘り込

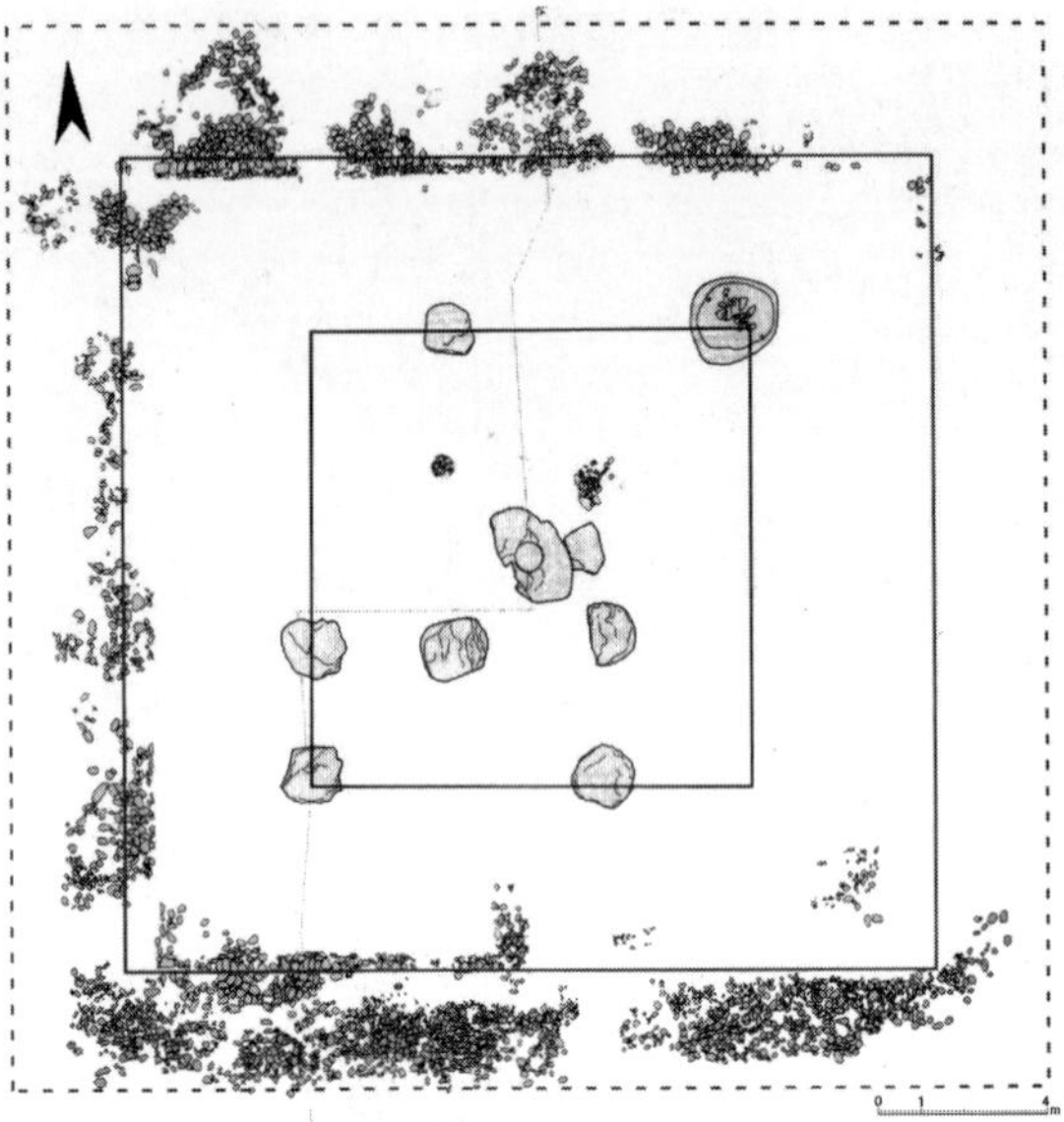

第７図　武蔵国分僧寺全体図（国分寺市教委 2016）

み、そこに礎石を設置する方法である。同様の工法は武蔵国分僧寺講堂でも見られる。基壇の外装は川原石による乱石積基壇である。建物初層辺長は三三尺（約九・八メートル）、柱間は一〇・七尺＋一一・六尺＋一〇・七尺で中央間の広い構造となる。

相模国分僧寺塔と比べると、基壇平面や初重平面の規模は近い数値であり、他の国分寺塔より大きな規模である点は共通する。しかし、掘込地業の工法、礎石の据え方、基壇外装、相模国分寺塔が方三間であるのに対し、武蔵国分寺塔では中央間を広くとる点などでは相違点がみられる。

（2）**金堂跡**（第８図）

掘込地業は建物全体に及ぶ総地業で、規模は東西約四二メートル、南北約二二・四メートル、深さ約一・三五メートルである。礎石の下部には土と石敷層を互層にした壺地業が施される。基壇の平面規模は東西約四五・四メートル、南北二六・二メートルである。基壇外装は塔と同じく乱石積基壇である。

建物構造は桁行七間（約三六・二メートル）×梁間四間（約一六・六メートル）。柱間寸法は桁行一三尺＋一八尺＋二〇尺＋二〇尺＋二〇尺＋一八尺＋一三尺、梁間一三尺＋一五尺＋一五尺＋一三尺に復元される。国分寺金堂で桁行三五メートルを超えるのは、武蔵国分寺金堂のみである。前述のとおり桁行の中央三間を二〇尺ずつとる点は、相模国分寺金堂と共通している。

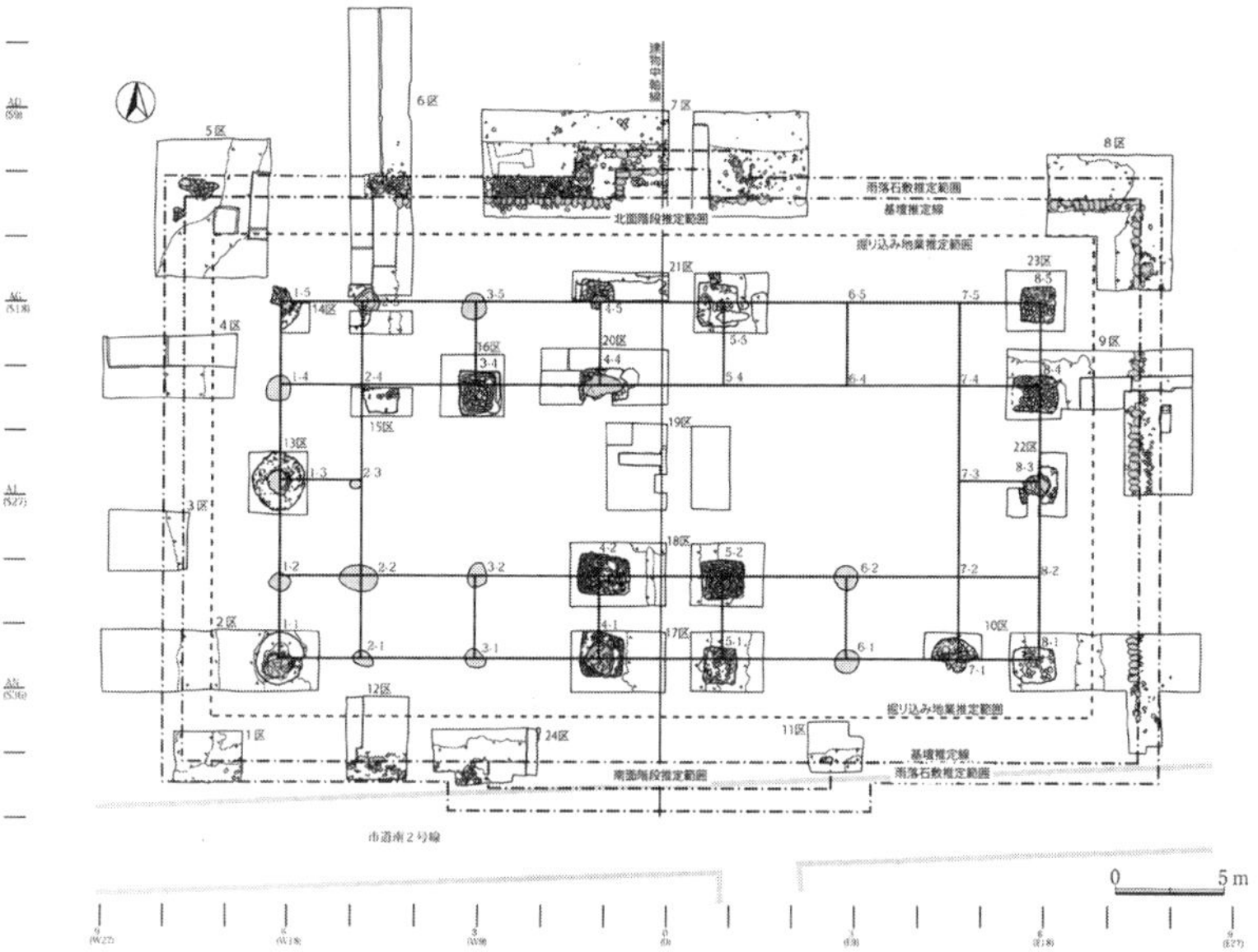

第８図　武蔵国分僧寺金堂跡全体図（国分寺市教委 2016）

相模国分寺金堂と比較すると、基壇の平面規模においては、相模国分僧寺金堂の基壇が葺石状基壇であるためやや大きくなるものの、地業の範囲は武蔵国分寺が大きくなる。また建物規模においても武蔵国分寺金堂が大きい。

(3) 講堂跡（第９図）

武蔵国分寺講堂はⅠｂ期における創建時の桁行五間（約二八・五㍍）×梁間四間（一六・六㍍）の切妻造建物から、桁行を東西に各一間広げて金堂と同規模の桁行七間（約三六・二㍍）×梁間四間（一六・六㍍）の寄棟造り構造に建て替えが行われる。講堂が再建される時期は、基壇内や瓦積基壇から出土した塔再建期の瓦を基準に、九世紀中～後半頃と推定されている。

掘込地業は建物全体に及ぶ総地業である。創建期の地業平面規模は東西二四・八㍍以上、南北二五・六㍍以上、再建後は東西約三四・四㍍、南北は二二・七㍍前後と推定される。基壇外装は創建・再建期ともに瓦積基壇で、基壇の平面規模は東西約四二・三㍍、南北約二二・八㍍

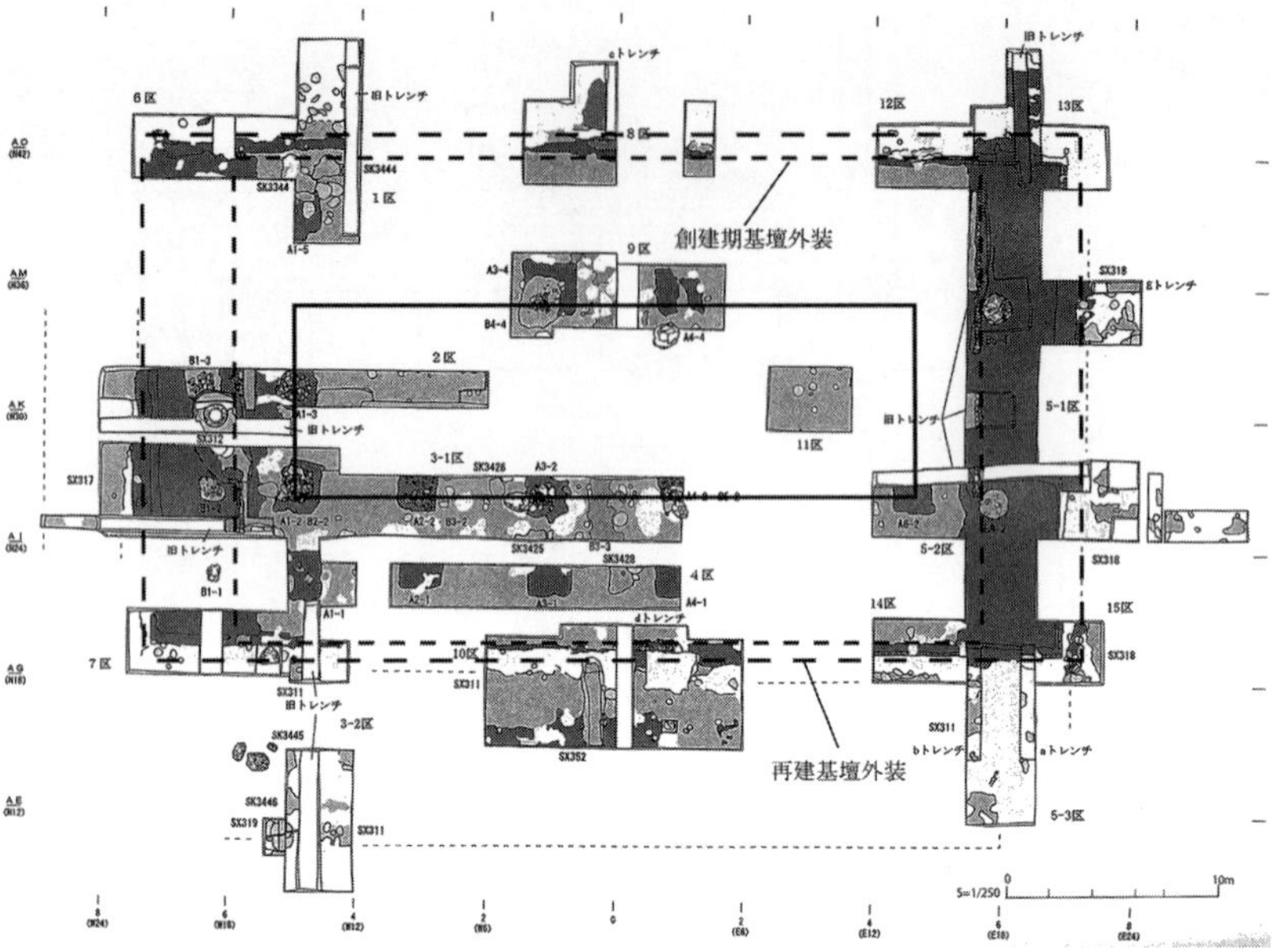

第９図　武蔵講堂跡全体図（国分寺市教委 2016）

である。

創建時の柱間寸法は、桁行一八尺＋二〇尺＋二〇尺＋二〇尺＋一八尺、梁間一三尺＋一五尺＋一五尺＋一三尺に復元される。再建後は桁行一三尺＋一八尺＋二〇尺＋二〇尺＋一八尺＋一三尺、梁間一三尺＋一五尺＋一五尺＋一三尺に復元される。

再建後は基壇平面規模、建物規模ともに金堂と同規模となり、国分寺の講堂において最大の規模となる。また、創建時から柱間の中央三間を二〇尺とり、金堂と共通する構造である。

3　相模・武蔵国分僧寺の塔・金堂・講堂の比較（表参照）

武蔵国分僧寺と相模国分僧寺では主要堂宇の平面規模や構造に共通点が見られる。両者の共通点と相違点について出土瓦の傾向を含めて整理する。

①多くの国分寺の伽藍で見られるような回廊と金堂が接続して塔を回廊の外に配置する、いわゆる国分寺式伽藍配置ではない。特に武蔵国分僧寺は独自色の強

い伽藍配置である。また、相模国分寺では中門の東西に接続する南面のみが単廊構造であり、南面の他は築地塀である。武蔵国分寺においても、中門に取りつく掘立柱塀（後に築地塀に改修）が伽藍地を区画する。両者とも回廊が存在しない点で共通しており、他の国分寺では用例を見ない。

	相模国分僧寺
塔	基壇規模　1辺 20.56 m 基壇外装　壇上積基壇（補修後北辺のみ乱石積基壇） 初重平面　36 尺　1辺 10.7 m 柱間寸法　12 尺＋ 12 尺＋ 12 尺
金堂	建物構造　四面廂建物　桁行7間（34.5 m）× 梁間4間（16.6 m） 基壇規模　東西 46.8 m × 南北 30 m 基壇外装　葺石状基壇外装 柱間寸法　桁行　12 尺＋ 16 尺＋ 20 尺＋ 20 尺＋ 20 尺＋ 16 尺＋ 12 尺 梁間　12 尺＋ 16 尺＋ 16 尺＋ 12 尺
講堂	建物構造　四面廂建物　桁行7間（34.5 m）× 梁間4間（16.6 m） 基壇規模　金堂と同規模と推定 基壇外装　葺石状基壇外装（推定） 柱間寸法　12 尺＋ 16 尺＋ 20 尺＋ 20 尺＋ 16 尺＋ 12 尺

	武蔵国分僧寺
塔	基壇規模　1辺 17.7 m 基壇外装　乱石積基壇 初重平面　33 尺　1辺 9.8 m 柱間寸法　10.7 尺＋ 11.6 尺＋ 10.7 尺
金堂	建物構造　四面廂建物　桁行7間（36.2 m）× 梁間4間（16.6 m） 基壇規模　東西 45.4 m × 南北 26.2 m 基壇外装　乱石積基壇 柱間寸法　桁行　13 尺＋ 18 尺＋ 20 尺＋ 20 尺＋ 20 尺＋ 18 尺＋ 13 尺 梁間　13 尺＋ 15 尺＋ 15 尺＋ 13 尺
講堂	創建期 建物構造　二面廂建物　桁行5間（28.5 m）× 梁間4間（16.6 m） 基壇規模　東西約 34.4 m × 南北約 22.7 m 基壇外装　瓦積基壇 柱間寸法　桁行　18 尺＋ 20 尺＋ 20 尺＋ 20 尺＋ 18 尺 梁間　13 尺＋ 15 尺＋ 15 尺＋ 13 尺 再建期 建物構造　四面廂建物　桁行7間（36.2 m）× 梁間4間（16.6 m） 基壇規模　東西約 42.3 m × 南北約 22.8 m 基壇外装　瓦積基壇 柱間寸法　桁行　13 尺＋ 18 尺＋ 20 尺＋ 20 尺＋ 20 尺＋ 18 尺＋ 13 尺 梁間　13 尺＋ 15 尺＋ 15 尺＋ 13 尺

②相模・武蔵国分僧寺の塔・金堂・講堂は、他の国分寺と比較して規模が大きく、両者の規模は近似している。特に金堂は、諸国国分寺の中でも最大で、平城京大安寺や西大寺の金堂に匹敵する。

③金堂と講堂は、掘込地業による基壇築成で、基壇積土内に礫層を含むなど共通した工法が採用されている。建物構造も中央三間を各二〇尺とする点

は共通である。他の国分寺金堂では、若狭国分僧寺金堂で中央三間を一六尺、備前国分僧寺金堂は一四尺とするものの、中央一間のみを一四尺～一八尺とする例が多い。金堂の中央間を二〇尺×三間とする例は、相模・武蔵国分僧寺金堂・講堂と武蔵国分尼寺金堂のみであり、共通の規格で造営された可能性を示唆する。武蔵国分寺講堂は、創建時には桁行五間×梁間四間であるが、九世紀中頃～後半に脇間を増築し、金堂と同規模の桁行七間となる。柱間寸法は創建時から金堂と共通するので、創建当初から金堂と同規模での造営が計画されていたと考えられる（本書須田論文を参照）。

共通点は以上のとおりである。次に相違点を以下に示す。

①金堂・講堂の規模や構造は共通点がみられるものの、相模国分僧寺金堂・講堂では他に類例のない葺石状基壇外装である。基壇外装の構造は異なる。

②相模国分僧寺塔が方三間であるのに対し、武蔵国分僧寺塔は中央間が広い構造である。箱崎の分析によると、国分寺塔の柱間寸法は、中央間と脇間を等間とする例は多いが、七世紀の塔跡では柱間を等間にするのが一般的であることが判明した。一方、中央官寺では奈良時代初頭から柱間を等間とせず、中央を広くとる技法が普及していたと考えられる。七世紀末～八世紀初めに各地で創建された寺院では、柱間を等間とする技法が一般的であり、八世紀以後の中央官寺ではその技法を用いないのに対し、国分寺では七世紀の塔と同様、柱間を等間とする技法を用いていたとされる［箱崎 二〇一三］。

武蔵国分寺塔の他に中央間を広くとる例は、信濃・甲斐・遠江国分僧寺塔などでみられる。塔の基壇規模や初重平面規模に共通点は見られるが、規模や建物構造、意匠には相違点がある。一方で両者とも塔が先行して造営される点は共通する。

③武蔵国分僧寺では塔・金堂・講堂から大量の瓦が出土する。対して、相模国分僧寺では遺構に伴って、まとま

った量の瓦が出土するのは塔跡のみである。このことから、相模国分僧寺では塔のみ本格的な瓦葺きであり、金堂・講堂は甍葺き建物であった可能性が考えられる。

④ 武蔵国分僧寺の軒先瓦は、軒丸瓦・軒平瓦ともに一〇〇種を超えるのに対して、相模国分僧寺では軒丸瓦・軒平瓦がそれぞれ二種のみであり、笵種も出土量も非常に少ない。創建期の軒先瓦は塔のみで出土する（第10図1・2）。また武蔵国分寺に見られる郡名瓦や人名瓦は、相模国分寺からは出土しない。相模国分僧寺では塔・金堂・講堂の規模は大きくとも、瓦の使用量が非常に少ないことが特徴である。

⑤ 僧寺の瓦を生産する乗越瓦窯では有畦式平窯の導入や、軒丸瓦の接合方法から武蔵国からの技術移入が想定される［浅井 二〇二三］。また、乗越瓦窯の有階有段式登窯では武蔵国の技法を用いた土器も出土する。これらの土器は武蔵国の土器編年をもとに、八世紀中頃前半と位置づけられる特徴がある。しかし、これら土器の焼成面下層からは国分寺に供給された瓦が出土し、国分寺の造営時期とはずれるため検討が必要である。乗越瓦窯の操業に武蔵国の技術が関与すること、相模国分僧寺金堂・講堂の規模・構造に共通点がみられることから、両者に協力関係があった可能性が考えられる。

金堂・講堂の規模・建物構造は、共通の規格に基づいて造営が進められ、造瓦に関しては協力関係があった可能性がある。一方、相模・武蔵国分僧寺ともに塔が金堂に先行して造営された点では共通するものの、規模・建物構造・意匠には相違点がみられる。

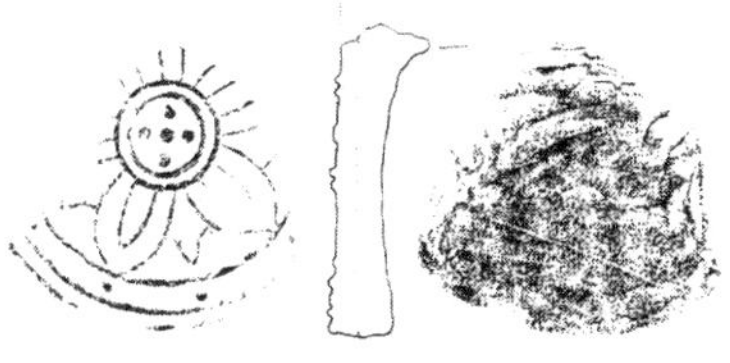

第10図1　相模国分僧寺Ⅰ類軒丸瓦
（国分寺市教委 2016）

第10図2　相模国分僧寺Ⅰ類軒平瓦
（国分寺市教委 2016）

国分寺造営の瓦生産も大きく様相は異なり、対照的である。

4　相模・武蔵国分僧寺造営の諸段階と在地社会

相模と武蔵の国分僧寺の建物構造を比較し、金堂・講堂では規模や建物構造において共通の規格のもとで造営された可能性を指摘した。一方で金堂に先行して造営された塔については規模や建物構造に相違点が見出せた。また両者とも規模の大きさだけでなく、国分寺としては例をみない独自性がみられる。

相模国分僧寺では、金堂と講堂に葺石状の基壇構造を用い、塔のみ瓦葺き建物であって、文様瓦の種類や瓦の出土量が少ない。回廊はなく南面が単廊であり、東面は築地塀と推定されることなどが独自性としてあげられる。武蔵国分僧寺も独自の伽藍配置であること、回廊がないこと、文様瓦の種類が多く、全郡の郡名文字瓦が確認されることなどが独自性として指摘できる。

平城宮の官大寺や他の国分寺にはみられない独自性をもつ背景には、在地では経験をしたことのない大規模寺院の造営に際して、中央寺院の技術を導入しつつも、それを補う在地の技術であったり、在地の実情を反映した技術の導入があったと考えられる。国分寺の造営に対する在地性を見出すことができるといえよう。さらに在地技術が導入される背景には、国分寺の造営を促す国分寺政策の諸段階への対応があったと考えられる。

須田勉は、武蔵国分寺の伽藍の特徴について以下の点を指摘している（詳細は本書須田論文を参照）〔須田 二〇一六〕。金堂前面の儀式空間を区画する回廊が存在せず、掘立柱塀（後に築地塀に改装）が講堂・僧坊を取り込んで区画し、中門に接続する。掘立柱塀が回廊と伽藍地の区画施設を併用した形であること。また、諸国国分寺における南門は、平城京内の官大寺の影響を受け、桁行五間門とする国分寺が多いのに対して、武蔵国分寺の南門の構造は、桁行一間

（約四・五メートル）、梁間一間（約二・二五メートル）の二本柱の背後に控柱を建てた礎石建ちの棟門の構造を有する。諸国国分寺伽藍の一般的構造からすると、武蔵国分僧寺の回廊や南門の構造は他に例のない異例の構造というべきであるという。

須田勉はこの原因について、国内全郡の協力体制が国分寺造営過程のどの段階まで維持されたのかという点に着目し、国分寺造営過程における組織の編成にあったと指摘している。すなわち、国内全郡の協力による造営体制が維持できたのは天平十九年詔で規定された、現職郡司を末代まで郡司に任用する条件となる塔・金堂・僧坊の完成までと考えた。そのため、武蔵国分僧寺では郡司任用の条件となる塔・金堂・僧坊の造営は全郡の協力体制のもと重視されたが、郡司任用の条件に含まれない講堂・回廊以下の建物群については、全郡協力体制のもとでの造営は難しく、構造上の格差が生じたとした。

同様の視点から相模国分僧寺の造営過程について考えてみたい。相模国分僧寺では塔が金堂に先行して造営され、塔のみ壇上積基壇の瓦葺き建物となる。一方で金堂・講堂では、葺石状基壇の甍葺き建物であり、武蔵国分僧寺と同様に回廊は存在せず、塔とその他の建物群に構造上の格差がある。

塔に葺かれた瓦は三浦郡乗越瓦窯で生産された。軒先瓦の文様は在地の影響は受けない独自の文様であり、同笵の瓦や文様が類似する瓦すら在地寺院にはみえない。おそらく瓦笵は国司により管理されたのではなかろうか。さらに乗越瓦窯では、有畦式平窯の窯構造や、一枚作り凸面縄叩き平瓦など、在地にはみられない新たな技術が導入されている。これらの技術面からしても、塔の造営は国司主導で行われたと考えられる。

在地系の瓦（桶巻作り凸面格子叩き）は、塔跡で少量出土するものの、金堂・講堂では出土しない。一方、中門跡周辺の瓦溜まりでは在地系の瓦が多く出土する。在地系の瓦の出土傾向からすれば、塔造営の最終段階から中門などの外郭施設の造営段階に郡司の協力があったと捉えることができる。塔の造営の最終段階で国司主導の造営体制から郡司の協力体制による造営体制に移行したと推測される。

この間に金堂・講堂の造営が進んでいるとすれば、金堂・講堂の造営は平城京の寺院と匹敵する規模でありながらも、葺石状基壇外装や甍葺の屋根構造など国分寺としては異例の構造が採用されている原因も想定できる。すなわち、時間的制約の中で郡司の協力や在地の技術を導入しながら、造営が進められたためと考えられるのである。葺石状基壇外装や甍葺を用いることが当初からの計画であったのか否かの検証は難しいが、瓦の生産に関しては、武蔵国のような大規模な窯業生産地が存在しない相模国においては、時間的制約のあるなか、武蔵国と同規模の瓦生産を行うのは困難であったと考えられる。相模国分僧寺では、天平十九年の国分寺造営督促の詔による郡司の協力と三年を限度とした時間的制約をうけて、塔と金堂・講堂・回廊とで構造上の格差が生じたと捉えられる。

以上、相模国分僧寺と武蔵国分僧寺の建物構造の比較を中心に、造営の背景にある在地社会との関係を検討してみた。国分寺の造営は在地に画一的な規格性を求めつつも、具体的な技術に関しては、在地の技術や実情に依存せざるをえなかった。平城宮の寺院などにはない独自の構造や意匠が国分寺にみられるのは、国分寺造営に対する郡司の関与や在地社会の実情が反映されていたと考えられ、在地社会における国分寺の受容の一端を知ることができるであろう。

参考・引用文献
青木　敬　二〇二二「国分寺造営の土木技術と造塔―相模・武蔵国分寺の堂塔造営順の復元をめぐって―」『國學院雑誌』第一二三巻第四号
浅井　希　二〇二三「相模国分僧寺の造営年代と造瓦組織について」『国士館考古学』第9号　国士館大学考古学会
有吉重蔵　一九九八「武蔵国分寺」『聖武天皇と国分寺―在地から見た関東国分寺の造営―』雄山閣出版
有吉重蔵　一九九八「武蔵国分寺の創建期瓦窯―南多摩窯跡群を中心として―」大川清博士古稀記念会編『王朝の考古学』雄山閣出版
有吉重蔵・中道誠　二〇一三「武蔵国分寺」須田勉・佐藤信編『国分寺の創建―組織・技術編―』吉川弘文館
有吉重蔵　二〇一八『古瓦の考古学』考古学調査ハンドブック18　ニューサイエンス社

海老名市編　一九九八「相模国分寺尼寺跡」『海老名市史1』資料編　原始・古代
海老名市教育委員会　二〇一二『史跡相模国分寺跡　史跡整備に伴う発掘調査報告書第1分冊（遺構編）』
河野一也・須田誠・向原崇英・浅井希　二〇一三「相模国分寺」須田勉・佐藤信編『国分寺の創建─組織・技術編─』吉川弘文館
国分寺市教育委員会　二〇一六『国指定史跡武蔵国分僧寺発掘調査報告書Ⅰ─史跡保存整備事業に伴う事前遺構確認調査─（遺構編）』
斎藤　忠　一九九六「国分寺跡の規模と建物」角田文衞編『新修　国分寺の研究』第6巻　総括
須田　勉　二〇一三「国分寺造営の諸段階─考古学から─」須田勉・佐藤信編『国分寺の創建─組織・技術編─』吉川弘文館
須田　勉　二〇一六『国分寺の誕生』吉川弘文館
中三川昇他　二〇一二『乗越遺跡─相模国分寺創建期瓦生産窯の発掘調査報告─』横須賀市教育委員会
箱崎和久　二〇一三「七重塔の構造と意匠」須田勉・佐藤信編『国分寺の創建─組織・技術編─』吉川弘文館

下野国分二寺の配置と設計

山口　耕一

はじめに

昭和三十九年(一九六四)五月、工場用地造成時に発見された下野国分尼寺跡の調査において四十三年の4次調査まで調査団長として指揮を執った斎藤忠は、昭和四十四年(一九六九)に「国分尼寺の性格」と「下野国分尼寺の調査」、「国分僧寺と国分尼寺との距離及び方位に関する一考察」を上梓し「いずれの遺跡からもいくつかの新知見をうることができたことが機縁となり全国の尼寺跡そのものについて再検討を試み研究を続けてきた」と述べている。ここでは斎藤が半世紀前に提起した課題について下野国分二寺跡のその後の調査成果を参考にこの問題について考えてみる。

1　斎藤忠の論攷の整理

斎藤は「国分寺の研究は歴史学や考古学や建築史学など多くの学者が取り組んでいるが、その多くは国分僧寺を中心とするもので、発掘調査も僧寺跡のみであった。したがって尼寺を主題とし、僧寺と尼寺の関連性を考察したものは極めて少ない。尼寺は遺跡として知られているものがほとんどなく、組織や規模からも僧寺より貧弱という先入観のため、遺跡として残存例の多い僧寺のみが注目されたのはやむを得ぬものである。」と僧寺に対する尼寺の評価をまとめている。「国分僧寺と国分尼寺との距離及び方位に関する一考察」では地理的考察、「国分尼寺の性格」では「僧寺と尼寺をあわせ記す時は国分二寺とし、僧寺のみが対象の場合、国分寺で著すことが多く経済的な背景でも尼寺は僧寺に比して比較的薄弱であった」と評している。宗教的行事の在り方については「僧寺においてのみ宗教行事が行われることも散見されることから僧寺と尼寺の相違、在京の僧が地方へ移動する際の馬の使用、食料配給規定表記の差が僧と尼の待遇格差」を示すとし、寺院運営の経済的背景について田地の施入、墾田地の「差」についても指摘する。また、諸国の有力者層による国分寺への寄進について「国分二寺を対象とした喜捨の多くは僧寺が対象であった」と述べている。さらに昭和三十年代後半以降、陸奥・下野・武蔵・三河・信濃など複数の国分二寺跡で発掘調査が行われ、精度の高い図を用いた検討が可能となり「国分寺跡の規模と建物」では多角的な研究成果が示された。「寺院における建物」では、天平神護二年(七六六)八月十八日の国分寺塔金堂の修理に関する太政官符に「僧寺と尼寺に格差がみられ、文献から尼寺は僧寺に比して色々な点で弱体的な印象を受ける」と述べている。このように斎藤は僧寺と尼寺について様々な比較を行ったが、下野国分尼寺跡、信濃国分寺跡の発掘調査成果を受け「文献史料から導き出された尼寺が僧寺に比して格段に見劣りするという先入観も是正されなければならなくなった」とそれまでの見解に修正を加えている。

国分二寺についてはこれまで多くの研究者が論考を発表しているが、近年梶原義実が「国分尼寺の造営過程に関する基礎的考察」において、「国分僧寺に対して国分尼寺は、土佐国などのように在地諸寺の転用例も散見し、正確な位置比定や発掘調査が実施されている国分二寺は意外に少ない。そのため、研究面も国分尼寺については国分寺研究の付け足しのような形で扱われることが多い。尼寺は国分寺とワンセットとして等閑視してよいものでは決してない。」と指摘している［梶原 二〇一四］。

2　下野国分二寺跡の調査成果

下野国分二寺の変遷については大橋泰夫が出土瓦の詳細な分析を進め、「七五〇年代前半には僧寺の金堂・塔が完成し、尼寺も七五〇年代には遅くとも造営が始まっており、七五〇年代後半には主要堂宇がほぼ完成していた」と創建段階の検討や時期変遷などの成果を次のようにまとめている［大橋 一九九六・一九九八］。

僧寺Ⅰ期は八世紀中葉頃（七五〇年代まで）、ⅡA期（八世紀第3～第4四半期）、ⅡB期（八世紀末～九世紀前半代）、Ⅲ期（九世紀後半代）は掘立柱塀を築地塀に、南門を南大門に建て替えた時期。Ⅳ期が十世紀代と想定している。また、僧寺の寺院地溝の設定期を七五〇年代とし、二寺の主要堂塔の建立順序について

【僧寺】金堂 → 中門・回廊 → 塔 → →（Ⅱ期伽藍地塀の建設）

【尼寺】　金堂　→中門・回廊　→ 講堂 →（Ⅱ期伽藍地塀の建設）と想定している。

尼寺については次のような変遷が示されている［中村 二〇一一］。

Ⅰ期（創建段階）：仮設的な仏堂と想定される基壇建物を伽藍の東側に建て主要堂宇の建設を行っている時期。Ⅱ期（八世紀後葉～九世紀中葉）：主要堂宇が完成し、伽藍地を掘立柱塀、その外側の寺院地を溝で囲む時期。さらに東側には東張り出し部が付く。尼寺の寺院地の範囲設定はⅡ期とされ、Ⅲ期（九世紀後葉以降）に掘立柱塀を築地塀に建て替える。尼寺では寺院地溝北辺を約四七・五㍍（約一六〇尺）南に移し、寺院地の範囲を南北約二二一・五㍍（約七五〇尺）、東西約一四五㍍（約五〇〇尺）に縮小。一部で寺院地溝の埋没が始まる。Ⅳ期（十世紀代）は埋没した寺院地溝、伽藍地溝の上に竪穴建物が建てられ、北辺の築地塀も倒壊。後半期は伽藍地内に複数の竪穴建物が出現する。

また、津野仁は尼寺寺院地北辺区画溝出土土器から「尼寺の仮設金堂設置は僧寺の創建に近い時期に行われ、尼寺

の主要建物の創建も僧寺からそれほど遅れず開始された可能性が高い」と分析している[津野二〇一四]。

ここではこれらの説を援用し、尼寺の寺地の選地、寺院地・伽藍地・付属地などの配置設計が僧寺の設計と時間を置かずに進められたと仮定し、僧寺と尼寺が配置された地形、寺院地の配置、設計に使用された測地尺(規準尺)、伽藍配置、建物規模などについて検討を行う。

3　下野国分寺・尼寺の配置地形について

下野国分二寺は僧寺の西に思川、尼寺の東に姿川が南流し、二寺とも緩やかに南に傾斜する地形に主要建物を配置している。僧寺では金堂や塔の視認性を高めるため地形の一部を改変しているが、尼寺跡ではこれに類する地形改変はなかったと考えられる。尼寺跡の地形を詳細に観察すると、この場所が台地の傾斜地から埋没谷に立地していることがわかる。下野国分尼寺は南門・中門・金堂・講堂が南北に並ぶ伽藍配置で、中門と金堂を結ぶ西面回廊付近には幅約一〇㍍、深さ一～一・五㍍程度の南北方向に延びる埋没谷が確認されている。現在でもこの埋没谷付近を境に金堂・講堂が所在する地点と伽藍地を区画する西築地塀、西門付近で一・五～二㍍程度の高低差がある。西門跡は伽藍の南北中軸線から西に約五〇㍍に位置し、現在でも西門付近から東へ緩やかに傾斜する台地の縁辺が西面回廊付近となっており、この地形は尼寺の建立以前から大きな改変を受けていないことが調査で確認されている。

僧寺は平坦な地形を利用し寺院地が配置されているが、尼寺は西から東に勾配のある地形に配置されたため、西辺の築地塀の基底部が主要伽藍建物よりもかなり高い場所を巡り、さらに南北に埋没谷が入り組むような台地上でありながら部分的に軟弱な地盤が入り組む土地が選地されている。

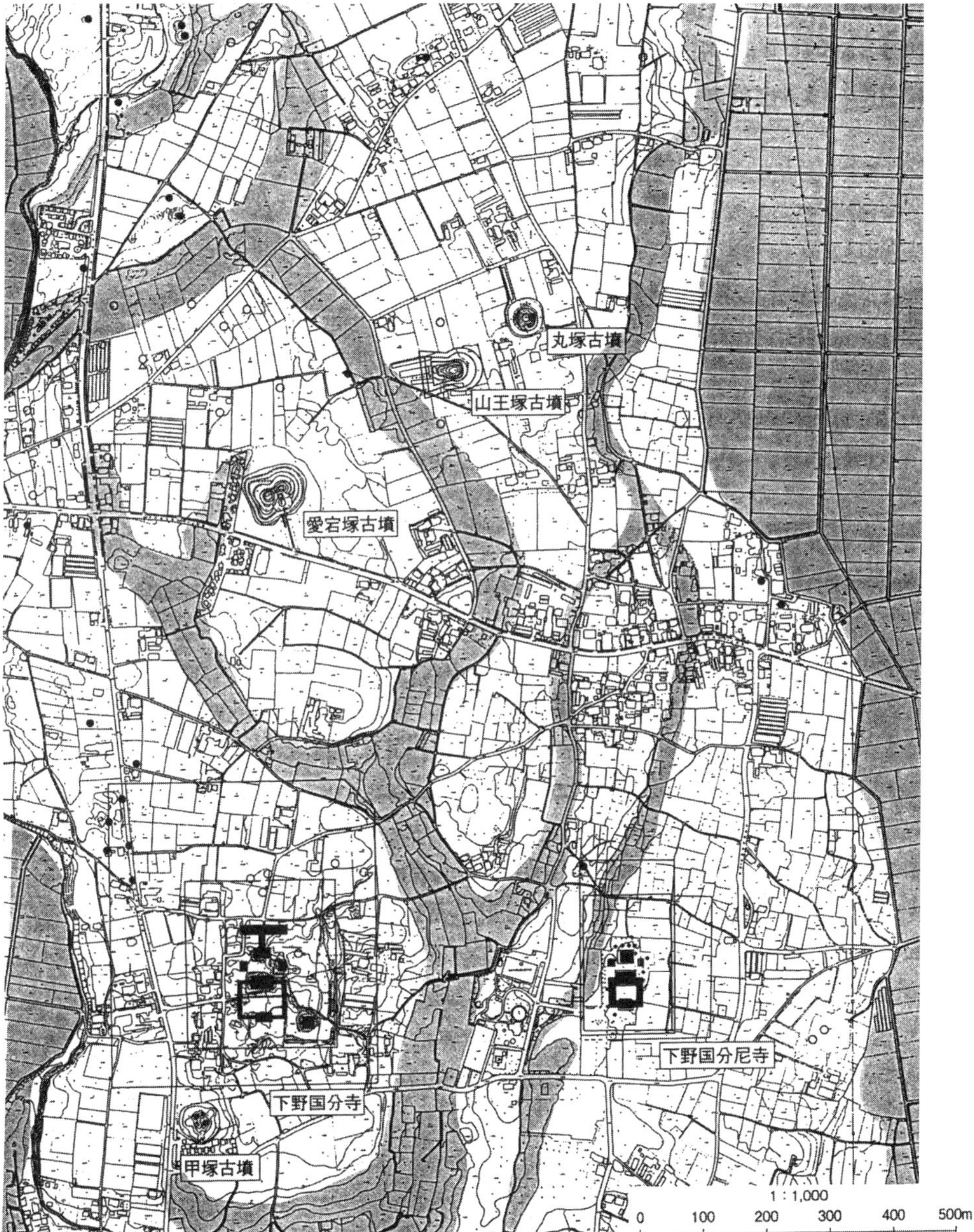

第１図　下野国分二寺跡周辺の地形

4　寺院地について

斎藤忠は下野国分尼寺跡の（寺域）は、「東西ほぼ一四五・四㍍（四八〇尺）、南北、一六七㍍（五五〇尺）ぐらいと想定して誤りはなかろう。」と推定値を示している。この「寺域」の概念は「寺の空間構成」として、山路直充により整理されている［山路　二〇一一］。ここでは山路の研究成果に従い、寺院地・伽藍地（宗教空間・運営空間）・付属地に区分し検討を進める。

表1

僧寺寺院地	規模
南辺	413 m
北辺	408 m
西辺	458 m
東辺	407 m
伽藍の南北中軸線から寺院地東辺まで	約 180 m
伽藍の南北中軸線から寺院地西辺まで	約 233 m

尼寺寺院地規模
南北約 270 m
東西約 145 m
東張り出し部規模
東側に南北約 212 m
東西北辺約 46 m
南辺約 56 m

下野国分二寺跡では寺院地、伽藍地が判明しており、僧寺寺院地溝の北東隅部は谷地形のため、角を折るような配置がなされている。また、伽藍の南北中軸から寺院地の東辺まで約一八〇㍍、西辺までが約二三三㍍と西側が五三㍍広くなっている。これに対して尼寺の寺院地は南北に長く（表1）、その東側には南北約二一二㍍、東西北辺約四六㍍、南辺約五六㍍の張り出しが付く。報告によればこの東張り出しはⅡ期に設置され、Ⅲ期頃に埋没し、その後掘り返されない［中村　二〇一一］。このⅡ期の東張り出しを除けば、創建段階に設計された伽藍南北中軸から寺院地の東西両辺、さらに伽藍建物各隅から寺院地溝までの距離はほぼ等しく設計されている。

東張り出し内には寺院に伴う建物は最終期まで配置されておらず、Ⅲ期頃まで寺院の付属地として利用制限されていたと考えられ、Ⅳ期以降には尼寺の経営に変化が現れ、それまでの土地利用制限が弛緩したためか、埋没した区画溝の上に複数の竪穴建物が分布するようになる。よって、最終期まで寺院に付属する建造物などは

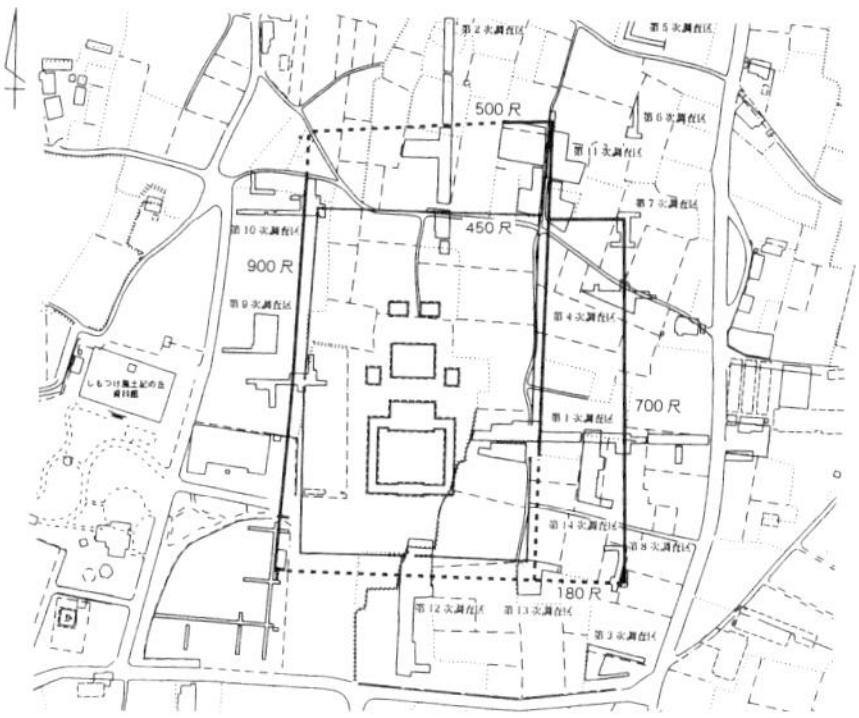

第２図　下野国分尼寺平面図

建てておらず、明確な遺構の痕跡は残っていない。これらのことから上総国分寺伽藍地付近で想定されているような薗院、花苑や油菜所などといった土地利用形態が想定される［市川市史二〇一九］。

この東張り出し範囲（約一〇・八ヘクタール）の東には、この付近と同規模以上の平坦な地形が広がっており、この東張り出しと同規模の区画をさらに東側に二区画以上確保することが可能と考えられるが、尼寺の薗や苑地の規模としてこの範囲程度が耕地可能な規模だったのであろうか。

このように尼寺の主要伽藍建物が配置された場所の東側には、緩やかな平坦地が東西方向に二〇〇㍍程度続いており、尼寺の寺院地を現在の位置から一五〇㍍程度東にずらせば、寺院地のすべては平坦な地形の中に配置が可能であるにもかかわらず、西辺築地塀・西門付近と寺院地東端部間で二㍍程度の高低差がある傾斜地を選地して伽藍を建設したのはその配置計画を変更できない、何らかの意図と設計上の理由があったためと考えられる。これは律令期の官道整備が、直線の道路を基本とする設計理念を前提とした公的施設の配置計画によるものと推定される。

5　下野国分僧寺・尼寺の設計規準尺

昭和期の尼寺跡調査報告では、主要堂宇の配置と伽藍の南北中軸が、平成期の調査では国土座標が組み込まれ、伽藍地が南北二〇五㍍（七〇〇尺）、東西約一三五㍍（四五〇尺）となることが示されている［中村二〇一一］。

僧寺も寺院地南門、掘立柱塀南門、中門、金堂、講堂、北門などの主要建物の伽藍南北中軸座標(Y=−2149)が示されている(ここではこれをⓛとする)〔大橋 一九九八〕。また、尼寺の伽藍南北中軸(Y=−1567)(ここではⓡとする)は軸を(N−0°27′−E)にほぼ揃えⓛ—ⓡ間が約五八二メートルとなる。僧寺ではⅡ期の南辺掘立柱塀と寺院地溝が、尼寺では寺東張り出しに接続する寺院地南辺溝(SD610)が同方位の伽藍南北軸と直交する。また、僧寺の北辺掘立柱塀北西隅ⓐから北東隅ⓑ間が二四〇メートル、南西隅ⓒと南東隅ⓓ間も二四〇メートルと、二辺の長さが均しいことも確認されている。このⓑ—ⓓ二点から寺院地東辺溝ⓔ—ⓖ間が六三一メートル、僧寺東辺寺院地溝ⓔ—ⓕ—ⓖから尼寺西辺寺院地溝Ⓦ—Ⓗ間が三三〇メートル、ⓔ—ⓕ—ⓖから尼寺西門Ⓘ間が三三六メートルとなる。さらにⓔ—ⓕ—ⓖから尼寺寺院地溝南西隅Ⓗ間は三二一メートル、掘立柱塀南西隅Ⓠ間が三三三メートル、北西隅Ⓡ間が三三九メートル、尼寺寺院地溝北西隅の推定位置Ⓦ間が三三三メートルとなることから、僧寺と尼寺の配置設計に三〇センチ程度の規準尺(測地尺)が使用されたことが想定できる。

大橋は僧寺の規準尺について、寺院地の総長から一尺=三〇・四五センチ、伽藍地塀の柱間長から三〇・四〜三〇・七センチ、北辺塀から北辺寺院地溝間では三〇・二センチと「規準尺一尺が三〇センチよりわずかに長い」と指摘している。

この規準尺規格の検討に適する資料に僧寺金堂出土の石塼がある。この石塼は創建期のものと想定され、上下面が正方形で、上面の一辺が二九・七〜二九・八センチ、下面一辺が二六〜二八センチ、厚さ一二センチである。

律令成立期前後の規準尺について黒崎直は、「前期難波宮の柱間寸法から抽出できる一尺(小尺)の絶対長が二九・二センチ前後、平城宮の遺構から抽出された一尺は前半期が二九・六センチ前後、後期が約二九・八センチ前後」と分析している〔黒崎 二〇一二〕。下野国分僧寺に使用された石塼の製作時期は、天平十九年(七四七)頃以降と想定されるが、平城宮後期に近い時期に国分寺伽藍建設が開始されたと想定すると令小尺約二九・八センチが下野国分二寺設計規準尺として採用されたと考えられる。

この天平期の令小尺(二九・八センチ)を規準尺とすると、僧寺伽藍南北中軸(ⓛ:Y=2149)と尼寺伽藍中軸(ⓡ:Y=1567)間

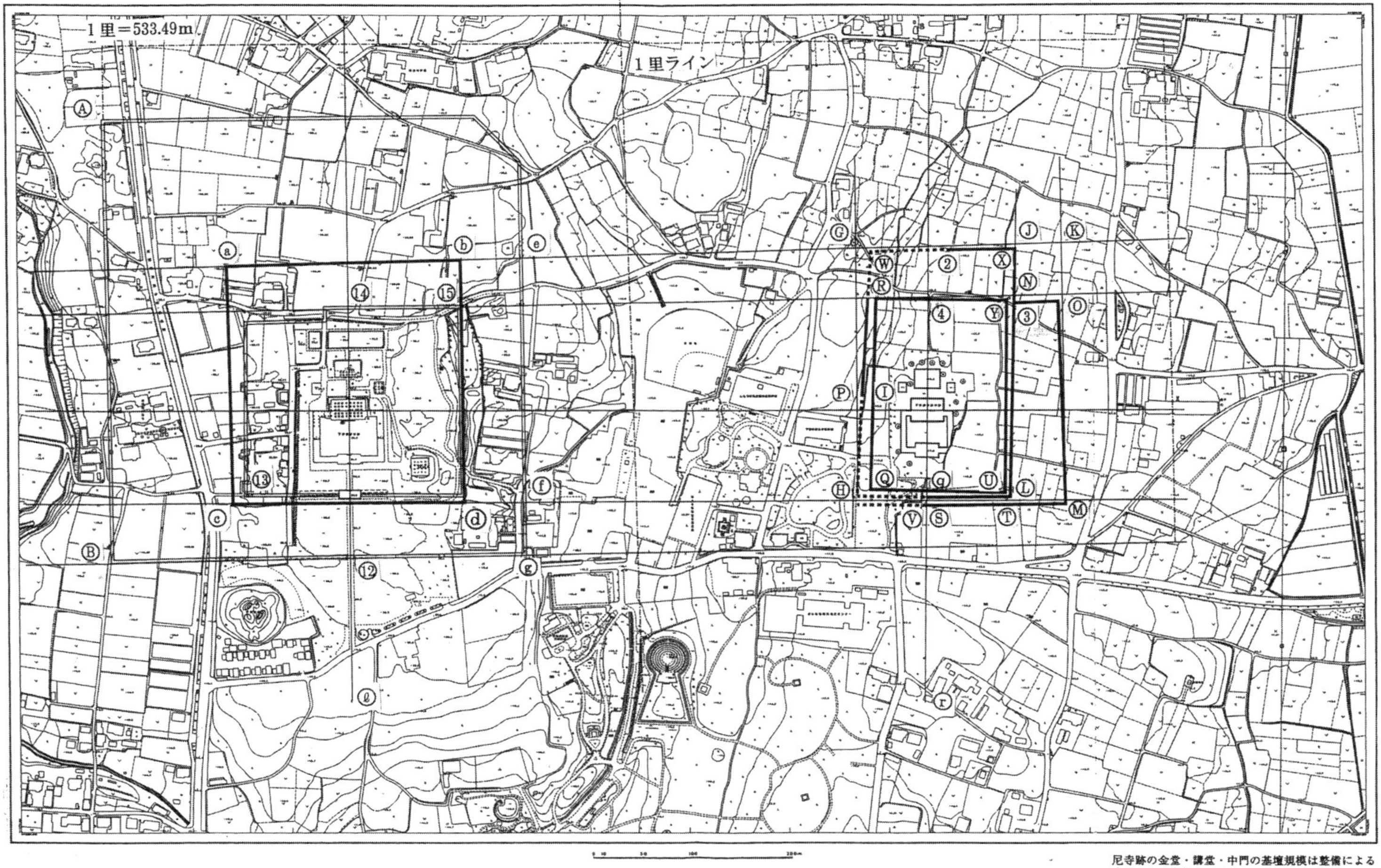

第３図　下野国分二寺配置図

尼寺跡の金堂・講堂・中門の基壇規模は整備による表示のため実物大ではありません。

の五八二メートルは一九四〇尺となる。また、ⓛと尼寺寺院地南東隅Ⓛ間が六九九メートル（二三三〇尺）、ⓛと尼寺寺院地北東隅Ⓧ間が約六九六メートル（二三二〇尺）と共通する近似値の二三〇丈（六九〇メートル）も規準尺の長さと考えられる。さらに尼寺寺院地東張り出し南東隅Ⓜと僧寺西辺掘立柱塀ⓐ—ⓒが八一〇メートル（二七〇〇尺）、僧寺の東辺寺院地溝ⓔ—ⓕ—ⓖとⓡ間も約四〇二メートル（一三四〇尺）、尼寺伽藍西辺Ⓡ—Ⓘ—Ⓠから東辺Ⓨ—Ⓤ間が一三二メートル（四四〇尺）、ⓡから東張り出し北東Ⓞ間が一二六メートル（四二〇尺）などの設計にも令小尺約二九・八センチ≒三〇センチが使用されている。

これらのことから尼寺は、先行して設計された僧寺の南北主軸に尼寺の南北主軸を同一方位に揃え、寺院地や伽藍地を区画する各辺の隅（南北・東西規準線の交点）などを起点として尼寺の主要建物や伽藍、寺院地を配置するための割り出しを行ったと考えられる。その際、令小尺に相当する規準尺（測地尺）が用いられ、精緻な設計が行われたと想定される。

6　僧寺と尼寺の配置

僧寺東辺の寺院地溝ⓔ—ⓕ—ⓖを南北軸として僧寺寺院地溝西辺Ⓐ—Ⓑを尼寺側に折り返すと尼寺伽藍南北中軸線ⓡとおおよそ一致する。僧寺の寺院地南辺溝長（南西隅と南東隅芯々間距離四一三・〇六〇メートル≒四一四メートル＝一三八〇尺）、また、僧寺—尼寺の南北主軸間距離約五八二メートル（一九四〇尺）が何らかの基準値を元に算出されたと考えられる。これらの数値から想定すると和銅六年（七一三）二月壬子（十九日）の制「其度㆑地、以㆓六尺㆒為歩」以後の令小尺後期（約二九・八センチ）が規準尺として用いられた可能性が想定される。

僧寺寺院地溝南西隅Ⓑを起点に一里四方の方眼（五三三・四九メートル×五三三・四九メートル）を配置すると第3図の破線となる。このⒷから寺院地南東隅ⓖ間は四一三・〇六〇メートルで、この数値は一里（五三三—四一三メートル）から一二〇メートル（四〇〇尺）を減じた数値となる。さらにこの一里の基準線東辺から尼寺の伽藍南北中軸線ⓡまでの二七五メートルは一里の1／2（二六六・五メートル）に三〇尺（九メートル）を足した長さとなる。また、僧寺寺院地南西隅から尼寺の伽藍中軸線ⓡまでの距離はおよそ一・五里（七九九・五メートル）、この僧寺と尼寺間の距離が、それらを配置する際の基準長であったと想定される。ちなみに一里（五三三メートル）から四五八メートル（僧寺の寺院地南西隅〜北西隅の距離）を減じた距離の七五メートル（二五〇〇尺）は令小尺で割り切れる数値でもある。以上のように僧寺と尼寺の配置は令小尺、一里などを測地尺として使用したことが想定された。

尼寺の寺院地を区画する築地塀の北西隅付近の伽藍中心付近は、二メートル程度の高低差があるにもかかわらず、地形よりも敷地の占有を優先するような配置が採用されているのは、直線を基本とする駅路整備のような律令期の公的事業の考え方（図上主義）であったと想定される。

7　国分僧寺と尼寺の位置的関係

二寺の伽藍南北中軸間の距離は五八二メートル（一九四〇尺）で、僧寺の主要建物の桁行、南辺と北辺の寺院地溝、Ⅱ期の南辺・北辺掘立柱塀、Ⅲ期の築地塀はこの南北中軸に対して直交する東西方向の規準線と平行する。また、尼寺の主要建物の桁行も同様にⓡと直交するように配置されている。

僧寺南辺寺院地溝Ⓑ—南門⑫—ⓖからⅡA期の南辺掘立柱塀ⓒ—ⓓ間が五七メートル（一九〇尺）の広範囲な用地だが、尼寺は寺院地溝と伽藍を区画する施設との距離は短く狭歪である。

また、僧寺（ⅡA期）の掘立柱塀の四隅と南大門前身の南門の位置が確認され、掘立柱塀各辺の長さが算出されている［大橋 一九九八］。これによればⅡA期の南辺掘立柱塀は、二三二・二八二メートルで南門の心（X=42343）に対して南西隅ⓒ

（X=42343）と南東隅ⓓ（X=42344）のように誤差一㍍未満でほぼ一直線に敷設されている。

尼寺跡は東張り出し南東隅Ⓜと南辺溝Ⓣ（ＳＤ610）が検出され、伽藍南北中軸付近Ⓢでは規準線（X=42343）、Ⓣから東張り出し南東隅Ⓜでは規準線（X=42344）に区画溝が確認されている［中村二〇一一］。

僧寺掘立柱塀南西隅ⓒから尼寺南辺寺院地東張り出し東隅Ⓜ間が八一〇㍍（二七〇〇尺）、同様にⓒから尼寺東辺寺院地溝Ⓝ—Ⓛ及び尼寺寺院地溝南東隅Ⓛ間が七五六㍍（二五二〇尺）となり、このほぼ正確な東西方向ラインが二寺共通の設計規準線と考えられる。

さらにこの規準線（X=42343）と平行して伽藍中軸からさらに東に伸びる溝（幅約五㍍、深さ〇・六㍍）が確認されている。Ⅲ期南辺築地塀とＳＤ935の芯間が約七五㍍で、この塀と溝はⅢ期に構築されたと想定されている。また、僧寺の寺院地南東隅ⓖの東側で尼寺が所在する東に傾斜する台地縁辺で三・六〜三・九㍍幅の二条の溝跡とその間に波板状凹凸面が確認され、道路と想定される遺構が確認された［山上二〇〇五］。仮に道路ならば、間に低地を挟むが二寺の寺院地南辺を揃えるように東西方向に延びる道が敷設されていたことになる。出土遺物はⅢ・Ⅳ期のものであるが遺構の性格上時期比定は難しく、道の敷設と寺院配置の前後関係は不明だが、古代の都城のように道路と寺院の南辺区画を揃えた計画的配置がなされた可能性も想定される。

8　寺院地・伽藍地施設の東西方向の振れ

(1)　掘立柱塀

僧寺Ⅱ期の掘立柱塀は建替えによりA・B期に区分され、A期は東辺長二五一・七㍍（八四〇尺）、南辺長二三一・三㍍（七七一尺）、B期は東辺と南辺を同位置で建替えているが、西辺を約一三・五㍍（四五尺）東に、北西隅をA期の位置から五八・六九㍍（一九六尺）南に下げている。この北西隅から六六㍍（二二〇尺：A期西辺掘立柱塀からは七九・五㍍：二六五尺）東で北に屈折させ西回廊の北延長上と一致させる。

さらにⅢ期に築地塀に改修され、Ⅱ期の北東隅ⓑから四五㍍（一五〇尺）南が築地塀の北東隅⑮にあたる。また、築地塀北門⑭から西に約一二㍍（四〇尺）で北辺築地塀をクランク状に一五㍍（五〇尺）南に下げ、そこから西に七八㍍（二六〇尺）延びるが、どの辺も方位が偏ることなく配置されている［大橋 一九九八］。

僧寺Ⅱ期の南辺掘立柱塀は伽藍南北中軸ⓛと直交し東西方向に一直線に伸び南辺掘立柱塀の南西隅ⓒ・南東隅ⓓとも同一座標（X=42343）で伽藍中軸から東西両辺の掘立柱塀まで一一五・五㍍（総長二三一㍍）に設計されている。

尼寺の掘立柱塀はⅡ期に設置され、Ⅲ期に掘立柱塀から築地塀に建て替えられ、南辺以外の三辺（北・東・西）は掘立柱塀と同位置で建て替えられる。この遺構変遷において僧寺Ⅲ期北門⑭と築地塀北東隅⑮（X=42550）を結んだ北辺築地塀東西ラインと尼寺掘立柱塀（築地塀）北西隅Ⓡ（X=42560）、伽藍中軸線付近で確認された塀④（X=42560）と掘立柱塀北東隅Ⓨ（X=42558・築地塀心一～一・五㍍南に下がると僧寺とほぼ同じ座標）などの近似値は測量上、何らかの関係があると想定される。

(2) 寺院地溝

僧寺金堂心から南辺掘立柱塀まで九六㍍（三二〇尺）、また、この塀から僧寺南門まで五七㍍（一九〇尺）で、九六＋五七㍍＝一五三㍍と同距離を金堂心から北に延ばすと北辺掘立柱塀となることから、この一五三㍍（五一〇尺）も一つの規準単位として用いられ、さらに僧寺寺院地南辺溝の総長四一一㍍（ＳＤ800―1000の内法間四一一㍍：一三七〇尺）と僧寺寺院地溝南東隅ⓖと尼寺の中軸ⓡ間が約四〇五㍍であることから一三五〇尺もしくは一三七〇尺が一つの単位として用いられたと想定できる。

尼寺寺院地溝南西隅Ⓗは確認面における上端の幅が二・五㍍と広く、外側の立ち上がりの座標が（X=42344）、溝の芯の座標が（X=42345）となる。また、寺院地東辺溝芯が（Y=−4140）、溝の外側が（Y=−1441.5）となる。この位置は尼寺の中軸から東に一二七㍍（四二三尺）、僧寺の中軸から七〇九㍍（二三六三尺）、僧寺の掘立柱塀南東隅ⓓから五九四㍍（一九八〇尺）となり、この僧寺の掘立柱塀に付随する溝の外側立ち上がりからの距離は約六〇〇㍍（二〇〇〇尺）、僧寺寺院地西辺溝Ⓐ—Ⓑ（Y=−2385）から尼寺東張り出し東辺Ⓞ—Ⓜが九四五㍍（三一五〇尺）となる。

僧寺南辺掘立柱塀ⓑ—ⓓが僧寺と尼寺に共通する東西規準線と一致する設計であったとした場合、尼寺寺院地南辺溝Ⓗ—Ⓛ（一五二㍍）の南東隅Ⓛ（X=42356）は、南西隅Ⓗ（X=42351）に比べ南五㍍の位置となる。南西隅Ⓗ（X=42351）は、南面南門付近ⓋのＳＤ840の座標値と一致することからⒽ—Ⓥ間は傾斜のない直線だがⓋ—Ⓛ間は南に傾斜しているためⒽとＳＤ610は約六㍍だが、Ⓛでは約一二㍍となる。

寺院地北辺溝も西から東に向けた仰角配置となる。座標値に換算し表記すると僧寺の伽藍北辺掘立柱塀の北東隅ⓑ（42595.6）は、北西隅ⓐ（42589.8）に比べ五・八㍍ほど北に位置する。さらにこの二点を通過する軸線を東に延長するとⓐから七九六㍍離れた尼寺北辺寺院地溝北東隅Ⓙ（ＳＤ800と265の交点）とほぼ一致し、部分的に確認されたＳＤ265の傾斜角とも一致する。

また、尼寺塀の東辺長Ⓤ—Ⓨは約二三一㍍（七七〇尺）であるが、南東隅Ⓤの座標（Y=1500）に比して北東隅Ⓨは西に約五㍍（Y=1495）偏り、約一度西に振れている。この西に五㍍傾く軸は東張り出し東辺溝Ⓞ—Ⓜも同じ偏りで、南辺の掘立柱塀と寺院地溝、東辺の掘立柱塀と東張り出し部東辺溝が並行関係にあったことがわかる。僧寺ⓛから尼寺西門付近の寺院地溝Ⓟの距離は推定五一〇㍍（一七〇〇尺）、ⓛから尼寺Ⓦまでの推定値が五一九㍍（一七三〇尺）、僧寺ⓑから尼寺Ⓦが四〇五㍍（一三五〇尺）、僧寺東辺寺院地溝ⓔ—ⓕ—ⓖから尼寺Ⓟが三四二㍍（一一四〇尺）となる。また、尼寺Ⓠ（Y=−1633）からⓡが六六㍍（二二〇尺）、同様にⓡから尼寺Ⓤ（Y=−1495）が七二㍍（二四〇尺）となる。この数値からも僧寺と尼寺の配置は計画的であったと考えられる。ただし、僧寺に比べ尼寺の掘立柱塀や寺院地溝四至の位置が距離も方位も設計と異なるのは、起伏のある地形による測量誤差か、現地で比較的ルーズな施工管理が要因とも想定される。

これまでの指摘のように僧寺の建設が尼寺に先行することが前提であるが、僧寺の主要建物建設後に僧寺ⅡA期掘立柱塀➡尼寺主要建物建設後に尼寺Ⅱ期掘立柱塀➡（僧寺ⅡB期掘立柱塀）➡僧寺Ⅲ期築地塀➡尼寺Ⅲ期築地塀の変遷が想定され、僧寺Ⅲ期（九世紀後半）の築地塀改修はⅡ期（遅くとも九世紀中葉か）に完成した尼寺掘立柱塀とあわせるように位置を決めた可能性が想定される。九世紀後半頃に設置された僧寺築地塀は、尼寺の掘立柱塀が設置された時期から継続するような時期に設計・建設が行われたとも考えられる。

このように僧寺は方位が偏ることなく正確な設計・設置であるが、尼寺は尼寺伽藍中軸ⓡと同じ傾きのⒽ―Ⓖを南北基準とすると推定北西隅Ⓦは東に一二㍍、北西隅Ⓡは東に六㍍振れている。この尼寺寺院地溝と西辺掘立柱塀が東へ振れているのが地形の制約によるものかは不明だが、尼寺ではこれらの遺構が配置された地点が現代でも小高い東西の見通しの悪い地形であることが原因の一つであったとも考えられる。

(3) 寺院地・伽藍地施設の南北方向の振れ

尼寺は僧寺と比較すると伽藍地溝の南北方向の傾きが著しく、東張り出し部は西に傾斜、全周する寺院地溝は東に偏る区画であることから双方の設計プランが異なっていたか設置に技術的な問題、あるいは時期差があったと考えられる。さらに推論を重ねると僧寺南辺掘立柱塀―尼寺寺院地南辺溝とそれに直交するそれぞれの伽藍中軸は、僧寺と尼寺の建立初期段階において双方の配置（建設予定地の設定）の基準として使われ、時間が経たない中で僧寺の金堂・塔などが起工され、その後ある程度時間を経た段階で予定地に尼寺の建立が進められた。これは僧寺南辺掘立柱塀―

尼寺寺院地南辺溝と同期に設定された伽藍中軸南北線上に講堂・金堂・回廊四隅からの交点、金堂・講堂・中門などそれぞれの建物（基壇）心が重なることからも理解できる。さらに尼寺金堂心から尼寺寺院地南辺溝まで九六㍍（金堂建物南正面桁行まで九〇㍍）、尼寺講堂基壇南面から同溝まで一二〇㍍、尼寺中門心から同溝までが五四㍍と令小尺で割り切れることからも僧寺南辺掘立柱塀—尼寺寺院地南辺溝の規準線が伽藍配置に関係するものと想定される。

9　伽藍配置・建物規模について

表2

	僧寺		尼寺		比率	
基壇規模	桁行	梁行	桁行	梁行	桁行	梁行
金堂	33.6	21	27	17.6	0.8	0.83
講堂	25.2	16.8	20.6	15.2	0.81	0.9
鐘楼・経蔵	12	9	9.4	7.2	0.78	0.8
中門	22.8	10.2	15.75	7.3	0.69	0.71
回廊	54	69	南北 43.6	東西 51.5 中門含む	0.8	0.74

数値は（m）

	僧寺		尼寺		比率	
建物規模	桁行	梁行	桁行	梁行	桁行	梁行
金堂	25.8	13.8	20.9	12.1	0.81	0.87
講堂	21	12.6	17.59	12.12	0.83	0.96
鐘楼・経蔵	9	6	(7.02)	(4.8)	(0.78)	(0.8)
中門			14.55	6.6		
回廊	51.9					

数値は（m）

下野国分二寺では僧寺、尼寺とも金堂、講堂の基壇と建物規模、鐘楼・経蔵の基壇規模、中門の柱位置、回廊規模など一部推定値を含むが判明している（表2）。それぞれの堂宇の規模を比較すると尼寺の主要建物の基壇規模は、僧寺の約八割（中門は七割）の規格であることがわかる。斎藤忠の「規模の上からも（尼寺は）僧寺より貧弱であるという先入観」、また、「建物の大きさにおいては、金堂・講堂において比較すると尼寺は僧寺に対しやや小規模である」という想定が現在では調査の進展により数値化が可能となっており、他国の国分二寺についても比較が必要と考えられる。

下野国分尼寺跡の伽藍内主要建物の配置について

昭和に刊行された尼寺跡の報告には、金堂の北一六・六㍍（五五尺）に講堂が配置され、伽藍南北中軸から鐘楼跡・経蔵跡の推定心までが二三・九五㍍（七九尺）でこの位置がおおよそ東西回廊基壇の外側のラインを北に延長した位置と一致することが示されている。また、鐘楼跡・経蔵跡の心を結んだラインと伽藍南北中軸との交点は金堂心から北に二二・五㍍（約七五尺）、講堂跡石階台石の前縁から南へ一・八二㍍（六尺）など、各建物の配置に関する記述がなされている。これらの記載を参考に建物配置について再度検討を行ってみる。

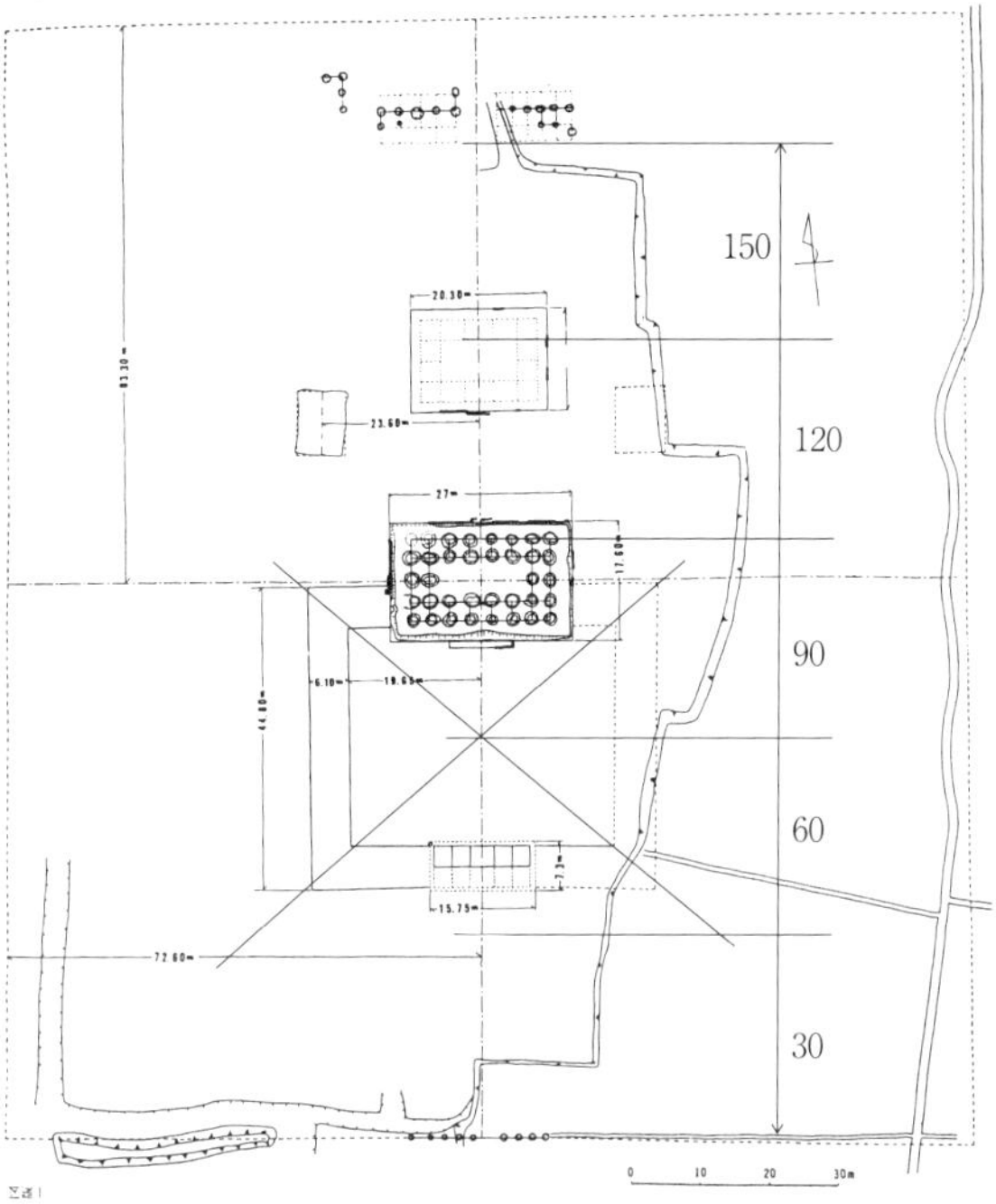

第４図　尼寺伽藍配置図

尼寺の南辺掘立柱塀（南西隅Ⓠは未確認）を東西規準線とすると北に三〇㍍の位置が中門基壇南辺、その点から北に三〇㍍の位置が回廊四隅を対角線に結んだ交点、そこから北に三〇㍍が金堂基壇北辺、さらに三〇㍍北が講堂基壇北辺、その三〇㍍北が尼坊と想定されていた二棟の掘立柱建物跡の建物南辺柱筋と一致する。都城の条坊制のように寺院の建設の際に方格基線が組まれたかは不明だが、三〇㍍（一〇〇尺）を規準尺として主要建物を配置した可能性が高い。

10　尼寺金堂の規模と建築資材

尼寺金堂は基壇規模、礎石の位置や階段の規

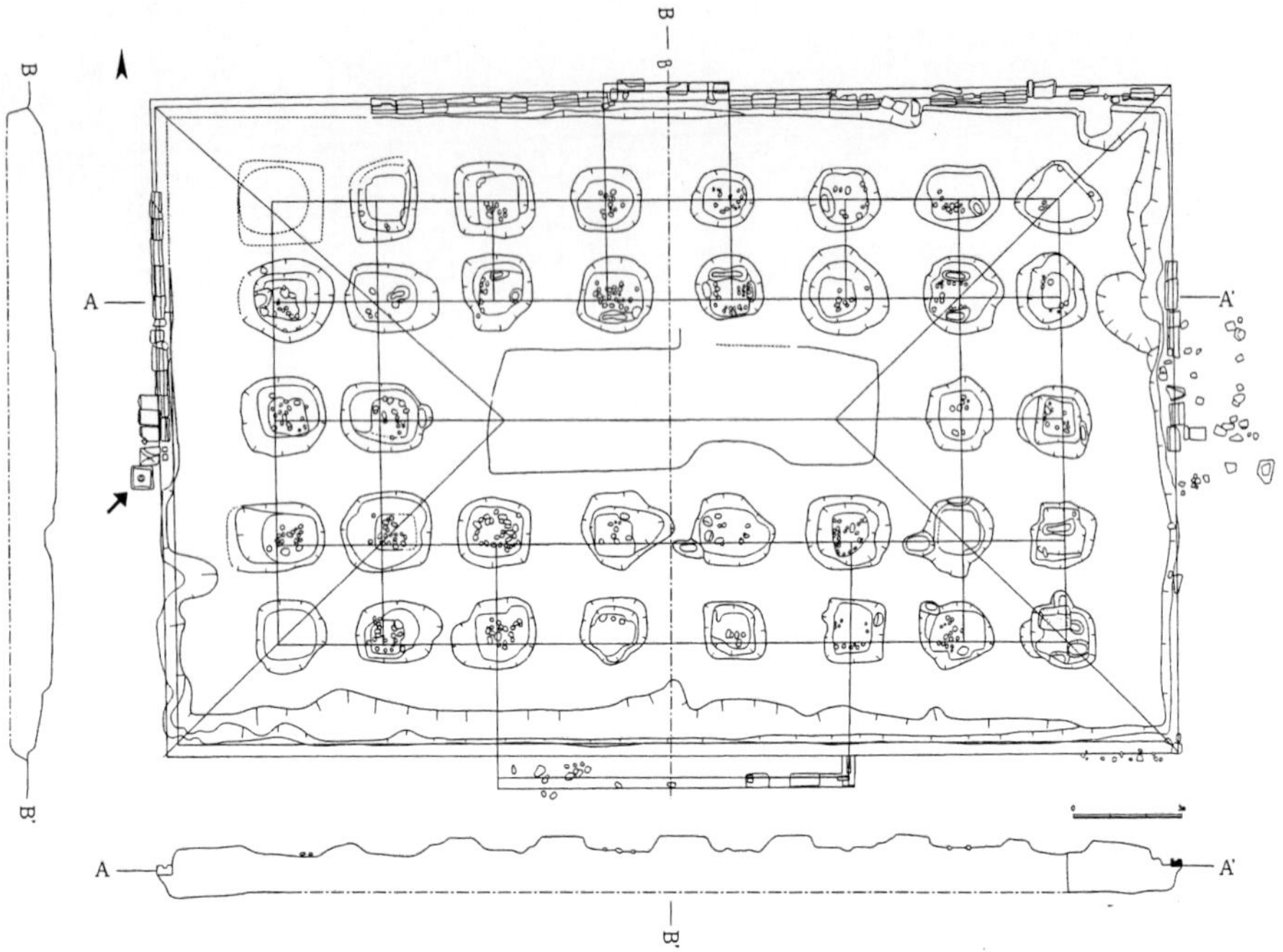

第5図　尼寺金堂平面図

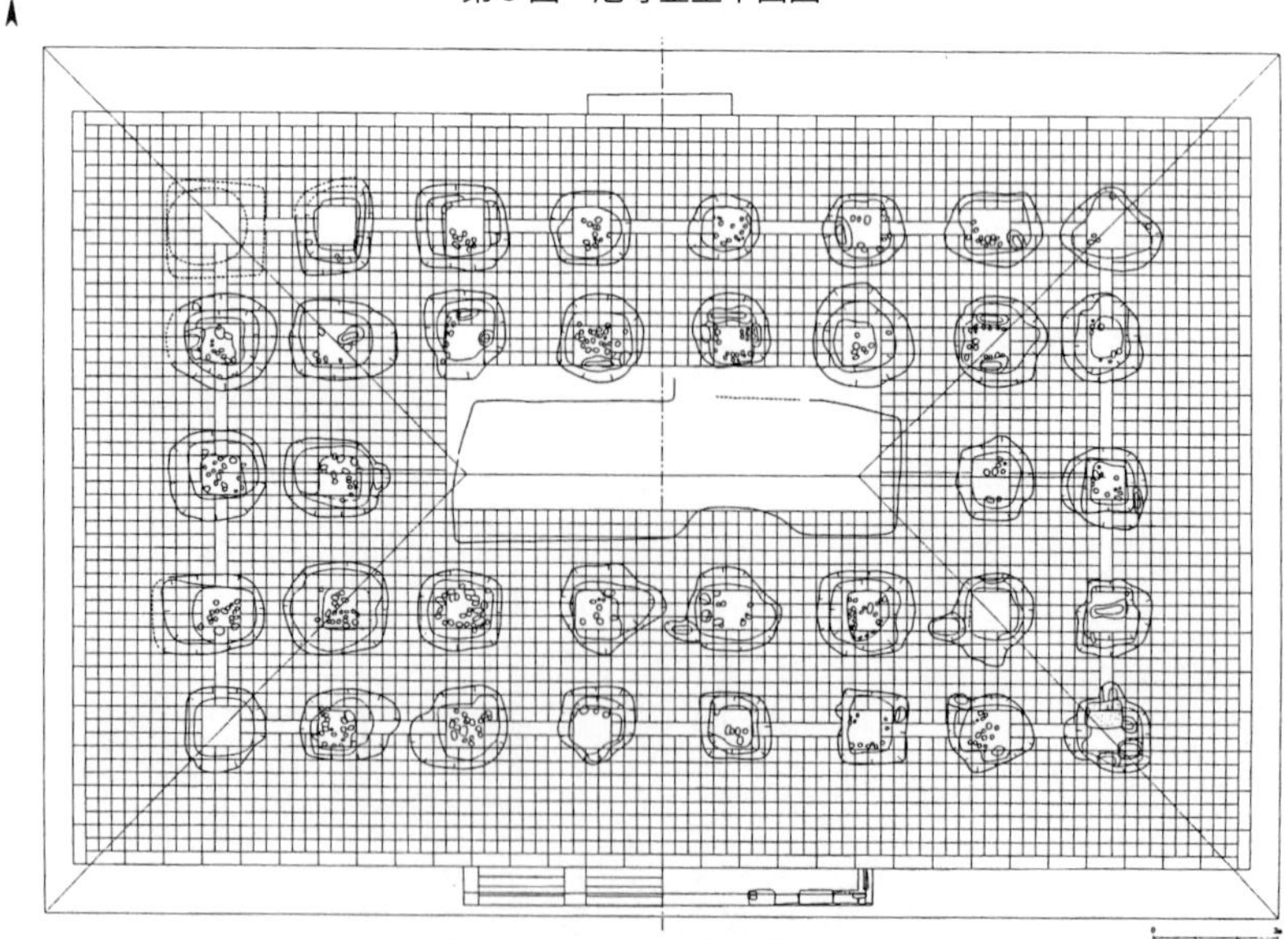

第6図　尼寺金堂推定復元図

模・構造などの詳細な数値と精度の高い平面図が報告書に収録されている（第5・7図参照）〔栃木県教委　一九六九〕。報告によれば金堂基壇規模は、桁行二七㍍（八九尺）×梁間一七・六㍍（五八尺）、四七五・二平方㍍で、南縁を除く三辺には地覆石が残存し、「規格は全く同一ではないが、概ね長さ七〇㌢、幅三五㌢、厚み二五㌢の角材石上面に、幅約一〇㌢、深さ五㌢の溝を掘込んだもの」と数値ともに類似する資料として講堂基壇南石階台石と地覆石の図が掲載されている。

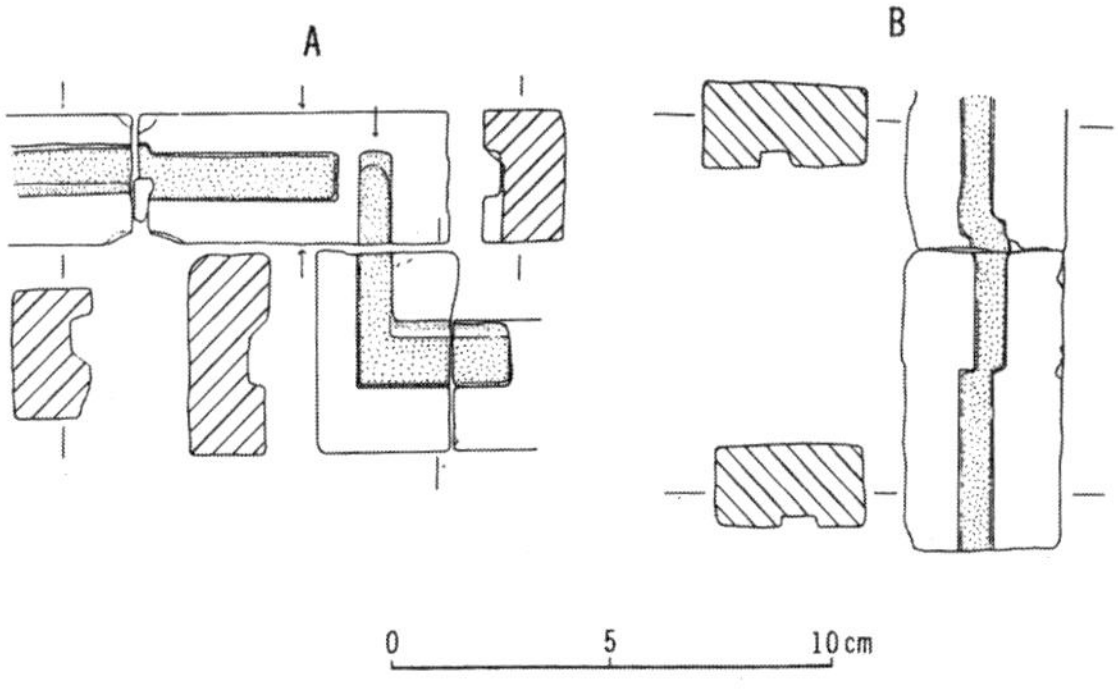

第7図　尼寺講堂跡出土石階台石と地覆石

礎石はすべて抜き取られており、発見時に削平された北西隅を除く三五カ所の据付痕は良好な状態で確認されている。報告には「これらの掘方は基壇の南・東・西端から二・八㍍（九・二尺）、北端ではやや短く二・四㍍（約八尺）に側柱心を置き、版築層を掘り込んだもの（略）」と北側の基壇長が短いことを指摘している。僧寺の金堂基壇もこの尼寺金堂基壇と同様に建物北側桁行から基壇の北端までが三・三㍍、南側が三・九㍍と北側基壇長が南側基壇長より三〇㌢（一尺）短い規格となっている。

礎石据付痕は基壇上面から約四〇㌢前後（一・二尺強）版築層を掘り込んでいるが、僧寺金堂、講堂では尼寺のように基壇を掘り込む据付掘方は確認されていない。また、礎石は「回廊、経蔵の礎石なども直線の縁と平坦な面を持つ直方体に加工されたもので、自然石でなく上面を方形に加工できるもの」と記されている。僧寺でも最終期の僧坊礎石以外はすべて面取りされた凝灰岩が使用されている。これらの記述や実測図から尼寺の金堂に使用された礎石が九〇㌢の方形と推定した。このほか二寺の金堂・講堂の堂内床材に凝灰岩切石製石塼

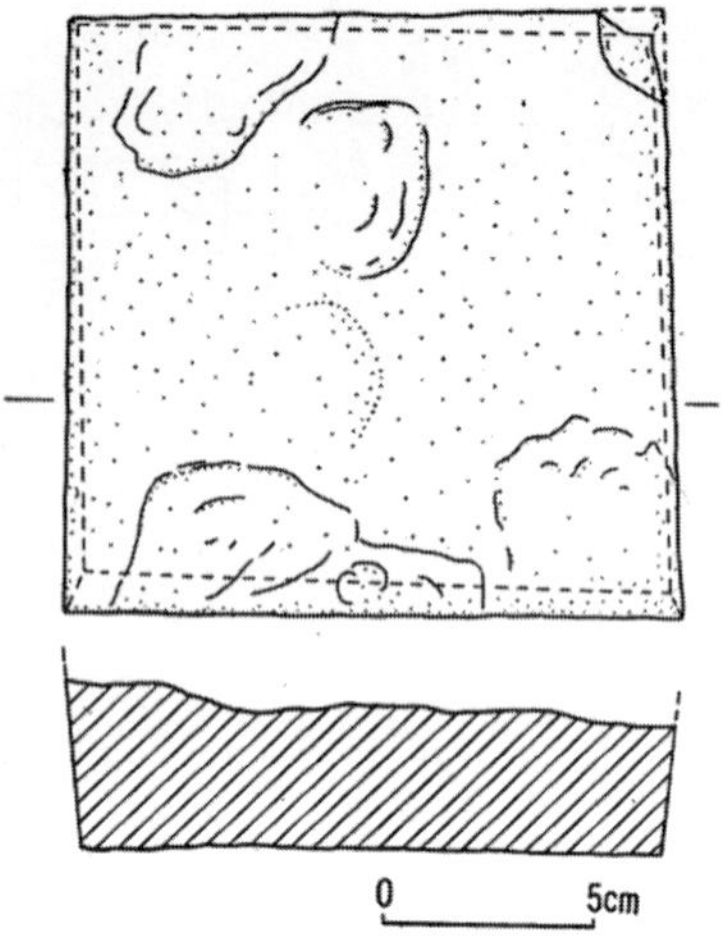

第8図　尼寺金堂跡出土石塼

が使われている。尼寺金堂出土塼は「上面の規模は推定で三〇×三〇センチ内外、底辺の規模が二八×二六センチ、残存高は八センチの逆悌形」と記され、この推定値を裏付ける同規格の石塼が僧寺の金堂、講堂・塔跡から出土している。僧寺創建期の石塼は上面が天平尺（二九・七か二九・八センチ）の正方形で、高さが九センチ前後であることから二寺で同規格の建築部材が使用されたと想定できる。尼寺金堂ではこの石塼がどのように敷かれていたかは不明だが、僧寺の金堂、塔跡では東西南北の基壇縁に併せ各辺を揃えており、河内国分僧寺塔跡のような四半敷でないことが判明している。

ここで、この規格の石塼が尼寺金堂の床には何枚必要か試算してみる。尼寺金堂の基壇規模は二七メートル×一七・六メートル（四七五・二平方メートル）で、この基壇上面の総面積から九〇×九〇センチの礎石三六個分（二九・一六平方メートル）を除く。さらに報告に示されている推定須弥壇（九×三・三メートル）の面積（二九・七平方メートル）と基壇縁に用いられた幅三〇×長さ九〇センチの葛石（基壇南と北面三〇＋三〇本、西と東面一八＋一八本の計九六本）の面積（二五・九二平方メートル）を引くと三九〇・四二平方メートルとなる。このほか建物地長押下の地覆石を同様に幅三〇センチ弱、長さ六〇センチ程度と想定すると四面の壁の地長押と各扉の下に廻すには一四三本分が必要で、これを引いた残りが塼敷の面積となる。試算では、この面積を埋めるために四一三一枚の塼が使用されたと考えられる。

このほか基壇外装を構築するための石材は葛石と同等数九六本の地覆石、さらに総延長八九・二メートルの基壇縁―（南階段幅九・六メートル＋北階段幅推定四・五メートル＋一本の幅が三三センチの束石二六本分）＝六六・五メートル分の高さ六〇センチ、幅三九センチ、厚さ二一センチ前後の羽目石一七〇本が必要となる。さらに地覆石（台石）を入れ四段分の階段踏み石×四カ所分、幅六〇センチ、長さ九〇㌢の登葛石四点、高さ四五㌢×奥行四五㌢の三角形耳石二点、北階段は地覆石（台石）を入れると四段分の階段踏石×二区分、幅六〇㌢、長さ九〇㌢の登葛石二点、高さ四五㌢×奥行四五㌢の三角形の耳石二点が必要となる。

これらの石材の比重を計算するため一〇×一〇×一〇㌢の凝灰岩サンプルの重量を計測したところ一・八㌕であった。また、僧寺金堂で出土した塼の重量は約一四・六㌕であった。これらの値から換算すると塼の必要最小枚数四一三一枚の総重量は約六〇・三㌧となる。このほか礎石が七七㌧、羽目石一枚の重量を九〇㌕と想定し必要枚数を一七〇枚とすると羽目石だけでも約一五㌧になる。また、これらの総体積を二五〇立法メートル程度とすると尼寺金堂の基壇外装・階段と礎石に用いられた凝灰岩の総重量はおよそ三七五㌧と推定される。

約一四・六㌕の床石（塼）を成人男性一人が一度に運搬可能な重量、あるいは継続して運搬しやすい重量は、四～五枚（六〇～七五㌕）程度が上限と想定され、一人が一度に四枚を背負って運んだとするとすべての床石（塼）を運ぶためだけでも延べ一〇三三人が、五枚運搬した場合でも延べ八二七人の従事者（役夫）が必要となる。一人では九〇㌢四方で厚さ二五～三〇㌢の礎石用の石材は到底背負って運べるものではなく、尼寺だけでも礎石は金堂・講堂で七二個、鐘楼・経蔵で二四個、中門一八個、回廊で八八個（推定）の二〇二個が必要となる。僧寺でもこれと同数の礎石のほか、さらに塔には一辺六尺を超える立方体の心礎や四天柱、これらよりやや小さい側柱礎石など総数一七個のほか、基壇外装、四方階段、床を全面敷き詰めるための塼が必要となる。これらの石材は約三〇㌔離れた宇都宮市大谷地区や鹿沼市深岩地区で採掘され二寺まで運搬されたと想定されるが、これらの石材供給のためには相当数の労働力として雇夫や仕丁とともに官牧（朱門牧）や豪族が所有する馬・牛が供出されたと考えられる。下毛野に点在する古墳の石材運搬については、河川利用の水運説もある。確かに石材産出地の大谷は姿川水系、鹿沼深岩は思川・黒川水系ではあるがいずれも小河川のため、水運は不可能と考えられる。大阪府藤井寺市三塚古墳出土の小修羅でも推定二㍍程度の立方体の塔礎石の積載・運搬は可能と考えられ［一瀬 二〇一三］、陸路使用の運搬にも役夫と共に牛馬が使用されたと考えられる。

これらの石材のほか、礎石数と同等数の柱材、特に金堂、講堂は同時期に設計された唐招提寺金堂の事例を参考にすると柱径二尺、側柱長が一五・六尺、復元検討が行われた上総国分尼寺金堂では柱径一・五尺、側柱長一二尺、鐘楼・経蔵は柱径一・七尺、棟高四〇尺、中門は柱径一・五尺、柱長一三尺、回廊は柱径一尺、柱長九尺の軸部が礎石と同数必要で、さらに虹梁、梁・桁材、組物など膨大な数の資材が必要となる〔市原市教委 一九八八〕。また、僧寺七重塔跡の心礎には焼失時に付いた九〇㌢前後の心柱の痕跡が確認されており、伐採時には直径一・二㍍、接木総長五〇㍍以上で数トンの柱が使用されたと考えられる。

⑴ 建築資材の供給

律令制の地方延伸とともに権力の象徴として建設された官衙や寺院には良質な建築資材が使用されたと考えられるが、下野国の場合、国分二寺の建立以前に河内郡域では下野薬師寺の創建と大規模改修のほか上神主・茂原官衙と推定河内郡衙の多功遺跡が続けて建設されている。都賀郡域では下野国庁建設のための資材供出が行われ、国分二寺が建立された都賀郡・河内郡周辺ではすでに良質な木材は採取されていたと想定すると、この周辺からの木材供給は困難であったと考えられる。そのため、国分二寺が建立された地域北西部の日光連山付近から思川水系で、現在の宇都宮市域以北の丘陵などからは姿川水系を利用し、殍で木材が漕運されたと考えられる。木材の供給は西部の足利郡や東部の芳賀郡からも運搬された可能性も想定されるが、渡良瀬川や鬼怒川などを渡河し河岸段丘を横断することを想定すると心柱や柱材などの巨木は南流する思川・姿川水系の方が効率良く運搬できたと考えられる。

藤原京・平城京建設時の木材運搬に宇治川や木津川が利用されたように下野国庁建設時にも東に隣接する思川が利用され、国庁建設時に設置された「津」や「木屋」に類する施設が国分二寺建設の作業効率を高めるためにも利用されたと考えられる。

礎石や基壇外装に使用された凝灰岩の加工技術は、六世紀後半以降、七世紀中葉まで継続して造られた首長墓や群集墳の石室構築技術としてすでに導入されている。宇都宮市大谷地区、鹿沼市深岩地区の石材産出地周辺には古墳時代後期の群集墳が点在し石室の構築材に凝灰岩が使われ、さらにそれぞれの地域周辺には律令期の集落跡が多数分布している。鹿沼市の竜地遺跡からは七世紀第3四半期に比定される畿内産土師器が出土しており、周辺に寺院や官衙の所在が認められない地域のため、遠隔地への石材や木材供給を目的とした畿内からの技術者の入植とも考えられる。これらの地域では律令萌芽期以前から継続的に石材が供給されていたことが想定される。

大川清は「下野国分寺創建時の造瓦組織」において、下野国各瓦屋における需給数量を試算し、国分寺・尼寺の屋瓦必要数量の検討を行っている。その中で、「各堂塔の屋根を寄棟とし、葺方は女瓦三枚葺、軒の出は約九尺、尼寺金堂の屋根の規模を七〇方丈と想定し、女瓦が一七五〇〇枚、男瓦八八二〇枚、計二六三二〇枚、僧寺・尼寺の屋瓦の必要総数を約三二万枚」と想定している[大川 二〇〇二]。

昭和の調査で雨落溝が確認されていないため軒の出が判然としないが、南正面階段の出などから推測して基壇縁から〇・九メートル（建物側から四・五メートル）と想定すると寄棟造の屋根の面積はおよそ五七五平方メートルとなる。僧寺跡・尼寺跡あるいは生産窯出土品から平瓦が（縦三九×横三〇センチの弧）、丸瓦が縦三九×内径一三・外径一六センチの規格であることが確認できる。下野薬師寺出土の平・丸瓦には瓦の長さに二種類の規格があるが、国分僧寺・尼寺に供給された瓦は基本的に一種類の規格である。僧尼寺跡から出土した大量の瓦の中には平瓦凹面に屋根に葺かれた後に露出部分が凍害などにより表面が風化、剥離したものが複数確認されている。剥離あるいは風化の及んでいない範囲は平瓦全長の半分の約二〇センチであることから女瓦の多くは二枚葺（軒先に近い傾斜のある部位では三枚葺きか）であったと想定できる。屋根の平葺きのほかに大棟、下り棟の瓦を含めると平瓦が一〇七五〇枚（大川試算を二枚葺きに換算すると一万一五五〇枚)丸瓦が五一七二枚(大川試算を二枚葺きに換算すると五八二二枚)、また、軒先瓦は軒平瓦が三二〇点、軒丸瓦一六〇点と試算された。このほか下り棟にも鬼瓦を置いた場合には鬼瓦一〇点が必要となる。平瓦・丸瓦それぞれ一枚の平均的重量が三㌕、軒平瓦・鬼瓦が四㌕、軒丸瓦が三・五㌕とすると平瓦の総重量がおよそ三二㌧、丸瓦が一五㌧、軒丸瓦が五六〇㌕、軒平瓦が一・三㌧、鬼瓦四〇㌕の総計五〇㌧程度の重量と推定される。

大川は『造東大寺司告朔解』(天平宝字六年三月一日)(大日本古文書五)の「運瓦寺家　功卅人」は瓦工四人、仕丁二六人による運搬員の構成と想定、また、『造東大寺司解　申四月中作物并散役事』(大日本古文書五)の「自瓦屋運瓦一千五百枚　功卅人」から五〇枚が一人分で、この瓦は女瓦と想定している。さらに『延喜式』木工寮式人担条「瓪瓦十二枚、筒瓦十六枚、鐙瓦九枚、宇瓦七枚(略)」、車載条には「瓪瓦一百廿枚、筒瓦一百卌枚、鐙瓦八十枚、宇瓦六十枚(略)」についても触れ、造東大寺司解に記された数量がこの式の規定の約四倍であることについては「運搬の距離の違いによるもの」と想定している。また、大川は「式」の規定に記された窯を小野、栗栖野瓦屋とし、宮中までの距離をおよそ六㌔と想定している[大川 二〇〇二]。下野国分二寺の場合、三毳山麓古窯跡群からの距離はおよそ二〇㌔であり、移動行程の大半は平坦な地形だが永野川、巴波川、思川など河川横断の際には車載のままの渡河は難しいと想定されることから、相当数の仕丁が運搬に動員されたと考えられる。その際、延喜式の規定に則せば成人男性一人が一回に瓪瓦一二枚(平瓦三六㌕)、筒瓦一六枚(丸瓦四八㌕)、鐙瓦九枚(三二㌕)、宇瓦七枚(二八㌕)程度のいずれかを運んだこととなる。単純に一回あたり平均三六㌕、多く換算して四〇㌕を運んだとした場合、総量五〇㌧運搬に一二五〇人、五〇㌕の場合ではおよそ一〇〇〇人程度の役夫が必要となり、大川が試算した二寺の建立に必要な約三二万枚をすべて人が担いで運ぶためには、のべ、二万二四〇〇人、車載数量は人担の約一〇倍とすると二二四〇台分が必要となる。

おわりに

大橋泰夫の先行研究により下野国内の寺院官衙に供給された瓦、特に僧寺・尼寺に供給された瓦類は三毳山麓で継続的な生産体制が組織されたことが明らかにされている［大橋 二〇〇六］。また、三毳山麓の南には大前製鉄遺跡群が確認され、百目貫遺跡では官衙と関連した製品や鉄素材の生産が行われていたと想定されている［津野 二〇〇四］。瓦と共に鉄素材の生産も官の関与により資材の供給が行われたと考えられる。

建設現場となる僧寺では「石所」と書かれた墨書土器が出土しており、国分二寺造営にあたり各「所」が組織されていたと考えられる。下野国では下野薬師寺の大改修期の天平五年（七三三）に下野薬師寺造寺工として於伊美吉子首が、天平十年（七三八）には造薬師寺司として宗蔵が赴任しており、国分寺造営以前に寺院造営事業に関わる組織体系や運営に関するマネージメントが行われていた。

下野薬師寺の造営と下野国分二寺の造営の背景が異なることから下野薬師寺の造営に関わった司工らがそのまま下野国分寺の造営には関わっていないことは、下野薬師寺の軒先瓦製作に使用された瓦笵の移動からも推測できる。しかし、下野国府出土「下野薬師寺月料」題箋軸木簡から下野薬師寺の運営に国府が関与していたことは明白である。地方寺院の造営においても規模こそ異なるが中央の諸大寺院建設時に組織された造営組織の技術陣を統括するための組織形成が行われたと考えられる。

国分寺造営に関して『続日本紀』天平十九年（七四七）十一月己卯（七日）条には、造営督促の勅が下されていることから下野薬師寺造営に少なからず関与している下野国司は、下野薬師寺造営の設計・監理・造営現場で差配できる技術者など管理運営体制下で作業に従事した雇工、雇夫、仕丁などを下野国分二寺の建築資材の採取、運搬、建設などの現場作業に従事させたと考えられる。

さらにこの天平十九年(七四七)十一月の勅には、①中央から発遣された使者と国司・国師が寺地に適応する土地を選び造営を命じている。②三年以内に塔・金堂・僧坊を完成させるために郡司にも造営を協力させる。③勅を遵守し造寺を完成後は子孫・末代まで郡司職を保障するので維持管理にも努めることを命じている。

この勅から寺地の選定は中央から発遣された使者と国司・国師が行ったことが想定され、海野聡も「(敷地の選定は)国師が国司にはない選地の能力を有しており、国師の造営に関する職能の一つといえよう。僧である国師に対して求めた選地能力は、国分寺伽藍の造営には不可欠であった」[海野二〇一五]と指摘している。

また、国司の怠慢とされた造営の遅れを解消するためには在地の郡司層や有力地方豪族の協力が必至とされたことから勅により協力要請が行われた。この要請の背景には国郡内から徴収される税の供出、あるいは知識物の提供とともに、郡司層が保有する地方における造営技術者集団の動員が必要であった。この集団の構成員は雇工、雇夫、仕丁などにより組織されていたものと想定されるが、この労働力の中心となる仕丁は郡司支配下の郷・里長を通じて税の一種として差発されたことから、郡司層の地域統治のあり方が造営技術者集団の動員・協力に深く影響したと想定できる。造営に関わる労働力の集積は、完成以降も継続して行われた維持管理に必要な技術と労働力であり、国司が所管する国府周辺の「工」、さらに国師による寺院の経営力とともに郡司、在地有力豪族が保有する地方造営技術者集団を構成する郡や郷(里)に属する「工」の技術継承などが国分二寺をはじめ地方の官寺の衰退に深く関連したと考えられる。

天平十九年(七四七)十一月の勅から一二年後の天平宝字三年(七五九)十一月九日に「頒二下国分二寺図於天下諸国一」の記事が記されており、僧寺の建立が進められた地域に対して尼寺建設を督促するように国分二寺の図を頒布したとするならば、従来指摘されている尼寺建設期に近いと考えられ、尼寺建設に向けた取り組みがなされたと想定される。

参考文献

市川市史歴史編さん委員会　二〇一九『市川市史』Ⅲ
一瀬和夫　二〇二三『古墳を築く』吉川弘文館
井上　薫　一九六六「国分寺の造営」『奈良朝仏教史の研究』後篇　吉川弘文館
市原市教育委員会　一九九八『史跡上総国分尼寺跡　中門・回廊復元事業報告書』
海野　聡　二〇一五『奈良時代建築の造営体制と維持管理』吉川弘文館
大川　清　二〇〇二『古代造瓦組織の研究』日本窯業史研究所
大橋泰夫　一九九六『下野国分寺跡ＸⅡ』瓦・本文編　栃木県埋蔵文化財調査報告第一六九集　栃木県教育委員会
大橋泰夫　一九九八『下野国分寺跡ＸⅣ』遺構編　栃木県埋蔵文化財調査報告第二一〇集　栃木県教育委員会
大橋泰夫　二〇〇六「下野の瓦生産について」『栃木県考古学会誌』第二二集　栃木県考古学会
小笠原好彦　二〇二三『平城京の役人たちと暮らし』吉川弘文館
岡藤良敬　一九七〇「八世紀中葉寺院造営労働力の一考察・造石山寺所甲賀山作所」『史淵』一〇二号　九州大学文学部
梶原義実　二〇一四「国分尼寺の造営過程に関する基礎的考察」『名古屋大学文学部研究論集』名古屋大学文学部
上三川勝　一九九六『釈迦堂遺跡 下野国分尼寺跡伽藍南西隣接地点確認調査報告』国分寺町教育委員会
黒崎　直　二〇一一『飛鳥の都市計画を解く』同成社
斎藤　忠・大和久震平ほか　一九六七『下野国分尼寺跡』栃木県教育委員会
斎藤　忠　一九六六「国分僧寺と尼寺との距離及び方位に関する一考察」『古代学論叢』末永先生古希記念『日本古代遺跡の研究』論考編
斎藤　忠　一九六六「国分寺跡の規模と建物」『新修国分寺の研究』第六巻　総括
斎藤　忠　一九六八「国分尼寺の性格—特に国分僧寺との比較を中心として—」『仏教史研究』第四号
大正大学史学会　一九七六『日本古代遺跡の研究』論考編
柴田常恵　一九二六「下野国分寺址」『栃木県に於ける指定史跡』内務省
津野　仁　二〇〇四『藤岡町史』通史編前編　藤岡町史編さん委員会
津野　仁　二〇一四『下野国分尼寺跡Ⅱ』—重要遺跡範囲確認調査—栃木県埋蔵文化財調査報告第三六四集
角田文衛　一九九六『新修国分寺の研究』第六巻　総括
栃木県教育委員会　一九六九『下野国分尼寺跡』
中山　晋　二〇〇一『竜地遺跡』栃木県埋蔵文化財調査報告第二四六集　栃木県教育委員会

中村享史　二〇一一『下野国分尼寺跡』―重要遺跡範囲確認調査―　栃木県埋蔵文化財調査報告第三三四集　栃木県
福山敏男　一九八二・一九八三『寺院建築史の研究』(福山敏男著作集1～3)　中央公論美術出版
古尾谷知浩　二〇二〇「奈良時代の木工にみる都鄙間技術交流」『日本古代の手工業生産と建築社会』塙書房
山口耕一　二〇〇五『東薬師堂遺跡第五次調査』国分町教育委員会
山口耕一　二〇〇九『東薬師堂遺跡第七次調査発掘調査報告書』下野市埋蔵文化財調査報告第七集　下野市教委
山口耕一　二〇一一「下野国分寺」『国分寺の創建―思想・制度―』吉川弘文館
山口耕一　二〇二二『下野国分尼寺跡』下野市埋蔵文化財調査報告第一四集　下野市教委
山路直充　二〇一一「寺の空間構成と国分寺」『国分寺の創建―思想・制度―』吉川弘文館
山中　笑　一八九八「下野国分寺の瓦」『考古学会雑誌』第一巻第一号

図版出典
第1図　下野市埋蔵文化財報告第九集『丸塚古墳』二〇一二を改変
第2・3・5・6・7図　栃木県埋蔵文化財調査報告第三三四集『下野国分尼寺跡』二〇一一
第4・8図　栃木県埋蔵文化財調査報告第二集『下野国分尼寺跡』一九六九

上総国分寺の伽藍設計と在地社会

櫻井敦史

はじめに

上総国分寺跡は、国分寺台土地区画整理事業に伴い昭和五十三年から実施された発掘調査で、大衆院などの付属施設の全貌が確認され注目を集めた。僧寺においては近年発掘調査報告書も刊行されているが〔市教委　二〇〇九・二〇一六〕、伽藍地については、昭和四十一年から四十三年にかけて保存目的の確認調査が実施されたのみで〔県教委　一九七三〕、不明な点が多い。これに対し尼寺では、昭和六十三年以降に史跡整備のための確認調査を実施し、伽藍地の状況もある程度把握されている〔市教委　一九九八〕。しかし整理作業の途上であり、詳細な分析が困難な状況にある。

上総国分寺における伽藍造営から在地社会の特質を見出すのは資料上の制約により困難であるが、調査を担当した須田勉や宮本敬一らによって優れた論考が蓄積されている。本稿は両氏の成果に到底至るものではないが、令和二年に武蔵国分寺跡史跡指定一〇〇周年記念講演会にて事例紹介の場を頂いたので〔国分寺市教委　二〇二二〕、これを機会に中心伽藍の状況を整理してみた。結果、基壇の施工が思いのほか簡略であることに注目するとともに、造営現場における頻繁な設計変更を想定し、国分寺造営の一形態と捉えた。このことが上総国の特性か否かの判断は別稿に譲るとして、今後、解明すべき点が見えてくれば幸いに思う。

1　上総国分寺造営と伽藍

上総国分寺は伽藍中軸線上に南大門、中門、金堂、講堂を配し、僧寺は回廊内東側に塔を置いた文武朝大官大寺式伽藍配置を、尼寺は塔を欠いた興福寺式伽藍配置をとる。これを本格的伽藍（B期）とするが、下層から東偏軸向きを呈する掘立柱建物群が確認され、仮設的段階（A期）と理解されている（第1図）。

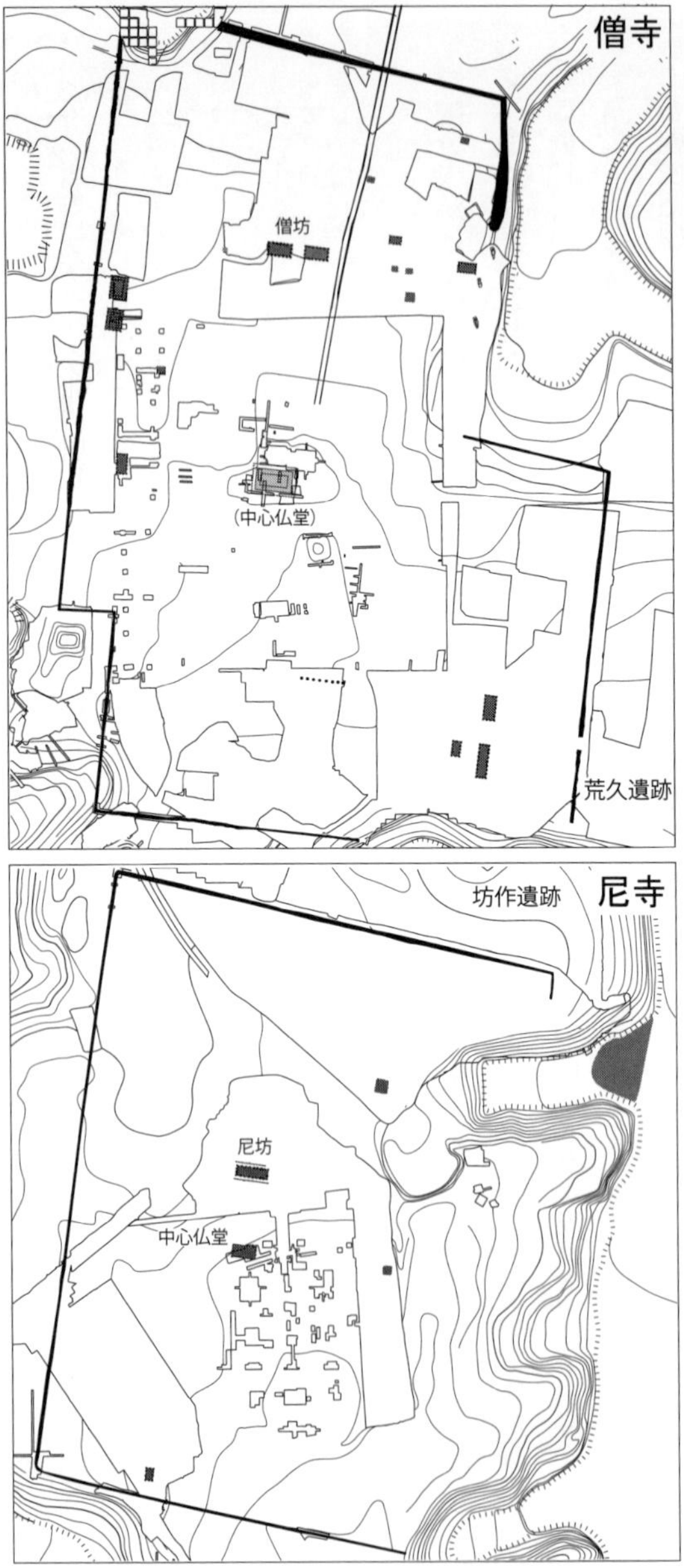

第1図　A期伽藍（1:6,000）

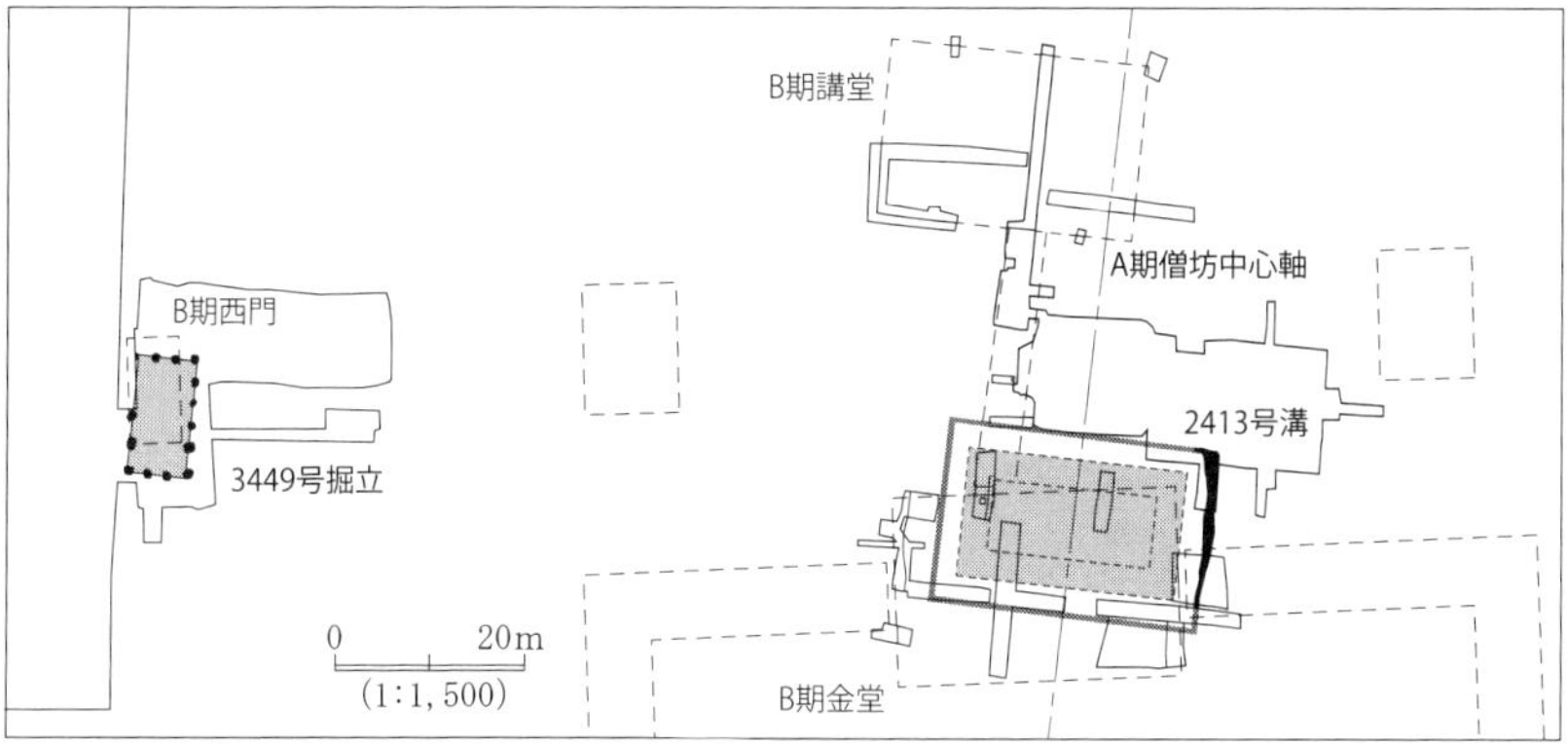

第２図　Ａ期の僧寺中心仏堂（1：1,500）

(1) Ａ期伽藍について

国分寺造営にあたり、かかる段階を経たことは、上総国の特色である。Ａ期伽藍の造立当時から、本格的伽藍の仮設と認識されていたか否かについては慎重に判断する必要があるため、「仮設的」と表現している。施設群は基本的に建て替えが認められないことに加え、寺院地外郭溝とともに東偏することから、たしかに造立の最初に寺域境界を設定し、国分寺として機能するよう施設を急ぎ整えた印象を覚える。

宮本は国分寺建立に伴う一連の施策のなかで、まず僧尼の簡定が実施され、尼寺については本格的伽藍が完成するまでの間、尼僧の居住（尼坊）と日常的な修行の場（講堂）を確保したものと理解している［宮本 一九九四］。

成立期については、須田が藤原宿祢麻呂の上総守赴任期間（七四六～四九）に想定している［須田 二〇一二］。

僧寺ではＢ期伽藍のうち講堂のみがＡ期と同じ軸向きを呈することから、須田はＡ期の中心仏堂がＢ期に講堂化したと想定しつつ、Ａ期僧坊と中心軸が合致しない点を問題視している［上総国分寺台遺跡調査団 一九七六］。しかし近年は、Ａ期の中心仏堂を掘立柱建物とし、Ｂ期講堂とは別の地点に存在したと想定されている。

たしかにＢ期講堂基壇は旧地表から六〇チセンほど掘り込んだ総地業で、深さは尼寺金堂と同程度の堅牢な印象であり、仮設的段階の造成とするには違和感がある。それでは、A期中心仏堂はどこに所在したのであろうか。

この点について、宮本はB期金堂と同位置にあったと想定している〔県史料研究財団 一九九八〕。本稿ではA期の東偏軸向きを示す２４１３号溝に注目したい（第２図）。この溝はB期金堂の北東に沿うように確認され、報文では金堂と何らかの関係を想定したが、回廊基壇との新旧関係は不明確であり、それ以上の言及を避けている〔市教委 二〇〇九〕。しかし溝の囲繞範囲をB期講堂基壇と同規模に想定すると、中心軸がA期僧坊のそれと合致し、須田の指摘した問題点が解決できる。さらに西方の３４４９号掘立柱建物（B期西門下層遺構）とも計画的な位置設定が想定できることもあり、A期中心仏堂の外周溝である可能性が高いと判断しておきたい。この溝が基壇外周溝か雨落ち溝かは判断できず、基壇を有するか否か不明である。上屋は尼寺中心仏堂の例から掘立柱建物の可能性が高いが、規模はB期講堂とほぼ同一、ということになる（図の薄墨範囲）。

尼寺では寺域の中心からやや西寄りに掘立柱建物二棟が並列配置され、宮本が講堂・尼坊に相当する施設としている〔県史料研究財団 一九九八〕。確認調査結果から、B期金堂西方に仏堂の存在は考え難いため、A期の講堂とされる建物が中心仏堂であった可能性が高い。

仮設的段階においては、僧・尼寺とも金堂・講堂の機能を中心仏堂一棟に集約させたと考えられる。僧寺では本格的な金堂・講堂と同程度の規模を要したが、尼寺では小規模建物での対応を可とした、ということになろう。上総国が選択した国分寺初段階の一つの形態として興味深い。

(2) 上総国分僧寺のB期伽藍

僧寺については不明な点が多いが、令和二年度から市教委と早稲田大学の連携により実施している地中レーダー探査の成果〔早大 二〇二二〕も参考に、現状で把握し得る状況をまとめてみた。

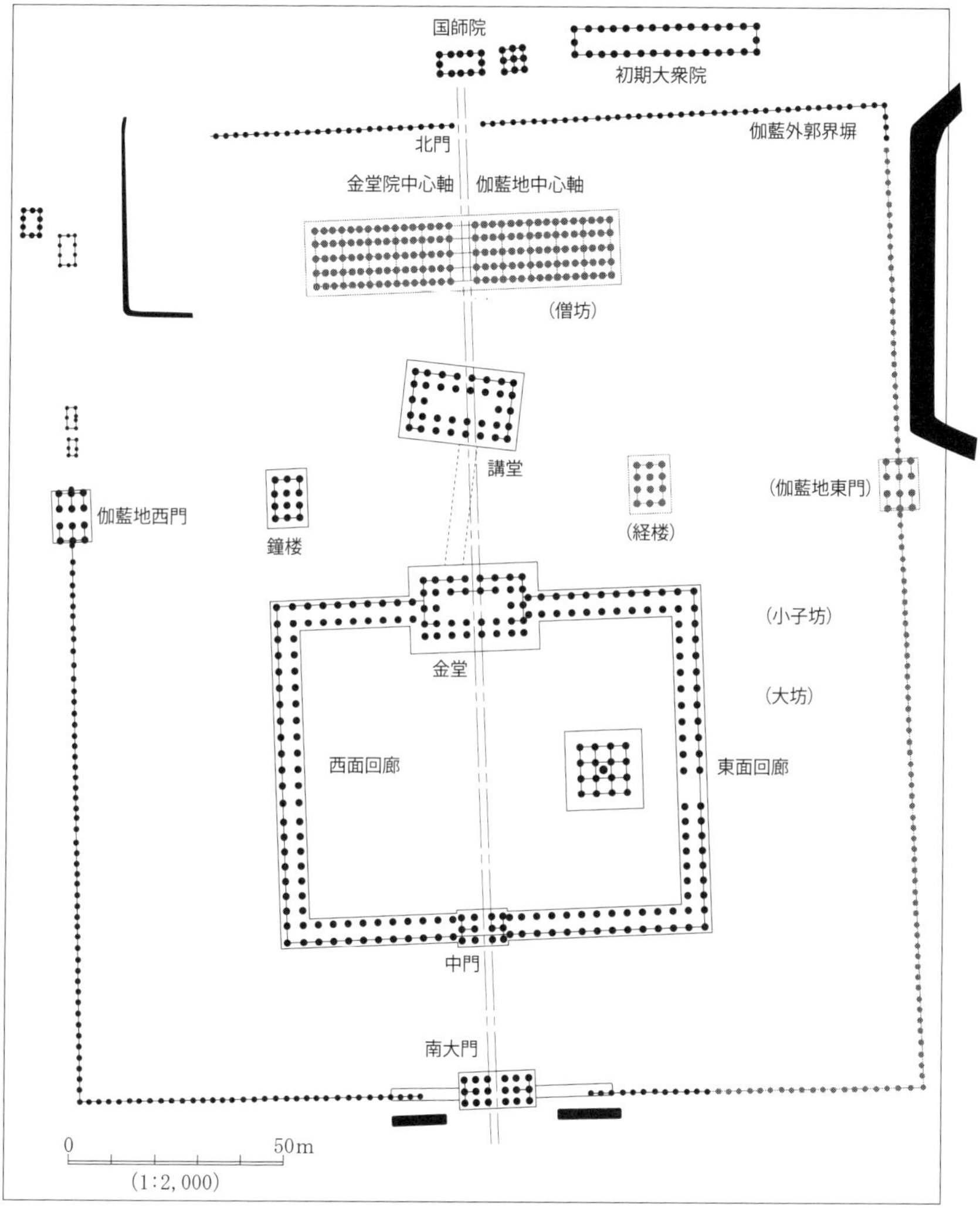

第 3 図　Ⅲ期（B 期伽藍完成期）の僧寺主要伽藍概念図（1 : 2,000）

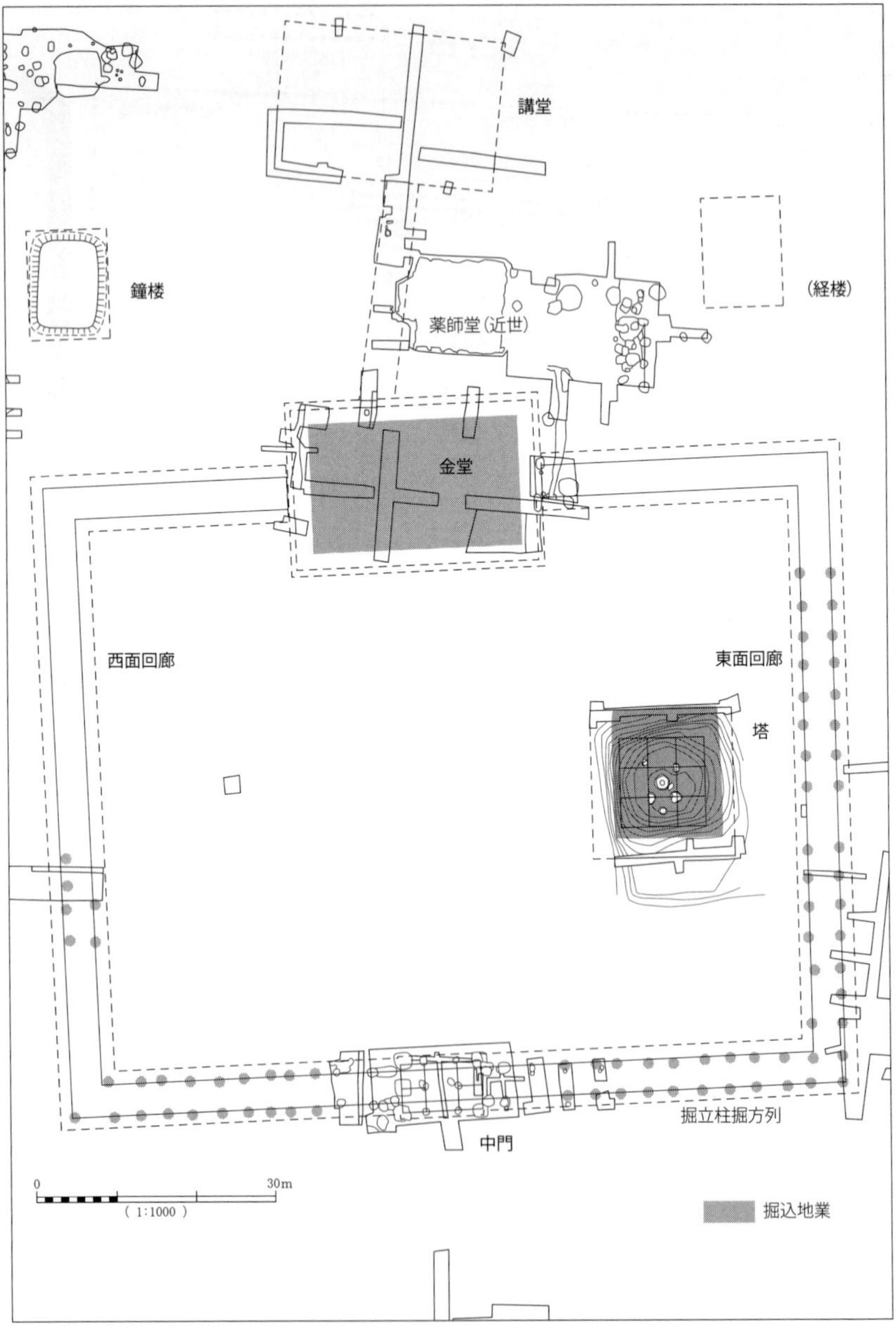

第４図　僧寺中心伽藍平面図（1：1000）

塔・金堂・回廊・中門・講堂・南大門が総瓦葺きと思われる。鐘楼・経楼・東門・僧坊は未発見だが、尼寺では確認されているので、想定位置を図示した（第3図）。僧坊は下野国分僧寺例を貼付したものである［しもつけ風土記の丘 二〇〇七］。

伽藍地外郭は南大門と北門を連結した板塀によるが、北西部を欠く。両門の中央を結んだ伽藍地中心軸は、中門と金堂を結んだ金堂院中心軸より約一七〇センチ東にずれる。

中心伽藍は掘込地業を施し、基本的に総地業だが、いずれも基壇平面より一回り狭い。

塔の掘込地業は旧表土から一八〇センチと深く、基壇高は旧表土から一四〇センチ、版築厚は三〇〇センチを超え、最も堅牢である。レーダー探査によって、掘込地業の中心は基壇のそれと一致しないことが判明した。基壇は瓦積で、現存する四天柱の礎石位置から、柱間十二尺の七重塔が想定できる。やや西偏するが、金堂よりも真北に寄っている。

金堂基壇は塔に次ぐ重厚さで、掘込地業は旧表土から深さ八〇センチ、版築厚は現存値で一三〇センチを測るが、荷重が大きくない入側部は掘り込みを浅くしている。尼寺金堂よりも堅牢な印象である。外周に小溝が廻り、瓦積基壇以前に木製外装を埋設したと指摘されているが［宮本 一九九八］、どの段階で瓦積に改装したかは明確でない。

講堂の掘込地業の深さは、旧表土から六〇センチほどである。基壇は金堂よりやや小規模だが、上屋の規模はほぼ同一と考えられる。

回廊は総地業だが掘り込みが浅く、西面回廊では旧表土から深さ四五センチ程度、東面回廊は確認トレンチで捕捉すらされていない。基壇も比較的脆弱で、かつては上屋の存在を疑問視する意見もあった［県教委 一九七三］。東面回廊は確認調査で見つかっていないため、報文では西面回廊から金堂院中心軸を挟み相対する位置に想定したが、レーダー探査によって、これより一間分東に延びていることが判明した。この際捕捉した柱穴を薄墨の丸で図示した（第4図）。尼寺回廊は礎石建物から掘立柱建物への建て替えが確認されているので、僧寺においても先行する礎石建物の柱列が、ほぼ同位置に存在したと考えられる。東面回廊の柱筋推定線は、塔のそれと軸向きが合致し、金堂よりもやや真北に向く。よって回廊は正矩形にならない可能性が高い。なお、レーダー探査によると、塔の東側の柱間が大きく開いており、出入り口用の扉の存在が想定できる。

中門は浅い総地業の両側に布地業を施す。布地業の深さは遺構確認面から四〇センチほどで、尼寺よりも脆弱な印象であるが、上屋の企画・規模は尼寺と同一である。礎石建物から掘立柱建物に建て替えている。

南大門の基壇は中門に比べると堅牢な造りで、総地業と布地業の折衷形態をとり、総地業部は旧表土から深さ七〇センチ、布地業部は八五センチを測る。基壇上から礎石据付穴を掘り、壺地業としている。上屋の規模・構造は尼寺と同じと考えられる。

(3) 上総国分尼寺のB期伽藍

尼寺については保存を目的とした一定規模の確認調査を実施し、宮本によってある程度の実像が解明されている。宮本は伽藍の変遷について、尼坊の建て替えに基づき、I小期からIV小期に至る四期区分を試みている。小子坊が成立するII小期を尼僧定員の倍増に伴うものとし、天平宝字四・五年（七六〇・六一）の光明皇太后崩御と周忌斎を画期と想定している。

中心伽藍の建物については、軒廊を除く全てが掘込地業を施す瓦積基壇を有したとされる［宮本 一九九四］。宮本の考察に基づく尼寺主要伽藍の概要は、以下のとおりである［千葉県史料研究財団 一九九八］。

金堂は総地業だが、掘り込みは基壇平面より一回り狭く、基壇中心よりも西に一・八メートルほどずれている。基壇は最も高く堅牢で、旧地表から高さ約一〇〇センチ、地業底面まで深さ約六〇センチある。基壇外装に沿って溝状の掘り込みが認められ、初期の金堂のみ木製の基壇外装を仮設し、中門・回廊の完成を待って瓦積みに改装したと想定されている。

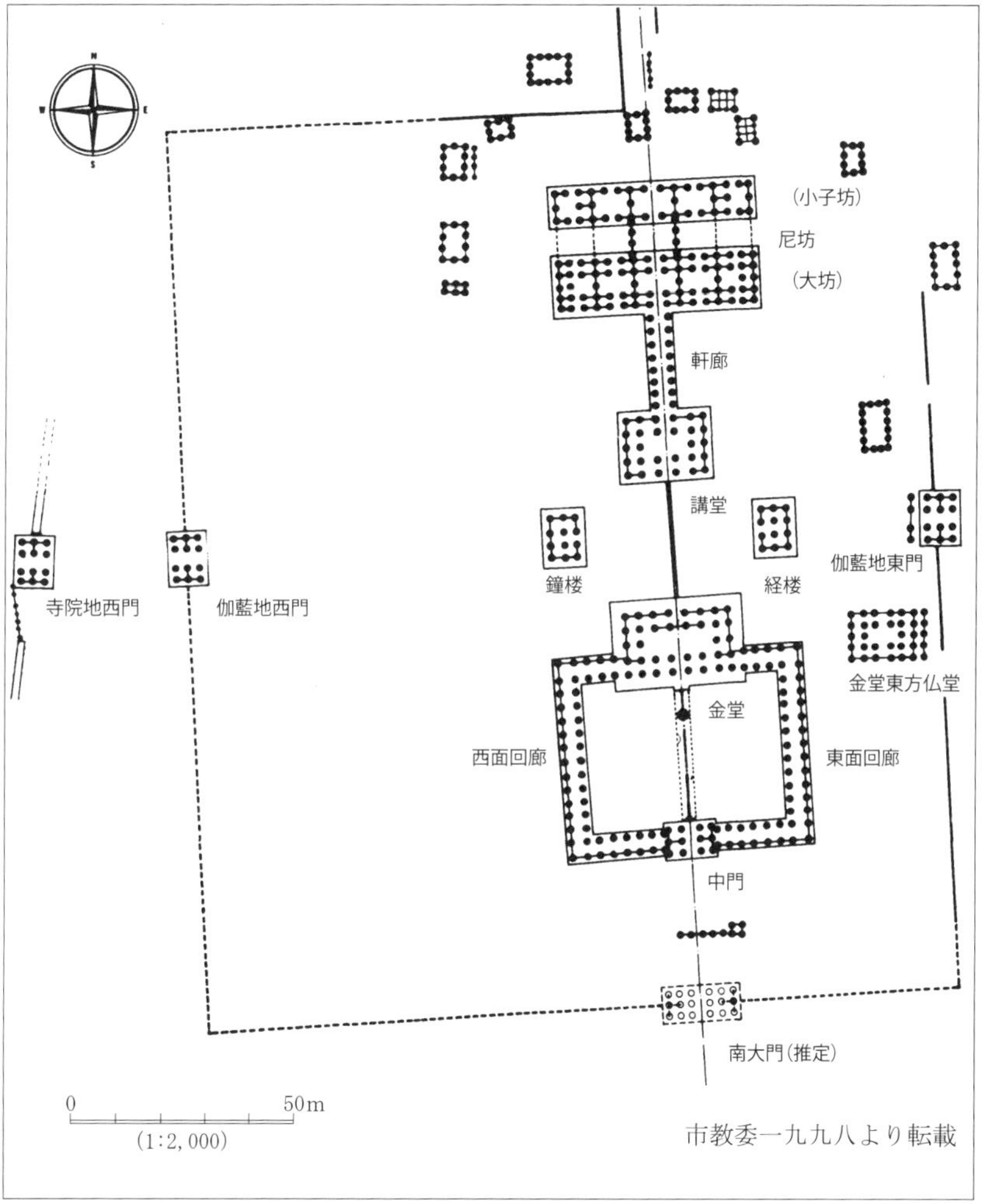

第5図　BⅡ期の尼寺主要伽藍概念図（1：2,000）

上屋は四面庇付き七間堂で、近代まで礎石が遺存していた。基壇上面の下層から、創建建物よりも西にずれた礎石据え付け痕が確認されている。

　中門は総地業だが掘り込みは基壇より一回り狭く、やや西に寄る。旧地表から約五〇センチとやや浅い印象である。上屋は礎石建物の八脚門で、平安時代に同規模の掘立柱建物となる。

　回廊は総地業で、底面まで旧地表から約八〇センチある。掘り込みは基壇平面より一回り狭く、内側に寄っている。調査範囲が限定されるため慎重な判断を要するが、トレンチの断面観察においては外側の柱筋が掘込地業から外れ、奇異な印象を受ける（第6図）。上屋は柱間十尺の単廊で、推移及び時期区分は中門と同一と想定されている。

　講堂は、地形から金堂に次ぐ高さの基壇を有したと想定されている。地業は総地業と布地業の折衷とも呼べる形態で、中央部の掘り込みを省略している。地業規模は南北が基壇と同規模、東西は基壇より大きく、当初は七間堂を想定していたと考えられている。上屋は四面庇付き五間堂とされる。

　経楼・鐘楼は総地業で、東西幅が基壇よりも大きい。確認面から約一二〇センチ掘り込み、堅牢である。上屋は桁行三間、梁間二間の楼造り切妻建物とされ、いずれも礎石建物であった。

　尼坊はまずB期当初の掘込地業が確認され、桁行九間、南北庇の切妻礎石建物と推定されている。この段階をⅠ期とする。その後掘立柱建物に換わるが、同時に大坊に小子坊が加えられる形で拡張され、七六〇年代の尼僧増員に対応した変化と考えられている。この段階をⅡ期とする。金堂東方に目を向けると仏堂風の四面庇付き掘立柱五間堂があり、軸向きからⅠ期でもやや遅れた時期に想定されている。また、伽藍地外郭には簡易な築地塀が廻っていたとされ、八脚門の東門と西門を付す。

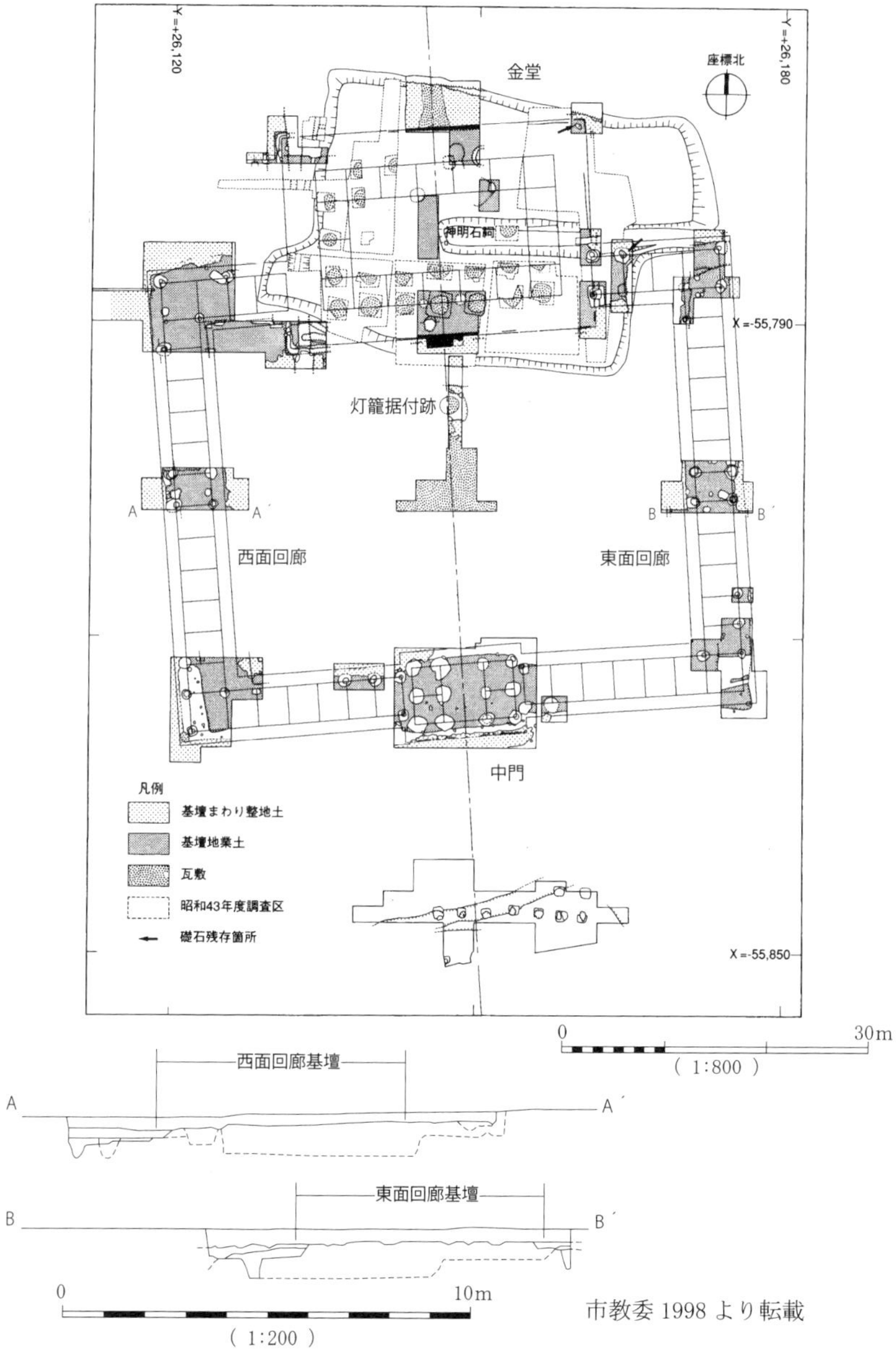

市教委 1998 より転載

第６図　尼寺金堂院平面図（1：800）・回廊断面図（1：200）

⑷　Ｂ期伽藍の造立順序

上総国分寺の造立順序については、宮本が尼寺の調査成果に基づき、当初のＢ期伽藍は座標北に対し四度ほど西偏するが、次第に座標北に近づくことを指摘している［県史料研究財団 一九九八］。まずは、軸向きの変化から新旧の傾向を摑むことは有効、と考えておきたい。

僧寺については、鶴岡英一が瓦当文様及び制作技法の分類に基づき、主要建物周辺における出土瓦の定量分析を行い、塔・金堂、南大門・中門、講堂、の順に新しい傾向があることを指摘している［市教委 二〇一六］。しかし例えば中門・回廊竣工後に塔の着工は考え難いことなど、そのまま受け止め難い部分もあるため、造立順序について再検討してみたい。

軸向きで見た場合、講堂が東偏六・一度、金堂・回廊が西偏三・〇度、中門二・六度、南大門二・五度、伽藍地外郭塀二・七度、西門二・六度、塔一・四度となる。

唯一Ａ期の東偏軸向きを呈する講堂は、Ａ期中心仏堂の継続利用ではなく、新造の可能性が高い。Ａ期中心仏堂がＢ期金堂の下層に位置したのであれば、Ｂ期金堂基壇造成に先行してこれを解体する必要がある。Ａ期中心仏堂とＢ期講堂は同一規模と考えられることから、まずはＢ期講堂の造立にあわせてＡ期中心仏堂の解体と金堂着工に進み、講堂の停止期間が生じないよう調整を図った可能性が高い。

金堂については、基壇の西面延長線上に講堂基壇の南西隅を、東面延長線上に北東隅を乗せることから、そのように意識した位置決めを行ったのであろう。

西面回廊と中門は、尼寺の例から、基壇造成については金堂と同時期に施工された可能性がある。しかし東面回廊は、塔の掘込地業施工よりも後に、基壇を造成している。上屋は塔と同じ軸向きを呈することから、竣工時期は塔と大差なかったと思われる。ちなみに塔の東側に面した位置は柱間間隔が倍になっており、回廊建造中であっても、塔

上総国分僧寺　（市教委1998・2009・2016に基づく）

施　設	基壇	地業	推移
金堂	○	総	瓦修理？ 焼失？ 再建？
塔	○	総	瓦修理？ 焼失？再建せず？
中門	○	布	瓦修理？ 焼失？ 掘立
西面回廊	○	布	瓦修理？ 焼失？ 掘立
東面回廊	○	布	
講堂	○	総	瓦修理？ 焼失？ 再建？
鐘楼・経楼	○	？	瓦修理？
伽藍地西門	×	×	
伽藍地北門	×	×	
伽藍地外郭塀	×	×	
南大門	○	布	
国師・講師院			
大衆院			東西棟 コの字状配列　配列喪失
井戸			
修理院			矮小化

上総国分尼寺　（宮本一九九四・市教委一九九八に基づく）

施　設	基壇	地業	推移
金堂	○	総	礎石
中門	○	総	礎石　（掘立）（建替）（礎石）
回廊	○	総	礎石　（掘立）（建替）（礎石）
金堂東方仏堂	×		
講堂	○	布	礎石
鐘楼・経楼	○	総	礎石
軒廊	×	×	掘立　縮小　（建替）　廃絶期不明
尼坊（大坊）	○	総 壺	礎石 掘立（拡張）　礎石　掘立　廃絶期不明
小子坊	×	壺	掘立　礎石
伽藍地東門	×		
伽藍地西門	×		
寺院地西門	×		
大衆院			
井戸			
僧寺時期区分			Ⅱ　Ⅲ　Ⅳ　Ⅴ　Ⅵ
尼坊時期区分			BI　BII　BIII　BIV

750　800　850　900

△督促詔　△道鏡政権　△弘仁地震　△俘囚の乱　△貞観地震　△俘囚の乱

第１表　上総国分寺Ｂ期伽藍の推移

の部材搬入は可能であった。

南大門・西門などの伽藍地外郭施設は、軸向きから中門・西面回廊よりも遅れた着工と想定したい。

塔は南大門・西門よりやや真北を向くことから、着工も若干遅れた可能性がある。

以上から、講堂、金堂・中門・西面回廊、南大門・西門、塔、東面回廊の順の着工と想定したい。

鶴岡の見解との相違については、建物建設における計画変更や修繕などの可能性を示唆するものと捉えておく。

尼寺については宮本が考察をしている。宮本は尼寺のB期伽藍にA期軸向きの建物が存在しないことから、B期伽藍の造営は僧寺より若干遅れたと想定している。さらに金堂院や講堂・尼坊の掘込地業には瓦片を含まないのに対し、鐘楼・経楼基壇土中には創建期軒先瓦が含まれること、鐘楼・経楼の東西位置が回廊の向きで決められていることなどから、金堂(西偏三・四度)、中門・回廊、講堂・尼坊(三・三度)、鐘楼・経楼(二・〇度)、東門(〇・五度)、東方仏堂(〇・三度)、の造営順とし、鐘楼以降は尼坊BⅡ期(七六〇年代初頭頃～)に近い時期に想定している[宮本 一九九四]。

上総国分寺の本格的伽藍造営については、金堂重視の設計で塔よりも先に着工したこと、日常的な勤修の場である講堂については金堂に先行させるなど、造営計画と運用面との調整を柔軟に図っていたこと、などが指摘できる。

(5) 伽藍の設計変更と監理について

僧寺については、まず金堂院と伽藍中心軸の不一致を挙げた。理由は不明であるが、造営現場における金堂院の設計変更との関係が想定できる。

金堂については、木製基壇外装を瓦積みに改修したと想定されている。設計上では瓦積みであったが、木板の仮設で間に合わせた可能性が高い。

塔基壇と掘込地業中心点の不一致は、地業施工後に塔の中心軸を南に一㍍、西に〇・七㍍程度移動する必要が生じ、基壇をずらした結果によると考えられる。南に移動させた意図は不明であるが、西への移動は、塔軒と回廊軒との干渉を防ぐためである。ただし塔は柱の荷重が大きいことから、礎石すべてが掘込地業上に収まるよう配慮する必要があり、最大限西に寄せたとしても限度があった。このため東面回廊を一間分東側に延長することで調整している。

このことから、回廊は設計段階では東西対称であったが、施工段階で非対称に設計変更したと考えたい。レーダー探査では、それまでの基壇想定位置から反応が得られていないことから、設計変更後に掘込地業を着工したことがわかる。

尼寺では、金堂基壇上面下層から確認された柱据え付け痕と上屋とのずれを指摘した。これは基壇工事の最終段階で伽藍中心軸の変更があったことを示唆する。基壇構築後、建物建造までの間に、金堂付近で一・八㍍ほど東に移動している。また、金堂基壇外装については僧寺同様の経過となる。

回廊は掘込地業が基壇の平面プランよりも内寄りで、これも設計変更を示唆する。地業の施工後に、建物規模の拡大修正を迫られ、地業の修正を行わず大ぶりの基壇を建設した可能性がある。地業から外れた場所に回廊の柱筋を設定するなど、今の常識では杜撰な印象をぬぐえない。さらに回廊は正矩形にならず、一部の柱間間隔を狭めて調整していることなど、設計の完成度の底さを示唆する。

中門も掘込地業の中央が基壇中央よりやや西に寄ることから、地業造成と基壇造成の間に建物位置の調整があった可能性が高い。

以上、上総国分寺の造営に際しては、大小規模の設計変更が多数想定できるが、多くが造営現場での変更と考えられる。これらのことから、造営現場が施工の実情に合わせ、ある程度の設計変更を行う裁量を有したこと、設計・施工監理のおおらかさなどを想定できる。また、金堂基壇外装の仮設的措置や、尼寺回廊の施工状況などから、限られた資源のなかで、工期の延長を許さない背景を想定できる。施工監理に際し、工期短縮の意思が常に働いていたと考えられる。これは施工の簡略化が顕著である事実からも裏付けられる。

⑹ 簡略化された施工

まず掘込地業であるが、僧・尼寺ともに基壇よりも一回り狭く、可能な限り土木工事を省略する意図と考えられる。尼寺では金堂ですら掘込地業を身舎部分に限定し、荷重の低い軒部については略している。金堂の入側部でこのような対応なのであるから、回廊の地業が浅いのも合点がいく。

続いて尼寺の講堂は、身舎内側の地業掘り込みを省略している［県史料研究財団 一九九八］。

中門・回廊については、僧寺と尼寺の基壇構造を比較すると、回廊・中門は僧寺の方が脆弱で、掘込地業も簡易な印象をうける。僧寺は金堂院に塔を配する都合から、回廊が長大となるため、基壇工事を簡略化することで事業負担が過大にならぬよう調整した可能性が高い。

なお、僧寺の伽藍地外郭塀は西門以北を欠くが、須田は令和四年十月二十二日に国分寺市教委が開催した「武蔵国分寺跡　史跡指定一〇〇周年記念講演会」ディスカッションにおいて、重要でない部分の施工を略した結果と想定している。

これらの事例の多くは、当初設計から可能な限り土木工事の労力削減を図っていたことを示すが、それ以上の省略が見込める場合、造営現場で柔軟に対応していた可能性が高い。

まとめ

以上、上総国分寺の伽藍について、基壇造営を中心に施工状態を再確認し、思いのほか設計変更が多い事実を認識した。これらは東偏から西偏への大幅な軸向き変更から、基壇位置の調整など、程度は様々で、多くが造営現場における不都合解消に応じたものと想定した。

このことから、当初設計の完成度は緩く、その分、施工監理上の柔軟な対応が求められたと考えられる。背景として工期短縮に向けた圧力が恒常的に作用していた状況を想定したが、上総国分寺B期伽藍の造営画期を天平十九年（七四七）の督促詔に求めた場合、上総では相応の影響力をもって受け止められた、ということになろう。このような状況は上総国の特色なのか、もっと広範囲で普遍的な現象なのかは、よく検討する必要があるが、いずれにせよ伽藍造営計画の修正施工が頻繁に行われた事実は、造営現場に相応の裁量が認められていたことを示唆しよう。

この点については、造寺司（あるいは造寺所）など、相応の決裁権を有する機関の存在についての検討材料とし得るが、国分寺造営の根幹に関わる問題であるため、やはり入念な考察を要する。

国分寺造営は強い国家的要請の下に進められてはいるが、施工は諸国の責であり、国ごとの事情に左右されるものであった。伽藍配置や所用瓦が斉一的でないのはその表れである。施工監理のおおらかさも国分寺ならではの事象と思えるが、具体的には国ごとの地域性を示唆するのではないか、と考えて本稿を執筆させていただいた。

しかし力及ばず、上総国分寺における実例を提示したに止まる。今後は、かかる視点からの研究に寄与されれば幸いである。

参考文献

須田　勉　二〇一二『ならび建つ国分僧寺・尼寺　上総国分寺』新泉社

宮本敬一　一九九四「上総国分寺の成立─尼寺の造営過程を中心に─」『東海道の国分寺─その成立と変遷─』

宮本敬一　一九九八「上総国分僧寺跡」『歴史散歩「上総国分寺とその周辺」』

市原市教委　一九九八『史跡上総国分尼寺跡　中門・回廊復元事業報告書』

市原市教委　二〇〇九『上総国分僧寺跡Ⅰ』
市原市教委　二〇一六『上総国分僧寺跡Ⅱ』
上総国分寺台遺跡調査団　一九七六「上総国分僧寺寺域確認調査」『上総国分寺台発掘調査概要Ⅱ』
国分寺市教委　二〇二二『武蔵国分寺跡　史跡指定一〇〇周年記念講演会　資料集』
しもつけ風土記の丘資料館　二〇〇七『下野国分寺展　―発掘二十五年の成果―』
千葉県教委　一九七三『上総国分寺』早稲田大学出版部
千葉県史料研究財団　一九九八「上総国分尼寺跡」『千葉県の歴史』資料編　考古3
早稲田大学東アジア都城・シルクロード考古学研究室　二〇二二『上総国分僧寺の測量・GPR（第1次）調査』

第2部　文字瓦・瓦生産

武蔵国分寺の造営と文字瓦

――窯跡を中心として――

有吉重蔵

はじめに

武蔵国分寺は、天平十三年(七四一)の国分寺建立の詔発布直後に、塔を中心とする伽藍と寺院地の整備を目的とする造寺計画が立てられ、数郡の即応的な協力体制で造営に着手したⅠa期と、天平十九年(七四七)の郡司層への協力要請を柱とする造営督促の詔を受けて、新たに国分僧・尼寺伽藍と寺院地の整備を目的とする造寺計画への変更が行われ、全二〇郡の協力体制で造営が進捗したⅠb期を経て創建された。

造営に伴う瓦の生産は、南多摩・南比企両窯跡群を中心に行われたが(第1図)、大量の瓦を調達するために両期にどのような造寺組織が編成され、造瓦費用の負担がどのような方法(律令税制説と知識物説など)で行われたのか、また、Ⅰb期の全二〇郡体制が何時まで存続したのか、文字瓦を手掛かりに考えてみることにしたい。

1　Ⅰa期　数郡体制による瓦生産の始まりと文字瓦の出現

(1) 南多摩窯跡群

Ⅰa期の創建期瓦窯は、武蔵国府の南方至近距離にある南多摩窯跡群大丸地区に限定され、瓦谷戸窯跡・多摩ニュータウンNo.513遺跡がある(第1図)。

大丸地区・瓦谷戸窯跡

①遺跡の概要　一九九七年に調査が実施され、A地点(A号窯の前庭部)、B地点(B号窯・地下式有階有段登窯)、C地点(C号窯の灰原)で3基の窯跡が明らかになった〔都内調査会 一九九九〕。当遺跡の重要な調査成果は、C号窯において京所廃寺跡(武蔵国衙跡に隣接し、多磨郡の郡寺で「多磨寺」と呼ばれた)の修理用瓦である単弁八葉蓮華文鐙瓦Ⅳ類(第4図1)を生産中に国分寺建立詔が出たために、新たに513遺跡でこの瓦をもとに創建瓦として単弁八葉蓮華文鐙瓦Ⅲ類(同図2)が創出され、Ⅰa期の塔に供給する国分寺瓦の生産が始まったことである。なお、A・B号窯はⅠb期に属する。

②文字瓦の内容　この段階では文字瓦はなく、京所廃寺跡の修理用瓦の生産が中心で経営母体も多磨郡と考えられる。

多摩ニュータウンNo.513遺跡

①遺跡の概要　一九八二〜一九八六年に調査が実施され、窯跡は東・北・西の3群・15基が明らかになっている(第5図②)〔東京都埋文 一九八七〕。国分寺瓦生産のために新たに設置された西斜面(地下式有階有段登窯、有畦式平窯など8基)では国分寺瓦、北斜面(地下式有階有段登窯3基、10〜12号窯)では国府瓦と国分寺瓦を焼成している。西斜面は

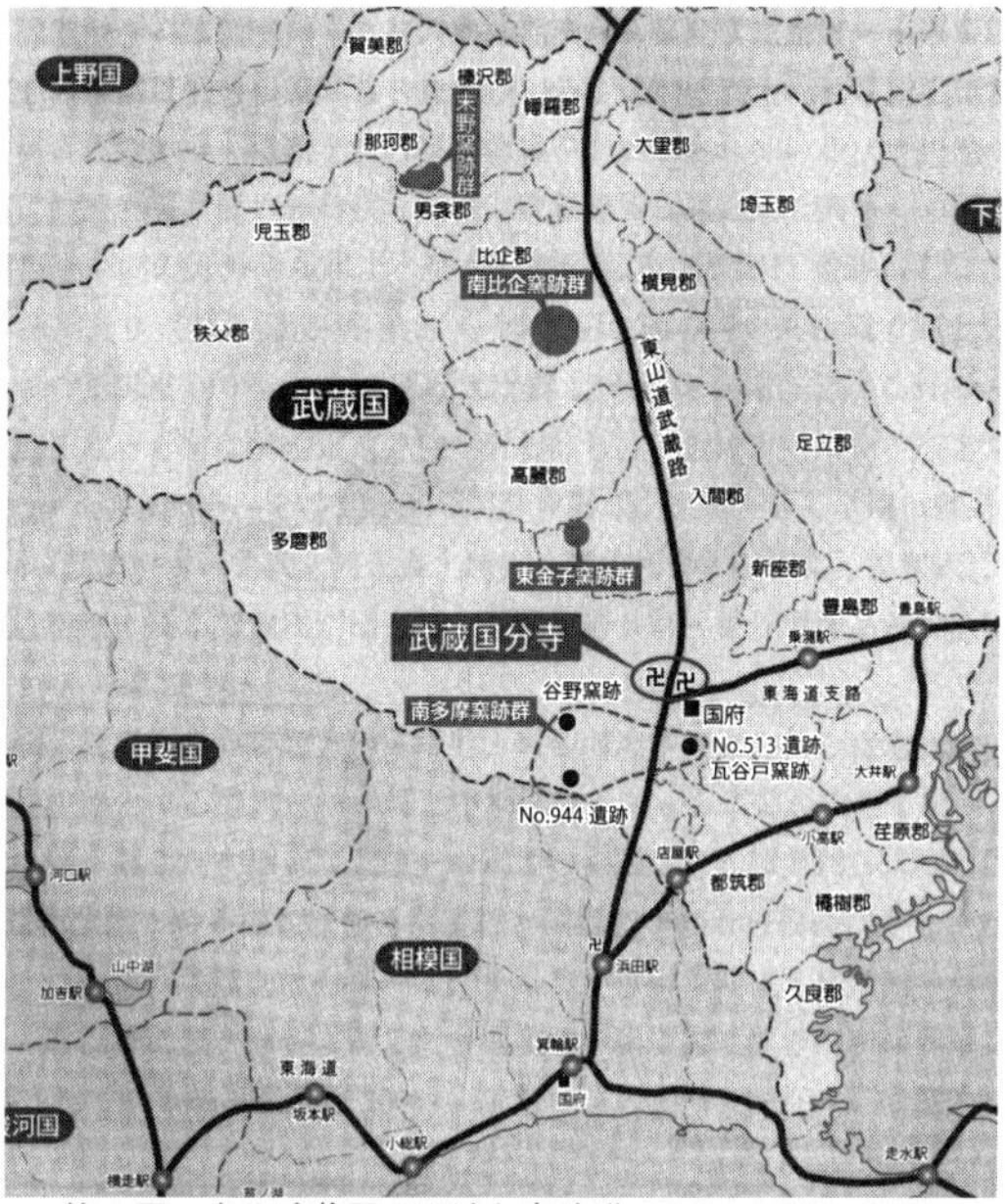

第１図　古代武蔵国の郡域と窯跡群（国分寺市教委　2018）

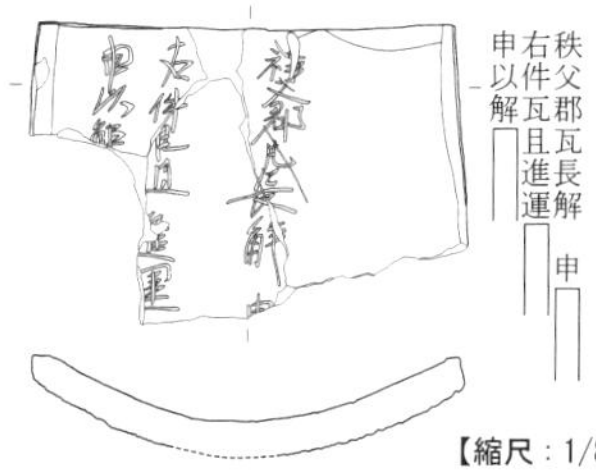

【縮尺：1/8】

第２図　秩父郡瓦長解文瓦
（島根県教育庁　2011）

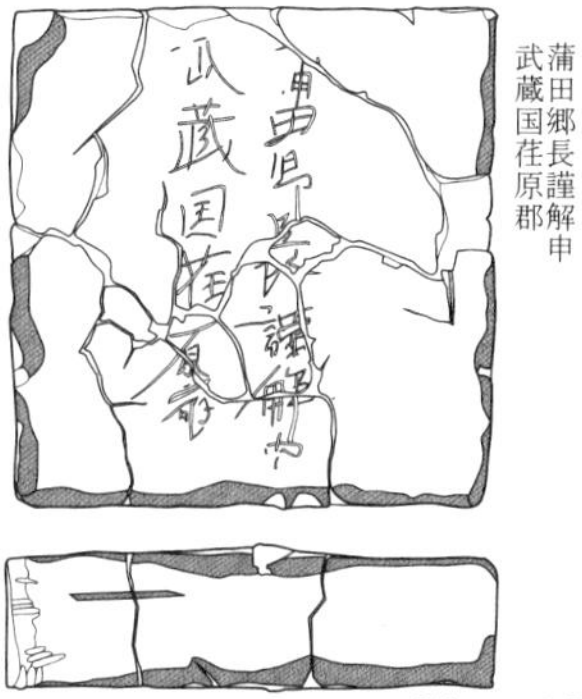

【縮尺：1/8】

第３図　荏原郡蒲田郷長解文塼
（都内遺跡調査会　1999）

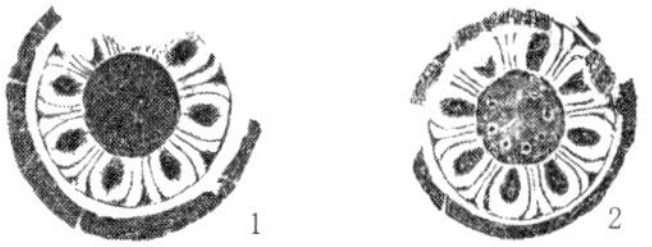

1　2　【縮尺：1/12】

第４図　瓦谷戸窯跡Ｃ地点出土鐙瓦２種（都内調査会　1999）

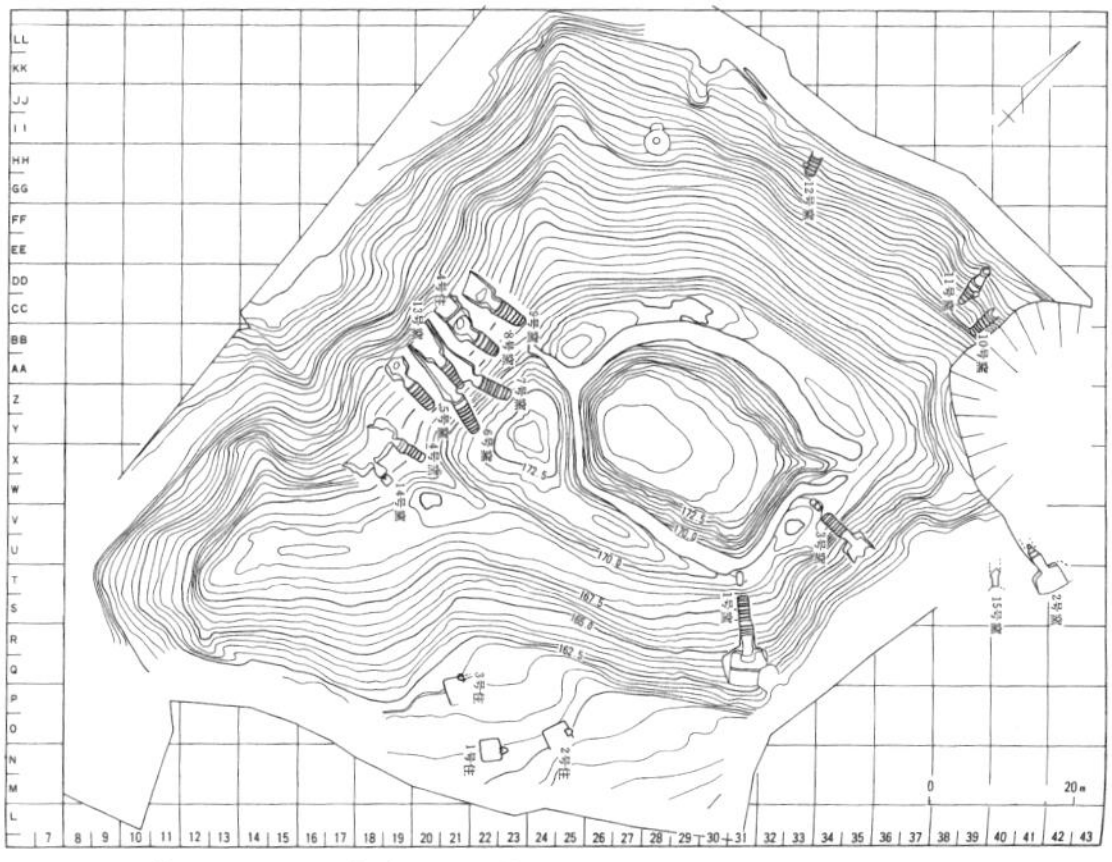

②　No.513 遺跡とⅠa 期の文字瓦（東京都埋文　1987）

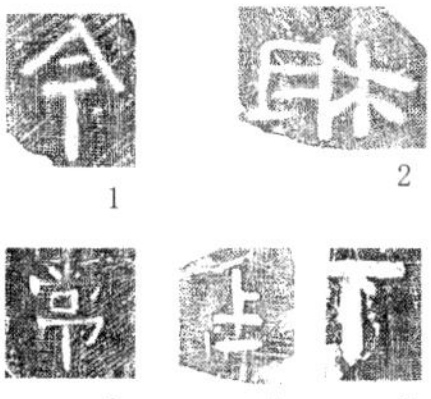

【縮尺：1/8】

①　多賀城第Ⅰ期の型台文字瓦
（宮城県教委　1994 他）

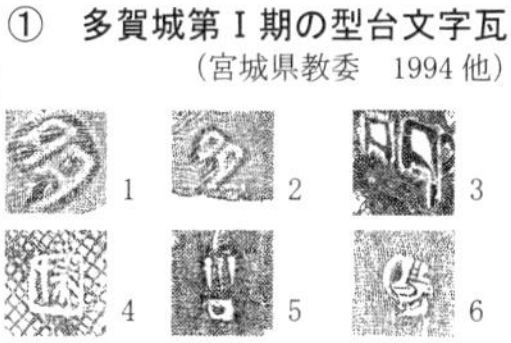

【縮尺：1/8】

第５図　南多摩窯跡群の主な創建期窯

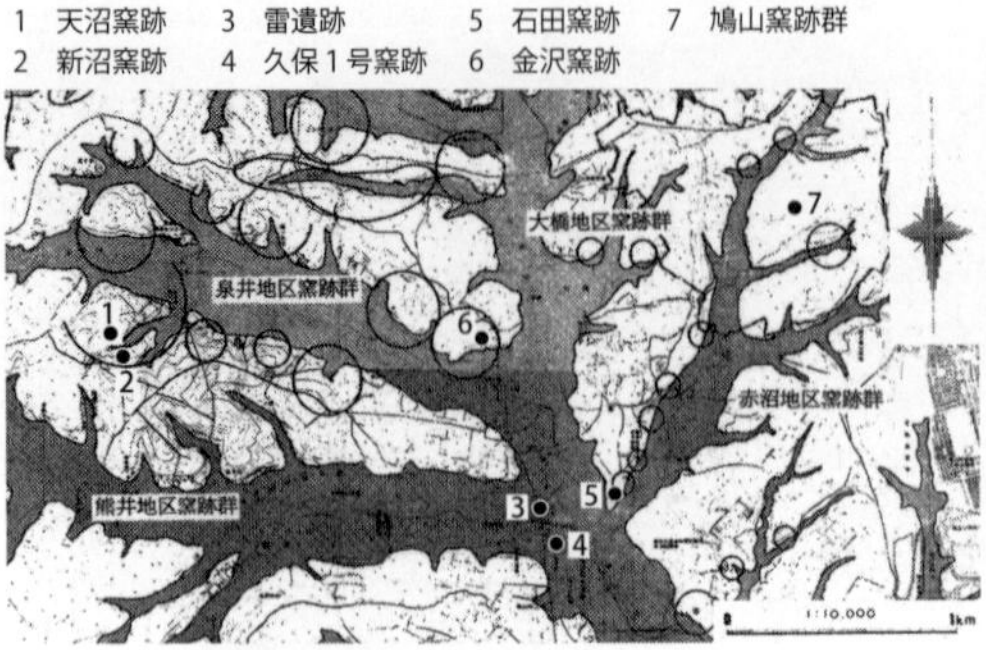

①　南比企窯跡群分布図（鳩山町教委　2000）

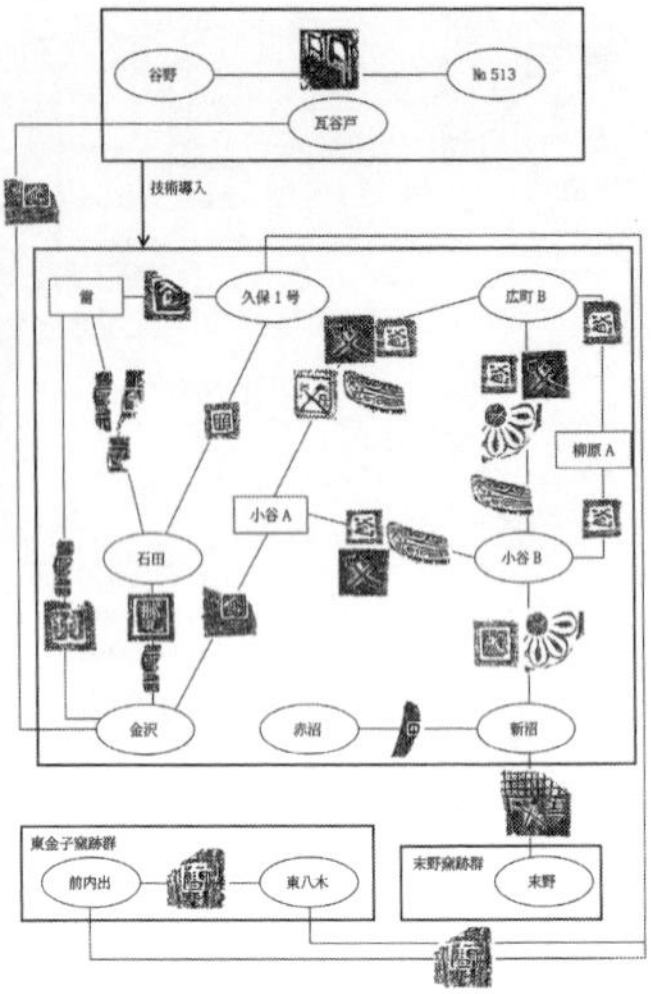

②　赤沼地区グループの同印関係
（有吉　2016）

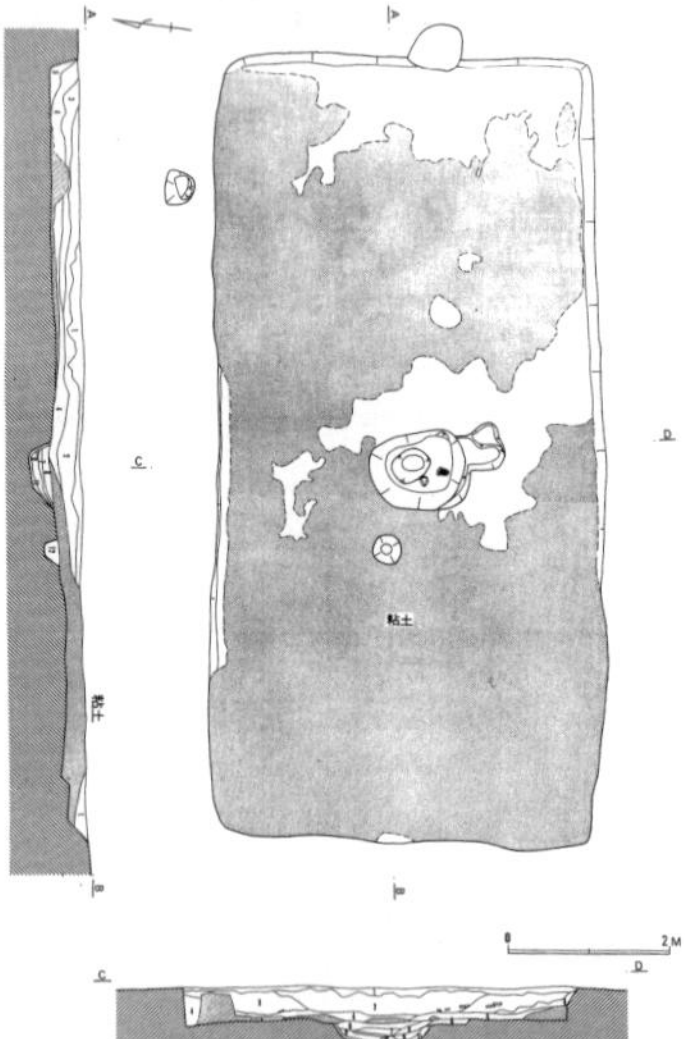

③　雷遺跡工房跡（鳩山町教委　1991）

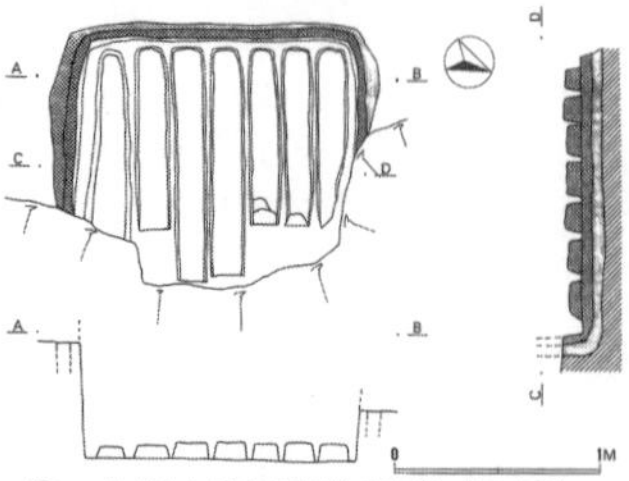

④　久保１号瓦窯跡（有牀式平窯）
（鳩山町教委　1993）

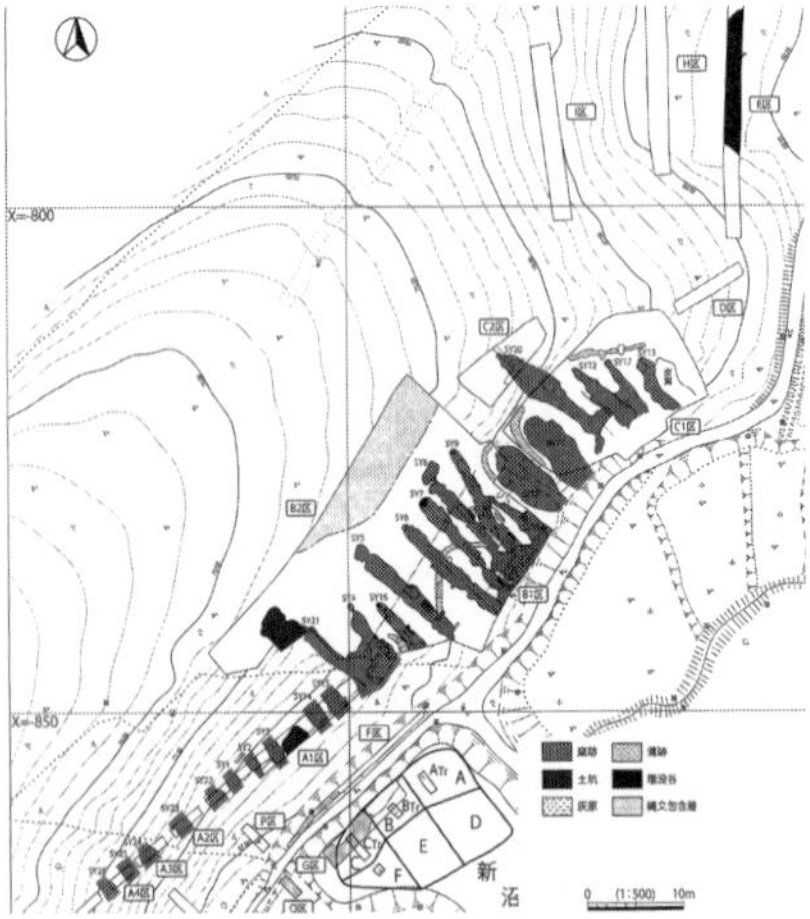

⑤　新沼窯跡（鳩山町教委　2016）

第６図　南比企窯跡群の主な創建期窯

第７図　創建期郡名文字瓦（１）　【縮尺：1/3、9は1/6、16は1/5】

43　埼玉2　44　埼玉3　45　埼玉4　46　大里1　47　大里2　48　大里4
49　男衾4　50　男衾5　51　幡羅1　52　幡羅2　53　幡羅4　54　榛沢1
55　榛沢3　56　榛沢6　57　榛沢7　58　榛沢9　·59　賀美2　60　賀美6
61　児玉1　62　児玉2　63　児玉4　64　那珂1　65　那珂2　66　那珂3
67　那珂4　68　那珂5　69　那珂6　70　那珂7　71　那珂8　72　那珂9　73　那珂10
74　秩父1　75　秩父2　76　秩父4　77　秩父5　78　秩父7　79　秩父8
80　秩父9　81　秩父13　82　秩父14　83　秩父12　84　秩父18　85　秩父19

第８図　創建期郡名文字瓦（２）　【縮尺：1/3】

4・5・13・14号窯がⅠa期、6〜9号窯がⅠb期に位置付けられており、Ⅰa期の有畦式平窯(14号)は未焼成窯であるが、当時の官窯で最新式の瓦窯がいち早く採用されており注目される。北斜面の11号窯は5号窯→=11号窯(Ⅰb期)と考えられるが、格子叩きの一致から瓦谷戸A号・B号窯からの工人移動が明らかになっている。Ⅰb期まで南多摩窯跡群の中心的瓦窯として生産活動を継続する。

②文字瓦の内容　文字瓦が初めて出現する。4・5号窯を中心に出土し、前者では不明の押印2種と郡名瓦の模骨文字多磨4・多磨5(第7図4・5)が、後者では郡名瓦の押印文字多磨3・榛沢6(第7図3、第8図56)など多磨・榛沢の二郡がある。このような郡名などを冠した文字瓦は東国の国分寺に多いが、その初源は八世紀前半の坂東諸国の国名と考えられる「今」(不明)・「相」(相模)・「常」(常陸)・「上」(上野または上総)・「下」(下野または下総)などの多賀城第Ⅰ期の型台文字瓦であり(第5図①)、坂東諸国が蝦夷対策の国家事業である多賀城・多賀城廃寺の造営協力として負担した瓦を示すものと理解されている〔上原 二〇〇二、須田 二〇〇五〕。この国レベルの協力関係(須田勉は「多賀城瓦生産方式」とする)を国と郡の協力関係に置き換えたのが武蔵国分寺の瓦生産方式であり当期に採用されたが、特に型台文字瓦と武蔵国分寺の凸型成形台に陰刻する模骨文字との酷似はそのことを象徴的に物語るものである。なお、11号窯出土の多磨郡郷名瓦の押印文字川口・小嶋(第5図②)はⅠb期に属すると考えられる。

(2) Ⅰa期の造寺組織

当期の瓦生産は、多磨郡が経営する瓦谷戸窯跡で始まるが、Ⅰa期からⅠb期にかけて南多摩窯跡群の中心を占めたのは№513遺跡である。当遺跡において国分寺瓦生産に向けての創建期軒先瓦の意匠および郡名文字瓦の使用(多賀城瓦生産方式の採用)や、最新式の有畦式平窯を含む瓦窯の新設などが行われたことは、その経営が多磨郡単独から国府・多磨郡の一体的な協力関係(以下、国府〔多磨〕と称する)に移行したものと思われる。さらにこれを中心に榛沢郡・

賀美郡＋αの数郡を加えた即応的な組織により造営事業が着手されたと思われる。

2　Ⅰb期　全二〇郡体制による瓦生産の拡大と多様な文字瓦

Ⅰb期の最大の特徴は、天平十九年の造営督促詔の郡司層への協力要請と、塔・金堂・僧坊の三年以内の完成を実現するため、新たに全二〇郡体制のもとに南比企窯跡群に南多摩窯跡群から瓦生産技術の導入を行い、瓦生産の拡大化を図ったことである。いま一つは、国府整備(国府の瓦葺化)のための瓦生産が瓦谷戸窯跡で並行して行われたことである。私はⅠb期の瓦生産の拡大が、造営督促詔への対応と国府整備も目的となったと考えている。以下、そのことに留意しながらⅠb期の両窯跡群の様相を見ることにしたい。

(1)　南多摩窯跡群

大丸地区ではⅠa期に続く瓦谷戸窯跡とNo.513遺跡、新設の大丸窯跡が国分寺・国府の瓦生産に関わり、国分寺瓦生産のために瓦尾根地区の多摩ニュータウンNo.944遺跡と谷野地区の谷野窯跡が新設される。

大丸地区・瓦谷戸窯跡

①遺跡の概要　A号・B号窯では、南武蔵の多磨・都筑・橘樹三郡の男瓦・女瓦が生産され、国分僧寺と国府に供給されている。また、国府へ供給した多磨郡を除く一九郡(国府跡に賀美郡が出土)の郡名文字方形塼が生産されている。この国分寺と国府の瓦生産は、隣接する大丸窯の調査成果から国分寺が先行すると考えられる。またすでに述べたように当窯跡からNo.513遺跡11号窯(Ⅰb期)への工人移動が明らかになっている。

②文字瓦の内容　多磨・都筑・橘樹三郡に限定される郡名文字瓦の存在は、早くから地縁的紐帯による強力な友好

第1表　創建期郡名文字瓦の出土傾向

(●:同印瓦が確認できたもの、■:方形塼のみ同印瓦が確認できたもの、▲:方形塼・男瓦・女瓦間で同印瓦が確認できたもの)

図番号(第6・7図)		僧寺					尼寺	不明	国府	南多摩				南比企								東金子	備考
		金堂	講堂	塔	中門	伽藍				瓦谷戸	513	谷野	泉井	雷	金沢	久1	石田	新沼	広B	小B	小A		
1	多磨1	2	3		1	10	2				●	●											
2	2	2				1		1				●											
3	3										●												
4	4		1	6	1						●												
5	5					1					●												
6	6	7		2	2	4	1		●	●													瓦谷戸窯・多b
7	7	1		1					●	●													
8	8							1		●													瓦谷戸窯・多a
9	10					1	2					●											「多」字銘宇瓦
10	都筑2	1			2	7		1		●			●										瓦谷戸窯・都g
11	3	7	6			3		3		●													瓦谷戸窯・都e
12	4					1				●													瓦谷戸窯・都f
13	5	1		1	2	2		2	●	●													瓦谷戸窯・都a
14	7					1		2	●	●													瓦谷戸窯・都d
15	橘樹2				1			2	▲	▲													
16	4			11		12		2															大丸地区船ケ台
17	荏原1		1	2	1	7	1	3											●				
18	3	1	1			6	5	2	●							●	●						
19	4		1			5	3	2						●									
20	5		2			1	1	2	●							●							
21	豊島1	2		1		4	8	2	●						●								人名瓦専用押印
22	3					2	1											●					
23	4	2	1		2	7	2	1										●					
24	5	11	1	8	3	14	5	10										●					
25	6	1			2	4	1		●									●					
26	7			1		3		3							●								
27	10	1			4	3												●					
28	足立3					1							●										
29	入間1	3				7	3	2						●		●							
30	2					1		1															
31	3	3	3	1		5		2										●					
32	5					1	2											●					
33	6				1			1	●									●					
34	高麗1	1	1			2		1									●						講堂2次基壇内
35	2	1																●					
36	3	2			2	7	1	2								●						●	前内出2号窯
37	4						3		●														
38	比企2	7	3	3	1	12	3	6		▲					▲					▲			
39	横見1	1	1			1	4	1										●					
40	2						2	3										●					
41	4	2					1	2										●					
42	埼玉1					7	1	4						●									
43	2						2	2															
44	3	5	2		1	13		4	●					●	●								埼玉２の改造印
45	4	3	1	1	2	3	4	2										●					
46	大里1		4	1		6		6	●							●							
47	2	4			1	2	1											●					
48	4					2												●					
49	男衾4	4	1		1	3	2	2										●					
50	5	1	1	10	2	15		1									●						
51	幡羅1	1	4	3		6	1	2	●							●							
52	2	9	6		2	17		5	●									●					
53	4	2	1		1	3		1					●										
54	榛沢1				1	2	2		●			●											
55	3	11	1	1	5	13	2	4										●					
56	6			6		4					●												南比企産あり
57	7				1	2		1	▲	▲													
58	9					3							●										
59	賀美2	3				4		2	▲	▲								▲					工人？　新沼窯→瓦谷戸窯
60	6	1	1	2		1		2															
61	児玉1		1			3	1	1									●						
62	2							2										●					
63	4	1	2			1		2					●										
64	那珂1	1	4			5	2	5	●					●	●		●						
65	2	9	4	2	7	19		5										●					
66	3		4	18		2	1	2	●						●		●						
67	4					1		2						●			●						
68	5					1	3		▲	▲								▲					工人？　新沼窯→瓦谷戸窯
69	6						1							●			●						
70	7						2	1							●								
71	8														●								
72	9		2			2	1	1	●														末野窯・人名瓦
73	10		1			1	1	4	●														末野窯・人名瓦
74	秩父1	4	4			6	1	2											●	●	●		
75	2		1																●		●		
76	4		4	1	2	10		3	●									●	●	●	●		
77	5		1			2		1	●														
78	7	1				3	1					●											
79	8	8		2		5		2										●	●				
80	9		1			1		2						●	●								
81	13	1			1																		
82	14	1											●										
83	12			2		5	5	2					●										
84	18	6				3		3											●	●			鐙瓦
85	19		4	2		5		3												●			宇瓦

関係にある三郡がこの段階でも友好関係を継続しており、久良郡（No.944遺跡）を含めて南武蔵四郡の瓦は南多摩窯跡群で生産されたことが知られる。また、南比企窯跡群の新沼窯跡との同印関係がある郡名瓦の押印文字賀美2と那珂5の存在は（第8図59・68、第1表）、国府瓦の生産時期を考える上で重要である。

◆大丸窯跡

①遺跡の概要　一九五六年に調査が実施され、A・B窯2基（地下式有階有段登窯）の窯跡が明らかになった〔宇野一九六三〕。国分寺瓦を焼成したA窯の上に、国府の方形塼を焼成したB窯が築かれており、2基の窯は瓦谷戸窯跡の調査でA号窯の東に隣接することが想定されている。

②文字瓦の内容　A窯には国府と国分寺に供給された郡名瓦の押印文字多磨6（第7図6）があるのみで、B窯は一五郡の押印・ヘラ書き文字がある。瓦谷戸窯跡の文字瓦と同様の様相が見られる。

瓦尾根地区・多摩ニュータウンNo.944遺跡

①遺跡の概要　一九九〇年の調査によって窯跡（地下式有階有段登窯）1基が明らかになった〔東京都埋文一九九八〕。出土した鐙瓦は瓦谷戸A号・B号窯と同范、宇瓦は谷野窯跡と同文である。久良郡は相模国境に近く地縁的に複雑な事情があったようで、南武蔵三郡の国分寺瓦生産には加わらず、造瓦費用を負担することで多磨郡の全面的な支援の下に国分寺瓦を生産したようである。谷野窯跡出土の偏行唐草文宇瓦との同文関係からⅠb期の後半に属すると考えられる。

②文字瓦の内容　久良郡のヘラ書き文字のみが出土している。

◆谷野地区・谷野窯跡

①遺跡の概要　一九五八年の調査によって窯跡（地下式無階有段登窯）1基が明らかになった〔内藤一九六二〕。出土した宇瓦は文様の左上隅に「多」の范面文字を有し、多磨郡の偏向唐草文宇瓦の祖型とみられる。多磨郡の経営する窯

と考えられる。

②文字瓦の内容　郡名瓦の押印文字多磨1・2（第7図1・2）、榛沢1（第8図54）、秩父7（同78）が出土しており、多磨1はNo.513遺跡と同印である。北武蔵二郡の文字瓦の存在は、南武蔵三郡の国分寺瓦生産体制が崩れたことを示すものであり、後出的な窯構造と併せてⅠb期の後半に属すると考えられる。

(2) 南比企窯跡群

Ⅰb期の瓦生産の中心地となる当窯跡群は須恵器生産の拠点である。国分寺瓦の生産拡大のために泉井地区の新沼窯跡、赤沼地区の雷遺跡、久保1号瓦窯跡、石田国分寺瓦窯跡、金沢窯跡（以下、赤沼地区グループと称する）、大橋地区の鳩山窯跡群（広町A・B地区、小谷A～C地区）などに窯と関連施設が設けられた（第6図①）。これらは、須恵器生産の傍ら臨時的に瓦生産を行った（瓦陶兼業窯）新沼窯跡や鳩山窯跡群などの一群と、新たに南多摩窯跡群から瓦専用技術の導入が図られ、中心的な瓦生産を行った赤沼地区グループ（第6図②）の一群に分けられる。特に後者への技術導入は次のように多岐にわたっている［有吉二〇一六・二〇一八］。

導入技術の内容	南多摩窯跡群（No.513遺跡）	→	南比企窯跡群（赤沼地区グループ）
・瓦専用窯の導入	地下式有階有段登窯		金沢1号窯
	有畦式平窯（No.513遺跡14号窯）		久保1号窯（第6図④）・石田窯
・同印関係	押印比企2（第7図38、瓦谷戸窯）		金沢1号窯・小谷A地区
	押印都筑2（第7図10）		泉井地区
	押印榛沢6（第8図56）		出土地区不明
・均整唐草文宇瓦	No.513遺跡10～12号窯（珠文無し）		石田窯

・ヘラ状圧痕女瓦　№513遺跡5～11号窯（粘土板一枚作り）　金沢1・2号窯、金沢山2号窯

また、重要なことは国府にも瓦が供給されていることである。それは赤沼地区グループに始まり新沼窯跡まで継続される。このことは南比企窯跡群における瓦生産拡大が国分寺のみならず国府整備（国府の瓦葺き化）をも目的としていたことを示唆するものである。

◆泉井地区・新沼窯跡

①遺跡の概要　一九五九年・二〇一〇～二〇一二年の確認調査によって、窯跡（地下式無階無段登窯）26基などが明らかになった（第6図⑤）〔鳩山町教委 二〇一六〕。出土した軒先瓦には天沼窯跡と同范のⅠc期（創建後の天平神護二年〔七六六〕に命じられた諸国国分寺の修理に対応する時期）のものを含み、生産活動は長期にわたる。Ⅰb期では南比企窯跡群に特徴的な内区に珠文を配する偏向唐草文宇瓦（以下、内区珠文偏向唐草文宇瓦と称する）の出土量が多く、鳩山窯跡群に同范瓦がある。これらから南比企窯跡群の特性（瓦陶兼業窯）を継承していることが窺えるが、男瓦・女瓦を中心に生産したようである。

②文字瓦の内容　押印・押型・ヘラ書き文字の郡郷名瓦が出土している。郡名は一九五九年の調査を含めると南武蔵四郡を除く一六郡、郷名は豊島郡（日頭・白方・荒墓・広岡）、入間郡（麻羽）、埼玉郡（草原）、幡羅（播中?）、児玉（大井）、秩父（美吉）などがある。これらのうち押印文字の豊島6・幡羅2・賀美2・那珂5・秩父4と押型文字の入間6が国府と同印関係にあり（第7・8図25・52・59・68・76・33、第1表）、さらに賀美2（5号窯から出土）と那珂5（出土遺構は不明）も瓦谷戸窯跡の方形塼に同印関係がある。このことは瓦谷戸窯跡のA・B号窯と新沼窯跡5号窯が同時期であることを示すものである。

◆赤沼地区・雷遺跡

①遺跡の概要　一九八五年の調査によって瓦工房跡5基などが明らかになった（第6図③）〔鳩山町教委 一九九二〕。当

遺跡の南約二〇〇㍍に久保1号瓦窯跡、東約一五〇㍍に石田国分寺瓦窯跡、北西約七五〇㍍に金沢窯跡があり、同印関係(第6図②)から赤沼地区グループの中心遺跡であることが知られる。

②文字瓦の内容　郡名瓦の押印・ヘラ書き文字荏原・豊島・入間・埼玉・那珂・秩父6郡がある(押印は第1表)。

◆赤沼地区・久保1号瓦窯跡

①遺跡の概要　一九九二年の調査によって有畦式平窯1基が明らかになった(第6図④)〔鳩山町教委　一九九三〕。瓦専用窯として№513遺跡の有畦式平窯(14号窯)をモデルに導入されたものと考えられる。窯の規模はほぼ同じであるが焼成室に設けられた畦は7条で、№513遺跡の平窯の6条より1条多い。出土した宇瓦は内区珠文偏向唐草文宇瓦で同范瓦が尼寺跡にある。

②文字瓦の内容　郡名瓦の押印・ヘラ書き荏原・入間・大里・幡羅の四郡がある(押印は第1表)。

◆赤沼地区・石田国分寺瓦窯跡

①遺跡の概要　一九九三年に石田国分寺瓦窯で瓦窯3基の前庭部と灰原の調査が行われた後の物理探査で有畦式平窯と推定されている〔鳩山町教委　一九九三〕。また、大橋川をはさんだ対岸には久保1号瓦窯跡がある。出土した内区珠文偏向唐草文宇瓦は同范瓦が久保1号瓦窯跡と新沼窯跡にあり、新沼窯のものは再建講堂瓦積み基壇に用いられている。また、牛角状中心飾りの均整唐草文宇瓦は№513遺跡から導入されたものである。鐙瓦は久保1号瓦窯跡に同范瓦があり、宇瓦ともども僧寺の金堂・塔・講堂・中門と尼寺に同范瓦がある。

②文字瓦の内容　郡名瓦の押印・ヘラ書き文字荏原・高麗・横見・男衾・児玉・那珂の六郡があり、那珂郡の那珂1・3・4・6に赤沼地区グループ内の同印関係が多く見られる(第6図②、第1表)。

◆赤沼地区・金沢窯跡

①遺跡の概要　一九六〇・一九六三年の調査によって、窯跡は地下式有階有段登窯1基(金沢1号窯)、地下式無階

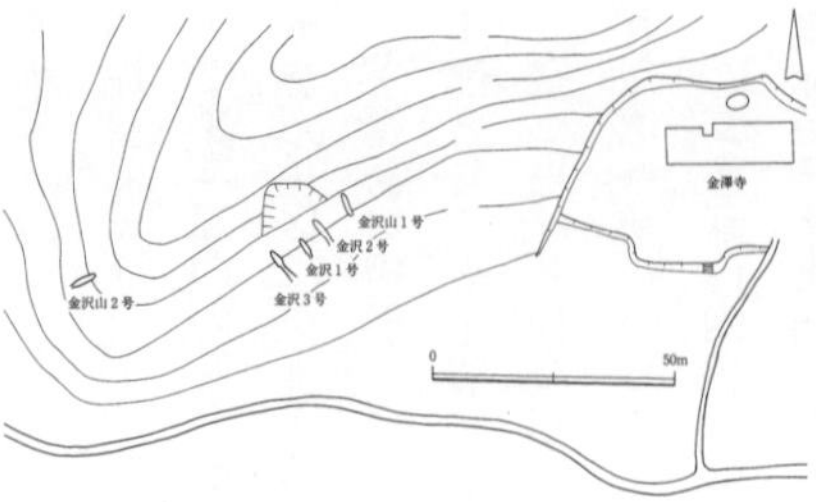

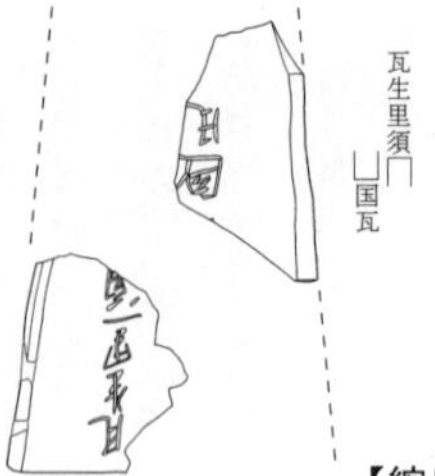

【縮尺：1/8】

① 金沢窯跡全体図（国士舘大考研　2014）　② 「瓦生里須」文字瓦（小野本　2012）

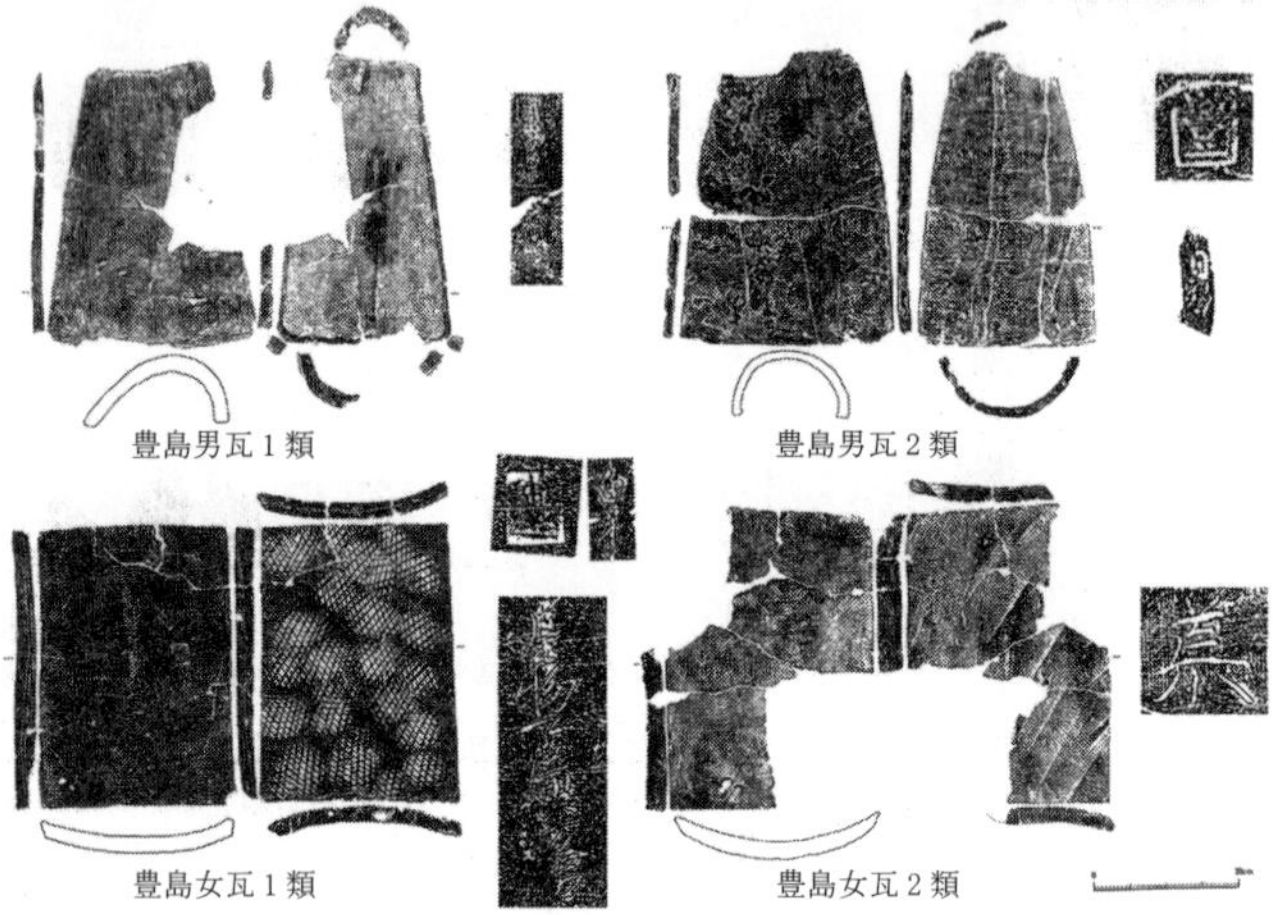

③ 金沢窯の豊島郡文字瓦（浅野　2020）

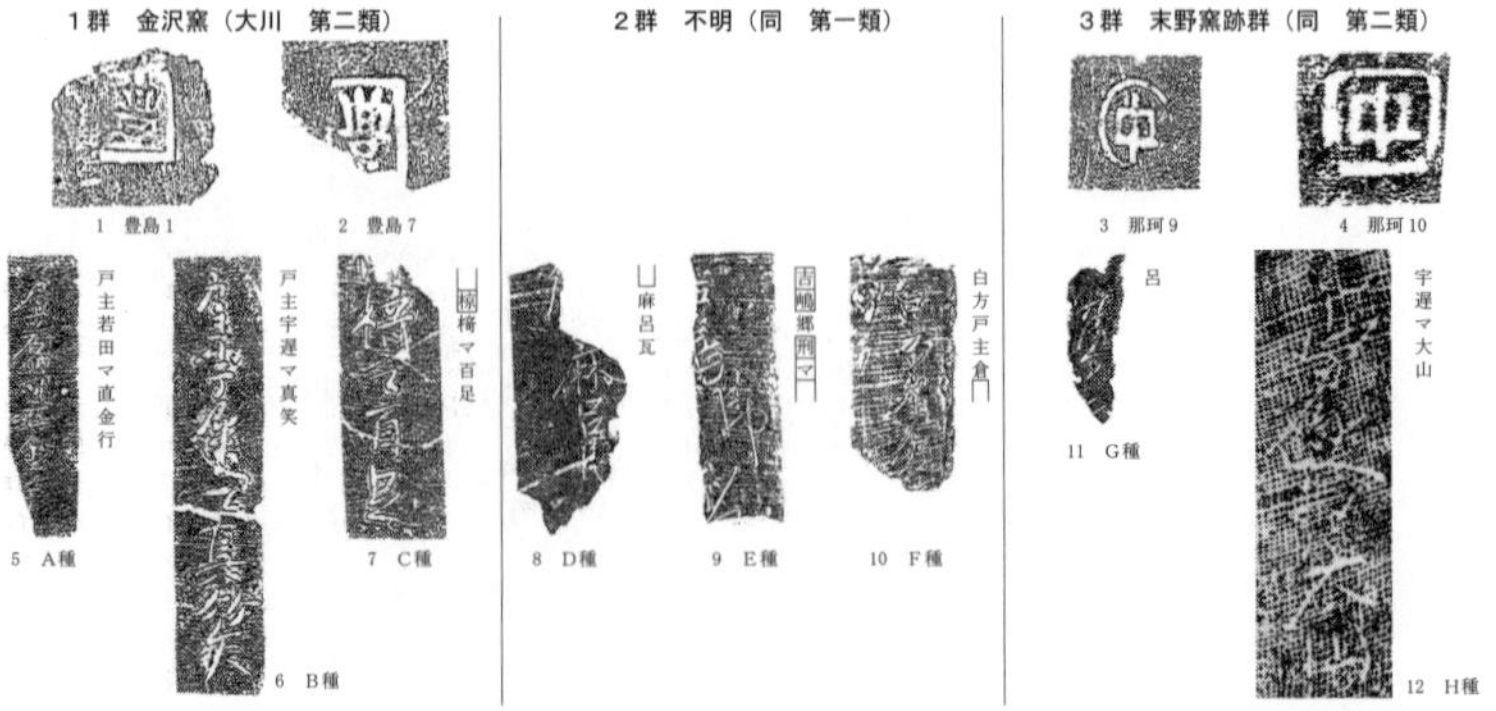

④ 金沢窯人名瓦の執筆者集成（国士舘大考研　2014 一部改変）　【縮尺：1/5】

第９図　金沢窯跡と人名瓦

無段登窯3基、地下式有階無段登窯1基の計5基が明らかになった（第9図①）〔国士館大考研 二〇一四〕。特に金沢1号窯は南比企窯跡群では唯一の瓦専用窯構造である。軒先瓦はわずかで、男瓦・女瓦（粘土板一枚作り）・長方塼などが出土している。当窯跡の重要な調査成果は、郡名を有する瓦の分析結果（郡ごとに製作技法や胎土・焼成が相違する）から、瓦制作全般にわたり発注郡ごとに瓦工人グループが組織されたことが判明し、人名文字瓦の性格（律令税制説と知識説）解明に大きな手掛かりが得られたことである。

②文字瓦の内容　押印・ヘラ書き文字の郡名・郷名・人名文字瓦がある。郡名は豊島・比企・埼玉・那珂・秩父の五郡があり、押印文字比企2は瓦谷戸窯と鳩山窯跡群（小谷B地区）に同印関係がある（第1表）。郷名は人名瓦記載郷を除くと豊島郡（荒墓、第9図③）のみである。人名文字瓦については後述する。

◆大橋地区・鳩山窯跡群

①遺跡の概要　一九八四～一九八五年の調査によって、広町A・B地区、小谷A～C地区などで国分寺創建期の窯跡33基、工房など70軒が明らかになった〔鳩山町教委 一九八八・一九九〇～一九九二〕。窯跡の多くは須恵器窯であり、臨時的に国分寺創建瓦を生産した瓦陶兼業窯と考えられる。軒先瓦は、内区珠文偏向唐草文宇瓦と文様の左隅に「父」の范面文字がある宇瓦があり、前者は新沼窯（12号窯）に同范瓦がある。さらにこれらの宇瓦は僧寺の金堂・塔・講堂に同范瓦がある。また、女瓦は瓦陶兼業窯に特有の粘土横紐一枚作りである。

②文字瓦の内容　郡名瓦の押印・ヘラ書き文字荏原・比企・秩父の3郡があり（押印は第1表）。范面文字がある宇瓦（第8図85）や押印5種類（同図74～76・79）の存在から、秩父郡の関与が強いことが分かる。

(3)　Ⅰb期の造寺組織

新たに全二〇郡体制のもとに南比企窯跡群赤沼地区に瓦生産技術の導入が行われ、南多摩窯跡群は南武蔵の四郡、南比企窯跡群は北武蔵を中心とする残りの一六郡に区分して、瓦生産の拡大化が図られた。その中心を占めた赤沼地区グループについては、その実態は須田氏が指摘するように国府(多磨郡)の直接経営であったと考える［鳩山町教委 二〇〇二］。また、金沢窯では出土郡名文字瓦ごとに叩き具・製作技法・胎土・色調が相違することから、発注者(各郡)の注文内容を確実に履行するために複数の工人グループがあらかじめ用意され、発注郡ごとに輪番制で生瓦の製作から焼成に至るまで一貫した瓦製作が行われたことが想定されており、赤沼地区グループでは効率的な運営が行われたことが知られる。このように国府(多磨郡)が直接経営に乗り出した大きな要因は、赤沼地区グループの国分寺造営を主とし、国府整備(国府の瓦葺き化)を従とする瓦生産にあったと思われ(第７・８図、18・20荏原３・５、21豊島１、38比企２、44埼玉３、46大里１、51幡羅１、64・66那珂１・３など)、その時期は瓦谷戸窯跡Ａ号・Ｂ号窯における国分寺・国府の瓦生産時期に重なっている。一般に国府の瓦葺き化に伴う整備は国分寺造営終了直後に行われるが、当期に強行したのは武蔵国の複雑な国情の中で全二〇郡体制にまとまった時期を逃さず実施したと考える。また、瓦谷戸窯跡からNo.513遺跡11号窯への工人の移動は、後続する国府方形塼の生産は国府整備の最終段階に当たることから、開始前に一部の工人が帰任したものと考える。

一方、南比企窯跡群では赤沼地区グループの瓦生産と並行して、鳩山窯跡群でも補完的な瓦生産(瓦陶兼業)が実施されている。この赤沼地区グループでは足立・榛沢・賀美三郡の郡名瓦が未確認であるが、後に続く新沼窯では一六郡が確認されており、しかも郡名の押印文字賀美２・那珂５(第８図59・68)が瓦谷戸窯跡の国府郡名方形塼に使用されていることが知られる(第１表)。新沼窯は赤沼地区グループとは同范・同印関係が認められないが、技術導入の一事例としたヘラ状圧痕女瓦がNo.513遺跡→金沢窯跡→新沼窯(12号窯)の順に継承されていて工人の移動が推測される。おそらく赤沼地区グループの短期的な国分寺瓦の生産に目途がついた後に、新たに国府(多磨)の後押しで在地の比企郡を経営主体とする長期的な瓦陶兼業窯の新沼窯跡が開設されたと考える。そのことが瓦谷戸窯跡への押印の移動

（＝工人の移動）を可能にした要因と考える。したがって、天平十九年の造営督促詔に伴い新たに設けられた全二〇郡体制による造営組織は国府の整備終了まで存続したものと考える。また、南比企窯窯跡群の瓦生産では須恵器工人が副次的に造瓦に従事したものと思われるが（渡辺一氏は「造瓦須恵器工人」と称している）〔渡邊 二〇〇六〕、これらを含めた造瓦に係る人材育成を示唆する資料として「瓦生里須」文字瓦があり（第9図②）〔小野本 二〇一二〕、瓦の生産拡大が計画的に実施されたことが窺える。

(4) 金沢窯の人名瓦の性格（律令税制説か知識説か）

武蔵国分寺では郡・郷名文字瓦、人名文字瓦が多く出土しており、これらの文字瓦の性格については、郡・郷名瓦を知識物として郡や郷が寄進したとみなす見解（知識説）が早くから提起された。その後、金沢窯跡の調査を担当した大川氏によって、豊島郡在住の戸主層が大部分を占める人名文字瓦の存在から、郡―郷―戸の律令制の行政単位に基づく造瓦費用の負担により瓦を供出させたとする見解（律令税制説）〔大川 一九七三・二〇〇二〕が提起されるや、半ば定説化するところとなった。しかし、律令税制説には瓦の供出が具体的にどの税制に基づくものなのか、律令税制説の法的根拠を十分に示せない弱点を持っていたが、郡―郷―戸の律令制の行政単位に基づく造瓦費用の負担により瓦を供出させたことは容認されることから、天平十五年（七四三）の東大寺大仏造立詔を契機に顕著になった「知識物」に名を借りた莫大な造営費用の調達方法が、武蔵国分寺の造営でも採用されたとして上原真人氏の「強制された知識」とする知識説が提起された〔上原 一九八九・二〇〇二〕。その後、大川氏の見解を批判継承する山路直充氏の「雑徭の代納物」とする見解が出され〔山路 二〇〇五〕、論争が続いている。

人名文字瓦は、豊島郡と那珂郡の二郡に限定され、現時点の私の集計では金沢窯跡の人名文字瓦五八点を含め三〇〇点を超える。人名瓦が唯一出土する金沢窯跡では、これらを記銘方式によって第一群（大川第二類に相当）＝金沢窯跡の「押印文字豊島1＋郷名＋戸主＋氏＋名」、第二群（大川第一類に相当）＝窯跡不明の「郷名＋戸主＋氏＋名」など五種、第三群（大川第二類に相当）＝末野窯跡群の「押印文字那珂9または10＋戸主＋氏＋名」・「押印文字那珂9または10＋名」の、三群に分けられることが明らかになった（第9図④）。さらに、浅野健太氏は金沢窯跡出土文字瓦の詳細な分析研究を行い、①男瓦→女瓦の順に製作されたこと、②三名の記銘者（A種・B種・C種、第9図④5～7）が輪番で広岡→白方→荒墓→湯島郷の順に記銘していること、③押印豊島1は人名瓦専用印として豊島7と明確に区別されていること（第9図③）、④人名の「まろ」を同一の記銘者（A種）が「万呂」、「麻呂」に書き分けていることから、歴名帳のような名簿を見ながら正確に記銘していること、⑤人名瓦の三名の記銘者は、人名がない押印豊島7＋ヘラ書き郷名（男瓦2類）とヘラ書き郷名のみ（女瓦2類）についても記銘していること（第9図③）、などを明らかにされ［浅野二〇一九・二〇二〇］、上原氏の「強制された知識」とする知識説が妥当との見解が出されている。私も金沢窯の調査成果や浅野氏の見解などから上原氏の「強制された知識」とする見解が妥当なものと考える。

郷名瓦も強制された知識か

天平十九年詔の郡司層への協力要請に応じる具体的な動きとして、『続日本紀』の天平勝宝元年（七四九）の上野国・尾張国・伊予国の郡司層が知識物を献上して外従五位下を授かった記事をはじめとして、これ以降散見する同様の記事によって、東大寺大仏造立詔を契機に顕著になった「知識物」に名を借りた財源確保のための資金調達（銭や物資を東大寺や国分寺に献上する代わりに叙位に与る献物叙位）が行われたことが知られる。『続日本紀』は五位以上の叙位しか記載されないが、東大寺大仏の例では個人単位、官司単位・国単位の知識によって資金調達が行われたことを考慮すると、記載されない多くの知識とそれに対する褒賞があったと思われる。豊島郡の人名文字瓦はすでに述べたように記銘することに意味があったが、同様に郷名についても人名記銘者が記銘しており、同様の意味があったと考えざるを得ない。全一一八郷のうち郷名文字瓦が確認できる郷数が三八郷であること（第2表）は、郡（郷）内において一人

第２表　武蔵国分寺出土の郷名瓦一覧

郡郷名				銘記方法		
郡名	等級	郷数	郷名	押印	ヘラ書	叩具
1　多磨	中郡	10	小川郷	小何		
			川口郷	川口瓦印・川口	川口	
			小野郷	小野郷		
			小嶋郷	島		
			海田郷	田	海・海田	
			石津郷	石津瓦印	石	
			狛江郷	狛		
2　都筑	下郡	7	立野郷		立・都立	
			針圻郷		針	
3　久良	中郡	8	諸岡郷	諸岡郷		
			鮎浦郷			鮎
4　橘樹	下郡	5	高田郷		高田	
			橘樹郷		橘郷	
			県守郷		縣・縣守	
5　荏原	中郡	9	蒲田郷		蒲田	
			御田郷		三田	
			木田郷		木・木田	
6　豊島	下郡	7	日頭郷	日	日頭	
			占方郷	白方瓦	白方・豊白方	
			荒墓郷	荒	荒・荒墓	
			湯島郷	湯嶋瓦・嶋	湯・湯嶋・由嶋・豊由嶋	
			広岡郷	廣瓦	廣	
7　足立	下郡	7				
8　新座	小郡	2				
9　入間	中郡	8	麻羽郷		入麻・押印入+麻	
			大家郷		入間大家・入大・大家	
10　高麗	小郡	2				
11　比企	下郡	4				
12　横見	小郡	3				
13　埼玉	下郡	5	大田郷		大田	大田
			草原郷	草瓦	草	
14　大里	下郡	4	市田郷		市田郷	
15　男衾	中郡	8	留多郷		男衾郡留多匸	
			大山郷		大山	
16　幡羅	中郡	8	那珂郷	播中・播中瓦		
17　榛沢	下郡	5	藤田郷		藤田	
18　賀美	下郡	4				
19　児玉	下郡	4	太井郷		小太	
20　那珂	下郡	4	那珂郷		コ那珂郡	
			水保郷	水	水	
21　秩父	下郡	6	巨香郷		父子匸	
			美吉郷		父美	
			中村郷		父中寸・父中	
久良・児玉			大井郷	大井郷・大井	大井	大井

当たりの割当て負担分は郡に集約して郡名文字瓦に、割当て負担分以外で郷長の知識による上乗せ分は郷名瓦に、さらに個人の知識による上乗せ分は人名文字瓦に、それぞれ記銘したのではないかと推察される。いずれにせよ、郡はただ瓦の造瓦費用を負担すれば良いのではなく、瓦自体を供出することが重要であったことから知識に基づき記銘することに意味があったと思われる。このような複雑な造瓦事務を円滑に進めるため「秩父郡瓦長解文瓦」（第2図）に見える郡雑任の「瓦長」が各郡に置かれたものと考える。さらに瓦谷戸窯跡では「武蔵国荏原郡蒲田郷長解文瓦」（第3図）が出土しており、国府の方形塼生産の実務に関わっていたと思われる。

おわりに

人名文字瓦を出土する唯一の窯跡である金沢窯跡は調査終了直後から注目されていたが、種々の事情により調査報告書の刊行が大幅に遅れたままになっていた。二〇一四年に、須田氏をはじめとする関係者の努力によって調査報告書が刊行され、人名文字瓦の性格解明に有益な調査成果が明らかにされたが、その内容は多岐にわたり、今後とも究明を必要とする課題が多い。これらの調査成果をもとにした新たな文字瓦研究の進展を期待したい。

引用・参考文献

浅野健太　二〇一九「武蔵国分寺人名瓦の造瓦体制―金沢窯跡出土遺物を中心に―」『国士舘考古学』第7号
浅野健太　二〇二〇「武蔵国分寺郡郷名瓦の造瓦体制―金沢窯跡出土遺物を中心に―」『国士舘考古学』第8号
有吉重蔵　二〇一六「武蔵国分寺創建期瓦窯再考」『日本古代考古学論集』同成社
有吉重蔵　二〇一八「武蔵国分寺瓦の研究」『古瓦の考古学』考古調査ハンドブック18　ニューサイエンス社
上原真人　一九八九「東国国分寺の文字瓦再考」『古代文化』VOL. 41　㈶古代学協会
上原真人　二〇〇二「奈良時代の文字瓦」『行基の考古学』摂河泉古代寺院研究会

宇野信四郎　一九六三「東京都南多磨郡稲城村大丸窯跡発掘調査概報」『歴史考古』9・10合併号
大川　清　一九七三「東国国分寺造営時における造瓦組織の研究―瓦塼文字を中心として―」『国士舘大学人文学会紀要』第5号
大川　清　二〇〇二『古代造瓦組織の研究』日本窯業史研究所
小野本敦　二〇一二「「瓦生」と記された文字瓦」『古代』第127号　早稲田大学考古学会
須田　勉　二〇〇五「多賀城様式瓦の成立とその意義」『人文学紀要』37号　国士舘大学文学部人文学会
内藤政恒　一九六一「八王子市谷野瓦窯址調査報告」『多摩考古』第3号
古尾谷知浩　二〇一〇『文献資料・物質資料と古代史研究』塙書房
山路直充　二〇〇五「文字瓦の生産―七・八世紀の坂東諸国と陸奥国を中心に―」『文字瓦と古代日本3　流通と文字』吉川弘文館
渡辺　一　二〇〇六『古代東国の窯業生産の研究』青木書店
国士舘大学考古学研究室　二〇一四『金沢窯跡』
国分寺市教育委員会　二〇一八『国指定史跡　武蔵国分僧寺跡発掘調査報告書Ⅱ―史跡保存整備事業に伴う事前遺構確認調査―遺物編』
島根県教育庁古代文化センター　二〇一一『平塚運一古代瓦コレクション資料集(2)』
東京都埋蔵文化財センター編　一九八七『多摩ニュータウン遺跡　昭和60年度第4分冊』
東京都埋蔵文化財センター編　一九九八『多摩ニュータウン遺跡　先行調査報告9』
都内遺跡調査会　一九九九『瓦谷戸窯跡群発掘調査報告書』
鳩山町教育委員会　一九八八・一九九〇～一九九二『鳩山窯跡群Ⅰ～Ⅳ』
鳩山町教育委員会　一九九一『雷遺跡』
鳩山町教育委員会　一九九三『久保1号瓦窯跡』
鳩山町教育委員会　二〇〇〇『天沼遺跡　第2次発掘調査報告書』
鳩山町教育委員会　二〇一六『新沼窯跡―第1次～第4次調査報告書―』
鳩山町教育委員会　二〇二二『南比企窯跡群総括報告書Ⅰ』
宮城県多賀城跡調査研究所　一九九四『下伊場野窯跡群』

武蔵国分寺の文字瓦と古代の豊島郡

依田亮一

はじめに

文献史料が総じて乏しい古代の東国では、当時の社会世相を知る貴重な手がかりとして出土文字資料が内包する情報は極めて重要である。多種多様の武蔵国分寺出土瓦も江戸時代の識者らが着目して以来、文字瓦と軒先瓦の両面から研究は進められてきたが、本格的な発掘調査が行われる以前は文字瓦がその主流にあった。十九世紀前半の文化・文政・天保年間に相次いで編纂された斎藤鶴磯『武蔵野話』、植田孟縉『武蔵名勝図会』・『新編武蔵風土記稿』、斎藤月岑『江戸名所図会』等の地誌類を瞥見しても、国分寺村で採取した古代瓦を挿絵付きで的確に触れている。たとえば文化十二年(一八一五)刊行の『武蔵野話』では、「今はただ數十町の間に瓦を掘り出し、田畑のあいだ又は往還に在事夥し。大きなるは六七寸、小きは三四寸にて皆布目あり(中略)国分寺草創のみぎりおほせて武蔵國の郡中より數何枚と定めし貢し瓦なるべし。僕が所持せし瓦に豊の字あるは豊島郡よりみつぎ、友人村上氏の所持せる瓦には入の字あり入間郡より貢しなるべし」と述べ、「豊」「入」の文字は武蔵国内の郡名の頭文字を表し、国分寺の造営に各郡から貢納した瓦であるとして、早くから文字瓦の性格に着目していた。

また、周知のように武蔵国分寺の文字瓦は国名、郡名、郷名、人名、文書、その他記号・不明等、多岐にわたる内容を含み、その記載方法は押印、押型、ヘラ書、模骨、瓦笵、墨書、指書に大別される。このうち郡・郷名と戸主名を伴う人名瓦は、かつて大川清が国分寺の造営に律令税制体系を採用し、郡・郷単位に戸主層を中心とした在地居住民へ造瓦費用を負担させたものであると問題提起して以来〔大川　一九五八〕、大きくは貢納説と知識説とで論争が繰り広げられてきたが、武蔵国二一郡のなかでは豊島郡と那珂郡の二郡のみにしかみられない特徴を有し、特に豊島郡がその大多数を占めている。こうした武蔵国分寺の文字瓦研究は、その特異性や稀少性から瓦に記載された文字情報のみが独り強調して語られることが多いが、近年、発掘調査が進む武蔵国分僧尼寺の文字瓦の出土傾向を踏まえながら、改めて人名文字瓦を最も多く産出する古代豊島郡の在地社会の様相を垣間見ることとしたい。

1　武蔵国分寺の文字瓦

(1)　僧寺主要堂塔出土の文字瓦

国分寺市では、二〇〇三〜二〇一二年度に僧寺金堂・講堂・鐘楼・中門・南門・塔跡2、そして塔跡1・中枢部区画施設(築地塀・溝)の一部、講堂—金堂間、金堂—中門間を対象として約七五〇〇㎡の学術調査を行った(第1図)。まずは、これら各調査区から出土した文字瓦塼を確認しておこう〔市教委他二〇一八〕。

文字瓦の内容と記載方法・種類・記載位置　文字が記された出土瓦塼は、総計一五七三点を数える(塼一一点を含み、朱書や墨書資料は除外)。その内訳は、

金堂地区　三五〇点　講堂地区　三二六点　鐘楼地区　三八点
中門地区　二一七点　南門地区　三点　塔跡1地区　五〇点
塔跡2地区　一二六点

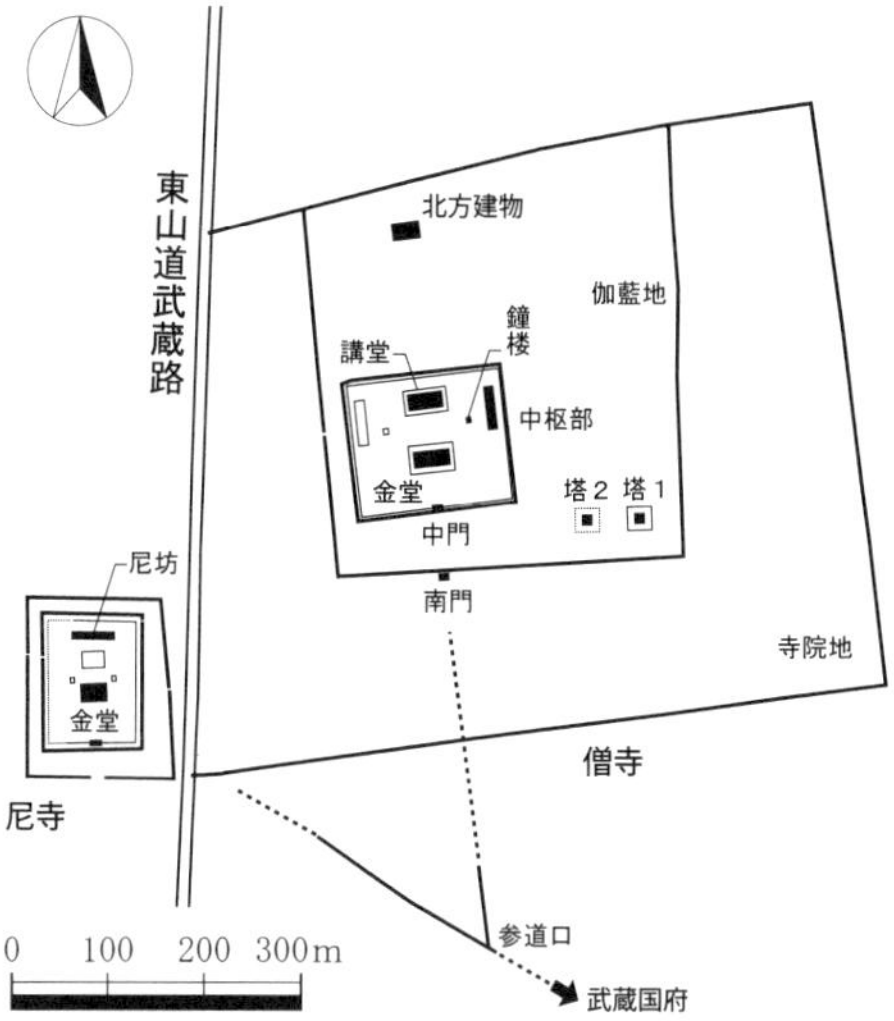

第１図　武蔵国分僧尼寺の伽藍配置

を数え、建物地区全体で一一一〇点となる。さらに中枢部区画施設や堂間など建物以外の調査区からも四六三点を確認した。出土点数は建物の本来的規模や調査面積によって影響されるうえ、金堂・講堂・中門・南門・塔跡1は昭和三、四十年代前半にも発掘調査を行っており(以下、旧調査という)〔日本考古学協会一九八五、市教委一九八七〕、旧調査範囲と一部重複して平成の再調査を行っているため、必ずしも精確な実態を示してはいないものの、主要な伽藍建築では特に金堂・講堂の両地区から大量の文字瓦が出土している傾向は読み取れそうである。

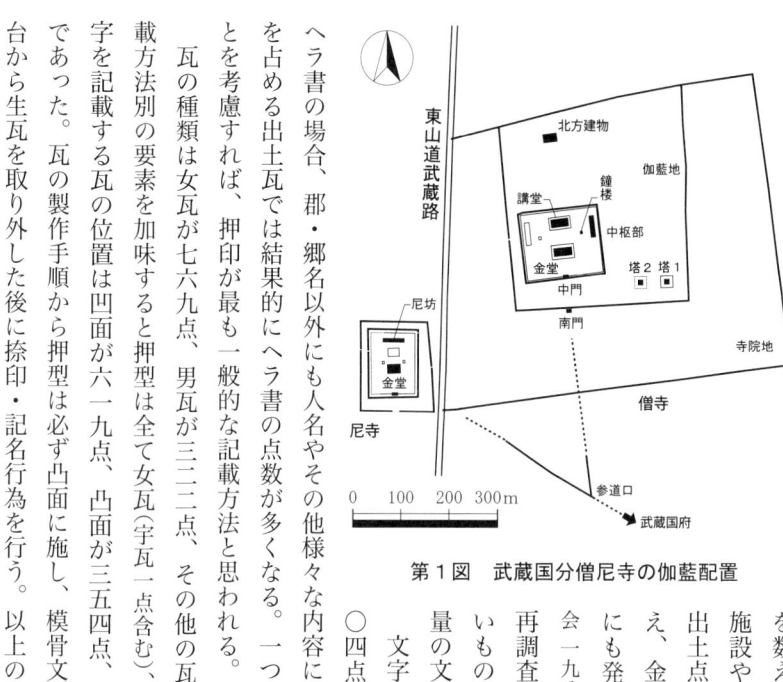

文字の記載方法はヘラ書が最も多く四六三点、続いて押印四〇四点、模骨文字一三三点、押型一一一点、瓦笵二点である。ヘラ書の場合、郡・郷名以外にも人名やその他様々な内容におよぶことから絶対的な文字数が多く、破片資料が主体を占める出土瓦では結果的にヘラ書の点数が多くなる。一つの印で内容が完結する押印がヘラ書とほぼ同数に近いことを考慮すれば、押印が最も一般的な記載方法と思われる。

瓦の種類は女瓦が七六九点、男瓦が三二二点、その他の瓦塼(宇瓦・鐙瓦・隅切瓦・熨斗瓦・塼)は一九点を数え、記載方法別の要素を加味すると押型は全て女瓦(宇瓦一点含む)、模骨文字もほぼ女瓦(男瓦は二点含む)に用いられる。文字を記載する瓦の位置は凹面が六一九点、凸面が三五四点、側面(端面)が一二三点で、その比率は六:三:一の割合であった。瓦の製作手順から押型は必ず凸面に施し、模骨文字は凹面に転写されるが、押印やヘラ書は基本的に成形台から生瓦を取り外した後に捺印・記名行為を行う。以上のことから、武蔵国分寺の文字瓦は女瓦の凹面に押印を用いて記されるのが最も多く、ヘラ書を施す場合にも女瓦の凹面が選択される。また、側端面に文字を記載する場合はヘラ書を基本とするが、押印の中には端面に使用することを目的とした一センチ四方の小型印もある。

なお、文字瓦の記載内容は、建物地区から出土した全一一一〇点中、郡・郷名八五四点、人名六点、その他の文字一二八点、記号三六点、戯画瓦と思しきもの六点、不明八〇点で、郡・郷名文字瓦が全体の七七%を占めている。

各堂舎の文字瓦出土傾向　続いて、金堂・講堂・鐘楼・中門・塔跡1・塔跡2・南門の各堂舎から出土した文字瓦の内容をみてみたい(第2図)。

金堂地区　三五〇点中、郡郷名は二八六点を数え、新羅郡と久良郡を除く全ての郡名が確認されている。なかでも荏原郡七二点、秩父郡四三点、多磨・豊島・大里郡が二〇点前後と多く、荏原郡は押型「荏」が主体で、同郡木田郷のヘラ書も七点と目立った存在である。多磨郡では新田郷・海田郷のヘラ書は金堂地区のみで出土し、川口郷を示す「川口瓦印」、石津郷を示す「石津瓦印」もみられる。豊島郡内の占方郷(1)は、かつて採集された「白方郷土師角麻(呂)」・「白方戸主椋(椅)」などのヘラ書や「白方瓦」の押印資料から白方郷の誤記と指摘されているが[大川前掲]、ヘラ書の「豊白方」は出土瓦から豊島郡の白方郷であることを直接裏付ける貴重な資料といえよう。その他、ヘラ書「造塔」、人名で「戸主太田部子」・「(宇)遅部多祢万」・「戸主□□」などが出土している。

講堂地区　三二六点のうち郡・郷名は二五〇点を占め、新羅郡を除く全ての郡名が確認されたが、秩父郡が最多の四五点、次いで荏原郡二七点、続いて豊島・大里・那珂郡二〇点前後を数える。多磨郡では宇瓦の瓦笵「多」や、金堂地区と同じ「川口瓦印」が認められる他、押印「多下」は多磨郡の郡域を上下に分割したことを示す資料である[深澤二〇〇二]。荏原郡は斜格子の押印「荏」と木田郷のヘラ書、豊島郡では廣岡郷を表す模骨の逆さ文字が四点あり、講堂地区でのみ出土する。入間郡では押印とヘラ書を組み合わせた「入麻」や、大家郷を示す押印・ヘラ書が認められた。その他、大里郡の「大里」二文字陽刻や幡羅郡を示す「幡瓦」の押印、講堂地区で多くみられる賀美郡の

【金堂地区】

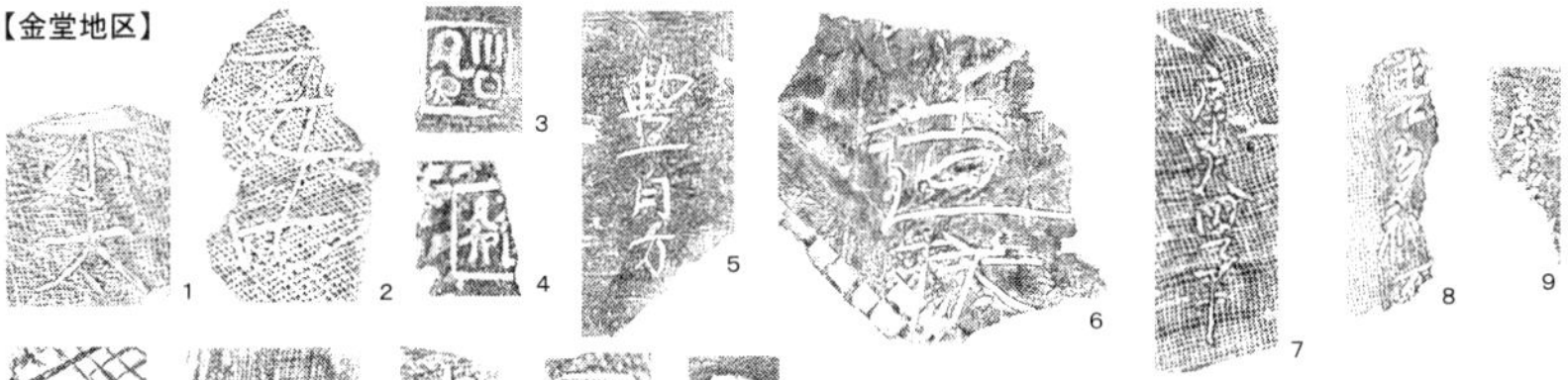

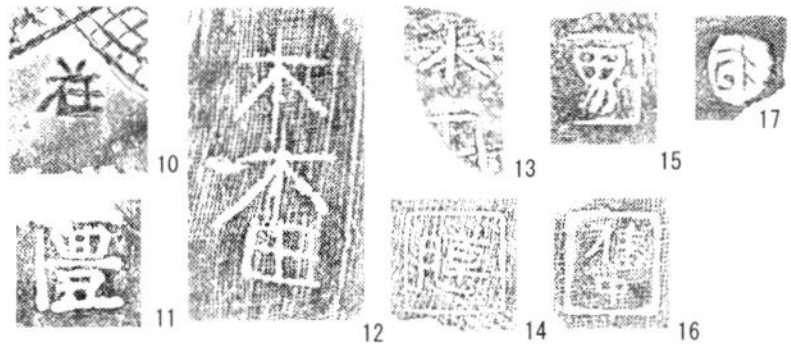

1「尓太」（多磨郡新田郷） 2「海田」（多磨郡海田郷）
3「川口瓦印」（多磨郡川口郷） 4「石津瓦印」（多磨郡石津郷）
5「豊白方」（豊島郡白方郷） 6「造塔」 7「戸主太田部子」
8「（宇）遅部多祢万（呂）」 9「戸主口」 10「荏」（荏原郡）
11「豊」（豊島郡） 12「木木田」・13「木田」（荏原郡木田郷）
14「草瓦」（崎玉郡草原郷） 15「男」（男衾郡） 16「幡中」（幡羅郡那珂郷）
17「男」（男衾郡）もしくは「狛（逆字）」（多磨郡狛江郷）
18「川口瓦印」 19「多下」（多磨郡下） 20「多」 21「廣」（豊島郡廣岡郷）
22「入麻」（入間郡） 23「日頭」（豊島郡日頭郷） 24「足」（足立郡）
25「大家」（入間郡大家郷） 26「大里」（大里郡） 27「幡瓦」（幡羅郡）

【講堂地区】

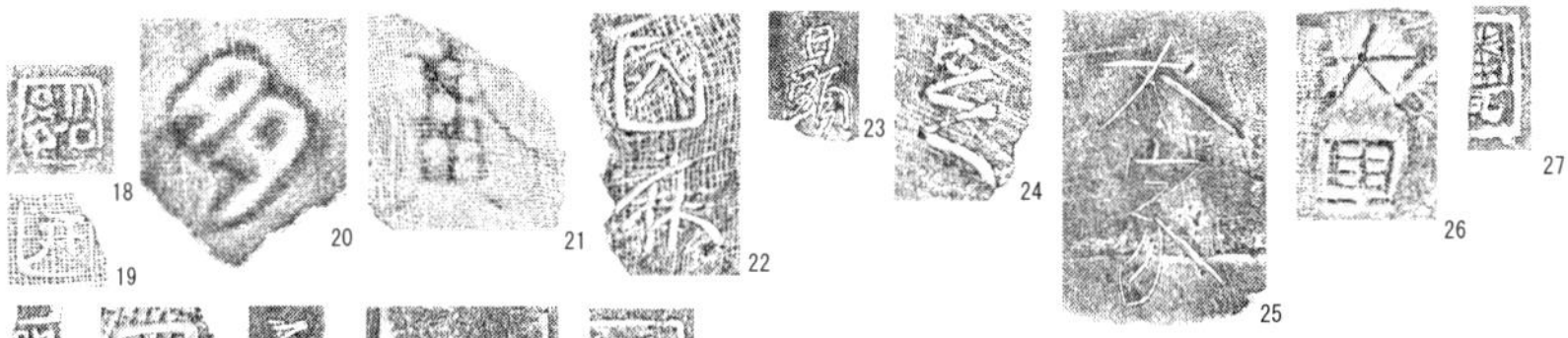

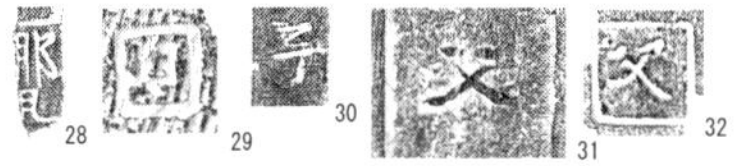

28「那瓦」（那珂郡） 29・30「皃」「子」（児玉郡） 31・32「父」（秩父郡）
33「川口」（多磨郡川口郷） 34・35「荏」（荏原郡） 36「見」（横見郡）
37「男」（男衾郡） 38「父瓦」（秩父郡） 39「父」 40「山万」模骨文字

【鐘楼地区】

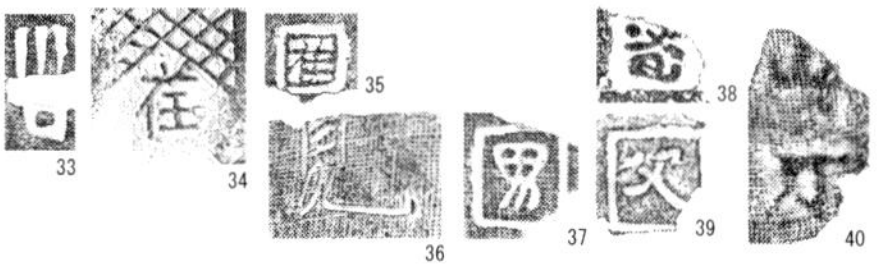

【塔跡１地区】

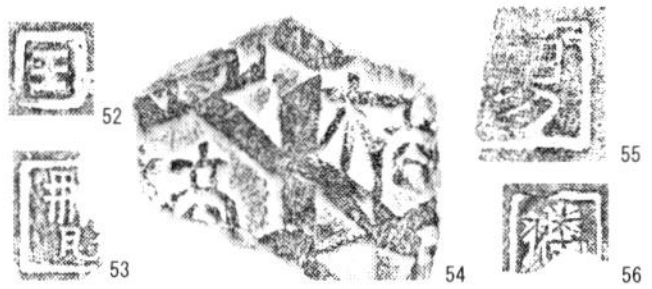

【中門地区】

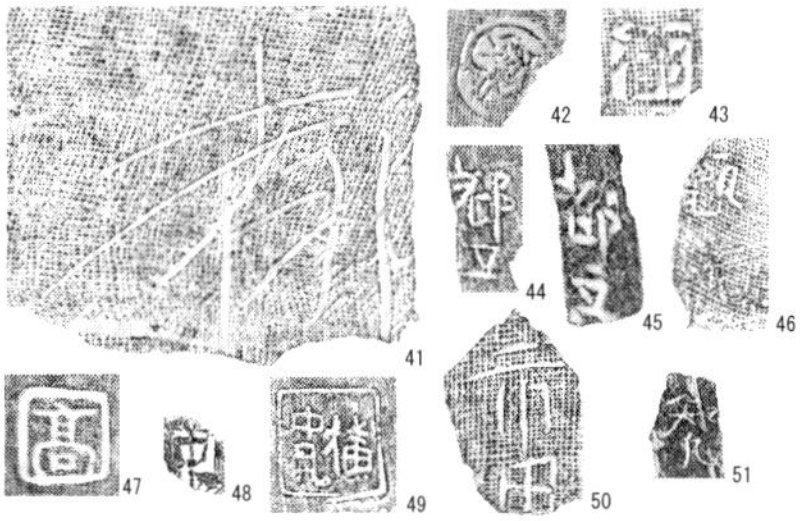

【塔跡２地区】

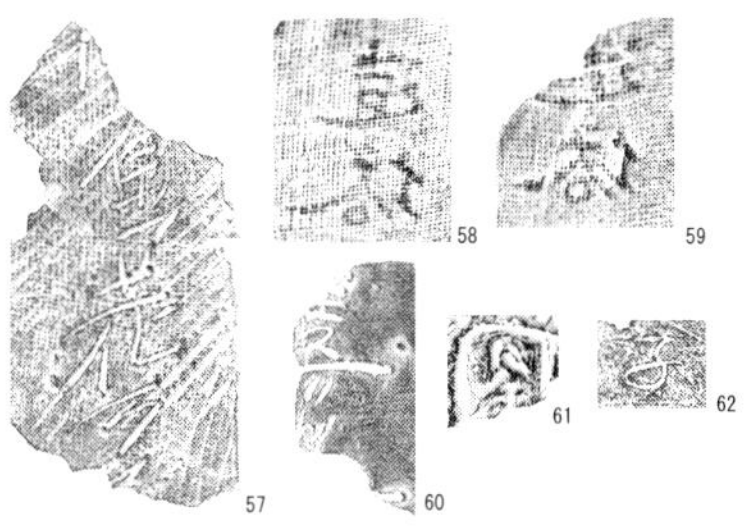

【南門地区】

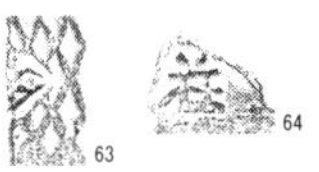

41～43「都」（都筑郡） 44・45「都立」（都筑郡立野郷） 46「湯島瓦」（豊島郡湯島郷） 47「高」（高麗郡）
48「中」（那珂郡） 49「幡中瓦」（幡羅郡那珂郷） 50「市田」（大里郡市田郷） 51「知瓦」（知識？、秩父郡？）
52「王」（多磨郡） 53「那瓦」（那珂郡） 54「橘」（橘樹郡） 55「男」（男衾郡） 56「幡」（幡羅郡）
57「口原部花万呂」 58・59「造塔」（逆字・模骨文字） 60「口久万呂」 61「皃瓦」（皃玉郡） 62「子」（皃玉郡）
63「多」（多磨郡） 64「荏」（荏原郡）

0　2.5cm

第２図　武蔵国分僧寺主要堂舎出土の文字瓦

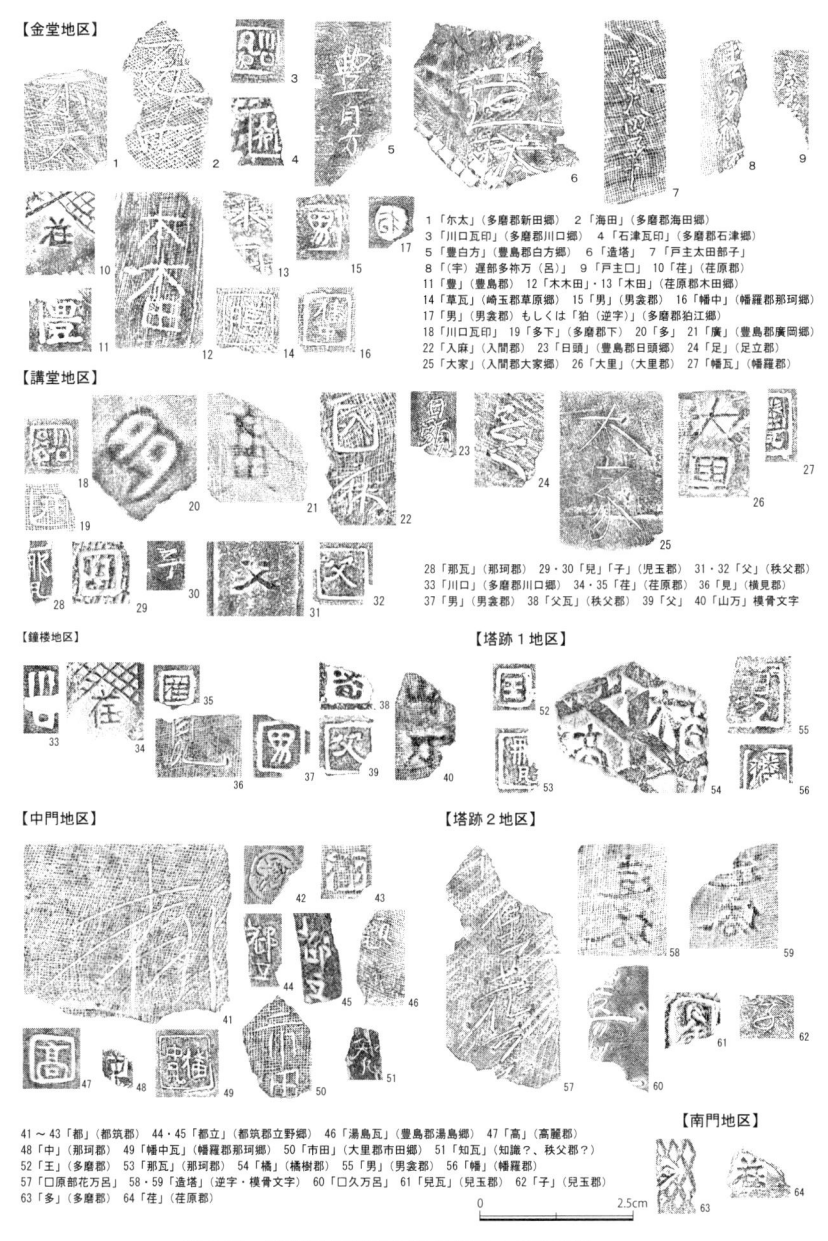

「加」は押型・ヘラ書があり、那珂郡は「那」「珂」「那瓦」の押印・ヘラ書がある。人名は確認されていない。

鐘楼地区　三八点のうち三〇点が郡・郷名で、都筑・久良・新羅・大里・榛澤・賀美・児玉を除く一四郡を確認した。多い順に荏原郡七点、秩父郡五点、幡羅郡四点を数える。鐘楼は一九六五年度に建物全体を調査しているが、平成の調査を含めて人名瓦の報告例はない。

中門地区　二一七点のうち郡・郷名は一七二点で、新羅郡を除く二〇郡が確認できる。豊島郡が二七点と最多で、都筑郡二二点、多磨・荏原・秩父郡は一四点であった。人名瓦は出土していない。都筑郡立野郷を示すヘラ書「都立」が六点あり、いずれも瓦の端面に記される。文字瓦の多い金堂や講堂に「都立」は未確認で、塔跡1で二点、塔跡2で一点出土している。また、同一の瓦に異なる郡が併記された例に豊島郡湯島郷の押印と秩父郡の押型がある。そして端面に「知瓦」とヘラ書した瓦が一点出土している。

塔跡1地区　五〇点のうち郡・郷名は三九点で、一三郡が確認できる。多磨郡六点、都筑・橘樹郡五点、幡羅・秩父郡四点の順に多く出土した。押型「橘」は、他では塔跡2で三点、金堂で一点出土しているが、本地区で特に多い。なお、平成の調査は基壇西側に小規模なトレンチを入れたに過ぎず、建物本体は一九六四・一九六五年度に調査しているため、文字瓦全体の傾向は後ほど触れたい。

塔跡2地区　一二六点のうち、本地区でしか出土しない模骨文字の「造塔」(逆さ文字)女瓦が六七点確認されている。造瓦の製作工程を考えると模骨(型)自体に「造塔」の文字が刻まれているため、その成形台で造られた瓦は当初から塔専用であり、『続日本後紀』承和十二年三月二十三日条の七層塔再建にかかる記事との関連性を示唆する文字瓦といえる。なお、前述の金堂ではヘラ書の「造塔」が一点出土したが、塔跡1地区では模骨・ヘラ書ともに確認されていない。人名瓦は「□原部花万呂」・「□久万呂」の二点が認められた。郡・郷名瓦は七一点で、新羅・高麗・横見・男衾・幡羅郡を除く一六郡が確認され、児玉郡二〇点、秩父郡九点、大里郡七点、豊島郡六点、荏原郡五点の順に多く、児玉郡が最も多い傾向も他地区では見られない。

南門地区　すべて押型で、「多」「荏原」「荏」が各一点ずつ計三点を確認した。南門は一九五八年度にも全面的に調査が行われているが、平成の調査を含めて人名瓦の報告例はない。

第１表　武蔵国分僧寺主要堂舎別の郡名文字瓦集計表

	塔1		塔2		金堂		講堂		中門		鐘楼		南門		不明		計
	A	B	A	B	A	B	A	B	A	B	A	B	A	B	A	B	
多麻	23	6		3	9	19	0	16	0	14	0	1	0	1	62		154
都築	9	5		4	5	12	0	7	0	22	0	0	0	0	16		80
久良	1	0		1		0	1	3	0	2	0	0	0	0	4		12
橘樹	32	5		3	4	3	0	1	0	2	0	1	0	0	65		116
荏原	29	4		5	87	72	9	27	1	14	0	7	0	2	68		325
豊島	9	2		6	10	23	1	22	1	27	0	1	0	0	28		130
足立	0	1		1		8	0	9	0	7	0	1	0	0			27
新座	0	0		0		0	0	0	0	0	0	0	0	0			0
入間	1	0		1	3	9	1	11	0	10	0	1	0	0	2		39
高麗	2	0		0	2	4	1	6	0	9	0	2	0	0	4		30
比企	6	1		1	7	11	3	5	1	8	0	2	0	0	10		55
横見	0	0		0	2	1	0	1	0	0	0	1	0	0			5
埼玉	4	0		1	5	9	2	4	0	3	0	1	0	0	20		49
大里	0	0		7	1	21	2	19	0	2	0	0	0	0	2		54
男衾	23	1		0	2	10	0	5	1	3	0	1	0	0	25		71
幡羅	7	4		0	11	13	4	14	0	12	0	4	0	0	21		90
榛澤	9	3		2	10	6	4	9	0	8	0	0	0	0	31		82
賀美	1	0		4	3	10	3	16	0	4	0	1	0	0	2		44
児玉	10	2		20	1	1	1	10	0	1	0	0	0	0	34		80
那珂	7	1		3	5	11	5	20	0	10	0	1	0	0	10		73
秩父	7	4		9	12	43	7	45	0	14	0	5	0	0	32		178
不明	5				12		0		0		0		0		13		30
小計	185	39		71	191	286	44	250	4	172	0	30	0	3	449		1724
合計		224		71		477		294		176		30		3		449	

※表中のＡは昭和31·33·39～44年度調査(市教委1987)、Ｂは平成15～24年度調査(市教委2018)での報告数を示す。なお、Ａのうち不明表記は、発掘調査が終了してから遺物整理を始めるまでの間に出土場所が特定出来なくなった一群で、調査時における遺構毎の出土傾向から大部分は塔(塔１)に関わるとみなして差しつかえないと判断されるものである。

旧調査出土資料と合算した堂舎ごとの郡名瓦出土傾向　旧調査の文字瓦は、二冊の報告書の巻末に出土点数表が示されている(前掲)。そこには押印・押型文字のみを対象としてヘラ書や模骨文字は含まず、拓影・実測図も網羅的に紹介されていないため、平成の調査と同じ基準では集計できないが、参考までに両者を合算して堂舎ごとの郡名瓦出土傾向を第1表に示した。

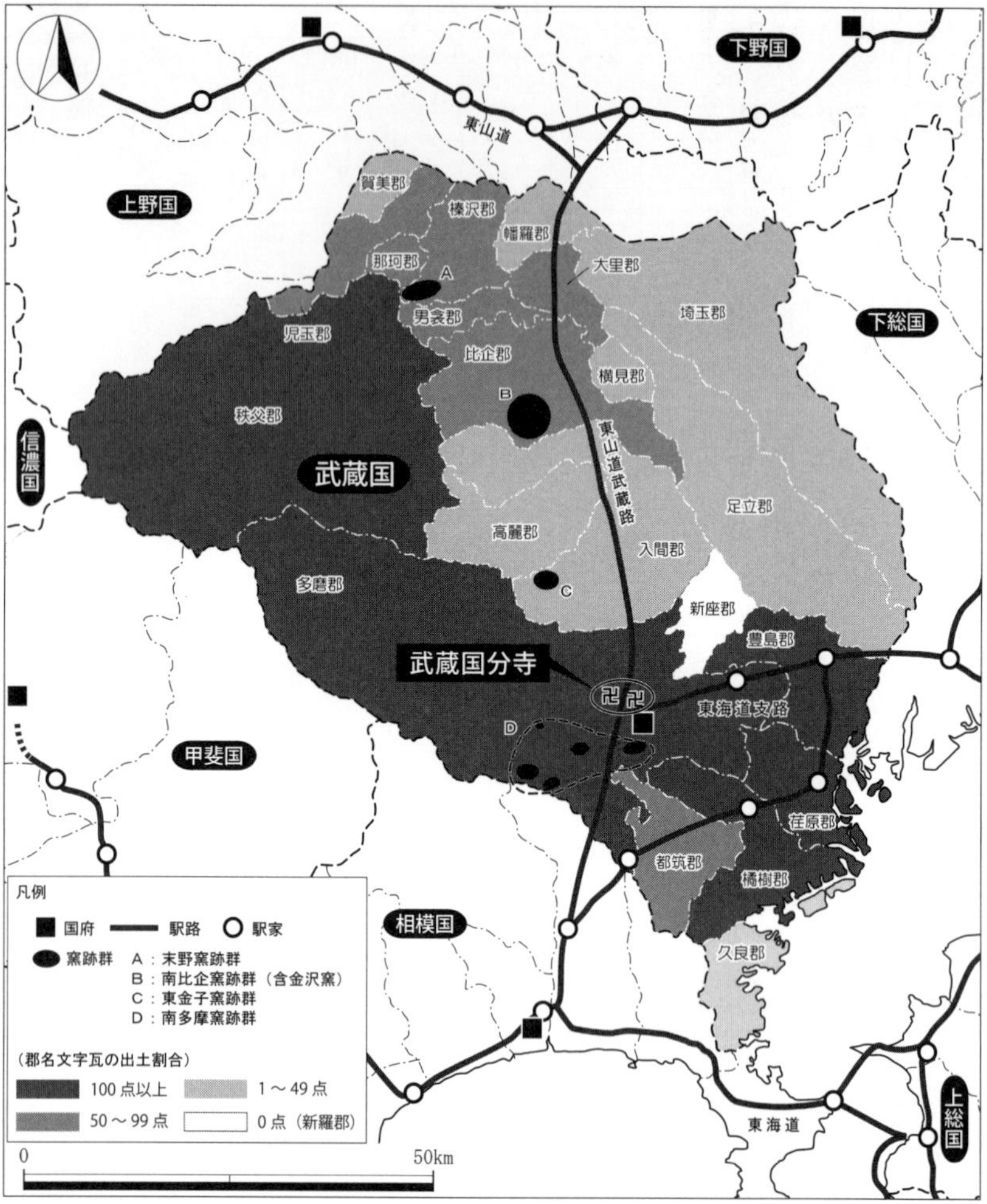

第３図　武蔵国の郡域と郡名瓦の出土割合

全一七二四点のうち金堂地区四七七点、講堂地区二九四点、塔跡1地区二二四点、中門地区一七六点、塔跡2地区七一点、鐘楼地区三〇点、南門地区三点、不明四四九点である。「不明」の多くは塔跡1地区の可能性が高いようで、これを加算すると塔跡1地区の総計は六七三点で金堂・講堂を凌駕する数となる。また、郡別の出土割合では荏原郡が最多の三二五点を数え、秩父郡一七八点、多磨郡一五四点、豊島郡一三〇点、橘樹郡一一六点、幡羅郡九〇点、榛澤郡八二点、都筑郡八〇点と続く(第3図)。さらに、建物ごとでは塔跡1は橘樹郡、金堂は荏原郡、講堂は秩父郡、中門は豊島郡、塔跡2は兒玉郡、鐘楼と中門は荏原郡の郡名瓦がそれぞれ最も多い。この数字は創建・再建期瓦を識別しておらず、厳密な一時期の造営の姿を示すものではないが、総体的な傾向として踏まえておきたい。

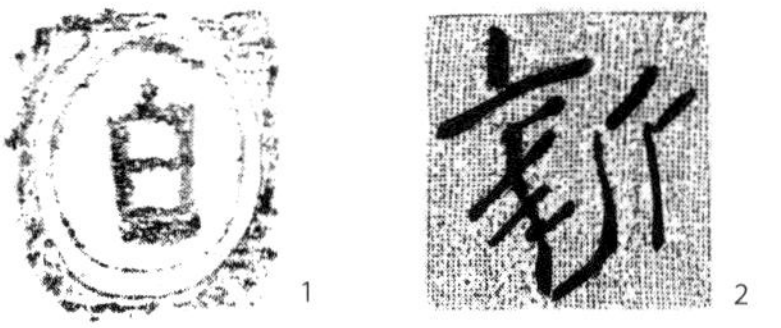

第４図　新羅郡の可能性が指摘された郡名瓦
（左：沼田 1918、右：市教委 1987）

新羅郡の郡名瓦

なお、前述のとおり武蔵国内で新羅郡の郡名瓦だけが再建期も含めて未確認である。この状況は文字瓦研究の先導役となった篠原市之介が都筑・足立・荏原・高麗・豊島・橘樹・那珂・榛澤・秩父・埼玉の採集文字瓦を示しながら、これらは聖武朝以前より存在した郡名で「各郡より徴集せしものなるは明らかなり」と述べる一方で、「聖武朝後に置かれた郡名を記せる古瓦の未だ発見せられざる如きは、益其意を強からしむるに足る」といい、天平宝字二年(七五八)に建郡した新羅郡は「未だ其字を刻せる古瓦の発掘ありしを見聞せざるなり」と、研究の初期から認識されていた[篠原 一八九八]。また、沼田頼輔は「白」の押印瓦を新羅郡と想定したが(第4図)[沼田 一九一八]、後年、豊島郡白方郷を示す資料として評価が定まり[大川前掲]、さらに塔跡1に「新」と判読できそうなヘラ書女瓦もあるが他に類例はない。このことから、かつて宮崎糺は新羅郡建郡以前に武蔵国分寺の造営完了を示唆したが[宮崎 一九三八]、近年、荒井秀規によれば、藤原仲麻呂政権下で仮想敵国民を隔離する目的で建郡した新羅郡には賦役令十五没落外蕃条に基づく課役免除が適用されるため国分寺造営に関与すること自体があり得ず、新羅郡郡名瓦の有無をもって造営完了時期の考証材料とはならないことを指摘している［荒井 二〇二三］。

(2) 人名文字瓦

貢納・知識をめぐる諸学説　郡名瓦が多くの関心を集めるなか人名瓦に着目した研究としては、沼田頼輔が自身も含めた好事家所蔵瓦の「戸主□□」「土師部□□」「戸主宇遅部□□」を取り上げ、「単に戸主及び其の姓を認むるの外、何人が、如何なる目的に斯る文字を記せしか詳にせず」と言及したのが嚆矢である［沼田 一九〇一］。続く大正十二年の『東京府史蹟勝地調査報告書第一冊「武蔵国分寺址の研究」』では、埼玉県比企郡亀井村（現鳩山町）の瓦窯（後の金沢窯）でも「□國忍」「豊宇遅郎里栖」「戸主宍人部湊」等の人名を確認しているが、この時点で人名瓦の総数は武蔵国分寺出土が一〇点、瓦窯出土が八点を数える程度にしか過ぎなかった［東京府 一九二三］。

その後、宮崎糺は集成した四五点の人名瓦に一五にのぼる氏の存在を認め、その記名形式が氏名と郷名・戸主字を冠したもの（Ⅰ類）、戸主字のみを冠し郷名を省略するもの（Ⅱ類）、郷名のみを冠し戸主字を省略したもの（Ⅲ類）、氏名の下に郡名の押印を有するもの（Ⅳ類）の四種に分類するなかでⅡ類が普遍的であるといい、『続日本紀』天平十五年（七四三）十月辛巳の大仏造立詔を引き合いに、人名を刻む背景として知識行為の現われであると想定した［宮崎前掲］。さらに終戦後も大川清・石村喜英らが集成を進めて一〇〇例を超すまでに至ったが、人名瓦の性格は石村が宮崎説を踏襲したのに対し、大川は郷名—戸主—姓名の表記は正倉院の調庸関係墨書銘記に類似することを根拠に律令税制の貢進物として評価した［大川 一九五八、石村 一九六〇］。そして、古代史の立場から石母田正は「武蔵国分寺遺址出土の文字瓦が、形式的には知識物の形をとりながら、現実には郡司＝首長を媒介として、国衙権力が在地公民層から貢祖を収奪する形に転化した知識物にすぎない」と述べ、いわば税制負担と知識の折衷案とも読める解釈を呈示して以降

旧国名	瓦総数	旧国名	瓦総数
上野国	1109	信濃国	6
山城国	745	駿河国	6
武蔵国	586以上	筑後国	6
下野国	153	常陸国	4
大和国	145	讃岐国	3
陸奥国	127	尾張国	1
伊勢国	76	三河国	1
佐渡国	59	飛騨国	1
筑前国	43	阿波国	1
相模国	31	肥後国	1
播磨国	29	大隅国	1
上総国	25	その他	0
伊豆国	11		

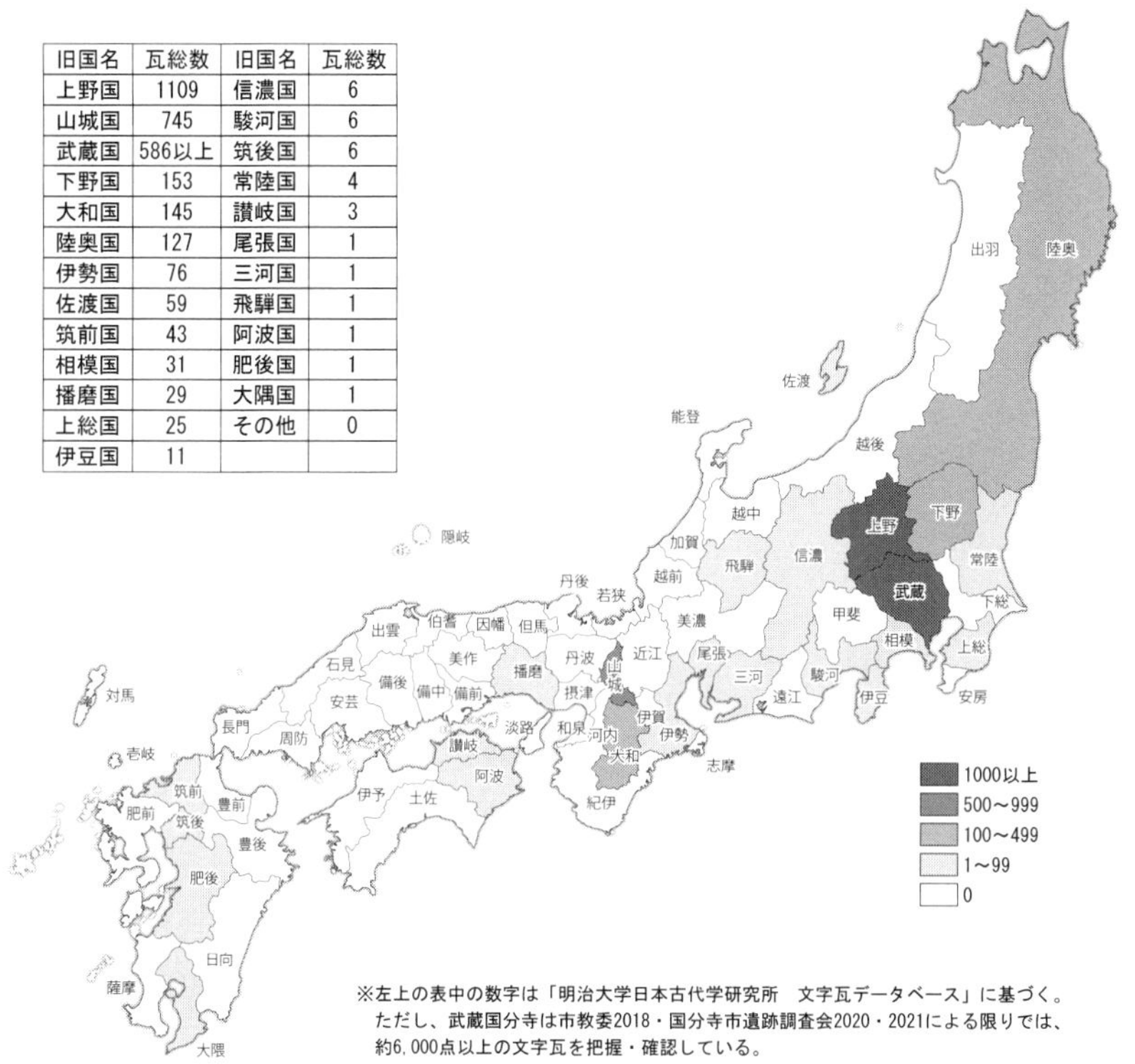

※左上の表中の数字は「明治大学日本古代学研究所　文字瓦データベース」に基づく。
ただし、武蔵国分寺は市教委2018・国分寺市遺跡調査会2020・2021による限りでは、
約6,000点以上の文字瓦を把握・確認している。

第５図　文字瓦の国分寺別出土傾向

〔石母田 一九七三〕、石母田説を発展継承する多くの学説が公表されている[2]。

最近では近藤康司が人名瓦の比較検討を通して、関東の国分寺出土文字瓦は郡名が明記されている点で明らかに知識活動の証として意義付けができる大野寺跡・土塔(河内のち和泉国)や、山崎院(山背国)、宮の腰廃寺(備後国)とは異なり、賦課の一環に伴うことは否定できないとしながらも「寺院という仏教施設としての性格をもつ以上、知識物としての性格も持ち合わせていることは十分想定でき、これらの両面をもつものが関東国分寺の人名瓦の性格であろう」と総括している〔近藤 二〇一四〕。第5図は明治大学日本古代学研究所作成「文字瓦データベース」から全国の国分寺出土文字瓦を抽出し、武蔵国分寺の集計数を踏まえて分布傾向を示したものである。ここに反

映した文字瓦は郡・郷名や人名のみならず記号や模骨文字があり、貢納や知識の性格を論ずる素材にはならない資料も含んでいるが、国別分布は地域ごとに多寡がみられ、そもそも文字瓦が全くない国分寺も西日本には多い。瓦の調達が一元的な律令税制に基づく負担行為と結論付けるには課題が残ることが明白で、それぞれの地域・国ごとに国分寺の造営事情が異なっているとみてよかろう。

なお、武蔵国分寺に「知」銘の文字瓦は四例ある(第7図)。いずれもヘラ書で、尼坊北側から出土した男瓦端面の「知瓦」、凹面の「知」は有吉重蔵が知識を示す資料として呈示したほか[有吉 二〇〇〇]、同じく尼寺伽藍東側で男瓦凹面に「知倉」、さらに僧寺中門でも男瓦端面にヘラ書「知瓦」が確認されている。しかし、知識と性格付けるにはあまりに類例は乏しく、秩父郡の旧字体「知々夫」を指す可能性も考えられよう。

尼寺出土の人名文字瓦　国分寺市内に「瓦乱洞」と称するアトリエを構えた版画家の平塚運一は、戦前・戦後にかけて古代瓦の蒐集活動を行っていたが、数あるコレクション資料の一つで凹面に「荒墓郷戸主宇遅部結女」とヘラ書された女瓦がある[3](第6図)。本瓦は、昭和十四年の日本美術協會第百九回美術展覧會でお披露目され、長らく採取地は不明であったが、近年「武蔵国分寺鐘撞堂址」の注記を伴うことが公表され[久保田他 二〇一二]、尼寺金堂付近に相当することが判明した。戸主が珍しい女性名であることから、当時の社会で女性が戸主になり得た可能性や[大川 一九八八]、国分寺造営及び運営に関わる課税が女性も対象に行われたことなど[荒井 二〇〇八]、本文字瓦の内容と性格はすでに多角的な観点から論じられている[4]。都内各地の自治体史などでは、本瓦との対比事例として『万葉集』巻二〇の「阿加胡麻乎 夜麻努尓波賀志 刀里加尓弖 多麻能余許夜麻 加志由加也良牟」右一首、豊嶋郡上丁椋椅部荒虫之妻宇遅部黒女(四四一七)が紹介されることが多い。同

荒墓郷戸主宇遅部結女

第６図　平塚運一採集瓦

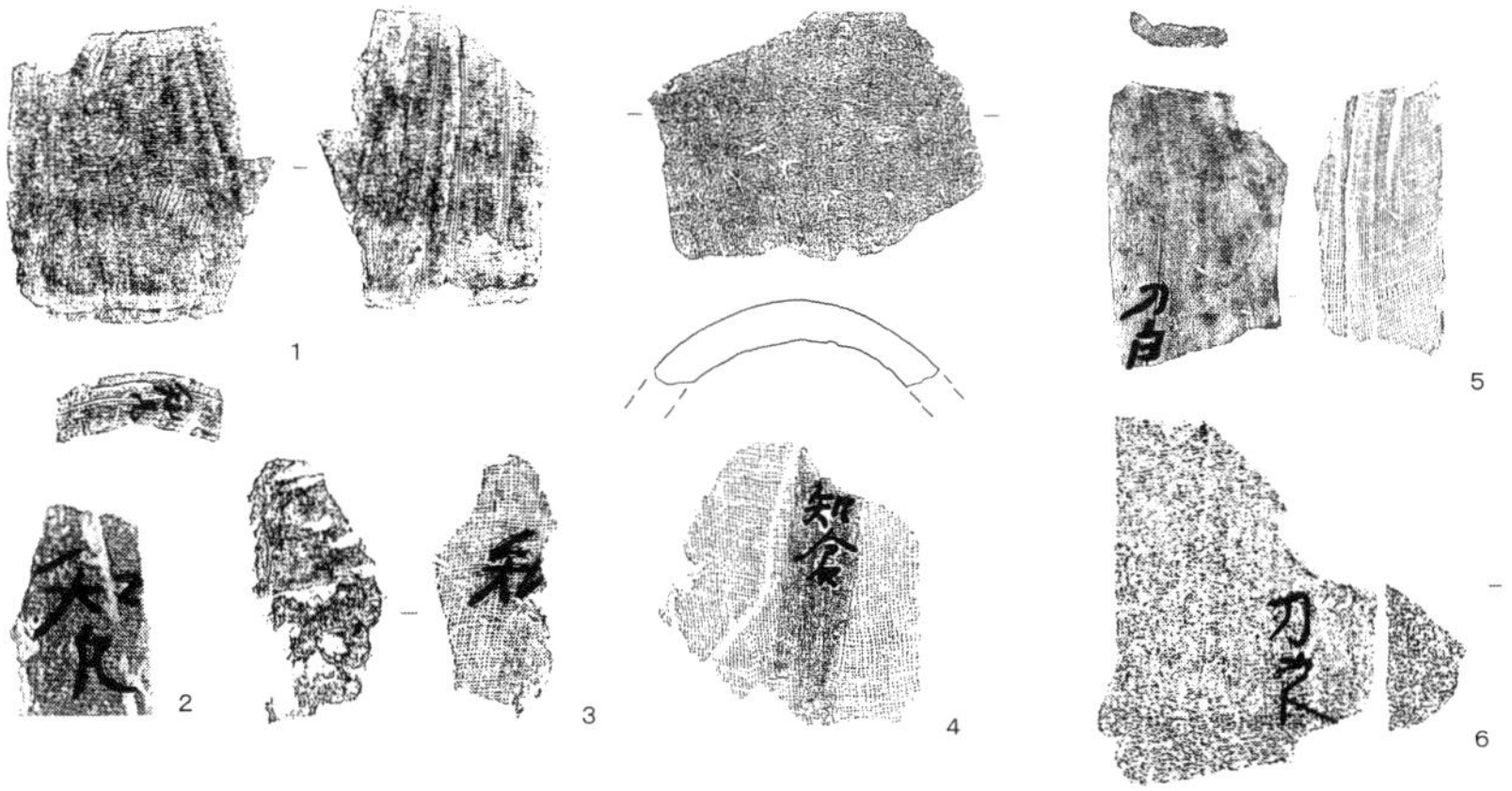

第７図　尼寺出土の知・知瓦・知倉・刀自銘の文字瓦（６は僧寺出土）

巻には大伴家持が天平勝宝七歳（七五五）に集めた八四首の防人歌を載せるが、血縁関係の実態は不明ながらも天平年間に豊島郡内で居住し、同姓を名乗る黒女・結女ら二人の女性たちが片や防人の夫を見送り、片や国分寺造営に参画する姿が彷彿とさせられる点で興味深い。

また、尼寺関連の人名瓦としては、男性と一対の女性統率者を意味する「刀自」銘のヘラ書女瓦が尼坊北側より一点出土していることは注目される（第７図）。結女同様、女性が貢納した瓦が尼寺で使用されていることを示すものとして評価でき、対する僧寺北方地区の調査では男性名の「刀良」文字瓦が確認されている。

2　古代豊島郡の様相

(1) 人名瓦にみる豊島郡内の氏族とその特徴

人名瓦を供給した南比企窯跡群金沢窯では国分寺創建期の瓦窯が五基発見されているが、香川将慶によると武蔵国分寺の人名瓦は生産地・消費地をあわせ二六八点を数え、宇遅部・椋椅部・刑部・土師部・壬生部・鳥取部・三寸部・城部・物部・大伴部・若田部・若工部・矢作部・漆部・宍人部・矢集部・若奉部・占部・若弓削部・椋部・神人部・長谷部・播他部・家部・都羅部・藤原部・間人部・當麻部を名乗る二八の氏族と、一三六戸の戸主数を集計している［須田他二〇一四］。その多くは好事家採集瓦が中心で近年の発掘調査出土資料は少なく、釈読文字の一覧情報以外に拓影・実測図・写真などの情報公開も進んでいないものの、大川・石村らの集成時点よりも格段に資料数は増えてきた。香川は、このうち宇遅部・椋椅部・壬生部・刑部・長谷部の五氏族を名代・子代の部民、土師部・鳥取部・漆部・宍人部・若奉部・占部・若弓削部・神人部・矢集部・若工部の一〇氏族を品部、城部・物部・大伴部・藤原部・播他部・都羅部の六氏族を部曲として整理し、ヤマト政権時の名代・子代が目立つことから豊島郡は屯倉であった可能性を指摘する。それを示す傍証として屯倉の設置地域と直姓の国造領域分布は重複する場合が多く、金沢窯出土の文字瓦に「戸主若田部直金行（荒墓郷）」と直姓を名乗る氏族が見られることを挙げ、さらに物部・大伴部等の部曲系氏族らは畿内豪族が後の豊島郡域に軍事進出した形跡であると評価した(5)。

川尻秋生も香川が紹介する「戸主若田部直金行」のヘラ書き瓦を例にとり、屯倉に付設された部民である田部が六世紀後半には入植した可能性を示唆しながら、時代は下るが『吾妻鏡』仁治二年（一二四二）四月条に現れる武蔵国豊島庄の「犬食名」地名も犬養（飼）の転訛で犬養部に由来するものであるとし、河川交通と陸上交通の要衝であった豊島郡における屯倉の存在を支持している［川尻二〇二二］。さらに、安房国造の大伴部直同様に水産物の貢納を職掌とした膳大伴部（大伴部）や、膳氏から分かれ鳥獣肉を扱う部民である宍人部の存在から、豊島郡が王権に食物を貢進する性格を負っていたことも推測した。また、二〇一〇年に行われた平城宮東方官衙地区の調査では、基壇建物ＳＢ一九三九八の基壇構築に伴う造成土下層のＳＸ一九四〇一から「豊島郡大領大伴直宮足書」と記された養老～神亀年間の木簡が出土しているが、同人物は『続日本紀』神亀元年（七二四）二月壬子条にも「外従八位上大伴直宮足等、献私穀於陸奥国鎮所。並授外従五位下」として現われ、木簡は献物叙位の申請書類に関わる付札の可能性が指摘されている［渡辺二〇一二］。律令国家の対東北経営に豊島郡大領を勤めた大伴直氏の活躍があり、すでに七世紀段階から畿内

豪族が在地に土着していた可能性は十分に考えられよう。(6)

その一方、豊島郡の七〜八世紀代の古墳・集落動態を分析した比田井克仁は屯倉の存在に否定的で［比田井 二〇〇五］、矢野建一も「トシマ地域にヤマトの支配が及んだのは早くとも七世紀初めのことであり、豊島郡諸郷の人々の姓が五、六世紀まで遡るとはとうてい考えがたい」としたうえで、文字瓦の記名に「壬生部子万呂」「部小鳥」「鳥麻呂」「猪万呂」など干支にまつわる名が見えることは、「居住者自身による命名ではなく、トシマ地域の令制化、すなわち編戸造籍の過程で上から形式的に付与されたもので」、「人々の間に自然にはぐくまれた相互依存・協力関係はその後も変ることなく維持されていた」と想定している(7)［豊島区 一九八二］。なお、文字瓦にみる諸郷と氏名の関係性からは、日頭郷に宇遅部・三寸部・鳥取部、白方郷に土師部・椋橋部・物部・大伴部、荒墓郷に宇遅部・若田部・長谷部・椋橋部、吉嶋郷に矢集部・矢作部・刑部・占部らの氏族が居住していたことが確認できる。

⑵ 古代豊島郡の様相

最後に、こうした人名文字瓦を武蔵国分寺へ貢納した八〜九世紀の豊島郡の様相を概観しておきたい。同郡は国府・国分寺が所在する多磨郡の北東に隣接し、おおよそ現在の東京都北・荒川・台東・文京・千代田・新宿・豊島・中野・練馬・板橋の各区域、および埼玉県和光・新座市域一帯を中心とした範囲に該当する（第8図）。山の手台地の北半部を占める郡域は、東流する白子川、石神井川、神田川・妙正寺川等の中小河川が谷を深く開析した起伏に富む地形を呈し、比高差約一五㍍の崖線が走る東縁部は住田河（墨田川）沿いの東京低地を介して下総国へと続く。郡の中心は北区西ヶ原の御殿前遺跡・七社神社前遺跡周辺で、すでに七世紀第4四半期の評制段階に評家政庁が整備されると、八世紀第1・2四半期には主要建物群の主軸を正方位へ建て替え、東側に郡庁、西側に正倉院を整備するとともに官衙域を拡大し、最終的には九世紀第3四半期頃まで郡家機能は継続した［中島 二〇〇九］。また、その眼下に広が

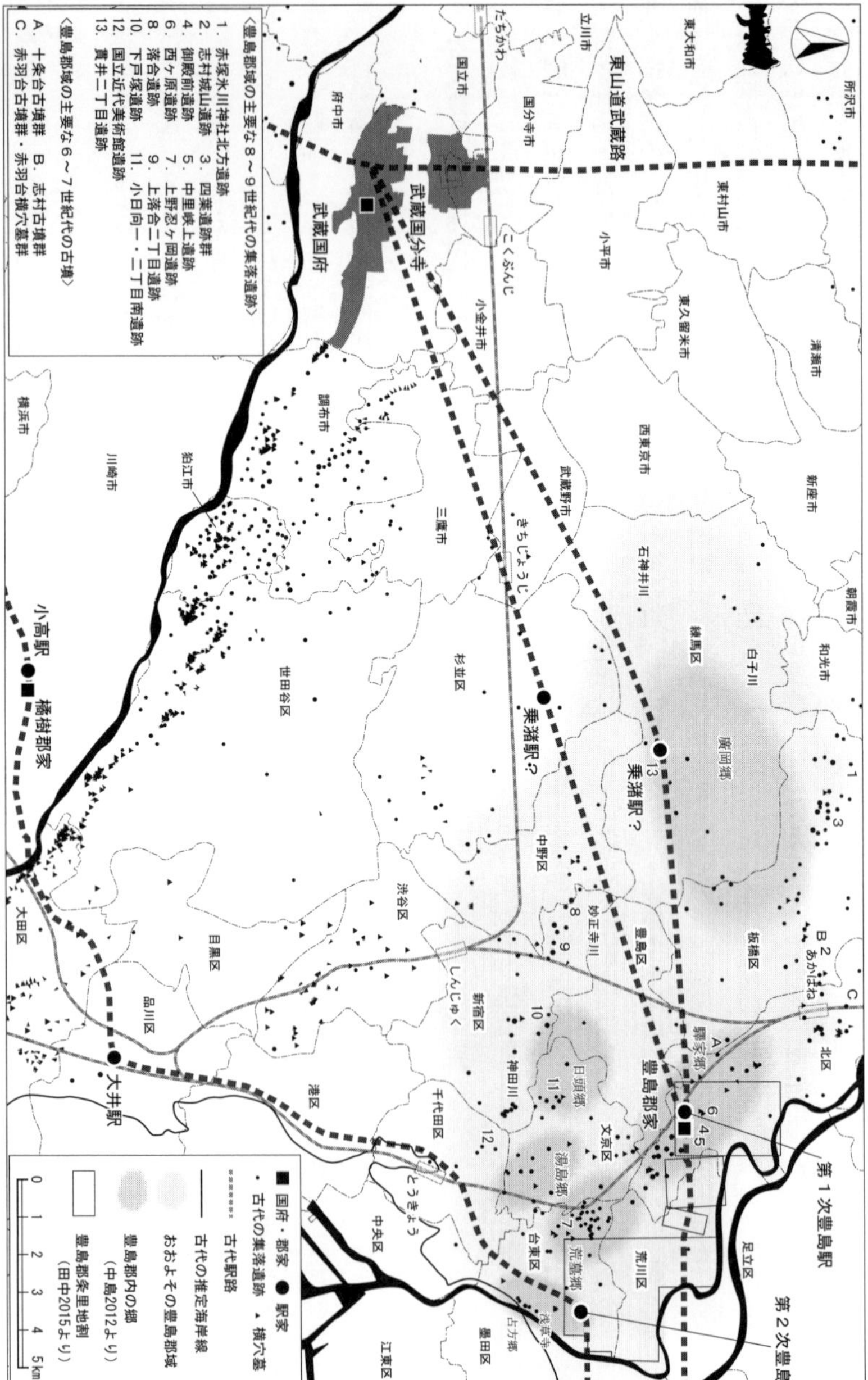

第8図　武蔵国分寺と古代の豊島郡・官道

る住田河左岸の東京低地上にかけては豊島郡家と一体的な条里プラン、すなわち方角地割の痕跡が存在する［田中 二〇一五］。

さて、先にも述べた郡域内の七郷は、日頭郷が神田川中流域左岸の文京区小日向、湯島郷は下流域左岸の同区本郷・湯島をそれぞれ遺称地名に見立てて現地比定されている以外は不詳である。関連自治体史等の通説によると、占方郷を神田駿河台もしくは住田河沿いの浅草低地、荒墓郷を上野公園周辺の高台、廣岡郷は板橋・練馬区域から一部埼玉県和光・志木市一帯を充て、驛家郷は駅路の関係から豊島郡家付近に想定されている。(8)

その駅家郷に関連して郡域内を通過する古代官道は、宝亀二年（七七一）に武蔵国が東山道から東海道へ転属した前後でルートを変更しており、『続日本紀』神護景雲二年（七六八）三月乙巳朔条「（前略）又下総国井上、浮島、河曲三駅、武蔵国乗潴、豊島二駅承山海両路、使命繁多。乞准中路、置馬十疋。奉勅依奏。」では、武蔵国府から乗潴・豊島の二駅を経て下総国井上駅へと抜けたが、『延喜式』兵部省諸国駅伝馬条「武蔵国駅馬　店屋、小高、大井、豊島各十疋。伝馬　都筑、橘樹、荏原、豊島各五疋。」によると国府を介さず南の荏原郡から海沿いに豊島郡域を通過し、井上駅へ結ぶ路線となった。そのため、当初は郡家周辺に併存した豊島駅（驛家郷）も、後に上野の台地縁辺部［中村 一九九二］、もしくは浅草周辺の自然堤防上［中島 一九九七］に移転したことが説かれているが、だとすれば、和名抄記載の驛家郷は案外に上野・浅草付近に充てて考えることもできるであろう。

一方、乗潴駅は、これまで考古学的な確証がないなかで遺称地名から杉並区天沼および練馬周辺に比定されてきたが、近年、武蔵国府と豊島郡家の中間点付近の集落遺跡を検討した湯瀬禎彦は、金銅製馬具を伴う八～九世紀の練馬区貫井二丁目遺跡をその候補地に推定した［湯瀬 二〇一五］。豊島郡内には八世紀第2四半期以降、体部に粘土紐を巻き上げ、平底気味の丹塗を施す土器が出現し、新宿区落合遺跡を標識遺跡に「落合式」と呼称される特有の土器が豊島郡～新羅郡域一帯の中武蔵地域に分布している［根本 二〇二二］。本土器は貫井二丁目遺跡でも出土しており、湯瀬説に引き寄せて考えると、乗潴駅も豊島郡内の駅家となる可能性もあろう。その場合、豊島郡に八世紀段階においても驛家郷が存在していたならば、石神井川流域の練馬区内の遺跡が候補地として考えられるが、武蔵国分寺の文字瓦には驛家郷を示す資料は確認されていない。

推定豊島郡域内の古代集落は近世江戸期における大型土地改変の影響や、複数の自治体に跨る現在の地理的特性から断片的な情報が多く、様相の全容把握が困難な状況にあるが、八～九世紀代の集落遺跡分布は板橋区（赤塚氷川神社北方・志村城山・四葉遺跡群等）から郡家が所在する北区（御殿前・中里峡上・西ヶ原遺跡等）にかけての東京低地を望む山の手台地北東縁を中心に、南方の台東区（上野忍ヶ岡遺跡）、そして新宿区（落合・上落合・下戸塚遺跡等）から文京区（小日向一・二丁目南遺跡等）・千代田区（国立近代美術館遺跡等）の神田川下流域、さらには練馬区（貫井二丁目遺跡）に点在している。八世紀代に突如出現する計画村落が再び消滅する背景に集落移動を想定する比田井克仁は、七世紀終末から八世紀における多磨・豊島郡域の集落動態を分析するなかで、豊島郡では七世紀後半頃に板橋周辺諸遺跡から豊島郡家へ人員供給を果たし、八世紀中頃には再び板橋周辺諸遺跡に逆流する傾向があることを指摘している〔比田井前掲〕。第8図は豊島郡域を中心とした奈良・平安期の集落遺跡分布であるが、和名抄記載郷の現地比定は遺称地名に加えて考古資料の実態を踏まえた再検証が必要となろう。

おわりに

武蔵国分寺の郡名文字瓦で、豊島郡は荏原・秩父・多磨郡に続く数量が出土し、僧寺金堂・講堂・中門・塔跡1・塔跡2の主要堂舎からも多く確認されるが、とりわけ中門では国内二一郡中で最多の出土点数を誇る。国域は越境すれども隣接する下総国葛飾郡には正倉院文書に養老五年（七二一）の大島郷戸籍が伝来し、郷内の人々は孔王部姓が大多数を占め、私部・刑部・磯部・大伴部・小長谷部・長谷部・中臣部・土師部・日奉舎人部・藤原部・壬生部らが少数加わる住人構成であったことが知られている[田中 二〇〇二等]。一方、人名瓦から豊島郡の日頭・荒墓・白方・吉嶋の各郷には各三〜四の姓の存在を確認でき、人数比率や構成の詳細は不明ながらも、住田川を挟んだ両郡で居住民の様相が大きく異なるようにみえる。

古代の戸籍が現存しない武蔵国で、国分寺の造営を支えた在地社会を考えるとき、人名文字瓦を供出する豊島郡の存在は極めて重要である。なぜ、豊島郡と那珂郡の居住者だけが瓦に記名行為をするのか、生産窯である南比企窯跡群金沢窯との関係性など解明すべき課題は多く、在地側の豊島郡域の考古学的情報も俯瞰して検討がおよんでいない状況であるが、今後の調査・研究の進展に期待したい。

註

(1) 承平五年(九三五)頃の編さんと推定される『和名類聚抄』記載の豊島郡内の郷名は、いくつかの写本間で表記に異同があり、日頭・占方・荒墓・湯島・廣岡・餘戸・驛家の七郷のうち、平安末期の古写本で古態を留める高山寺本(二十巻本)には餘戸・驛家郷の記載がない。『豊島区史』では、当初は餘戸・驛家を除く五郷、もしくは武蔵国分寺の豊島郡内の郷名瓦には日頭・占方・荒墓・湯島の四郷しか見えないことを根拠に廣岡を除く四郷としたうえで、現在の板橋・練馬・志木・新座地域に開発がおよび、廣岡郷の加郷とあわせて天平宝字二年に新羅郡が建郡された可能性を『続日本紀』宝亀十一年(七八〇)五月甲戌条の「武蔵国新羅郡人沙良真熊等二人賜広岡造」の記事に絡めて推論している。しかし、郷名+人名併記ではないものの僧寺講堂や金沢瓦窯からは廣岡郷を示す文字瓦が出土しており(第2図ほか)、新羅郡建郡以前の国分寺造営期間に廣岡郷は存在していたものと思われる。

(2) 石母田学説以降、二〇〇〇年代までの貢納と知識をめぐる研究史の詳細は[山路 二〇〇五、荒井 二〇〇八]を参照。郡という律令行政単位に基づいて瓦を貢進している事実を踏まえて「知識に名を借りた収奪」・「寄進の強要」とする主張[上原 一九八九・二〇〇二]のほか、発注者がそれぞれ瓦屋へ瓦の発注、生産経費の支払い、納入するシステムが多賀城第1

期に確立したことで文字瓦は発生し、そのシステムが雑徭の代納という形で上野・武蔵・下野・陸奥でも採用されたと理解する立場［山路 前掲］や、武蔵国分寺に女性戸主名の文字瓦が存在することから女性も含めた臨時課税とその見返りとしての知識参加を認める立場［荒井前掲］などがある。

（3）本瓦は、昭和十四年九月発行の『財団法人日本美術協會報告』第五十三輯に拓影図が示され、太田静六が「武蔵国分寺の文字瓦に就いて(下)」と題する論考を同誌に寄稿し、人名文字瓦には宇遅部姓が目立つことや、防人歌を詠んだ豊島郡上丁椋椅部荒虫之妻、宇遅部黒女と結女の対比について論じている。

（4）北区赤羽台横穴墓群では三五体の人骨が検出されたなかで男女比の構成に大きな偏りはないが、11・19号横穴墓には壮年女性が単体で埋葬され、特に11号の遺体下部にはカキ殻を敷き、下顎骨のみを改葬するなど手厚い葬送儀礼の形跡が認められている。松崎元樹によると男性の埋葬人骨が圧倒的に多い多磨郡域の日野市神明上横穴墓とは異なり、豊島郡では父系・母系血縁に特化した埋葬形態にとらわれず、双系的な親族埋葬が行われていたようで［松崎 二〇二二］、こうした埋葬のあり方も瓦を寄進する女性戸主の存在と関わるものと思われる。

（5）本文字瓦は『豊島区史』掲載の人名文字瓦リストに「戸主若田部直金行「荒」」金沢窯出土と紹介され、平成六年発行の『北区史 資料編 古代中世一』でも踏襲しているが、原資料の出典元と「荒」の表記が意味する詳細は不明である。

（6）豊島郡家の御殿前遺跡では、郡庁の南側で八世紀後半の厨関連建物（ＳＢ012）から「大伴」の墨書土器が出土している他［北区教委 一九八八］、武蔵国分寺塔跡1採集人名瓦にも「白戸主大伴秋嶋」が確認される［石村 一九六〇］。

（7）都内における後期・終末期古墳研究は古墳の創出基盤などの検討が遅れ、横穴墓も地域総体として把握するまでに至っていないが、安武由利子によると後の豊島郡域に含まれる古墳は、東京低地を望む武蔵野台地の縁辺部に古墳・横穴墓が築造される分布状況を踏まえ、六世紀初めの北区十条台古墳群1号墳を最古期、七世紀後半の板橋区志村古墳群1号墳を当地域における古墳築造終焉期に位置付けている。また、六世紀後半の北区赤羽台古墳群3・4号墳では石室構築材に房州石の切石を使い、埼玉県鴻巣市生出塚埴輪窯の形象埴輪を伴うことから東国各地の首長との繋がりが色濃く反映されている点に特徴があるという。さらに、松崎元樹は各地に分布する横穴墓群が形成されるひとつの要因として中央伴造との密接な関係を有し、地域開発を目的として各地から入植した造墓集団と推定しており［松崎・安武他 二〇二三］、今後、豊島郡域における古墳・横穴墓調査のさらなる進展が期待される。

（8）このほか、荒墓郷は大塚・駒込周辺（吉田東伍『大日本地名辞書』）や板橋区赤塚周辺（『江戸名所図会』）、廣岡郷は渋谷区広尾（『新編武蔵風土記稿』）、餘戸郷は新宿区淀橋・角筈周辺（『大日本地名辞書』・『角川日本歴史地名辞典』）などに充てる考えもある。

引用・参考文献

荒井秀規　二〇〇八「武蔵国分寺の戸主名瓦をめぐって」『シンポジウム国分寺の創建を読むII─組織・技術論─』国士舘大学
荒井秀規　二〇二三「武蔵国の高麗郡と新羅郡」日本高麗浪漫学会監修『渡来・帰化・建郡と古代日本　新羅人と高麗人』高志書院
有吉重蔵　二〇〇〇「武蔵国分寺・武蔵国府」日本考古学協会第六六回総会『文字瓦と考古学』国士舘大学実行委員会
石村喜英　一九六〇『武蔵国分寺の研究』明善堂
石母田正　一九七三「国家と行基と人民」『日本古代国家論』第一部　岩波書店
上原真人　一九八九「東国国分寺の文字瓦再考」『古代文化』第四一巻第一二号　古代学協会
上原真人　二〇〇二「奈良時代の文字瓦」摂河泉古代寺院研究会編『行基の考古学』塙書房
大川　清　一九五八『武蔵国分寺古瓦塼文字考』小宮山書店
大川　清　一九八八「女性戸主の人名瓦─武蔵国分寺出土─」『国立博物館ニュース』第四九八号（後、大川清先生著作集刊行会『大川清歴史考古学選集』二〇〇九年に採録）
川尻秋生　二〇二二「一章　国造の世界」吉村武彦・川尻秋生・松木武彦編『シリーズ地域の古代日本　東国と信越』角川選書
久保田一郎他　二〇一一『平塚運一古代瓦コレクション資料集（一）─武蔵国分寺関連宇瓦・鐙瓦補遺　平塚運一コレクション資料目録─』島根県教育庁文化財課古代文化センター・島根県教育庁埋蔵文化財センター
北区教育委員会　一九八八『御殿前遺跡』北区埋蔵文化財調査報告第四集
国分寺市教育委員会　一九八七『武蔵国分寺跡調査報告─昭和三十九年〜四十四年度─』
国分寺市教育委員会・国分寺市遺跡調査会　二〇一八『国指定史跡武蔵国分僧寺跡発掘調査報告書II─史跡保存整備事業に伴う事前遺構確認調査─〔遺物編〕』
国分寺市遺跡調査会　二〇二〇『武蔵国分寺跡出土文字資料集成─文字瓦─』武蔵国分寺跡出土資料集二
国分寺市遺跡調査会　二〇二一『武蔵国分寺跡出土文字資料集成─文字瓦・墨書土器他─』武蔵国分寺跡出土資料集三
近藤康司　二〇一四『行基と知識集団の考古学』清文堂出版

篠原市之介　一八九八「武蔵国分寺発見に係る文字瓦」『考古学会雑誌』二―七
東京府　一九二三『東京府史蹟勝地調査報告書 第一冊「武蔵国分寺址の調査」』
豊島区　一九八一『豊島区史　通史編一』
須田　勉・香川将慶他　二〇一四『埼玉県比企郡鳩山町金沢窯跡』国士舘大学考古学研究室報告第一六冊
田中禎昭　二〇〇二「大嶋郷の人々」葛飾区郷土と天文の博物館編『東京低地と古代大嶋郷―古代戸籍・考古学の成果から―』名著出版
田中禎昭　二〇一五「東京都の条里」「武蔵国豊島郡統一条里の復原」関東条里研究会編『関東条里の研究』東京堂出版
中島広顕　一九九七「武蔵国豊島郡衙と豊嶋駅」古代交通研究会編『古代交通研究』第七号　八木書店
中島広顕　二〇〇九「御殿前遺跡　武蔵国豊島郡衙」条里制・古代都市研究会編『日本古代の郡衙遺跡』雄山閣
中村太一　一九九二「武蔵国豊島郡における古代駅路の歴史地理学的考察」『北区史研究』第一号　東京都北区
日本考古学協会　一九八五『武蔵国分寺跡遺物整理報告書―昭和三十一・三十三年度―』
沼田頼輔　一九〇一「武蔵国分寺発見に得る文字瓦に就て」『考古界』一篇一號　考古学會
沼田頼輔　一九一八「武蔵国分寺遺跡考」『武蔵野』第一巻第一号　武蔵野文化協会
根本　靖　二〇二二「中武蔵の土器様相―須恵器・土師器から見た新羅郡―」鈴木一郎・宮瀧交二監修『武蔵国・新羅郡の時代―朝霞市・志木市・新座市・和光市の古代遺跡をめぐる―』雄山閣
比田井克仁　二〇〇五「南武蔵における律令国家形成期の集落動態―多摩郡と豊島郡の比較から―」『東京考古』二三　東京考古談話会
深澤靖幸　二〇〇二「武蔵国府・国分寺跡出土の「多上」「多下」文字瓦をめぐって―古代多磨郡の地域編成区分―」『地域考古学の展開』村田文夫先生還暦記念論文集刊行会
松崎元樹　二〇二二『東京の古墳を探る』歴史文化ライブラリー五五一、吉川弘文館
松崎元樹・安武由利子他　二〇二三「小特集　東京における後・終末期古墳研究の現状と課題」『東京考古』四一　東京考古談話会
明治大学古代学研究所　二〇一三「文字瓦データベース」同研究所ホームページ
山路直充　二〇〇五「文字瓦の生産―七・八世紀の坂東諸国と陸奥国を中心に―」『文字と古代日本三　流通と文字』吉川弘文館
宮崎　糺　一九三八「武蔵国分寺」角田文衛編『国分寺の研究』上巻　考古学研究会
湯瀬禎彦　二〇一五「武蔵国府における古代東海道の検証」『東京考古』三三　東京考古談話会
渡辺晃宏　二〇一一「東方官衙地区の調査―第四六六次」『奈良文化財研究所紀要　二〇一一』奈良文化財研究所

相模の古代寺院と瓦生産

髙橋　香

はじめに

相模国分僧寺は、全国的にみても比較的造寺が早いといわれており、天平九年(七三七)に詔が発令されて間もなく、国分寺造営に着手したことが発掘調査で明らかにされている。なぜ相模国では迅速な対応が可能であったのか。その背景には国分寺造営に対する相模国内での協力体制等が整っていたことが予想されるものの、窯業生産が決して盛んであったともいえない相模国で、早い段階で着手できた背景は改めて考える必要があろう。そこで本稿では、国分寺以外の古代寺院を含めて、相模国内の造寺活動と瓦生産を整理し、造寺を支えた在地社会の実態を述べていくことにしたい。

1　相模国内の古代寺院

二〇二四年段階で相模国内の古代遺跡で瓦の使用を確認しているのは、初期寺院とされる五例、郡家二例と相模国府域に該当する遺跡、さらに瓦窯跡三例があげられる(第1図)。初期寺院は、御浦郡の宗元寺跡、深田廃寺、鎌倉郡

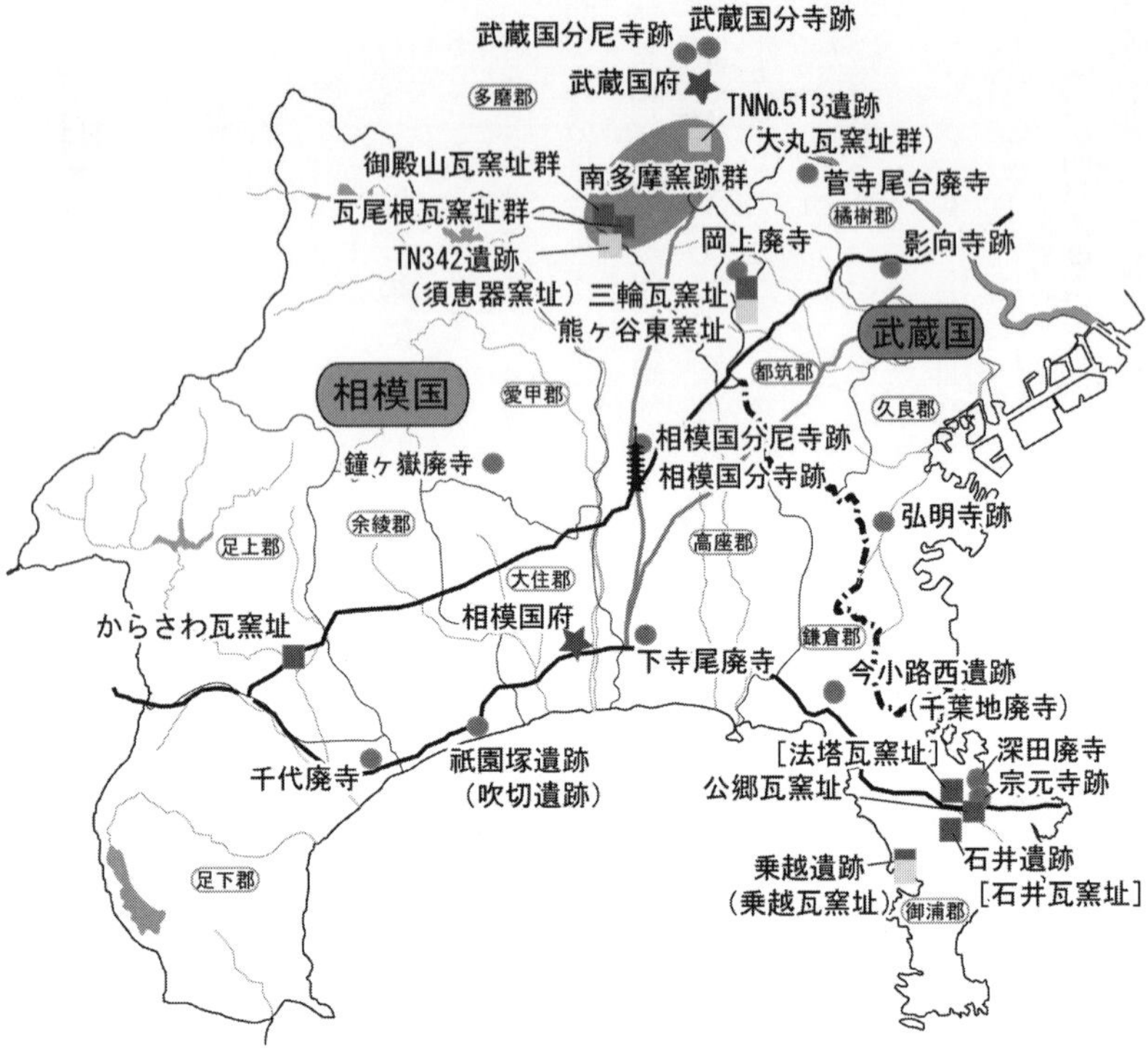

第１図　相模国内の古代寺院と窯跡（筆者作成）

の千葉地廃寺、高座郡の下寺尾廃寺、足下郡の千代廃寺である。郡家は鎌倉郡家と高座郡家であり、国府域では桶巻づくりの瓦も確認されてはいるものの、大住郡の郡家か寺院に相当すると考えられている。集落遺跡の出土事例はあるが、竪穴建物内のカマドの補強材として転用されており、瓦本来の使用ではない。

宗元寺跡（第2図）　相模国の最古の古代寺院と評価されている。御浦郡（現横須賀市）に所在する古代寺院で、創建瓦はパルメット紋軒丸瓦・三重弧紋軒平瓦である。当初より「宗元寺」の寺名であったかどうかは、文字史料が残らないため不明である。「宗元寺」の初見史料は『吾妻鏡』にあり、建久三年（一一九二）、北条政子の安産祈願のため相模国のほか諸国の寺院に祈禱を命じた記事があり、「宗元寺三浦」の記録が残る。したがって、十二世紀代には少なくとも三浦の地に

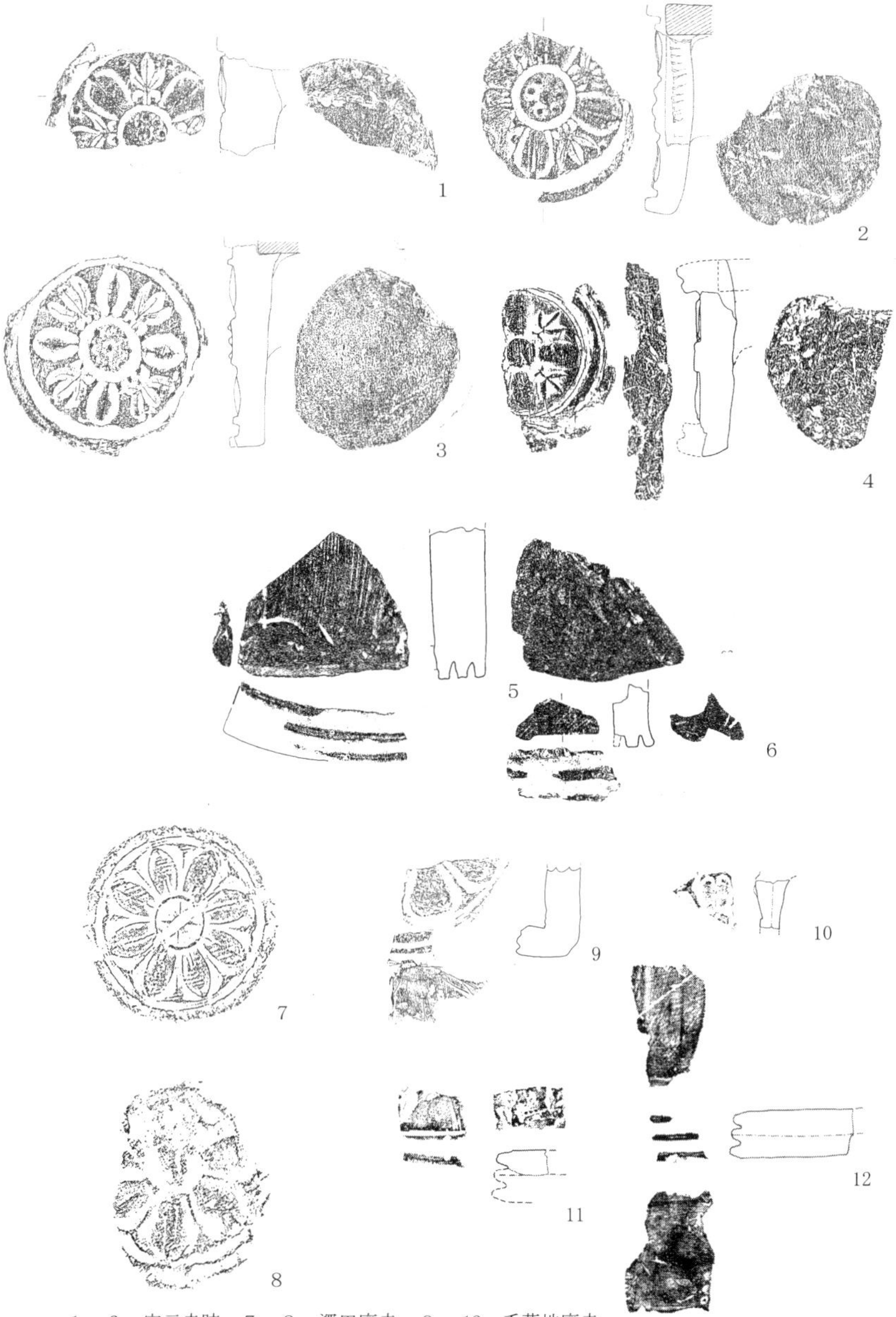

1～6：宗元寺跡　7・8：深田廃寺　9～12：千葉地廃寺

第2図　宗元寺跡・深田廃寺・千葉地廃寺出土軒瓦（S=1/8）（川上2001、押木2024より引用）

「宗元寺」があったことがわかる。その後の表記は「宗源寺」にかわり、現在の「曹源寺」になったといわれている。『新編相模国風土記稿』によると、「曹源寺　古ハ宗元、或宗源ノ文字ヲ用フ(「北条役帳」ニハ宗元寺ト見ユ、所在ノ地名ハ今モシカ記セリ)東光山ト號ス(古ハ三秀山ト唱フ)曹源寺(沼間村海寶院末)寺傳ニ天平中行基創建ノ古道場ナリ、(下略)」とあり、現在横須賀市にある曹源寺は、かつては宗元寺と呼ばれていたことを記録している。

宗元寺跡出土の軒瓦は、多くは採集資料であるものの、現曹源寺の薬師堂の建て替えに伴う調査でも、パルメット紋軒丸瓦が確認されている。創建瓦のパルメット紋軒丸瓦は、大和・西安寺跡(奈良県王寺町)と同笵瓦であり、畿内との交流があったことを示唆している。西安寺跡の発掘調査が進んだ結果、採集資料でしかなかった西安寺跡のパルメット紋が出土資料として確認され、笵種がいくつかある可能性も指摘されている[王寺町 二〇二三]。

創建瓦は時期が下ると、鎬部分の凸線がなくなって稜線の表現へと退化し、さらに形骸化した文様意匠へと変化している。宗元寺跡では、このパルメット紋の他、単弁八弁蓮華紋軒丸瓦、飛雲文軒平瓦があり、このセットは相模国府域、千代廃寺に同笵瓦がみられる。創建期の軒丸瓦に対応する軒平瓦は、沈線による重弧紋軒平瓦と、型挽きの三重弧紋軒平瓦である。ともに直線顎で、三重弧紋に関しては段顎もみられる。平瓦は、桶巻きづくり・一枚づくりともに出土している。

深田廃寺(第２図)　宗元寺跡と同じ御浦郡に所在する。横須賀市中央公園一帯の深田遺跡群のうち、東京湾側にあたる丘陵上に深田廃寺は立地している。明治期の砲台や旧陸軍の病院等の施設により削平を受けているため、当時の地形等は不明である。赤星直忠や須賀田由也によって軒丸瓦二種が採集され、六弁と八弁のいずれも蓮弁中央に鎬の稜線が入り、中房が残存する八弁の軒丸瓦は中心に十字がきられている。採集地点近くの横須賀市自然博物館(当時は横須賀市博物館)の建設中に瓦がみつかったため、トレンチ二本の調査を実施している。その結果、寺院に伴う遺構は確認されなかったものの、博物館建設時にゆがんだ丸瓦がみつかっていることから、瓦窯の可能性もあろうと想定されている。赤星ノートの記載によれば、三重弧紋軒平瓦があるようだが確認できない。また、採集された軒瓦と同じ文様の軒丸瓦は周辺でも確認されておらず、どこにも展開しない文様意匠となっている。

千葉地廃寺（第2図） 鎌倉郡（現鎌倉市）の字千葉地に所在する。鎌倉郡家に隣接する古代寺院とされているが、実態は不明である。中世の遺構や包含層中より古代の瓦がまとまって出土し、瓦の内容も古代から中世にまたがっている。発掘調査により、近年掘立柱建物址や溝状遺構が確認されてはいるが、寺院に直接結びつく遺構は未検出である。

千葉地廃寺の軒瓦は、外縁に重圏文が施される素弁蓮華紋である。外縁と内区の差が比較的深く、笵から粘土を抜くときに蓮弁の先端がよれてしまっている。外縁に重圏文を施すのは下総・龍角寺の例はあるものの、蓮弁が単弁ではないためいわゆる「山田寺式」とは異なる。報告書によると、弁端を切り込むいわゆる「桜組」とよばれる素弁の軒丸瓦も出土していることから、創建時期が若干下がる可能性がある。

軒平瓦は三重弧紋軒平瓦で、段顎の型挽き三重弧紋である。施文後の分割で、剥離した顎面をみると、凸面は斜格子叩きが施されており、平瓦は斜格子叩きの平瓦を用いている。千葉地廃寺には、後述する下寺尾型と呼ばれる凹面ナデ調整を施す平瓦が出土している。側面を垂直に成形し、内外面をナデ調整によって丁寧に消している。平瓦は、凸面調整がナデ調整、格子叩き、縄叩き、平行叩き、変形格子叩きと多様で、桶巻きづくりと一枚づくりの両種が確認されている。

下寺尾廃寺 高座郡に所在する（現茅ヶ崎市）。高座郡家の隣接地で確認された廃寺であり、寺院関連の遺構として金堂、講堂、伽藍域を区画する溝、掘立柱塀が検出されている。瓦の出土量から総瓦葺が想定されるが、創建期に使用されたと考えられる軒瓦は出土しておらず、丸・平瓦のみで構成されたと考えられる。「下寺尾型」とよばれる側面を垂直に面取りし、内外面を丁寧にナデ消す平瓦や、有段の丸瓦の側面の面取りが特徴的である。印象論でしかないが、全体的に丁寧な調整であり、瓦づくりの熟練工による製作を思わせる。軒丸瓦は、国分寺僧寺・尼寺の再建期に使用されたと考えられる単弁六弁蓮華紋軒丸瓦であり、唯一のオリジナルな瓦として素弁の軒瓦が後に展開する。素弁の瓦は九世紀代に入ってから展開する製品であり、今回は割愛したい。下寺尾廃寺で出土する平瓦は、ナデ調整、縄叩き、変形格子などがあり、桶巻き・一枚づくりともに確認されている。

千代廃寺（第3図）　足下郡に所在する（現小田原市）。足下郡家推定地に近い場所で検出された廃寺である。創建瓦は複弁十弁蓮華紋と複弁十八弁蓮華紋軒丸瓦の二種がある。相模国内で唯一、生産窯と供給寺院が明らかになっている稀有な事例であり、生産窯は古代の足上郡（現松田町）に所在する「からさわ瓦窯」である（後述）。複弁十弁蓮華紋軒丸瓦は、外縁は三重圏文で、外縁内面側に線鋸歯文を施している。内区の複弁が当初は綺麗な複弁になっているが、複弁を一部細弁に加工しているものがある。複弁十六弁蓮華紋軒丸瓦も、中房に圏線と凸型があり、文様が二種あることがわかっている。からさわ瓦窯では四重弧紋軒平瓦が生産されているものの、千代廃寺では出土事例がない。千代廃寺で出土しているのは、二重弧紋の段顎の軒平瓦で、創建瓦の胎土と大きく異なることから、どの時期の軒丸瓦と組み合うのか検討が必要である。再建期は複弁八弁蓮華紋軒丸瓦になり、東大寺式に類似する。千代廃寺で出土する平瓦は凸面調整が格子叩き、縄叩きのものがあり、桶巻き・一枚づくりともに確認されている。少量ではあるが、凸面布目瓦が確認されている。

地方官衙での瓦の使用については、高座郡家と鎌倉郡家で確認されているが、瓦葺の建物が想定されるほどの分量は出土していない。鎌倉郡家周辺の遺跡に瓦が点在しているものの、建物に葺いていたほどの量ではない。国府域にしても、ある程度まとまった瓦は出土しているが、総瓦葺きではなく甍棟など部分的な使用と考えられる。また、国府域では桶巻づくりの瓦が数点確認されているが、国府域での使用なのか、大住郡内の古代寺院で使用されたものなのかは、もう少し事例の追加を待って検証すべきと思われる。

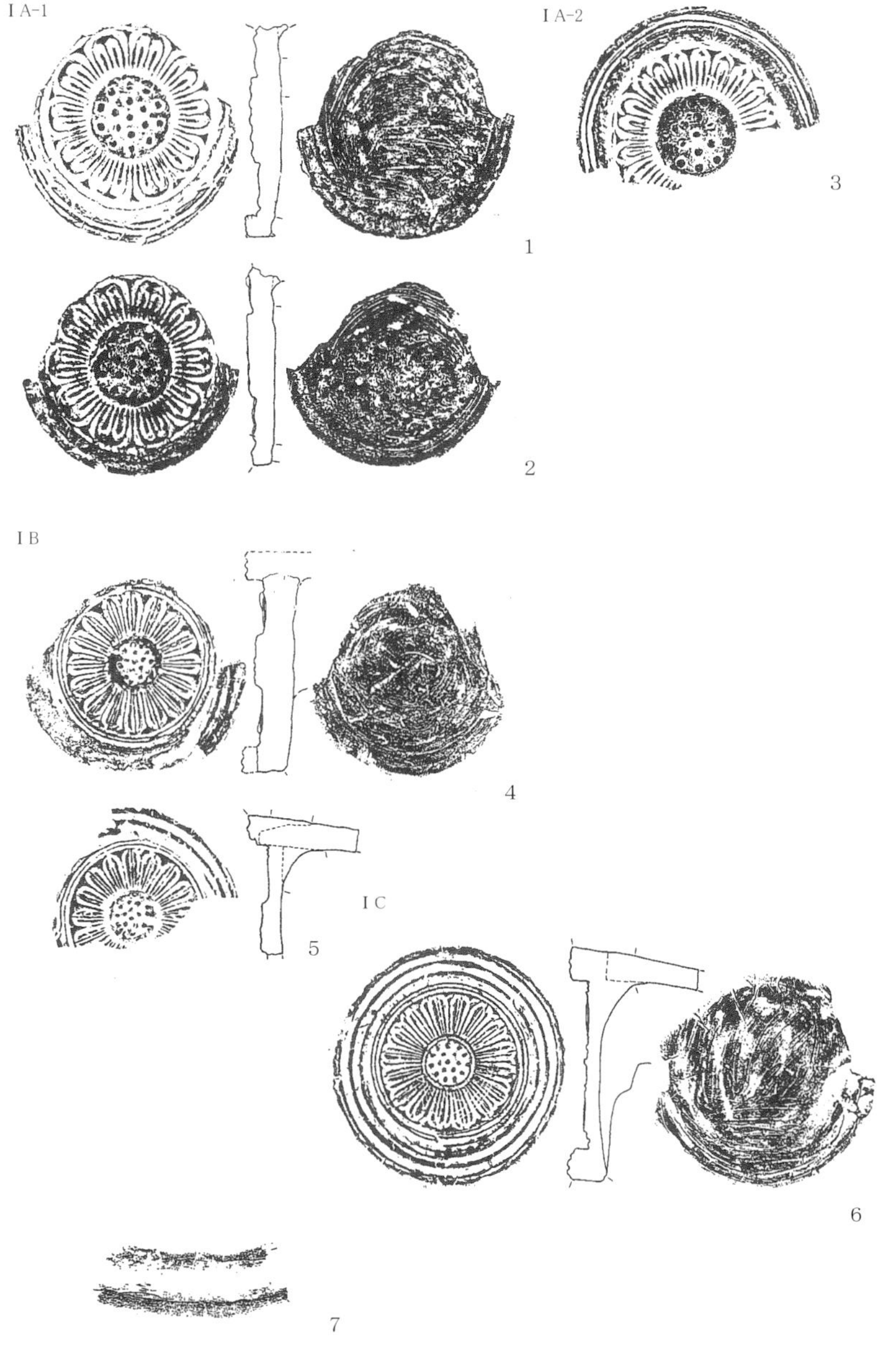

第３図　千代廃寺出土軒瓦（S=1/8）（山路 2009、小田原市教委 2017 より引用）

2　相模国内の窯業生産

瓦窯の検出例が少ないといわれている相模国内でも、三ヶ所の瓦窯を確認している。

①からさわ瓦窯（第4図）

からさわ瓦窯は、松田町に所在する［からさわ・かなんざわ遺跡調査団　一九八九］。一九六八年の東名高速道路建設工事中に発見された瓦窯である。一九八五年の東名高速道路拡幅工事の際に1～3号窯と横穴墓の調査を実施し、登窯四基と炭窯一基、横穴墓八基が調査された。瓦窯群は、からさわの西側尾根の南東傾斜から南斜面の標高一〇四～一一一㍍に立地する。1号窯は地下式有階有段、2～4号窯は地下式無階有段の登窯である。1・2号窯と3・4号窯は隣接しており、二つの支群からなる。いずれも地山を掘り込み、床に段を設ける構築技法は共通である。灰原は未調査だが、燃焼室の状況から複数回の操業を想定している。焼成室の傾斜角度は約40～45度。3・4号窯の全面に作業場があり、遺構の切り合い関係から3号窯は4号窯に先行する。

からさわ瓦窯で確認されている平瓦はすべて桶巻づくりで、凸面の叩き具は斜格子、波状文があり、格子の種類によって五種に分類される。叩き具を合わせた製品もあるが、窯ごとの区別は認められないので、同一工人グループによる生産体制であったと考えられる。

報告書では、操業順を3号窯→4号窯→1・2号窯としている。4号窯の作業場で出土した土師器坏の年代観は八世紀第1四半期頃、隣接する2号横穴墓は八世紀初頭の築造と考えられている。2号横穴墓の羨道部底面では4号窯の作業場から転落したと考えられる瓦が出土しているため、横穴墓と窯跡の操業時期は近いと想定され、八世紀前半頃の操業と考えられる。廃窯時期は、相模国分僧寺跡へもからさわ瓦窯の瓦が供給されていることから、乗越瓦窯の

①～⑤：窯跡　1～8：横穴墓

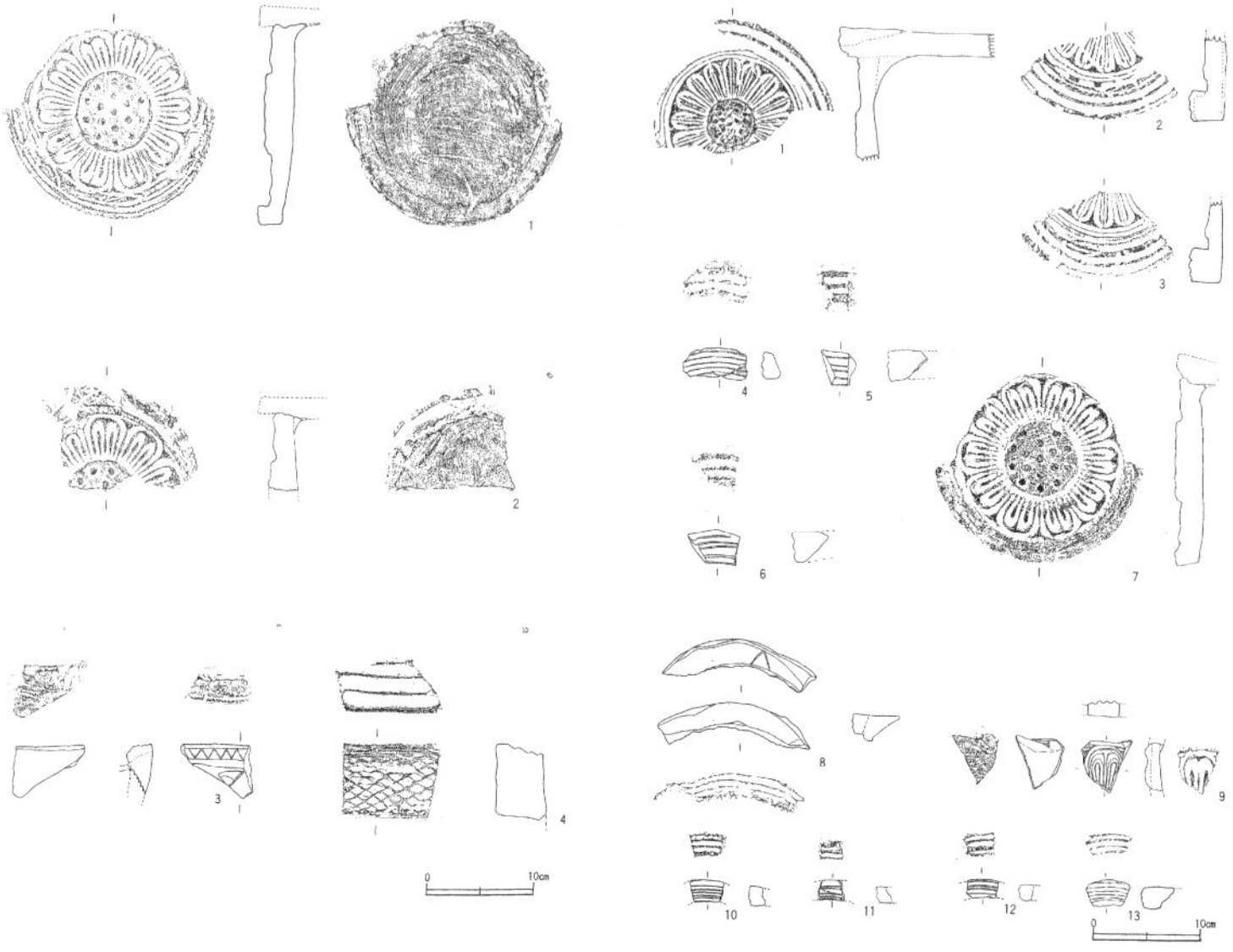

第４図　からさわ瓦窯平面図・出土瓦（からさわ・かなんざわ 1989 より引用）

操業が開始される時期まで操業していたことが想定されている。ただし、一枚づくりの平瓦が現段階では確認されておらず、からさわ瓦窯では一枚づくりの生産は確認できないことを考えれば、廃窯時期は八世紀第2四半期までの年代幅に収まるであろう。なお、3号窯は、松田町に所在する最明寺公園内に移築保存されている。

②乗越瓦窯（乗越遺跡）（第5図）

横須賀市に所在する乗越瓦窯では、登窯五基、平窯三基を確認している［横須賀市教委 二〇一二］。窯跡は海成段丘の斜面地にあり、小規模な入江に面する標高五～二〇㍍前後に立地する。瓦窯の標高は一一㍍前後、海岸線まで約五〇㍍と非常に近接した場所に瓦窯が立地している。5・6号窯は登窯の一支群、2～4号窯で一支群、1・7・8号窯が平窯である。乗越瓦窯においても横穴墓が瓦窯に近接して確認されており、一基の調査が実施されている。時期は出土遺物から七世紀後半～八世紀初頭頃と想定され、窯操業直前の八世紀前葉まで追葬が行われたことが遺物から読み取れる。窯操業時には改葬され、玄室内空間を瓦窯操業の施設として再利用している瓦窯は、焚口部から煙道部まで岩盤くりぬきの構造で、登窯は有階有段の構造をもつ。須恵器焼成時には無階無段に改変している。6号窯には排水溝が伴う。

5・6号窯では須恵器の焼成が認められ、瓦→須恵器→瓦の焼成が5号窯で確認されている。5・6号窯出土の平瓦・丸瓦は、おおよそ同様な技法であり、平瓦は縄叩き、平行叩き、縄叩き＋平行叩きの一枚づくり、丸瓦は無段で平瓦と同様の叩き具が認められる。熨斗瓦や隅切瓦など道具瓦も多くみられる。平窯は、有畦で畦数は六本である。焚口部から焼成室を確認しているが、燃焼室は不明であるため構造は不鮮明である。畦部分は凝灰質砂岩を切石状にしたものを並べている。出土した平瓦の中に、一枚づくりの斜格子叩きの平瓦を確認しているが、登窯と平窯で焼成している瓦の組成の違いはあまりみられない。

③公郷瓦窯（第6図）

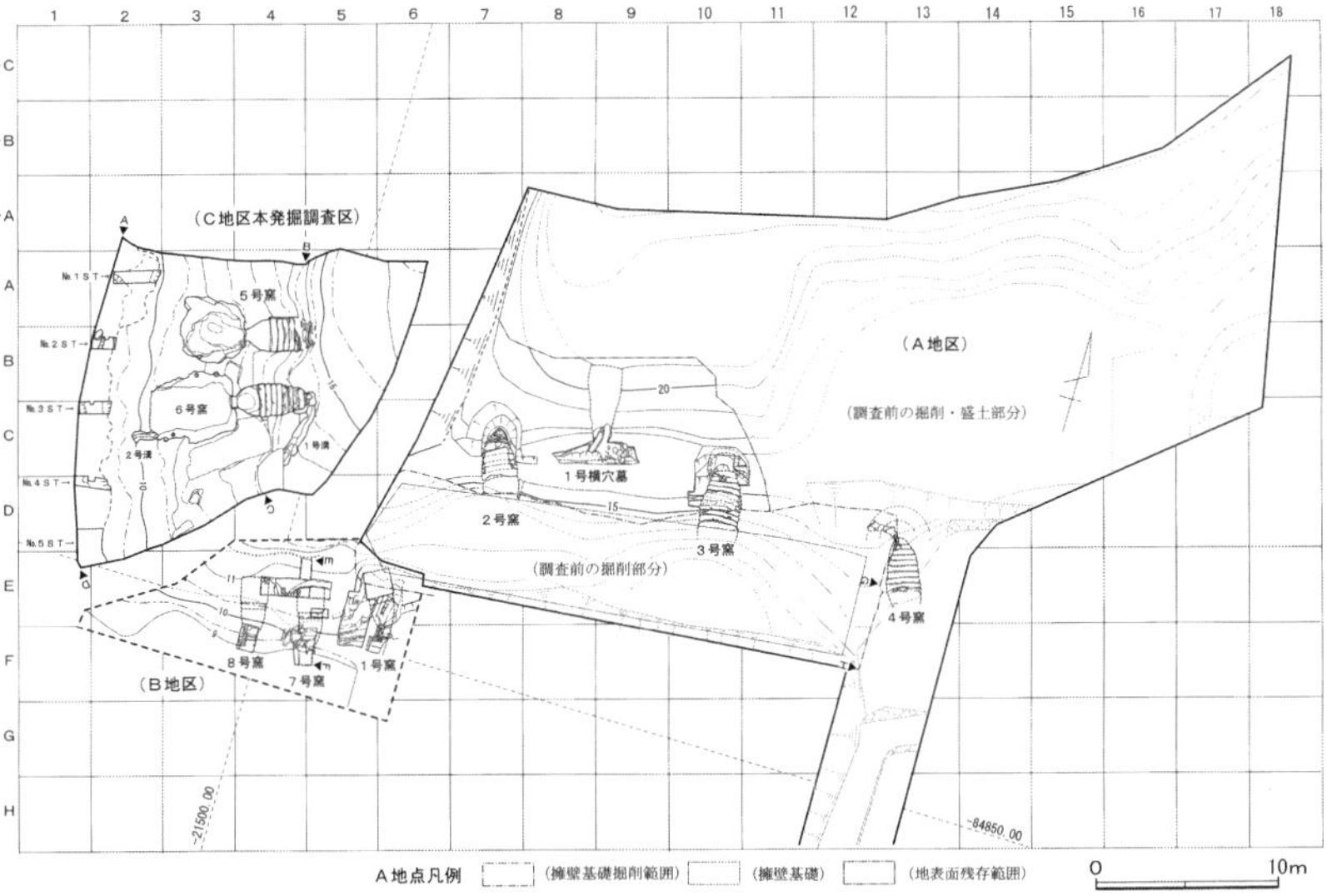

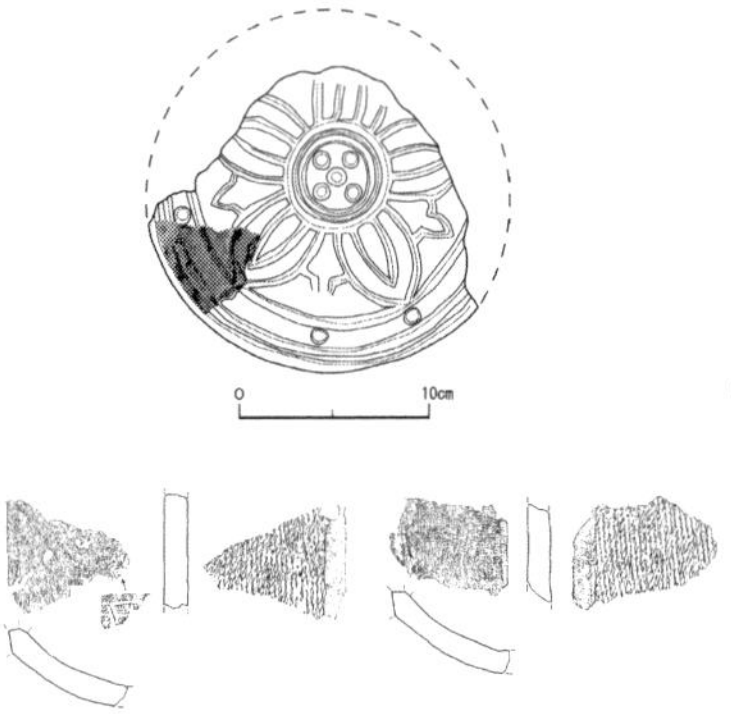

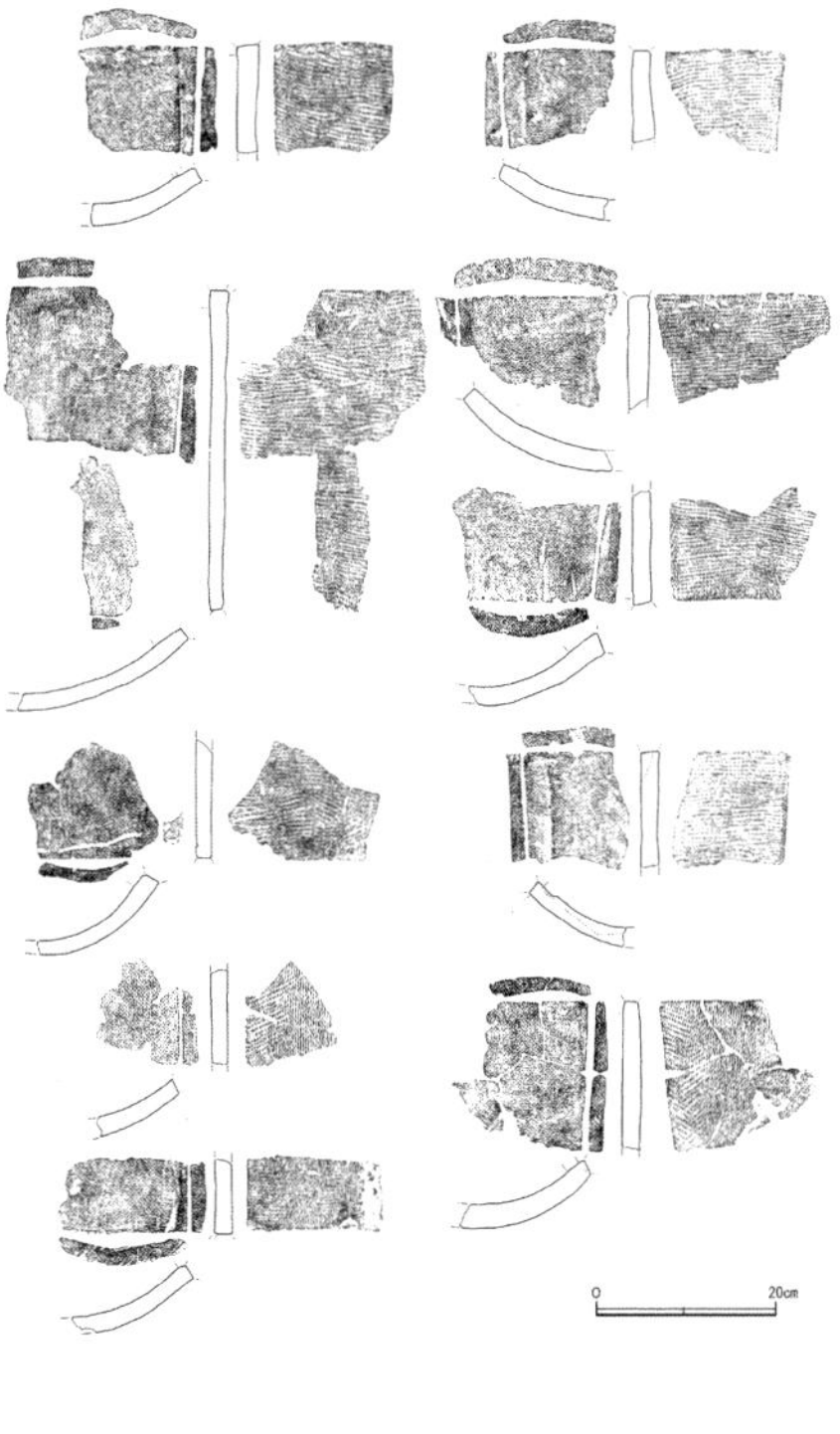

第５図　乗越瓦窯配置図・出土瓦
（横須賀市 2012 より引用）

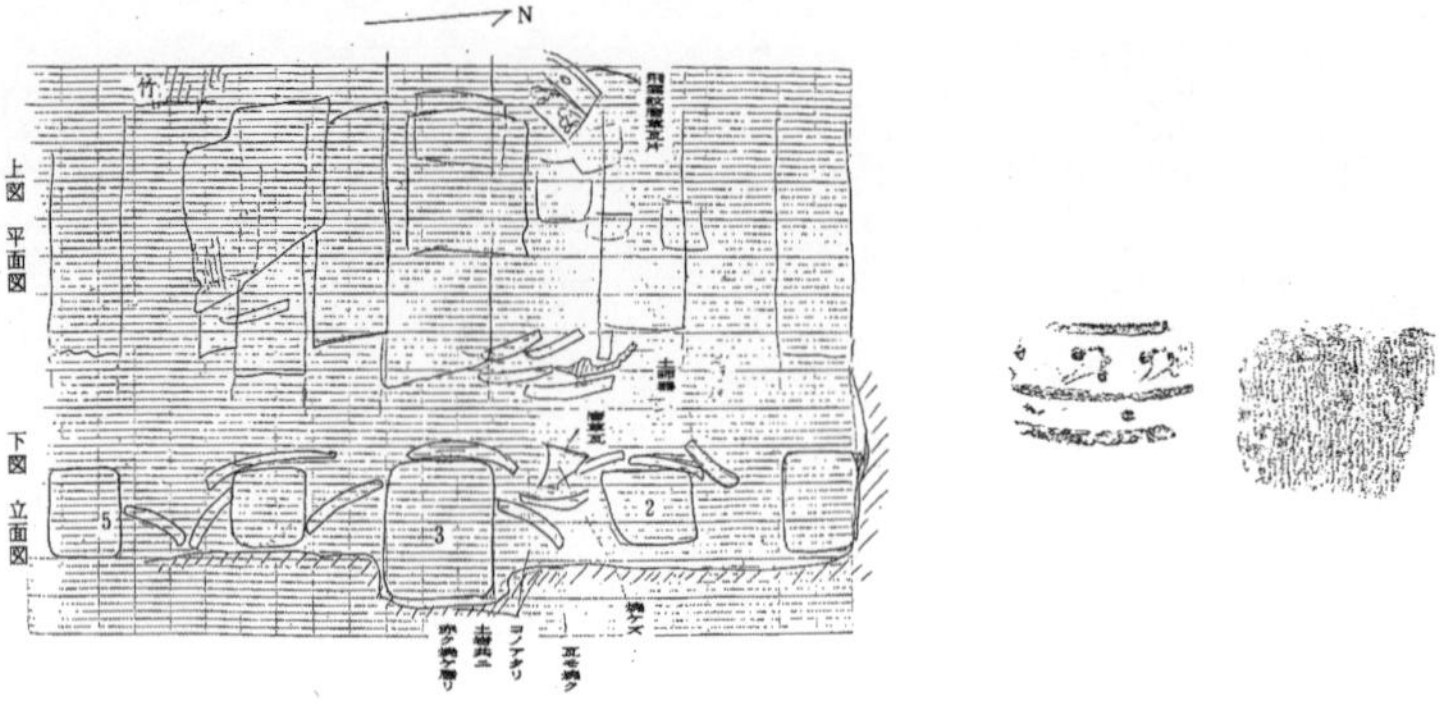

第6図　公郷瓦窯平面図・出土瓦（川上ほか 2001 より引用）

第7図　瓦尾根瓦窯平面図・出土瓦（大川 1969 より引用）

公郷瓦窯は、横須賀市に所在する〔川上 二〇〇二〕。現曹源寺の南側に位置し、宗元寺跡の寺域内にあたる。赤星直忠が昭和六年に発見・記録されている（通称赤星ノート）。記録によると「岩磐ヲクボメ凝灰岩（方柱形）ヲ五個略等間隔ニナラベ、ソノ間及び上面ニ布目瓦ヲ置く、」とある。おそらく、畦部分が確認され、部分的に燃焼部がみつかったと考えられるが、これ以上の記録はない。出土瓦は丸・平瓦で、一枚づくりのものである他、飛雲文軒平瓦が出土している。

④御殿山瓦窯・瓦尾根瓦窯（第7図）

相模国内ではないが、隣接する武蔵国で相模国内へ供給した瓦窯として、御殿山瓦窯と瓦尾根瓦窯がある。瓦尾根瓦窯は、多摩丘陵の境川沿いにあたる尾根にあり、谷の最奥部斜面に四基構築されている。標高は約一六〇㍍。戦前に鈴木時政によって3号窯（1号窯）のトレンチ調査が行われた後、一九五七年に大川清を中心として第1次調査が、一九六〇年に東京都南多摩文化財総合調査の一環として第2次調査を、一九六九年には過去の調査の再発掘と一基の窯の計四基の調査を行っている〔大川ほか 一九五八他〕。一九五八・一九七九年報告で1号窯跡とした窯（一九六九年報告では3号窯）からは「群青」「大」などの指ナデ文字がみられるなど、指ナデ文字瓦が特徴的な瓦窯として知られている。四基の窯はすべて平窯ではあるが、1号窯（2号窯）は登窯を改築したものと考えられている。操業の時期は、3号窯の熱残留磁気の測定から九五〇年に想定されるとの結果を反映し、十世紀前半とする見解、出土土器の土師器から九世紀前半頃とする見解、供給地である国分尼寺の遺構や遺物の様相を総合的に判断して八世紀後半～九世紀第3四半期とする見解に分かれている。総合的にみると八世紀後半～十世紀前半と年代幅が大きいことが指摘されている。

3　瓦の製作技法の変遷と画期

相模国内の瓦の初現は宗元寺跡であるが、どのような経緯で瓦づくりが導入されたのだろうか。この寺の瓦を焼成した瓦窯は正確には分からないものの、宗元寺跡より南西にある石井遺跡が瓦の生産地に想定されている。石井遺跡は、宗元寺跡より南西約二・三㌔に位置し、衣笠山から東に延びる尾根の北側裾にある遺跡である。宗元寺跡と同一の特徴をもつ瓦が採集されることを根拠に瓦窯跡であろうと想定されている。平成四年の確認調査では、七世紀後半～平安時代前期を中心とする集落跡が確認されているものの、瓦窯跡は検出されなかった。宗元寺跡出土の平瓦と軒平瓦の胎土、製作技法は石井遺跡の採集品と類似しているため、寺の創建期の瓦を焼成した瓦窯と評価されている。

軒平瓦は二種確認されており、端面に刻線が描かれている瓦と型挽きの重弧紋軒平瓦があり、弧の深さが比較的深いところに特徴がある。重弧紋の顎の形状は直線顎であることも古い要素を備えていることを示唆している。西安寺跡と同笵瓦のパルメット紋軒丸瓦の胎土は、石井遺跡で出土する瓦の胎土と同じであること、また後出するパルメット紋軒丸瓦の胎土をみると同様であり、この地が瓦づくりの起点になっていたことが考えられる。西安寺跡出土の瓦とは技法面において特に共通点はみられないにしても、「直線顎の重弧紋」と同笵であるパルメット紋軒丸瓦が認められることを根拠に、西安寺跡の造瓦に関わった瓦工人が招聘され、宗元寺跡の瓦づくりに関与したことは想定できるのではないだろうか。

では、この瓦づくりに携わった人々は在地の人間だったのだろうか。従来、窯場がないといわれている相模国で瓦づくりの技術が導入されるには、他地域で瓦づくりを担っていた既存の集団による関与を予測させる。その手がかりは、宗元寺跡の瓦生産に関与していた石井遺跡で多く出土する北武蔵系の土器である。六世紀代頃の三浦半島では、北武蔵系の須恵器が多く出土しており、集落遺跡の出土組成比をみても、北武蔵系土器が多い傾向にある。北武蔵で須恵器生産を担っていた工人集団が三浦半島に動員された可能性もあるが、七世紀後半頃になると、相模国内の須恵器は東海系の搬入品に変化することは確実であり、東海系の須恵器工人が動員された可能性も想定できる。七世紀後半は各地で寺院造営が盛んになる時期でもあり、北武蔵や東海地方のいずれかの工人が三浦半島の地に招聘され、新たな瓦工人グループがつくられたと考えられる。

三浦半島で桶巻づくりによる瓦生産が始まるのは、奈良・西安寺跡からもたらされた畿内の技術を受けたものであり、最も古い平瓦であるナデ調整の平瓦による瓦生産が始まったと考えられる。下寺尾廃寺では凹凸面に全面ナデ調整を施す「下寺尾型」に分類される瓦がある。側面を垂直に切り落とし、凸面は板状工具を用いたナデ調整であり、凹面側の布目は細かく、縦位のナデ調整で消している。非常に丁寧なつくりのこの瓦は、鎌倉郡内でもみられ、千葉地廃寺や由比ガ浜遺跡周辺でも多く検出されている。宗元寺跡でも確認されているものの、ナデ調整の方向が縦位であり、調整方法に若干の違いがみられることから、宗元寺跡の瓦は同じ技術系統ではあるが別工人グループによる製作と考えてよいだろう。

丸瓦はどうだろうか。下寺尾廃寺や千葉地廃寺では側板連結痕跡の丸瓦を確認しており、おそらく下寺尾型の丁寧な調整の平瓦とセットになると考えられる丸瓦である。瓦製作を熟知した工人による製作と考えられるが、下寺尾廃寺の資料の中に、端面の調整を土器の口縁部調整のように指ナデ調整している資料もみられる。こうした資料を見ると、瓦専属の工人ではなく、須恵器や土師器などに関わる職人も瓦製作に携っていたことが想定される。

桶巻づくりの資料は、ナデ調整の他、格子叩きの資料が千代廃寺や千葉地廃寺で出土している。千代廃寺の格子叩きの平瓦は、からさわ瓦窯より供給されている瓦である。報告書では、格子の種類を五種としているが、明らかに三種は異なる叩き具であるものの、他の二種は叩き具の摩耗度の違いによるものと考えられ、叩き具痕跡には再検討が必要である。千葉地廃寺から出土している叩き具は、千代廃寺で出土する叩き具や胎土が異なるので生産地は別と考えられる。また、千葉地廃寺出土の格子叩きの瓦の胎土をみると、三浦半島を起源とする胎土によく似ているため、ナデと格子叩きの平瓦の生産が三浦半島エリアでなされていたことが予測される。

また、からさわ瓦窯では、乗越瓦窯でみられる平行叩きの丸瓦が確認されている。これは、乗越瓦窯にいる工人との交流があったことを示唆している資料と考えられ、在地の瓦屋が国分寺瓦屋として動いていたことの傍証になろう。

一枚づくりは、乗越瓦窯による生産が初現である。5号窯は瓦陶兼業窯で、瓦→須恵器→瓦の操業であったことが明らかになっている。この須恵器の年代観をみると、八世紀第2四半期の終わり頃とされていることから、少なくともこの年代が下限となり、一枚づくりの年代観はこの時期より遡らないことがわかる。乗越瓦窯は相模国分僧寺の造寺のために開窯されたと考えられているが、乗越遺跡の須恵器を製作した工人はどこからきたのだろうか。須恵器の技法を観察すると、北武蔵系の回転糸切技法を用いているのは、同地域からの工人招聘を想定させる根拠の一つになっている［横須賀市教委 二〇一二］。ただし、粘土の状況がよくなかったためか、窯跡でみられる須恵器は割れている資料が多い。還元炎焼成であれば割れることはないと言われているが、相模国分僧寺をはじめ、現在のところ消費地遺跡での出土事例はない。郡家などの在地向けとして須恵器を焼いていたのかと指摘されているが、不明である。

相模国分僧寺に瓦を供給したのは、どの段階であろうか。周知のとおり国分寺造営は塔の着手から始まると指摘されている。相模国分寺僧寺の調査でも地業痕跡の検出をもとにした青木敬の見解によると、塔の造営時期を遅くとも天平十九年の国分寺造営督促の頃に想定している［青木 二〇一三］。瓦の生産時期と矛盾はなく、予定どおりもしくは督促された直後の造寺工程であったといえそうである。

平城京造営期を契機とする一枚づくりの技術が地方へ拡散する時期は、国分寺造寺を期にしていることが多く、相模への一枚づくりの導入も同時期である。一枚づくりは、三浦半島を起源とする資料が多いとされるものの、千代廃寺出土の一枚づくりの瓦は三浦半島を起源とする胎土とは異なるため、別の新たな瓦屋が想定される。現在のところ、からさわ瓦窯では一枚づくりの瓦が生産された形跡はなく、生産地は別に想定される。からさわ瓦窯の工人は、駿河国・三日市廃寺へ動いたことが平瓦等の分析から指摘されている。この技術提供の背景には、国造支配のエリアであることから伝統的な地域のつながりがあったと想定されている［田尾 二〇一一］。また、からさわ瓦窯の桶巻づくりの製品は、相模国分僧寺でも出土することから同窯は国分寺の瓦屋とも協力していたことがわかる。したがって、からさわ瓦窯の工人集団は、駿河国へ出向く工人グループと国分寺造寺へ関与した工人グループがいたようで、在地の寺院へ供給するかたわら、相模国分僧寺へも瓦を供給していたのであろう。なお、千代廃寺には、三浦半島を起源とする瓦は供給されていないと考えられていたが、一枚づくりの縄叩き+平行叩きを施す瓦が出土していることから、八世紀中頃以降に三浦半島起源の瓦も供給されていることがわかった。八世紀中〜後半ごろに宗元寺跡と相模国府で同笵瓦が出土することを考えれば、最終的には三浦半島の瓦屋が相模国内の瓦生産を担っていくようになると推測させる。

一枚づくりの初現にしても、東国等の事例をみれば、必ずしも国分寺が地域の中で最も早い導入とはならない［奈良文化財研究所 二〇二〇］。例えば、常陸国は台渡官衙正倉（八世紀前半）、下総では結城廃寺（八世紀第2四半期）、下野では下野薬師寺（七二〇年代）が一枚づくりの初現例として指摘されている。相模国でも乗越瓦窯の製品が国分寺より先行して古代寺院に供給されたことも考えられなくもないが、太平洋側に新たに窯が開窯された経緯が説明できない。これまで東京湾側にあった窯が、相模湾側へ開窯されたのは、やはり国分寺への造寺を契機としていることが背景にあると考えられるのではなかろうか。

おわりに――瓦の生産体制、変遷と画期について――

相模国内の瓦生産は、からさわ瓦窯を中心とする瓦屋と三浦半島を中心とする瓦屋の二系統があったと考えられる。三浦半島エリアについては、胎土分析の結果、下寺尾型平瓦の産地が三浦半島を起源としていることが明らかになったことを踏まえると［かながわ考古学財団　二〇一〇］、石井遺跡の想定瓦窯跡以外にも、まだ複数の瓦窯があったことが想定される。詳細は不明ながら、石井遺跡を起点とした生産体制のもと鎌倉郡や高座郡に瓦を供給していたことが考えられよう。さらに「下寺尾型」の平瓦は、御浦郡、鎌倉郡、高座郡と相模川より東側を中心に展開する一方、からさわを中心とする瓦屋は、千代廃寺を主として、余綾郡にも一部が供給されており、からさわ瓦窯の製品は相模川より西側で収まるような状況であったとみられる。この範囲を国造勢力で考えれば、師長国造を中心とするエリア、鎌倉別・相武国造の勢力範囲に相当する。瓦屋を導入する主体者は、各寺院の壇越、すなわち郡司層であったと考えられており、例えば、宗元寺跡の瓦当紋様意匠の変化について、創建期から意匠をかえずにパルメット紋に固執する様は、確固たる意志のもと作り続けられたのであろうし、郡司が主体的に瓦生産に関与していたことを物語っている。

この瓦の生産体制に変化が起こる画期は、国分寺造寺の段階であろう。国分寺は国司主導のもとに進められるが［森　一九九八］、相模国の場合、瓦生産の中心地は、からさわエリアと三浦半島エリアの二つに大別される。僧寺の造営にさきがけて、新たに国分僧寺用の瓦窯として乗越瓦窯による生産が開始されるが、操業が軌道に乗る前は千代廃寺など従来の瓦生産を担っていた郡司層主体の瓦屋に国司が協力を要請してとりまとめたのではなかろうか。この状況を裏付ける資料としては、相模国分僧寺の中門跡から出土している三重弧紋軒平瓦があり、千葉地廃寺で出土する重弧紋軒平瓦と胎土や技法面に共通性がみられる点があげられる。つまり、顎の形状が段顎であり、顎の剥離面も斜

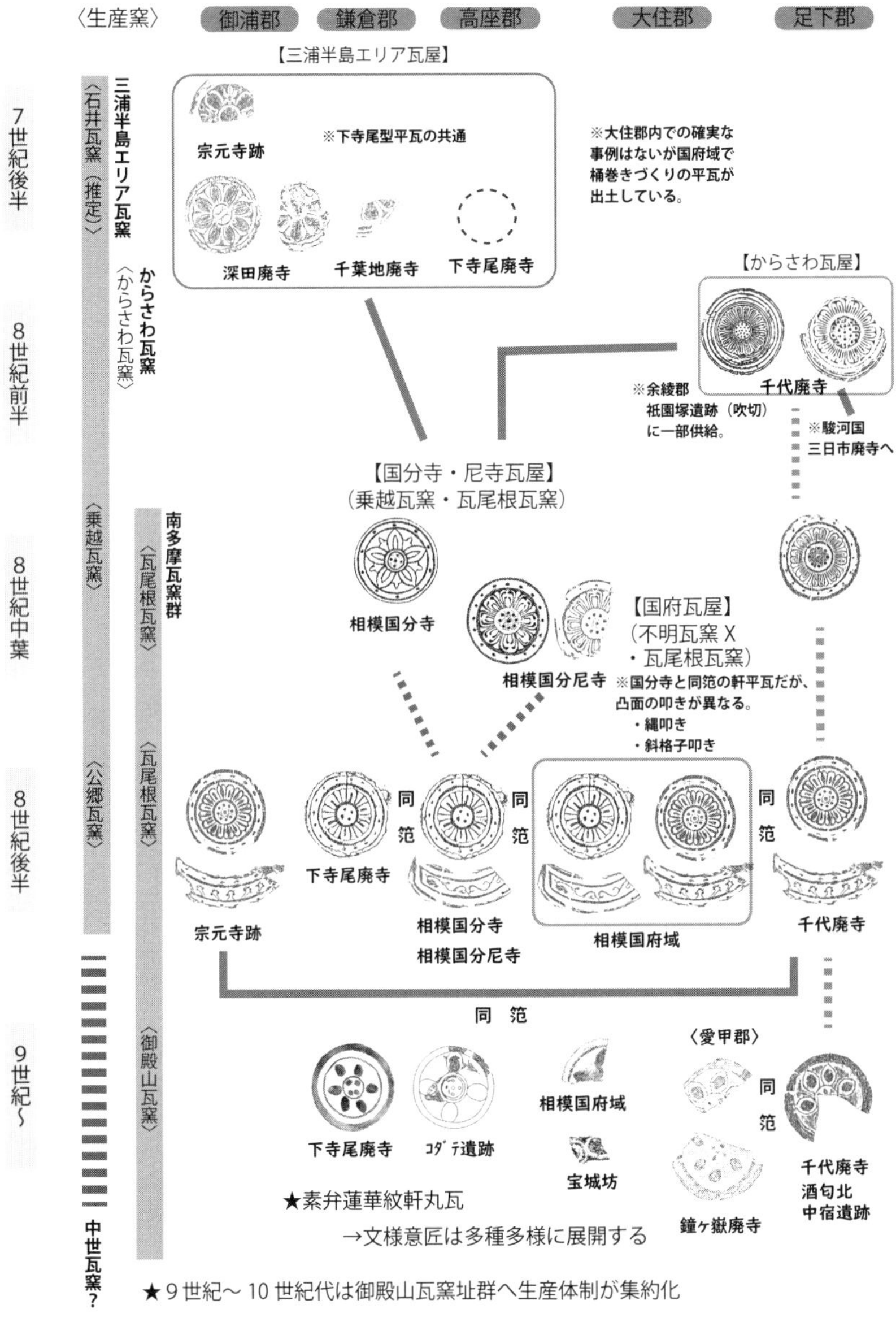

第８図　相模国　瓦生産体制（筆者作成）

格子叩き、重弧紋の引き具の痕跡にみられる特徴等、千葉地廃寺で出土する重弧紋と酷似している。相模国分僧寺の伽藍造営の順番を考えると、中門は塔や金堂よりも遅れることは明らかではあるが、乗越瓦窯での生産が確立された後も、三浦半島エリアの瓦屋による体制も利用しながら、国分寺造営にあたっていたことが考えられる。

なお、からさわ瓦窯では国分僧寺へ平瓦を供給していることは確実ではあるものの、からさわ瓦窯産の重弧紋は相模国分僧寺での出土例が一例もなく、千代廃寺でも四重弧紋軒平瓦は出土していない。別の寺院へ供給していたのか、あるいは単に検出できていないだけなのか、今後の調査を期待したい。

相模国内の寺院の軒瓦は、国分寺造営を境に瓦の様相が変わることが指摘されてきた。瓦づくりが導入された段階では隣接地域での軒瓦の共通性はみられないのに対して、国分寺造営後の再建期段階になると、同笵瓦が展開し始める。それは造瓦体制の変化を示す現象と考えられ、国分寺造寺の初期段階は、郡司による瓦生産体制であったものが国司主導による瓦生産に体制が変化したことを表している。一方、国分寺造営後も宗元寺跡や千代廃寺で独自に軒瓦が展開しているのは、瓦が必要になった時には既存の瓦屋が生産に対応していたことを示すのであろう。さらに九世紀段階になれば、瓦窯は御殿山瓦窯周辺に一局集中し、素弁軒丸瓦が相模国内でも展開していく。三浦半島内での確実な瓦生産の遺跡は未確認ではあるものの、平瓦の出土様相からすれば、どこかに窯跡が眠っていることは想定できよう。相模国では、瓦窯が少ないながら自国内での生産は皆無ではなく、郡司から国司へと監理体制を変化させつつ瓦屋を構成していたのではなかろうか。

国分僧寺は、在地での瓦生産体制を使っていたと考えられるが、尼寺は創建段階での在地とのかかわりは希薄にみえる。尼寺の再建期の瓦を生産する段階になれば、瓦尾根瓦窯産が相模国内に展開する軒瓦として採用され、平瓦・丸瓦も相模国内へと供給されてくる。この変化がなぜ起こるのか未だに成案はない。今後の課題である。

参考文献

青木　敬　二〇二二「国分寺造営の土木技術と造塔：相模・武蔵国分寺の堂塔造営順序の復元をめぐって」『國學院雑誌』一二三巻四号
淺井　希　二〇二二「相模国分寺僧寺の造営年代と造瓦組織について」『国士館考古』第9号　国士館考古学会
淺井　希　二〇二三「相模国分寺尼寺の造営年代と変遷の検討」『国士館考古』第10号　国士館考古学会
押木弘己　二〇二四「鎌倉最古の仏教寺院「千葉地廃寺」―調査・研究の現在と課題―」『鎌倉市教育委員会文化財調査研究紀要』第六号
海老名市教育委員会　二〇二二『史跡相模国分寺跡　史跡相模国分尼寺跡(改訂版)えびな文化財探求書　其の壱』
大川清・坂井利明　一九五八「東京都町田市小山町瓦尾根第1号瓦窯址」『古代』第28号　早稲田大学考古学会
大川　清　一九六九『東京都町田市　瓦尾根瓦窯跡　相模国分寺瓦窯跡の調査』考古学研究室報告乙種第2冊　国士舘大学文学部考古学研究室
王寺町教育委員会　二〇二三『西安寺跡発掘調査報告書―舟戸神社境内編―』
大村浩司・田尾誠敏・髙橋香　二〇一三『下寺尾官衙遺跡群の調査』茅ヶ崎市埋蔵文化財調査報告40　茅ヶ崎市教育委員会
小田原市教育員会　二〇一七『千代寺院跡文化財調査報告書』小田原市文化財調査報告書第一八二集
尾野善裕　二〇一四「古代尾張における施釉陶器生産と歴史的背景」『新修名古屋市史 資料編考古2』名古屋市
梶原義実　二〇一〇『国分寺瓦の研究』名古屋大学出版会
梶原義実　二〇一八「地方からみた瓦窯の構造」『窯跡研究第17回研究会　瓦窯の構造研究8』窯跡研究会
河野一也　二〇〇三「相模国分寺瓦の年代観」『シンポジウム国分寺の創建を考える～安芸国と相模・遠江・駿河・伊豆国の事例～』相模古代史研究実行委員会
河野一也・須田誠・向原崇英・浅井希　二〇一三「相模国分寺」『国分寺の創建　組織・技術編』吉川弘文館
千葉地遺跡発掘調査団　一九八三『千葉地遺跡』
神奈川県立埋蔵文化財センター　一九八六『千葉地東遺跡』神奈川県立埋蔵文化財センター調査報告10
㈶かながわ考古学財団　二〇一〇『かながわ考古学財団調査報告二五一：小出川河川改修事業関連遺跡群Ⅲ　茅ヶ崎市七堂伽藍跡(2)』
からさわ・かなんざわ遺跡調査団　一九八九『からさわ・かなんざわ遺跡発掘調査報告書―瓦窯群と横穴墓群の調査―』
川上久夫編　二〇〇一『宗元寺跡関係 赤星ノート』赤星直忠博士文化財資料館
田尾誠敏　二〇一一「師長国造領の分割と地域拠点の成立―考古学からみた在地支配と首長層の動向―」『小田原市郷土文化館研究報告No.47』
髙橋　香　二〇一八「相模・武蔵における山林寺院の様相について」『研究紀要23 かながわの考古学』公財かながわ考古学財団

竹花宏之　二〇一二「多摩丘陵における瓦窯について―多摩ニュータウン遺跡群を中心として―」『研究論集ＸＸⅥ　東京を掘る―東京都埋蔵文化財センター30年の軌跡―』㈶東京都スポーツ文化事業団東京都埋蔵文化財センター
鶴間正昭　二〇一九「律令国家形成期の関東の須恵器生産」『律令国家形成期の土器様相』六一書房
東京都教育委員会　一九七九『多摩丘陵窯跡群調査報告』東京都埋蔵文化財調査報告　第6集
奈良文化財研究所　二〇二〇『古代瓦研究Ⅸ　一本づくり・一枚づくりの展開1（東日本編）』
平尾政幸・尾野善裕　二〇一九「湘南新道関連遺跡出土施釉陶器の様相と相模国府」『湘南新道関連遺跡Ⅱ』かながわ考古学財団
深澤靖幸　二〇一五「第5章 文化をまとめ、生きようとした時代」『新八王子市史』通史編1　原始・古代　八王子市史編集委員
森　郁夫　一九九八「付章　古代寺院をめぐる諸問題　三　国分寺造営と国司」『日本古代寺院造営の研究』法政大学出版局
横須賀市　二〇一〇『新横須賀市史』別編　考古
横須賀市　二〇一二『新横須賀市史』通史編　自然・原始・古代・中世
横須賀市教育委員会　二〇一二『乗越遺跡―相模国分寺創建期瓦生産窯跡の発掘調査報告書―』
山路直充　二〇〇九「「大伴五十戸」と記銘された軒丸瓦」『駿台史学』第一三七号

常陸国分寺と在地社会

河野一也

はじめに

常陸国分寺の研究は、水戸光圀の大日本史編纂にかかわる『古今類聚常陸国誌』が嚆矢と考えられる。大正十年に国指定史跡に指定されるまでの大正から昭和二十年以前には、三輪善之助・柴田常恵・広瀬栄一・角田文衞・太田静六などの論考によって常陸国分寺の研究が進み、昭和四十年以降の幾多の調査によって伽藍が確定した。平成に入ると、柏崎窯跡・松山瓦窯跡・瓦塚窯跡の調査が進み、古代瓦の大きな成果が得られ、常陸国分寺と生産瓦窯の比較研究も可能になった。その成果は令和五年(二〇二三)に開催された「瓦から読み解く古代社会の諸相」の中に結実している。それらの研究史を踏まえ「常陸国分寺と在地社会」のテーマに迫ってみたい。

1　常陸国分僧・尼寺の調査

常陸国分寺の研究史は、『新修国分寺の研究』第七巻補遺所収の「常陸」〔瓦吹・黒沢 一九九七〕に詳しい。江戸時代後期には小宮山楓軒による『水府志料』、徳川光圀の命によって編纂された中山信名の『古今類聚常陸国誌』などが

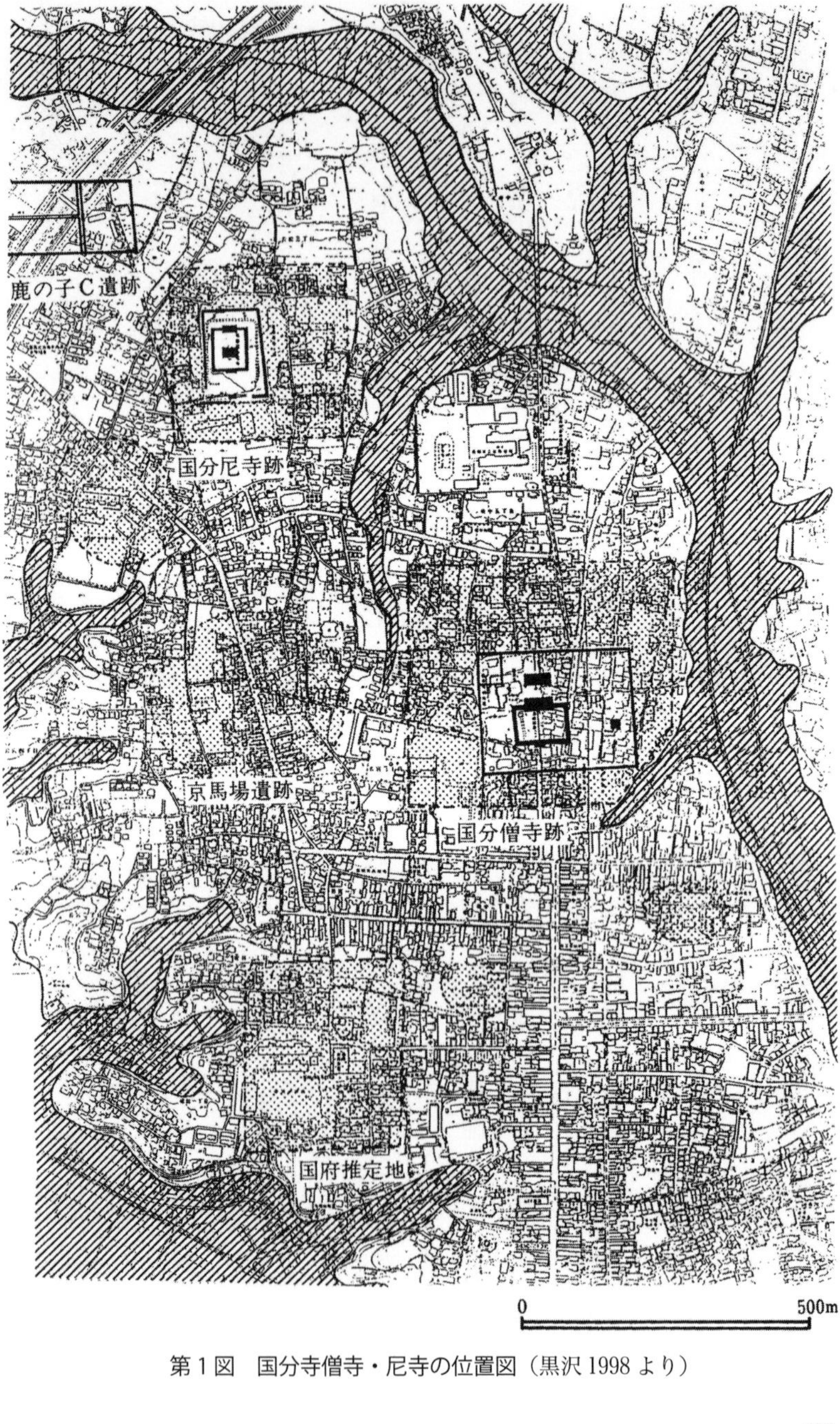

第１図　国分寺僧寺・尼寺の位置図（黒沢 1998 より）

知られ、明治時代になり栗田寛が増補修訂した『新編常陸国誌』に論及がみられる。明治三十五年には和田仙吉が二寺を踏査し、礎石の状況から金堂・講堂・回廊などの伽藍の配置を想定している。常陸国分僧寺・尼寺は大正十年十月に史跡指定を受け、文化財保護法制定後の昭和二十七年三月には僧寺・尼寺とも特別史跡の指定を受けた。

昭和四十年以降、整備計画のための調査が実施され、常陸国分僧寺・尼寺の伽藍配置が想定できるようになった（第1図）。特に斎藤忠が天平尺一三〇尺で伽藍地を復元し、塔跡を東に離れている「伽藍御堂」に想定した成果は大きい[1]。僧寺の伽藍地は東西二九八㍍、南北が二二〇㍍ないし一八二㍍と推定され、伽藍は金堂・講堂・中門・鐘楼・回廊などの配置が明らかになり、回廊が中門と金堂に取り付くことが確認された。

常陸国分尼寺は南から中門跡・金堂跡・講堂跡土壇が現存し礎石も残る。伽藍地は一町半四方に想定され、いわゆる「国分寺尼寺式」で中門・金堂・講堂が直線に配置されている。回廊は講堂に取り付く説と金堂に取り付く説がある。

2　瓦窯の調査

常陸国分寺の瓦窯は柏崎窯跡・松山瓦窯跡・瓦塚窯跡が調査されている。柏崎窯跡は有牀式平窯一基、製鉄炉一基と炭窯三基、土器窯一基、松山瓦窯跡は地下式無階有段登窯が一一基確認され、A支群・B支群・C支群に分類された。また松山瓦窯に近接する松山廃寺の調査が行われ、掘立柱建物一棟、火葬墓一基を確認した。瓦塚窯跡では、無階無段登窯の須恵器窯、無牀平窯一基、無階有段登窯三三基を確認した。以上の瓦窯の調査は常陸国分寺の瓦の変遷を考えるうえで大きな成果だが、他の窯跡も含めて軒先瓦の出土状況とあわせて確認したい。なお、文中では黒沢・小杉山論文を含めて鐙瓦・宇瓦の略式名を使用したが、図表には本来の型式名で表記している（第2図・第1表参照）。

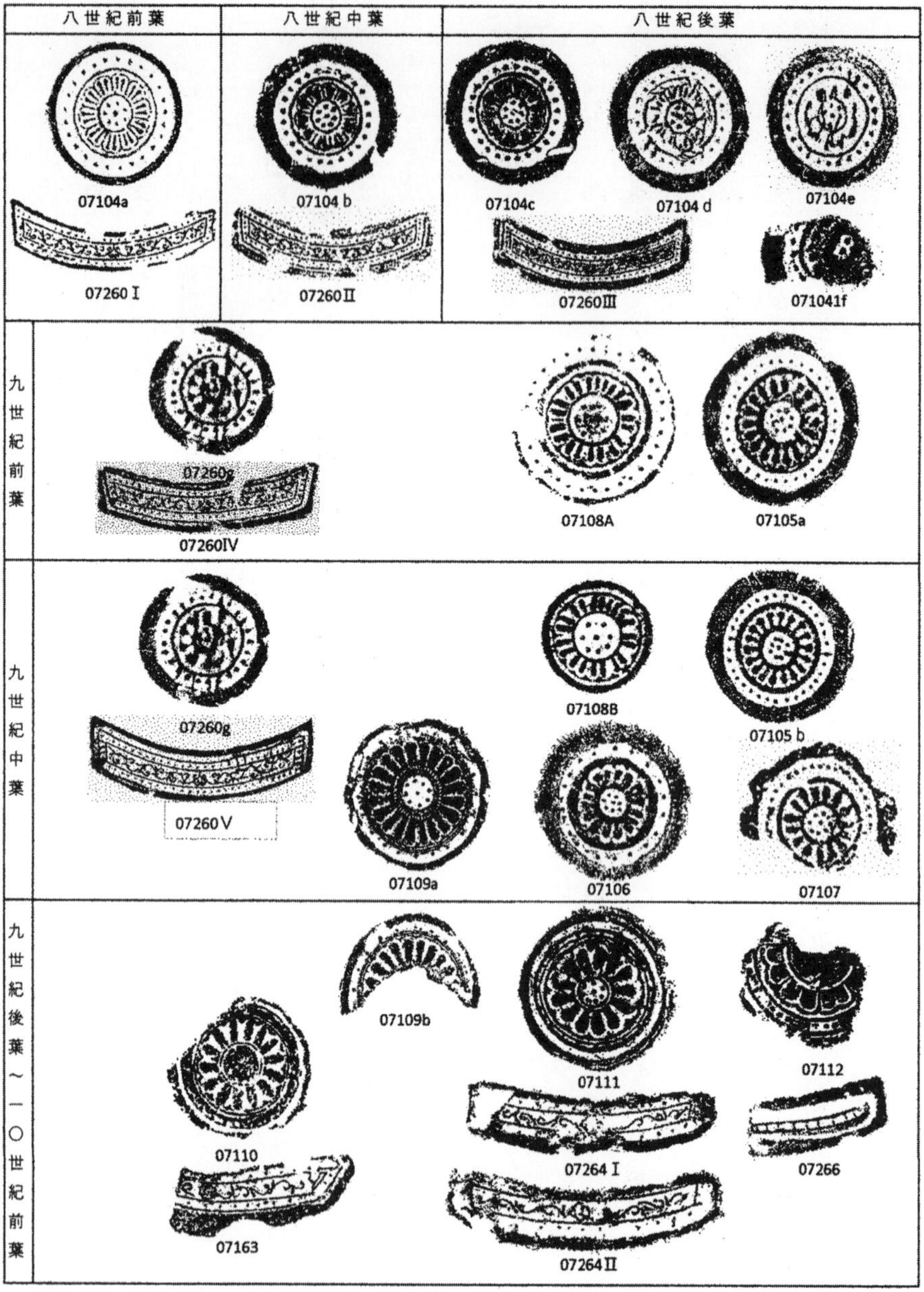

第２図　常陸国分寺軒瓦型式図

第1表　鐙瓦・宇瓦略式名一覧

鐙瓦	
型式名	略式名
7101	鐙01
07102a	鐙02a
07102b	鐙02b
07102c	鐙02c
07104a	鐙04a
07104b	鐙04b
07104c	鐙04c
07104d	鐙04d
07104e	鐙04e
07104f	鐙04f
07104g	鐙04g
07105a	鐙05a
07105b	鐙05b
01760	鐙06
07108A	鐙08A
07108B	鐙08B
07109a	鐙09a
07109b	鐙09b
7110	鐙10
7111	鐙11
7112	鐙12

宇瓦	
型式名	略式名
07230	宇30
07202Ⅰ	宇02Ⅰ
07202Ⅱ	宇02Ⅱ
07260Ⅰ	宇60Ⅰ
07260Ⅱ	宇60Ⅱ
07260Ⅲ	宇60Ⅲ
07260Ⅳ	宇60Ⅳ
07260Ⅴ	宇60Ⅴ
07261	宇61
07263	宇63
07264Ⅰ	宇64Ⅰ
07264Ⅱ	宇64Ⅱ
07265	宇65
07266	宇66

(1) 瓦窯の生産軒先瓦

一丁田窯跡　二基の窯が調査され、1号窯跡は須恵器窯、2号窯が地下式有段登窯。鐙02ｂが確認され、供給先は茨城廃寺・常陸国衙である。

関戸瓦窯跡　発掘調査はなく、一丁田窯跡に後続する窯跡と想定。

柏崎窯跡　有牀式平窯で牀が六本の小型窯。鐙04ａを確認。隣接する製鉄炉で宇60Ⅰが出土。

金子澤窯跡　発掘調査はなく、採集資料で鐙04ａ、宇60Ⅰを確認。

松山瓦窯　窯跡一一基を確認、A支群はSY1～5の五基で地下式無階有段登窯、鐙04ｂ・宇60Ⅲを生産。B支群はSY6～8の三基で鐙04ｃと宇60Ⅲを生産。宇64Ⅱも出土するが生産はしていない。C支群はSY9～11の三基で鐙08Ａと宇60Ⅲを生産。

瓦塚瓦窯　窯跡は須恵器窯一基と三四基の瓦窯を調査している。時期区分は八世紀初頭から十世紀前葉まで八期に区分されている。八世紀初頭は二基の(半)地下式無階無段登窯の須恵器窯。八世紀前葉のSY4・5は(半)地下式無階有段登窯、SY6は平窯で鐙04ａ・宇60Ⅰを生産。八世紀中葉はSY2で(半)地下式無階無段登窯、宇60Ⅱを生産。八世紀後葉はSY7が地下式無階無段登窯、SY8・9・13～15は(半)地下式無階有段登窯で、鐙04ｄ・鐙08Ａを生産。九世紀前葉はSY16～19で地下式無階有段登窯。鐙04ｇ・05ａ・05ｂ、宇60Ⅳを生産。九世紀中葉はSY20～22・26の地下式無階有段登窯。鐙04ｇ・06・08Ｂ・09ａと宇60Ⅴ・63を生産。九世紀後葉はSY23～25・27の地下式無階有段登窯。鐙09ｂ、宇60Ｖ・61・63・66・65を生産。十世紀前葉はＳＹ28～31、ＳＹ32～35、ＳＹ11・12の三群で地下式無階有段登窯。鐙10・11・12、宇64Ⅰ・64Ⅱ・66を生産。

(2)　国分寺出土瓦の研究

常陸国分寺伽藍や瓦の紹介から研究の段階に進めたのは、黒沢彰哉であろう。黒沢は西宮一男の調査を受けて軒丸瓦を六型式、軒平瓦を二型式に分類したほか［黒沢　一九八四］、軒先瓦と国分尼寺の調査、国分僧寺鐘楼跡の調査、茨城廃寺出土軒先瓦を検討し、結城廃寺では結城系の鋸歯文縁単弁一六葉花文と、筑波系の素弁単弁八葉花文に国分寺系複弁一〇葉花文が出現することを確認している［黒沢　一九八四・一九八七］。さらに、複弁一〇葉花文（鐙04）はａ～ｆに細分し、国分寺創建瓦はｂ種であることを明らかにした。さらに形式名は異なるが初めて「常陸国分寺屋瓦編年試案」を提示したのは黒沢である［黒沢　一九八七］。鐙04はａ～ｇまで創建期から平将門の乱まで同一笵が使用された。鐙05ａ・ｂは弘仁九年（八一八）の弘仁地震に対応したものとしている。宇60もⅠ～Ⅴに分かれ、鐙04ａ～ｆまで対応し、鐙04ａ～ｇを国分寺Ⅰ期、鐙08Ａ・08Ｂ、鐙05・06を国分寺Ⅱ期、鐙09・10・11・12を国分寺Ⅲ期としている［黒沢　一九九八］。従来、鐙04が長期間（約七十年間）使われたのは、范の踏み返しと考え、摩滅が著しいものを国分寺最終段階まで下げて考えてきた。しかし黒沢は陶笵の粘土収縮が認められないことから同じ陶製笵でａ～ｇまで制作されたと考えて、この型式差に時間幅を取る必要があって次型式の瓦が登場するまでの期間、用いられたものと考えられようと指摘している。国分寺Ⅰ期は鐙04型式が平城京羅城門出土の６３１６型式に類似し、平城宮第三期（天平十七年～天平勝宝年間）の年代に位置付けている。(2) 国分寺Ⅱ期は鐙08Ａ型式が西隆寺出土の６３３７Ｂ型式の影響で八世紀後葉に位置付けられ、鐙05型式は弘仁地震との関わりと理解している。また、宇60型式は大安寺６７１２Ａ型式を祖型と考えている。国分寺Ⅲ期は経営基盤が安定している九世紀後半と考えている。

小杉山は瓦塚窯跡出土瓦の検出状況と型式分類を行い〔小杉山 二〇一五〕、黒沢の研究を踏まえて詳細な分析を加え、常陸国分寺瓦の遺物変遷図を作成した。鐙04b～f型式を八世紀後葉から九世紀中葉までと修正した。(3)常陸国分寺瓦の型式変化の最新の資料であろう。さらに小杉山は黒沢・斎藤らの成果を踏まえ、新たに茨城郡出土瓦変遷図を作成した〔小杉山 二〇二三〕。常陸国の国衙系瓦屋の成立、郡域を超える国分寺瓦の従来の見解と歴史的背景の私見を論述している。

(3) 常陸国分寺出土瓦の整理

常陸国分寺瓦の研究者である黒沢や小杉山の研究に即して、時間の変遷観と地域的な同時性を考えて第2表を作成した。模式的で全体が分かるように配置した。資料はすべて小杉山の研究成果〔小杉山二〇二三〕による。第2表中の表記は［ ］が形式名、（ ）は出土点数を示した。型式は省く。

地方の寺院や官衙・瓦窯の実年代を求めるのは不可能に近いが歴史を考える必要があるので、上段には平城Ⅰ期～Ⅴ期の時間軸（平城宮発掘調査報告書ⅩⅢ）と「奈良山瓦窯跡群」の第Ⅰ期～Ⅴ期の年代観（京都府遺跡報告書）を示した。奈良山瓦窯跡群は七〇八～七八〇年頃の操業期間が想定されている。この中で有牀平窯は七四五年頃と考えられているので東国への波及はそれ以後であろう。

国分寺瓦の生産瓦窯は柏崎瓦窯跡・金子澤瓦窯跡・関戸瓦窯跡・松山瓦窯跡群・瓦塚瓦窯跡群が確認されている。一丁田窯跡群は国分寺瓦窯には含まれない。

八世紀前葉　鐙04a・宇60Ⅰの組み合わせが主体になる。窯跡は金子澤窯・柏崎窯・瓦塚窯である。供給先は茨城廃寺には組で、常陸国衙には鐙04aのみ、下君山廃寺には宇60Ⅰのみが出土する。新治廃寺では宇60Ⅰの中心飾りが横C字状から瓢型に改範された宇瓦が出土する。おそらくは新治郡内で生産されたものであろう。鐙04aの出土点数

770 / 780	790		800	860		900 / 950
平城第Ⅴ期	平安初期					
宝亀元年(770) ～延暦3年(784)						
第Ⅴ期						
宝亀元年～延暦３年	長岡京期 延暦3年(784) ～延暦13年(794)	平安時代前期1段階 (794～808)	平安時代前期2段階(808～826)	平安時代前期3段階 (826～879)	平安時代中期1段階 (879～904)	平安時代中期2段階 (904～961)
B支群 ***地下式無階有段登窯***（SY－6～8） [07104c](7) [07260Ⅲ]	C支群 *地下式無階有段登窯* (SY－9～11)[07108A](1) [07260Ⅲ]					
8世紀後葉 ***地下式無階無段登窯*** (SY-7)・(半)地下式無階有段登窯 (SY8・9・10・13・14・15) [07104d](1) [07108A](2)			9世紀前葉 SY-16・17・18・19 [07104g](4) [07105a]*(9)* [07105b] [07260Ⅳ]	9世紀中葉SY-20・21・22・26 [07104g] [07260Ⅴ] [07106](3) [07109A](3) [07108B](4) [07263]	9世紀後葉 SY-23・24・25・27 [07260Ⅴ] [07263] [07109b] [07261] [07265]	10世紀前葉 SY-28・29・30・31 SY-32・33・34・35 SY-11・12 [07111] [07112] [07110](1) [07264Ⅰ] [07264Ⅱ] [07266]

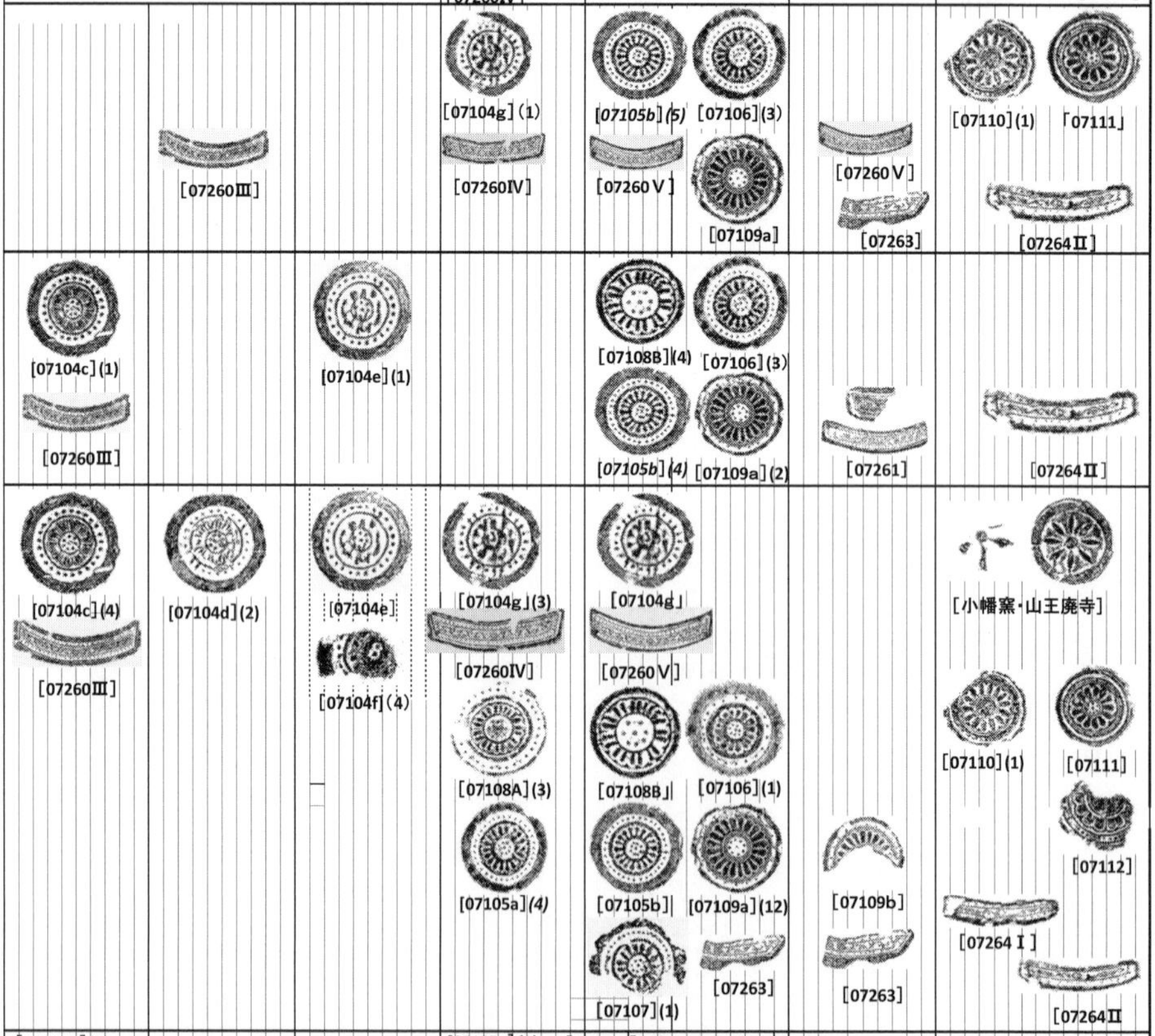

[07104c](1)			[07105a]*(2)*	[07108B](4)[07106](2)[07109a](8)		
			[07105a]*(3)*	[07106]*(7)*		
[07104c](2)			[07105a]*(4)*	[07106]*(1)*		
				[07109a] [07106]		
			(上野原瓦窯出土)	[07109a] [07260Ⅴ]		
[07260Ⅲ]				[07260Ⅴ]		
			[07105b] [07260Ⅳ]			
[07104c](1)			[07105b]			

第２表　軒瓦の変遷と時期

	700	710	720	730	740	750	760
平城宮発掘調査報告XIII	平城第Ⅰ期 和銅元年～　養老5年		平城第Ⅱ期 養老5年～天平17年			平城第Ⅲ期 天平17年～天平勝宝年間	平城第Ⅳ期 天平宝字年間～神護景雲元年(767)
	第Ⅰ期		第Ⅱ期			第Ⅲ期	第Ⅳ期
奈良山瓦窯跡群	和銅元年～	霊亀元年～	養老５年頃～	天平初年頃～	天平17年～	天平勝宝元年～	天平宝字元年～ 神景元年～
常陸国分寺瓦窯			***金子澤窯跡***（古段階）	***関戸瓦窯*** ***金子沢窯跡***（新段階） [07104a] [07260Ⅰ]			
	一丁田窯跡　1号窯 無段地下式（須恵窯） 2号窯有段地下式（瓦窯）[07101] [07102a] **[07102b]** [07230] [07202Ⅰ]			*柏崎窯跡*　有牀平窯1基 →国庁・茨城廃寺・下君山廃寺 [07104a [07260Ⅰ]			
				松山瓦窯		**A支群** *地下式無階有段登窯*（SY－1～5） [07104b](8) [07260Ⅲ]	
	瓦塚瓦窯	8世紀初頭 （半）地下式無階無段登窯（SY－1・3）須恵窯		8世紀前葉 （半）*地下式無階有段登窯*（SY 4・5）　*平窯*（SY－6　女瓦桶・1枚 [07104a](31) [07260Ⅰ]		8世紀中葉 （半）*地下式無階有段登窯*（SY－2） [07260Ⅱ]	
茨城廃寺	 [07101](42)  [07230]	 [07102a](14) 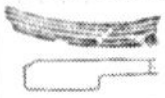 [07201Ⅰ]	 [07102b](4)  [07201Ⅱ] 7102不明(17)	 [07103]	 [07104a](20)  [07260Ⅰ]		
常陸国衙		 [07102a]			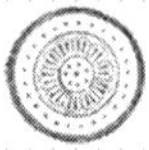 [07104a](3)  [07102b]	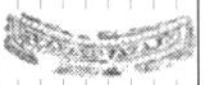 [07261Ⅱ]	
常陸国分寺						 [07104b](8)  [07260Ⅱ]	
常陸国 茨城郡 常陸国分尼寺						[07104b](5)	
常陸国 茨城郡 下佐谷廃寺				[07103]			
常陸国 茨城郡 尼寺ヶ原遺跡							
常陸国 茨城郡 鹿の子遺跡						[07104b](1)	
常陸国 那珂郡 台渡里廃寺							
常陸国 新治郡 新治廃寺					[07260Ⅰ]改笵		
常陸国 筑波郡 中台廃寺							
常陸国 行方郡 手賀廃寺							
常陸国 志太郡 下君山廃寺				(07104亜式)	[07260Ⅰ]		
下総国 海上郡 木内廃寺						素文縁単弁一六葉鐙瓦(07104亜式)	
下総国 匝瑳郡 八日市場大寺廃寺						素文縁単弁一六葉鐙瓦(07104亜式)	

を見ると、瓦塚三一点、茨城廃寺二〇点、常陸国衙三点である。鐙04aは国分寺用として採用されているが、実態は国衙と茨城廃寺の造瓦が完了した後、国分寺に供給されたと考えられる。鐙04の導入時期は有牀平窯と平城京系瓦が同時に導入されたことを考えると、柏崎窯が最初であろう[河野 二〇一六]。柏崎→金子澤→瓦塚の順に笵が移動したと考える。

八世紀中葉　鐙04bと宇60Ⅱ・60Ⅲのセットが主体である。窯は松山瓦窯A支群、瓦塚である。ただし、瓦塚では宇60Ⅱが出土しても鐙04bは未検出である。松山A支群では宇60Ⅲが出土するため、宇60Ⅱの瓦笵は瓦塚から松山A支群に移動した可能性が高い。供給先は国分寺(鐙04bと宇60Ⅱ)が中心である。鐙04bは松山A支群で八点、国分寺で八点出土し、この時期は松山A支群で鐙04b、瓦塚で宇60Ⅱを生産し国衙と国分寺に供給していた。宇60Ⅱの移動は八世紀中葉と考えられる。

この時期、常陸国分寺式と呼ばれる素文縁単弁一六葉蓮華文鐙瓦が、下総国海上郡の木内廃寺と匝瑳郡の八日市場大寺廃寺から出土し、信太郡下君山廃寺から四点出土している。大寺廃寺と木内廃寺の常陸国分寺式瓦は、同一瓦窯で生産されたと想定され、下君山廃寺にもたらされたと考えられている[山路 一九九八]。鐙04bは国分尼寺と鹿の子遺跡でも出土している。

八世紀後葉　鐙04cと宇60Ⅲのセットが主体となる。窯跡は瓦塚・松山C支群である。松山C支群では鐙04c・宇60Ⅲを生産しているが、C支群の笵が瓦塚に移動し鐙04cの生産が始まる。松山C支群では宇60Ⅲ型式が継続的に生産されている。鐙04e・fは窯跡での出土はないが、八世紀後葉段階の瓦塚で生産されていたであろう。出土点数をみると、国衙の鐙04c一点、鐙04e一点、国分寺の鐙04c四点、鐙04d二点、鐙04f四点、常陸国分尼寺の鐙04c一点、鹿の子遺跡二点、筑波郡中台廃寺で宇60Ⅲが出土する。また、松山C支群では鐙08A型式が新たに加わる。笵は瓦塚に移動した可能性が高い。時期は八世紀末から九世紀初頭であろう。鐙04型式と宇60型式がセットで生産を担ってきたことからすると大きな変換点であろう。供給先の主体は国分寺改修時期であろうが、茨城廃寺・国衙の改修にも対応している。小山窯・山王廃寺の鐙瓦は補完的としておく(4)。

九世紀前葉　鐙04g・宇60Ⅳのセット、鐙05a・bが新たに加わる時期。窯跡は瓦塚に集約される。出土点数をみると、瓦塚は鐙04g四点、鐙05九点、茨城廃寺では鐙04g一点、宇60Ⅴ、国分寺は鐙04g三点、鐙08A三点、鐙05a四点、宇60Ⅳが出土する。この時期に松山C支群の鐙08A笵と宇60Ⅲ笵が瓦塚に移動し、松山C支群の瓦窯は操業を停止する。これ以降、瓦塚瓦窯は国分寺瓦屋になる。また、国分尼寺から鐙05a二点、尼寺ヶ原遺跡で鐙05a三点、鹿の子遺跡で鐙05a四点が出土する。供給先を整理すれば茨城廃寺（鐙04g・宇60Ⅳ）、国分寺（鐙04g・宇60Ⅳのセットと鐙05a・鐙08A）となる。この時期に行方郡手賀廃寺に鐙05bと宇60Ⅳがセットで、下君山廃寺に鐙05bが供給されている。

九世紀中葉　窯跡は瓦塚で主体は鐙04g・宇60Ⅴのセットから、鐙06・08B・09a・宇63で、鐙06・09a・宇63が新たに加わる。鐙瓦の主な出土点数を整理すると、瓦塚（鐙04g・06三点、鐙08B四点、鐙09a三点、宇60Ⅴ・宇63）、茨城廃寺（鐙05b五点、宇60Ⅴ）、国衙（鐙05b四点、鐙06三点、鐙08B四点、鐙09a二点）、国分寺（鐙04g・05b・06一点、鐙07一点、鐙08B、宇60Ⅴ、宇63）、国分尼寺（鐙08B四点、鐙06二点、鐙09A八点）、尼寺ヶ原遺跡（鐙06一点）、鹿の子遺跡（鐙06一点）、那珂郡台渡里廃寺（鐙09a・鐙06）、新治郡新治廃寺（鐙09a）、新治郡の上野原瓦窯（鐙09）となる［黒沢一九八七］。鐙09aは運ばれた瓦か上野原窯で焼成されたかで大きな意味を持つ。供給先は茨城廃寺に鐙05b・宇60Ⅴのセットと鐙06・09a、国衙には鐙05b・08B・09a・06、国分寺に鐙04g・宇60Ⅴのセット、鐙05b・06・07・08B・09a・宇63が供給されていた。国分寺の鐙04と宇60は約一〇〇年間使用されたことになる。

九世紀後葉　宇60Ⅴ、鐙09b、宇61・63・65が主体で窯は瓦塚である。供給先は茨城廃寺（宇60Ⅴ・63）、国衙（宇61）、国分寺（鐙09b・宇63）である。宇65は窯跡では確認されるが消費地は不明とされている。

十世紀前葉　鐙10・11・12、宇64Ⅰ・Ⅱ・66が主体で瓦塚産である。供給先は茨城廃寺（鐙10・11、宇64Ⅱ）、国衙（宇64Ⅱ）、国分寺（鐙10・11・12、宇64Ⅰ・Ⅱ）である。宇66は窯では確認できるが、供給先は不明。出土点数は茨城廃寺の鐙10一点、国分寺の鐙10一点であり、他への波及はなくなる。第2表を見ると九世紀後葉段階に生産量が低下しているように見えるが、国分寺の生産体制を考えると、十世紀前葉を九世紀後葉段階に遡らせたほうが妥当なように思える。

小括　茨城廃寺・国衙・国分寺の型式と変遷からすれば、国分寺創建以前は茨城廃寺と国衙は瓦を共有していたと考えられる。国分寺創建以降は、主に国分寺に供給されても、茨城廃寺と国衙にも一部の差替え瓦が供給されている。国分寺の創建瓦は鐙04bと宇60Ⅱに統一され、鐙04笵は、柏崎→金子澤→瓦塚→松山（B支群段階）→瓦塚と移動し、九世紀第2四半期まで瓦塚で使用され廃棄された。宇60笵は柏崎→金子澤→瓦塚→松山（松山B・C支群段階）→瓦塚と移動し九世紀第3四半期まで使用され廃棄される。

常陸国分寺では創建から五十年が経過し補修が始まり、七七〇年代に生産量が増加傾向にある。七六〇年代には供給が減少するようなのでこの時期には伽藍が完成していた可能性が高い。弘仁八年（八一九）の地震によって国衙瓦屋の崩壊と新たな国分寺瓦屋の成立をもたらし、鐙05・06・07・08・09型式の五型式の鐙瓦が新調されたと考えられる。宇60Ⅳ・Ⅴ型式が継続しセットとなり、新たな宇63・61・64Ⅰ・Ⅱ笵が加わる。

3　常陸国分寺の特異性と在地社会

中央から国分寺造営のために導入された有牀式平窯、鐙瓦（鐙01a）と宇瓦（宇60Ⅰ）の瓦范は国衙と茨城廃寺に採用されている。国分寺造営は国司に一任されていたことから［佐藤 二〇一三］、国司の判断によって茨城郡司と計らって

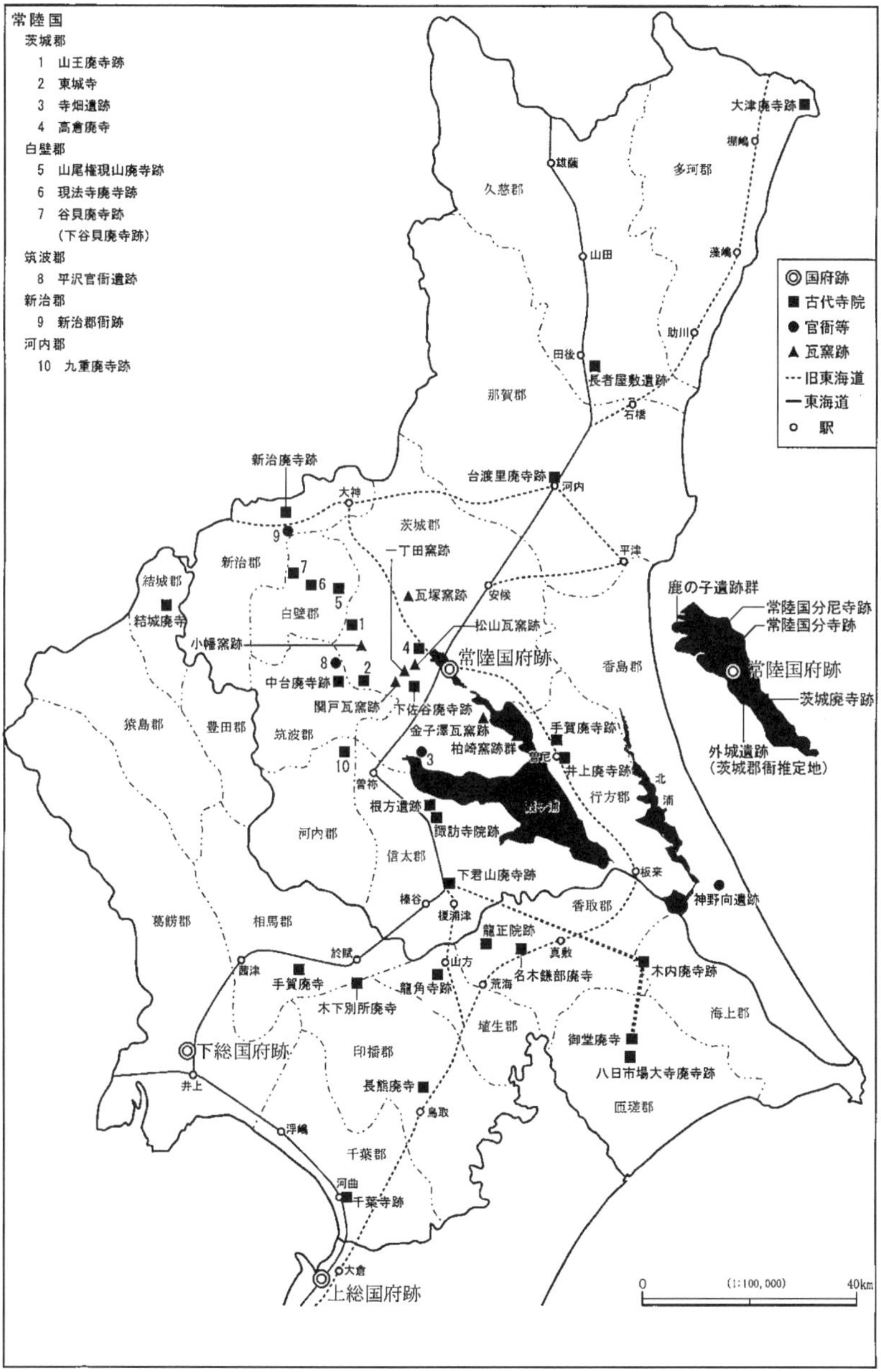

第３図　常陸国下総国東海道寺院駅家

事がなされたことになる。

八世紀中葉から常陸国分寺の造瓦が開始される。常陸国分寺の特徴は、大橋康夫の指摘するように、郡系瓦がないことである(5)［大橋 一九九七］。八世紀中葉以降、常陸国分寺は素文縁複弁八葉蓮華文鐙瓦（04ｂ～ｇ）と均整唐草文宇瓦（06Ⅱ～Ⅴ）が創建期から補修期・倒壊期の九世紀初頭まで一貫して同瓦笵を使用していた。この間、国分寺のほか国分尼寺と国衙工房の鹿の子遺跡には同一の瓦を供給しているが、各郡からの援助を受けた瓦が見えてこない。下君山廃寺には八世紀第2四半期の創建期以降、七七〇年代の補修期に鐙04ｃが、九世紀前葉に鐙05ｂが供給されており、郡の援助ではなく国衙工房の生産瓦を使用している。

下総国海上郡の木内廃寺・匝瑳郡八日市場大寺廃寺では常陸国分寺式瓦が出土し、下君山廃寺との関係があると言われている［山路 一九九八］。しかし、常陸国衙の鐙04ａは素文縁複弁八葉蓮華文で内区と外区の間に圏線がめぐるのに対して、国分寺式は素文縁単弁一六葉蓮華文鐙瓦である。鐙04ａは接合粘土が多く、最終的には粘土を削り取っているがそれでも瓦当厚が厚く、男瓦との接合位置が低い。国分寺式は瓦当厚が薄く、接合位置が高い。本稿では、国分寺式を便宜上、鐙04亜式とするが、下君山廃寺鐙04亜式は蓮華文の状況から、Ⅰ式とⅡ式に分けられる。大寺廃寺の鐙04亜式は蓮華文がしっかりしているため、大寺廃寺の国分寺式を04亜式ａ、下君山廃寺Ⅰを04亜式ｂ、下君山廃寺Ⅱ

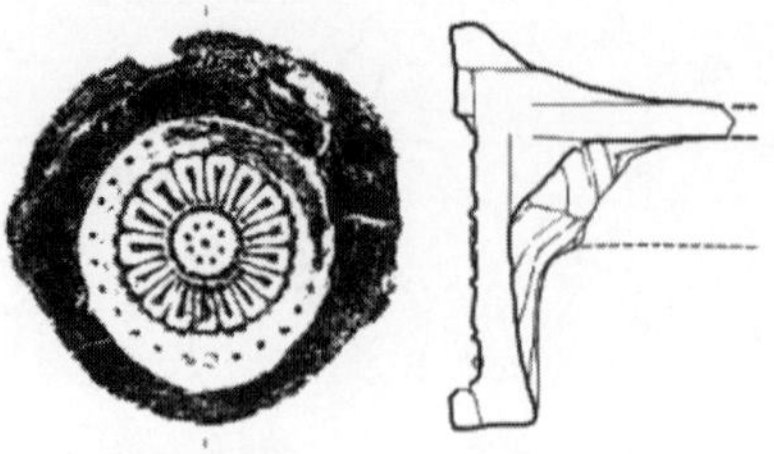

07104亜式ａ　八日市場大寺廃寺
（常陸国分寺式）

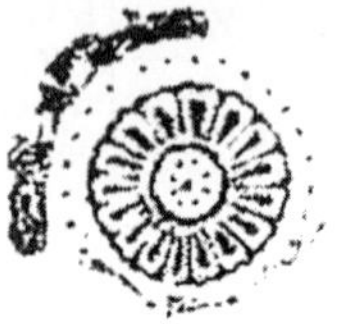

07104亜式ｂ　下君山Ⅰ

07104亜式ｃ　下君山Ⅱ

第4図

式を04亜式ｃとしておく（第4図）。大寺廃寺の04亜式ａ（常陸国分寺式）は下総国匝瑳郡で生産され下君山廃寺に、国衙瓦屋の柏崎窯跡で生産された宇60Ⅰも下君山廃寺に供給され、下君山廃寺では常陸国分寺の宇60Ⅰと大寺廃寺の鐙04亜式ａがセットになる。国司のもう一つの任務は東海道の新設と管理である。国界の東海道の整備には常陸国衙と下総国衙が直接関与したものと考えられる。

九世紀の再建期になると常陸国分寺の造瓦体制が一変する。新たに鐙05・06・07・08・09の五型式が新調され、宇瓦は宇60Ⅳ・Ⅴが九世紀中葉まで継続している。その中で新型式の鐙05ａ、鐙08Ａは国分寺から出土している。鐙05ｂ・鐙08Ｂは国分寺・国衙・茨城廃寺から出土している。したがって、鐙05ａ・ｂと鐙08Ａ・Ｂは国分寺に優先して供給したあと、国衙と茨城廃寺に供給したと考えられる。次の時期は、鐙06と鐙09ａが国分寺・国衙・茨城廃寺に同時供給している。鐙09ｂの時期は国分寺の再建の仕上げの時期で、創建段階から使用してきた宇60型式の使用を断念し、宇60型式を受け継いだ宇61→宇63→宇64型式の宇瓦で対応した。宇61は常陸国衙で出土しているが国分寺では出土していない。宇64Ⅰは国分寺、宇64Ⅱは国分寺・国衙・茨城廃寺に供給され、国分寺造営を優先している。なかでも鐙09ａは新治郡上野原瓦窯から出土しており、新治郡から貸与された可能性がある。鐙09ａは09ｂと型式変化し国分寺瓦屋内（瓦塚瓦窯）で廃棄されたとすれば、常陸国分寺と新治郡司の関係が読み取れるかもしれない。

4　寺院地外の寺院経済を支える遺跡の可能性

八世紀前半の国衙と新治郡司の関係は、国分寺に採用された宇60Ⅰを改笵した新治宇５２６０ｃ［大谷 二〇一三］を自郡の宇瓦に採用したことに示される。また国衙と信太郡司の関係は下君山廃寺に宇60Ⅰを供給したが、鐙は下総国匝瑳郡の八日市場大寺廃寺の04亜式ａ（常陸国分寺式）をセットにしたことである。茨城廃寺には結城廃寺系の鐙03が出土しているが、国衙には見られないので茨城郡司と下総国結城郡司の関係が類推される。茨城郡内で継続的に瓦が供給されているのは、尼寺・下佐谷廃寺・尼寺が原・鹿の子遺跡があり、自郡内の生産品を活用したのであろう。九世紀前半の再建期には国分寺の瓦は新治郡新治廃寺、那珂郡台渡里廃寺、筑波郡中台廃寺、行方郡手賀廃寺にも供給される。

国分寺を経営する経済基盤を考古学的に論証するのは不可能だが、国分寺瓦が出土する寺院・瓦屋・供給先の遺跡を比較すれば、何かわかるだろうか。

国分寺瓦を生産したのは瓦屋だが、松山廃寺では五間×一間以上の四面廂建物が検出されている。柱掘方は北西隅柱が一六〇×一〇五㌢、南西隅柱が一〇二以上×一四三㌢で、深さ九〇㌢、柱痕は二〇㌢前後であった。覆土は互層になっている。集落には見られない官衙的建物と判断され、瓦屋であろう［千葉・間宮二〇一三］。

瓦塚瓦窯では官衙的建物は発見されていないが、出土瓦の質量ともに国衙瓦屋であったことを示す。柏崎窯跡は平城京系の鐙瓦と西大寺系の宇瓦と有牀平窯・製鉄炉が検出されており、中央政府からの技術導入を受けて、天平十五年(七四五)頃には成立した国衙工房である。

下君山廃寺からは常陸国分寺の鐙04ａと下総国匝瑳郡の八日市場大寺廃寺の鐙04亜式(常陸国分寺式)がセットで出土している。背景には古東海道の整備、榎浦津駅家の管理など国家的な施策を完遂するために、常陸・下総両国衙が共同して事にあたったのであろう。また、下君山廃寺を含む長者山遺跡では近年調査が行われ、古東海道に沿って方形の区画溝が確認された［松田・池田二〇一三］。方形区画溝は武蔵国府域でも確認され、軍団兵士の宿営地と考えられている［荒井二〇一四］。同じく那須郡衙の箒川を渡河した地点にも同様の区画溝が確認されている［佐良土上野原Ⅱ遺跡二〇一三］。この区画溝は内部に明確な遺構(掘立柱建物・住居)がないことが共通している。この施設は東国への軍団兵士はもちろん、移配・移住、蝦夷征討のための物資の搬送のための仮設建物の空間の可能性がある。

筑波郡中台廃寺は石材の確保や杣(材木伐採のための森林の管理)、新治郡新治廃寺は八世紀前半に国衙との関係が認められるが、下野国芳賀郡との国界に位置することから重要視されていた。行方郡手賀廃寺、井上廃寺は古東海道の山道(曽尼駅家)に位置する。地理的に津としての可能性もある。那珂郡台渡里廃寺も九世紀前半に国分寺の瓦が搬入されたが、以前から国分寺の寺院運営に対して支援を行っていたのであろう。下総国結城廃寺については常陸国分寺とは経済的な結びつきはないが、古代まで遡るかどうか含めて寺で使用した絁(絹織物)を購入した可能性もある。下総国の結城廃寺・木内廃寺・八日市場大寺廃寺を除く、茨城郡・那珂郡・新治郡・筑波郡・行方郡の郷には国分寺の封戸や水田があった可能性が高い。国分寺所有の食封・墾田・園地などがあったことは確実であるが確認できない。所々に管理施設の所(屋)が設置されていたと考えられるので、官衙的施設のある集落を抽出し比較することが大事であろう。

まとめ

今回は寺院を支える寺院運営・寺院の経済的視点から、瓦の移動や出土から粗い推論を試みた。従来の国分寺僧による読経や山林修行を否定するものではない。国分寺僧は国分寺を造営するための木材・石材、荘厳のための木工品・金工品・織物、経営維持のための稲・油・根菜類の収穫量の確認と指導、瓦作りの技術的な指導管理、瓦窯の瓦の数量管理、瓦窯の修復の有無の確認と指導等々、寺院経済を支えることを目的に活動していた可能性がある。考古学的に証明するのは難しいが念頭に入れることが必要と考える。

松山瓦屋内から蔵骨器が発見された。須恵器の高台付短頸壺に高台盤を蓋にしたもので、単頸壺の高台は欠損している。蔵骨器中の人骨は収縮し小さくなり、成人一体分で小柄な男性で成人とされている。状況から高温で焼骨されたと思われる。弘仁地震（弘仁九年・八一九）で瓦屋は倒壊し閉窯となった。原因は特定できないが、想像を逞しくすると、登窯の中で火葬に付した（窯葬）の可能性がある。埋葬位置が瓦屋内であり、蔵骨器に埋葬されていることから瓦屋に携わったそれなりの人物とすれば、将領の可能性がある。須恵器の短頸壺と高台盤の編年は九世紀前半としているが、弘仁九年（八一九）以降と考えられる。

国分寺瓦の第2表をみると、茨城廃寺は一丁田窯跡の鐙01四二点、鐙02ａ・ｂ含めて一八点、鐙04ａが二〇点出土している。鐙02ａ・ｂ・04ａの三点は国衙にも供給されていることから、茨城廃寺の創建に国衙が当初から関わっていたと考えられる。茨城廃寺への供給を優先し、国衙瓦屋である柏崎窯から金子澤瓦屋をへて須恵器を生産していた瓦塚窯に瓦笵を移動し需要に応えたのだろう。瓦塚窯は弘仁地震までは茨城廃寺と国衙補修瓦に対応していた。

柏崎・金子澤・松山・瓦塚瓦屋は弘仁地震までが国衙瓦屋で、弘仁以降は新形式の五型式が導入されて瓦塚窯が国分寺瓦屋になる。新形式鐙09ａは新治廃寺の上野原瓦窯で生産し、新治廃寺と国分寺から出土している。新型式鐙瓦が五郡に振り分けられたか、財源の負担があった可能性もある。

鐙04ａと宇60Ｉは常陸国分寺用として有牀平窯と共に中央から貸与され、国衙工房として成立した。柏崎国衙工房は東海道の再整備に合わせて信太郡の下君山廃寺に宇60Ｉのみ供給したが鐙は04亜式で対応した。その国衙工房は信太郡への宇60Ｉの供給が終了し、金子澤国衙工房を経て、より消費地に近い関戸国衙工房から瓦塚瓦窯へ移動して、松山瓦窯が開窯され、国衙工房は松山・瓦塚瓦窯二ヵ所の国衙瓦屋で常陸国分寺の瓦生産を行った。瓦当文様の統一意匠と造瓦技法は伝承され、范は約七十年管理されていた。

瓦塚の瓦窯は二基一対で操業され、延喜式の工四人に夫八人体制で対応していたが、松山国衙工房は三基一対の可能性があるので今後の検討課題である。創建段階と補修期の瓦は茨城廃寺を除いて国衙関連遺跡からしか出土しない。瓦范や工人・工夫も国衙専用工人であり、国衙工房の管理は厳しく郡の瓦工人は入れなかった可能性が高い。この時期までは国衙が管理した国衙工房である。弘仁以降の再建期は国分寺瓦屋として管理が国分寺に移管され、鐙09ａは新治郡から、他の四型式は茨城郡・那珂郡・筑波郡・行方郡の支援で作成された范か援助の可能性が高い。

さらにまた関戸瓦窯と松山瓦窯は近接していることから、一丁田窯跡と関戸瓦窯は茨城郡の瓦陶兼業窯と瓦窯の可能性も想定しておきたい。

註

（1）現状では出土瓦から九世紀前半の再建期の塔跡と考えられている。

（2）石田由紀子は古代瓦研究Ⅶで６６２５―６６６３系の瓦の検討から平城第Ⅱ―二期（天平初頭～十七年：七二九～七四五）、第Ⅲ―一期（天平十七年～天平勝宝元年：七四五～七四九）、第Ⅲ―二期（天平勝宝元年～天平宝字元年：七四九～七五七）、第Ⅳ―一期（天平宝字元年～神護景雲元年：七五七～七六七）としている。

（3）瓦范が長期間使用されたことについては、拙稿［河野 二〇一八］の中で下野国分寺の格子叩きの叩き具が各窯跡間で共有され、長期間使用していたことを示した。谷川遼［谷川 二〇二二］が分析に使用した桶の使用期間については、五〇年～六〇年は使用されていたのではないかとのご教示を受けた。これによって瓦当笵、叩き具、桶など瓦作りの道具は長期間管理され、使われていたことが理解される。

（4）小杉山は八世紀後葉としているが［小杉山 二〇二二］、国分寺の統一的な意匠からすると違和感があり、九世紀後葉から十世紀前葉の可能性がある。

（5）大橋康夫は下野国分寺の創建当初に国分寺造営に協力した各郡の瓦が出土することから総称して郡系瓦とした。

〔追記〕脱稿後、皆川貴之「城里町阿波山出土の軒丸瓦・平瓦―常陸国分寺補修期軒丸瓦の展開―」の資料を拝受した。資料は〇七一〇九ａの珠文縁単弁二〇葉蓮華文鐙瓦で中房は一＋八で中房と花弁の間に長方形を二重に連続させ蕊状の表現をしている。皆川は笵傷の進行から第１段階が瓦塚窯跡、第２段階が台渡里廃寺、第３段階が常陸国分尼寺・阿波山としている。阿波山は窯跡の可能性を指摘している。これから瓦塚窯跡で生産した〇七一〇九は国分寺と国府へ、第２段階の鐙瓦は台渡里へ、第３段階の范は阿波山に移動し台渡里廃寺・蔵田千軒遺跡へ供給した可能性を指摘している。

本稿で指摘した鐙09は新治郡の上野原瓦窯で生産し新治廃寺に供給したとしたが、皆川は〇七一〇九の范を新治郡で花弁が一八葉、外区外縁に無紋の段を、蕊が三重にするなど改范を指摘している。

参考文献

荒井健司　二〇一四「武蔵国府の時系列的分析」『東京考古』三二　東京考古談話会
上原真人　二〇一四『古代寺院の資産と運営―寺院資材帳の考古学―』すいれん舎
大橋泰夫　一九九七「下野国分寺」瓦編Ⅶ　栃木県埋蔵文化財調査報告書第一六九集　㈶栃木県文化振興財団埋蔵文化財センター
河野一也　二〇一四「災害復旧と国分寺」『特集　王権擁護の寺・国分寺』季刊考古学第一二九号
河野一也　二〇一六「国分寺の創建と平窯の導入―平城宮式軒瓦文様と造瓦技術を含めて―」『日本考古学論集』同成社
河野一也　二〇一八「古代の瓦作りと生産」『古瓦の考古学』ニューサイエンス社
瓦吹　堅・黒沢彰哉　一九九七「常陸」『新修　国分寺の研究』第七巻補遺　吉川弘文館
黒沢彰哉　一九八四「八郷町瓦窯跡について」『婆良岐考古』第六号　婆良岐考古同人会
黒沢彰哉　一九八六「常陸における国分寺系瓦の研究Ⅰ」『婆良岐考古』第八号　婆良岐考古同人会
黒沢彰哉　一九八七「常陸における国分寺系瓦の研究Ⅱ」『婆良岐考古』第九号　婆良岐考古同人会
黒沢彰哉　一九九四「常陸国分寺」『シンポジウム関東の国分寺』関東古瓦研究会
黒沢彰哉　一九九八「常陸国分寺」『聖武天皇と国分寺―在地から見た関東国分寺の造営―』雄山閣
黒沢彰哉・小杉山大輔　二〇一三「瓦から見た常陸国府内の災害復興」『古代の災害復興と考古学』高志書院
小杉山大輔　二〇一四「茨城県稲敷市下君山廃寺出土の常陸国分寺系軒瓦について」『茨城県考古学会誌』第二六号　茨城県考古学協会
小杉山大輔　二〇一五『瓦塚窯跡発掘調査報告書』石岡市教育委員会
小杉山大輔　二〇二三「国分寺の変遷と分布の背景」『瓦から読み解く古代社会の諸相』第一分冊論考編　茨城県考古学協会
小杉山大輔・松田俊太・大久保隆史　二〇二三「発表要旨「茨城郡の様相」」『瓦から読み解く古代社会の諸相』第一分冊論考編　茨城県考古学協会
大谷昌良　二〇二三「新治郡の様相」『瓦から読み解く古代社会の諸相』第一分冊論考編　茨城県考古学会
斎藤達也　二〇一八「出土瓦から見た茨城廃寺跡」『茨城廃寺跡』石岡市教育委員会
佐藤　信　二〇一三「国分寺の造営と在地社会」『国分寺の創建組織・技術編』吉川弘文館

佐良土上野原Ⅱ遺跡　二〇二三「現地説明会資料」大田原市教育委員会
谷川　遼　二〇二三「上神主茂原官衙遺跡出土瓦の検討・造瓦工人単位の抽出と人名文字瓦の分析」『史観』早稲田大学考古学会
千葉　隆　二〇〇八「松山瓦窯跡の調査」『かすみがうら市内遺跡発掘調査報告書』かすみがうら市教育委員会
千葉　隆・間宮正光　二〇一三『松山廃寺―社会福祉施設建設事業に伴う埋蔵文化財調査報告書―』かすみがうら市教育委員会
昼間孝志　二〇二〇「関東地方西部の一本作り・一枚作り」『古代瓦研究Ⅸ―一本作り・一枚作りの展開一（東日本編）―』古代瓦研究会・奈良文化財研究所
松田政樹・池田敏弘　二〇二三『大日嶺遺跡　長者山古墳　山王原南遺跡　山王原遺跡　高ノ山遺跡』稲敷市教育委員会
間宮正光　二〇〇三『松山瓦窯跡―農村総合整備事業に伴う埋蔵文化財調査報告書―』千代田町教育委員会
間宮正光　二〇〇四『松山瓦窯跡Ⅱ―志筑小学校移転事業に伴う埋蔵文化財調査報告―』千代田町教育委員会
山路直充　一九九八「七六 木内廃寺」「一三六 八日市場大寺廃寺」『千葉県の歴史』資料編考古三（奈良・平安時代）千葉県資料研究財団

甲斐国分寺造営と造瓦体制からみる在地社会

猪股 喜彦

はじめに

甲斐国分寺跡は、山梨県笛吹市一宮町国分地内に所在する（第1図）。これまでの伽藍地中枢部の発掘調査により塔跡をはじめとした主要建物規模および配置が判明し、大官大寺式伽藍配置であることが確定された。しかも金堂・講堂・回廊など主要建物の基壇外装は全て河原石乱石積であるとともに、各建物の周囲を平石や礫で敷き詰めた構造であることが明らかになった。すなわち主要遺構周辺のいたるところに見られる花崗岩の自然石を用いた、言わば「石の国分寺」と称されるような意匠で施工されていることが明らかになりつつある［笛吹市教委 二〇二〇］。

また、甲斐国分寺の瓦生産地は、これまで判明しているのは、甲斐国分寺跡の西方約六㌔の甲府市東部地域に所在する川田瓦窯跡（甲府市川田町）および上土器瓦窯跡（同桜井町）の二箇所のみである。当地域は古代山梨郡の西端に位置する表門郷に比定されているが、同域内にはまた甲斐型土器と称する薄手で硬質な独自色の強い土師器の生産遺跡とされる大坪遺跡も存在し、古代甲斐国の土器および瓦生産の拠点として良く知られている（第2図）。

本稿は、生産地である古代山梨郡表門郷における川田瓦窯および上土器瓦窯と供給先である甲斐国分寺を取り巻く造瓦体制に焦点を絞り、甲斐国分寺造営に主体的に関与したと考えられる在地豪族層を中心とした在地社会の様相に

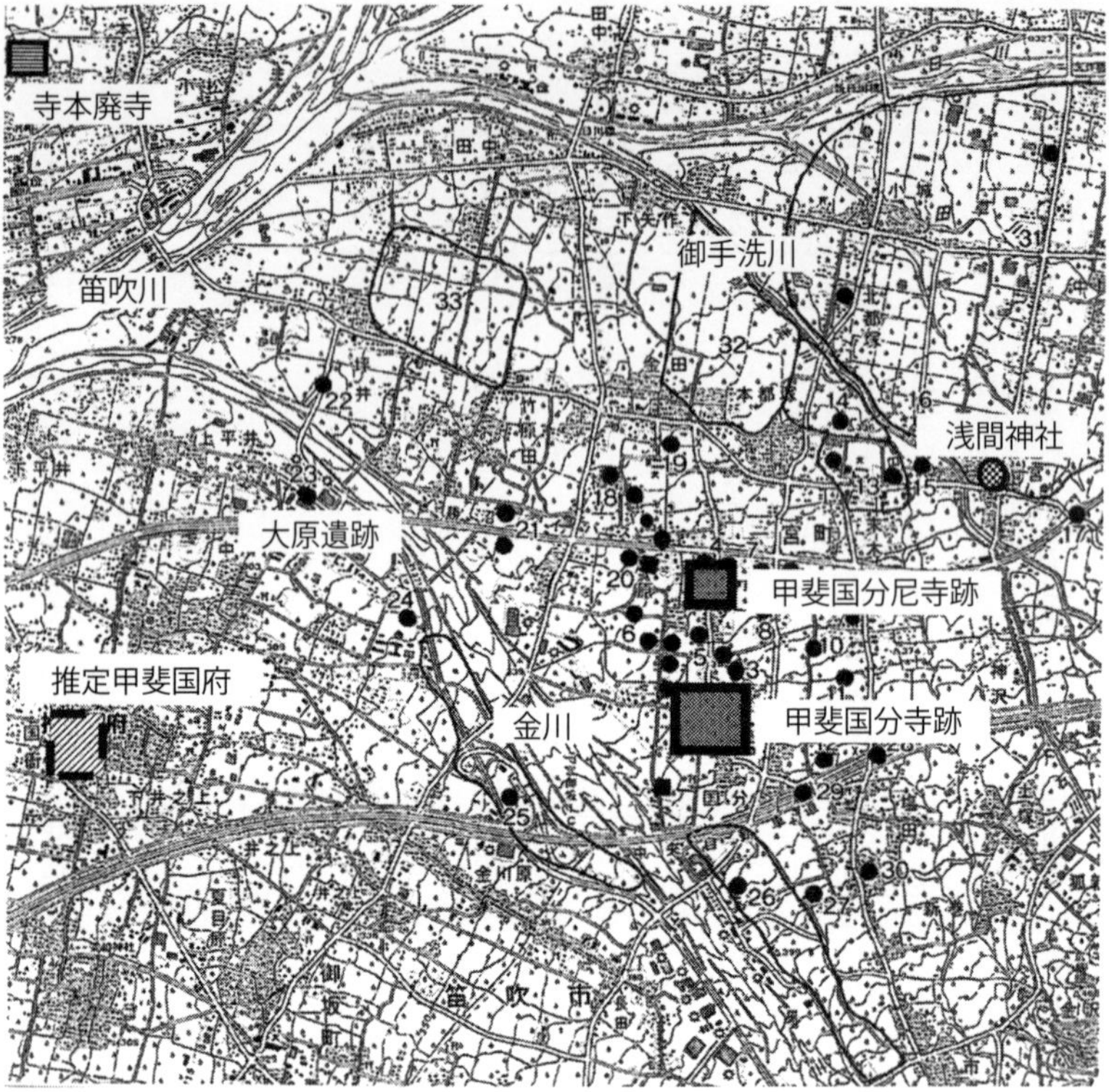

第1図　甲斐国分二寺位置図（笛吹市教委 2020 に加筆）

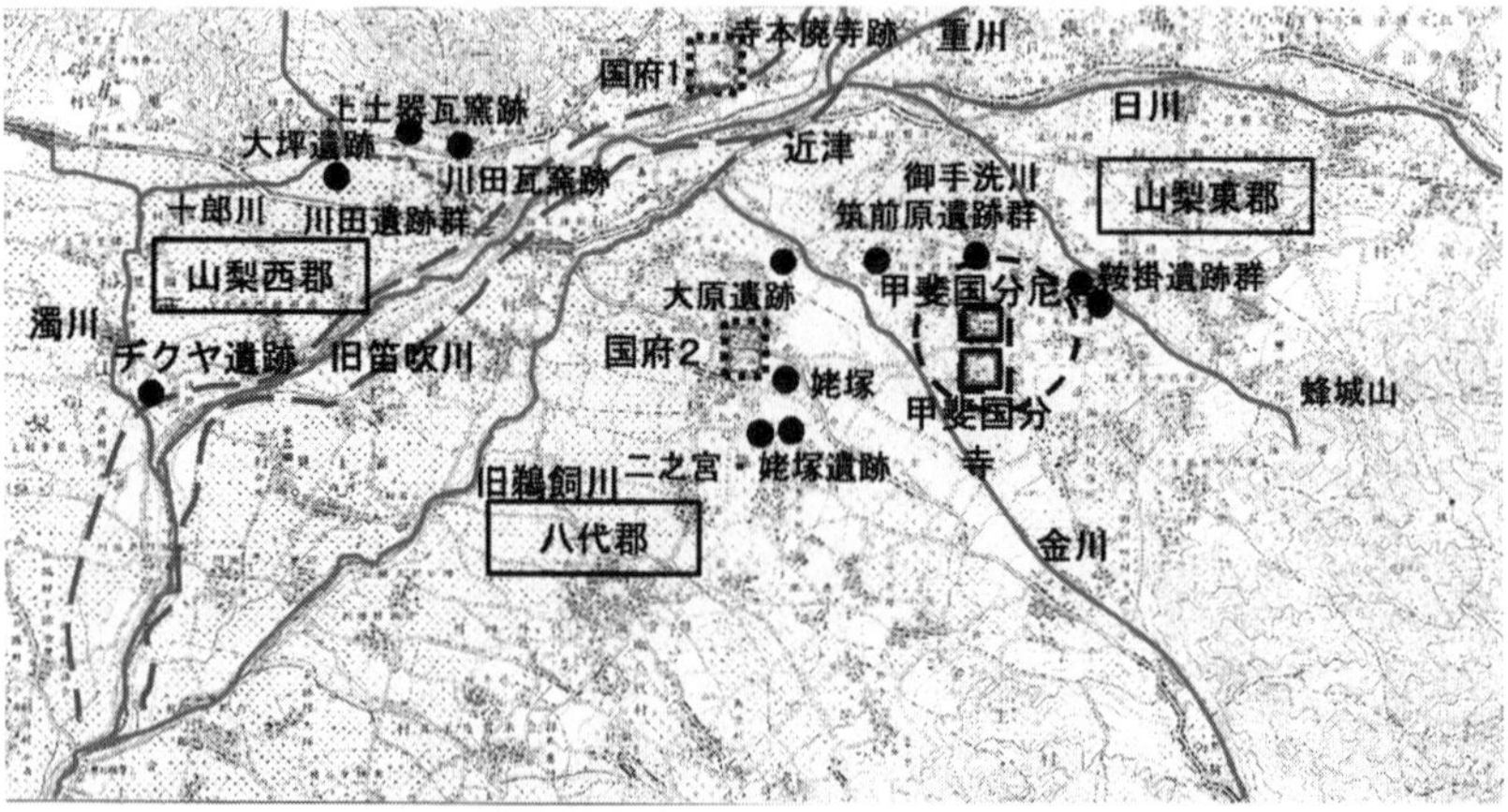

第2図　古代山梨郡中枢部遺跡分布図（明治 28 年地形図甲府 7 号に加筆）

ついて考察することを目的とする。

1　甲斐国分寺の創建段階の軒瓦

甲斐国分寺跡出土軒瓦の型式分類については、これまでに旧一宮町時の一九九〇年の発掘報告書『甲斐国分寺跡』に示された「国分寺分類」［一宮町教委 一九九〇］、櫛原功一が一九九二年の論文で示した「櫛原分類」［櫛原 一九九二］が主なものである。それらを受けて、二〇二〇年の前掲笛吹市報告書（以下「市報告書」）において、瓦当文様・成形技法・笵の変遷をもとに、軒丸瓦八型式一一類、軒平瓦一一型式一五類に再分類されたが、この新たな分類によって甲斐国分寺軒瓦の型式の全容は概ね把握されたと認識する。なお当分類は、細部に若干の相違があるものの、基本的に前掲櫛原論文に依拠しており、それにその後に得られた新たな知見を加えたものである。本稿では、そのうちの創建段階と考えられる軒瓦を取り上げる。

軒丸瓦Ⅰ型式（第3図1）　寺本廃寺の百済系瓦当文様の軒丸瓦との類似性が指摘され、寺本廃寺の建立に関わった渡来系の造瓦工人集団の影響のもとに採用された復古調の文様とされる素弁八葉蓮華文である。

笵の消耗や彫り直しによる変遷により、改笵前のⅠAと全面的に笵を彫り直して一回り縮小させた改笵後の軒丸瓦ⅠBに分類される。ⅠA型式の製作技法は、丸瓦接合後、瓦当裏面に粘土板を貼付する技法と瓦当裏に接合溝を設け、丸瓦を差し込んで接合する技法が存在する。笵の進行により五段階の変遷が確認され、笵が頻繁に使用されたことが分かる。ただし、製作段階における瓦当面に生じたひび割れを棒状工具で連続刺突により補修したものも多く認められ、粗雑感の目立つものも多い。瓦当裏の調整はヘラもしくは指によるケズリおよびナデと縄タタキの二種類がある。後者の縄タタキの成形技法は、瓦当裏のみならず側面にも施すもので、ⅠBで本流になる。

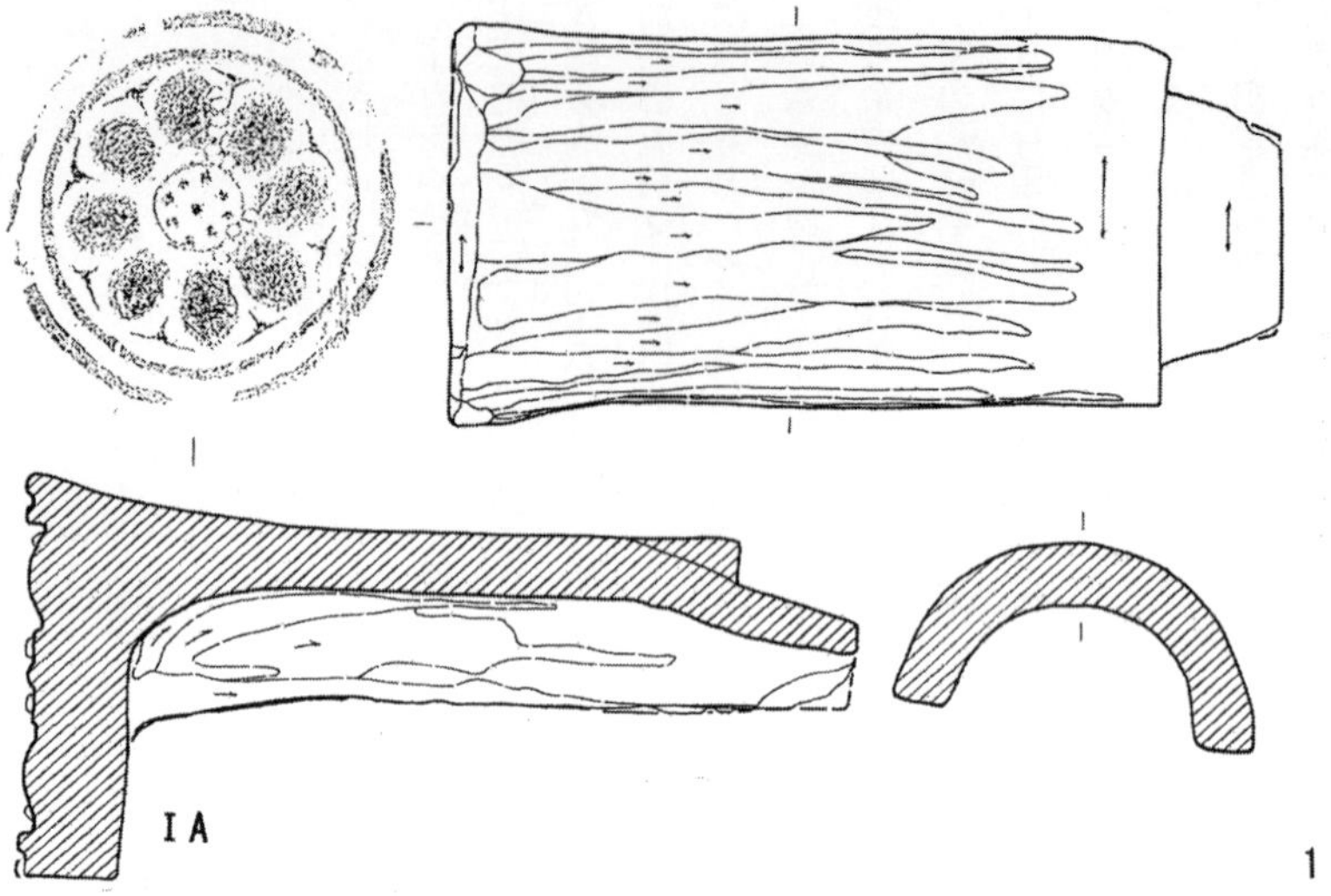

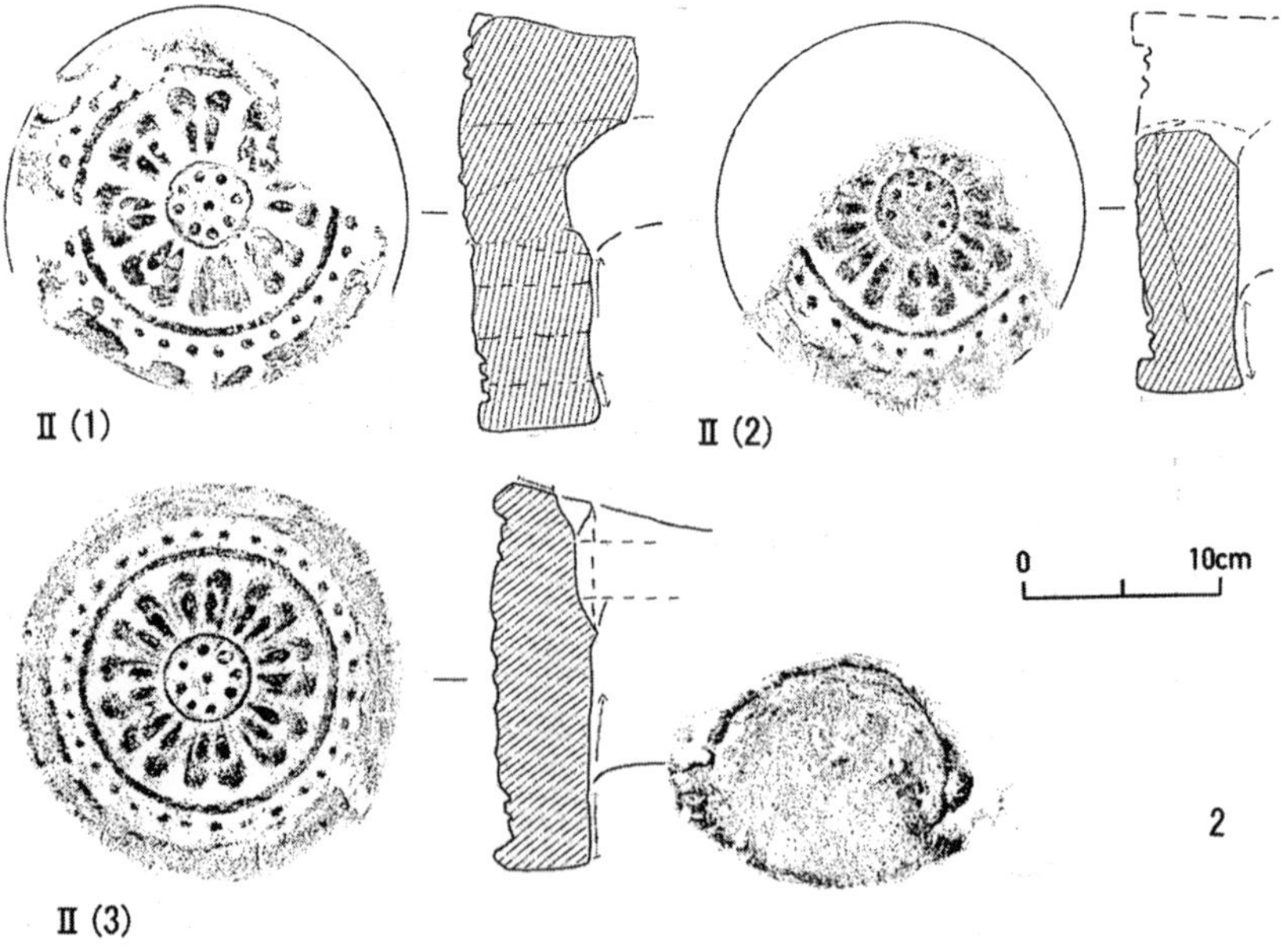

第 3 図　甲斐国分寺創建段階軒丸瓦

甲斐国分寺跡での出土点数は、ＩＡが最多の七〇点であり、軒丸瓦総数一九一点における割合は約三七％を占める。上土器瓦窯で出土し、甲斐国分二寺のみに供給されたと考えられ、寺本廃寺では未確認である。後述の複弁系の軒丸瓦Ⅱ型式の系統が甲斐国分寺軒丸瓦の文様の本流となって継続するのに対し、素弁系は創建段階にとどまり、以降採用されることはなかった。

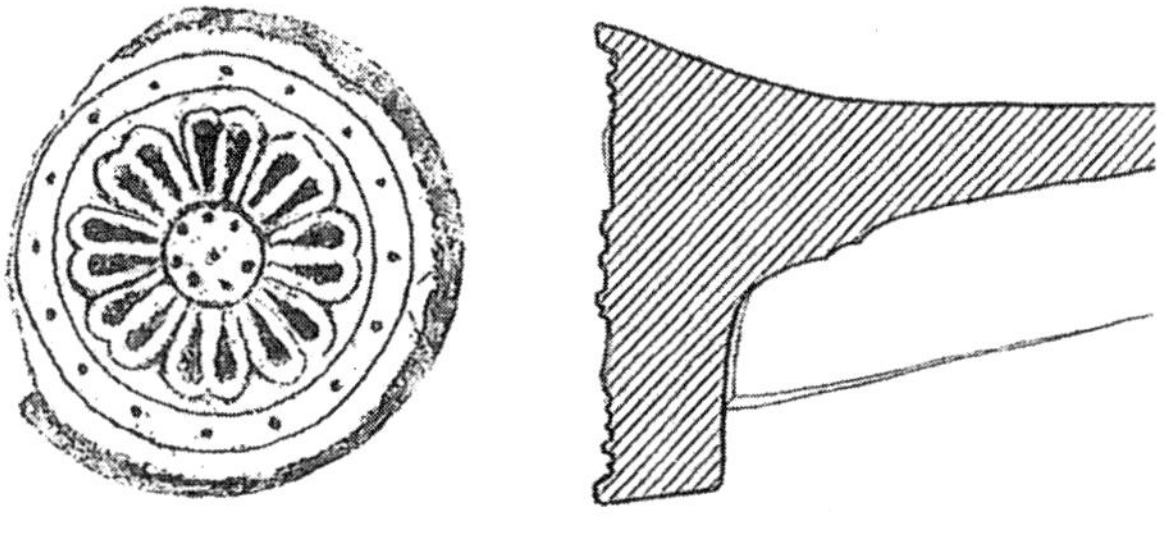

第４図　平城宮 6316 型式

軒丸瓦Ⅱ型式（第３図２）　平城宮第Ⅲ期（七四五～七五七）に属す六三一六系として知られる複弁八葉蓮華文である。平城宮六三一六型式は、六七一〇型式系軒平瓦と組み合わせ関係が指摘される軒丸瓦であり（第４図）、宮内よりも平城京内での出土量が多いとされる。内区の複弁蓮華文の各弁が間弁で画されず隣接し、外縁が直立するのを特徴とする。このような文様構成を持つ軒丸瓦は、甲斐のほか、常陸・伯耆・播磨・備後等の各国にみられ、国分寺造営期の軒丸瓦とされており、造営の急がれた天平勝宝年間（七四九～七五七）に位置づけられている［奈文研 一九七五］。

本型式は、製作技法と笵の進行により、Ⅱ（１）～Ⅱ（３）の三段階の変遷が確認され、Ⅱ（１）段階に積み上げ技法横置型成形台一本作り技法（第５図）が存在する。櫛原の前掲論文において成形台一本作りの存在が指摘され、三好清超が積み上げ技法であると断定した［三好 二〇一八］。この積み上げ技法横置型成形台一本作り（以下「積み上げ技法一本作り」）技法は、軒平瓦および平瓦の一枚作り技法とともに、奈良時代に平城宮・京における大量の瓦需要に対する生産の効率化という観点から導入された「型作り」という奈良時代を特徴づける中央系の新技術である。瓦専業工人の少ない地方においては、工人の非熟練さを補う有効な技法として、国分寺造営前後に地方に波及

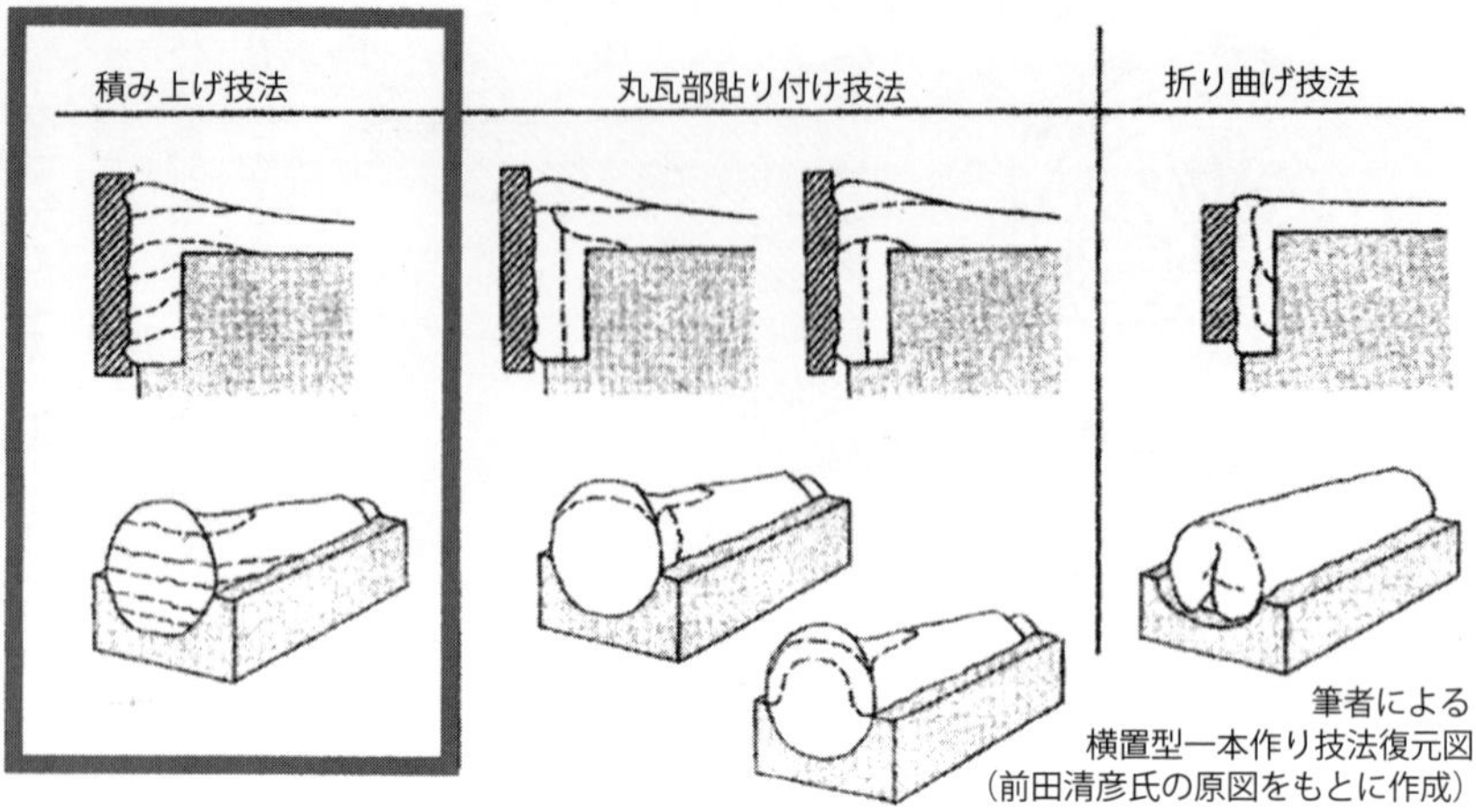

第5図　横置き型一本作り諸技法〈積み上げ技法（枠内)〉（梶原 2020 より）

したと考えられており、備中・石見・讃岐・丹波・伊勢・三河・駿河・上野の各国分寺で採用され、「国分寺創建当初の限られた時期にしか存在しないことが確認」されている〔梶原 二〇〇八〕。甲斐国分寺においても、この積み上げ技法一本作りは、軒丸瓦Ⅱ(1)段階のみに限られ、以降の各型式に採用されることはなかった。

Ⅱ(3)段階でさらに五段階の笵キズの変遷が確認され、笵を頻繁に使用したことが分かる。全体的に文様が不鮮明で平面的なものが多く、軒丸瓦ⅠA型式と同様に製作段階での文様のツブレを補正することなく焼かれるなど、粗雑感が目立つものも多くみられる。生産地は川田瓦窯のみと推定される。本型式の甲斐国分寺跡での出土点数は五二点であり、軒丸瓦全体における割合は二七%とⅠA型式に次ぐ。甲斐国分二寺の創建当初に供給されたと考えられるが、寺本廃寺からも出土していることから、同寺の補修瓦としても供給されたことが明らかで、甲斐国分寺創建に対する山梨郡家の深い関与が指摘されている。

軒平瓦Ⅰ型式（第6図1・2）　外区および脇区に六二個の珠文をめぐらし、外縁は素縁となる。交差する二つの下向きC字状文の上部に円環形頭部が付く中心飾りをもち、左右に四回反転する「甲斐型均整唐草文」〔櫛原 一九九〇〕といわれる甲斐独自の瓦当文様である。右第二単位の第一支葉の巻き込みが主葉とは反対に上向きになるのを特

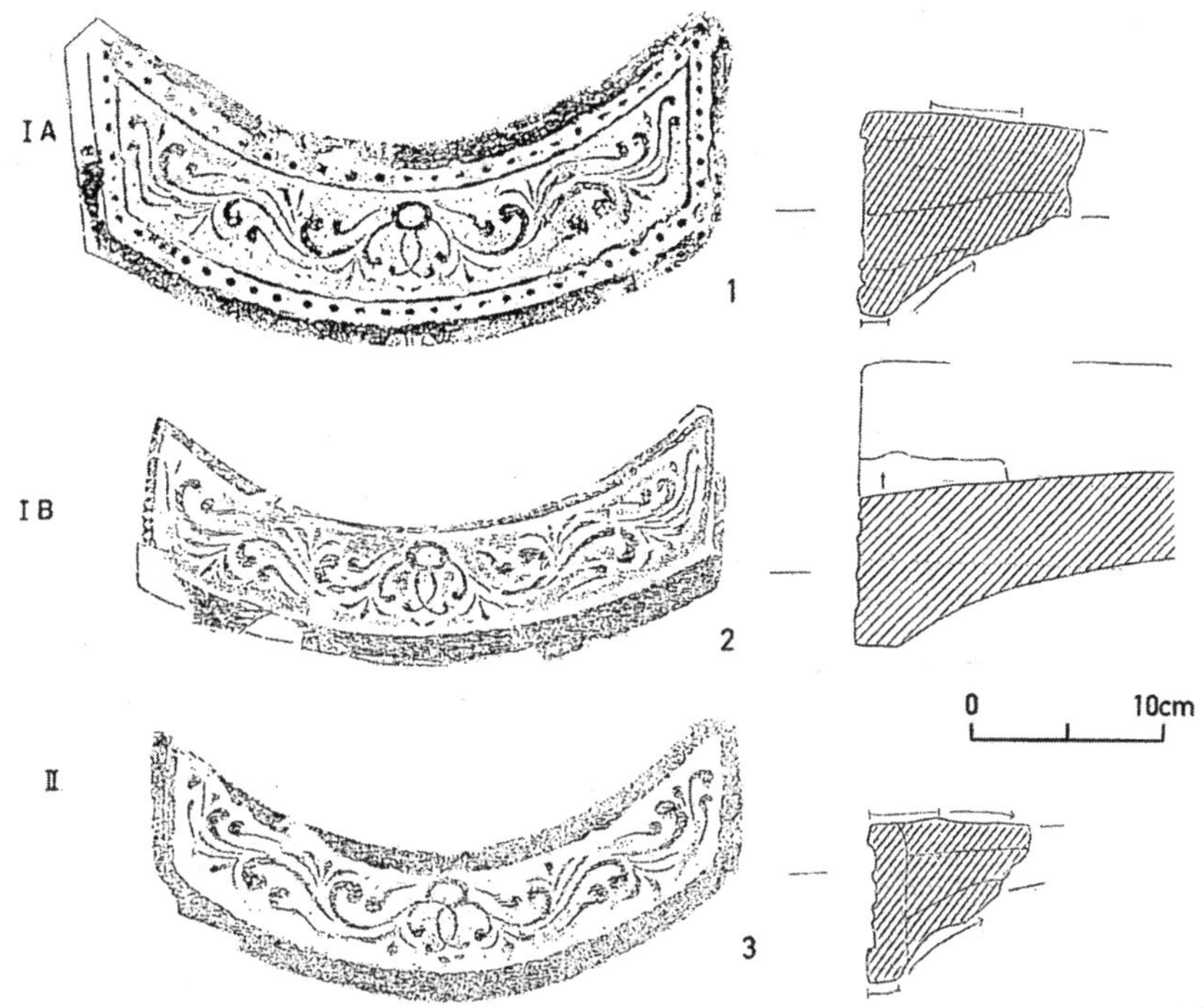

第６図　甲斐国分寺創建段階軒平瓦

徴とする。唐草文は、第二支葉が第一単位では三本、第二・第三単位では四本であり、第四単位は一本のみとなる。また主葉および第一支葉の巻き込む先端部が球状に膨らむ。顎部形態は、下方に張り出しの強い曲線顎。この甲斐型均整唐草文の祖型を平城宮第Ⅲ期に属する軒平瓦に求めると、軒平Ⅰ型式と同じく四回反転唐草文様の軒平瓦で、深い曲線顎をもつ平城宮の軒平瓦には六六九一型式（第７図）がある［奈文研 一九七五］。三つ葉状に膨らみを持つ中心葉および四回反転の唐草文を天地逆にすると文様構成が甲斐型均整唐草文に類似し、顎部の粘土を厚くし下方に張り出す曲線顎の近似性も加味すると、甲斐型均整唐草文の祖型を六六九一型式に見出すことができる。この型式は上総国分僧寺では、主体となる六二二五型式系軒丸瓦と組み合わされ、一枚作りであり八世紀中葉に位置づけられている［山路 二〇一八］。

このように、甲斐型均整唐草文は軒丸Ⅱ型式

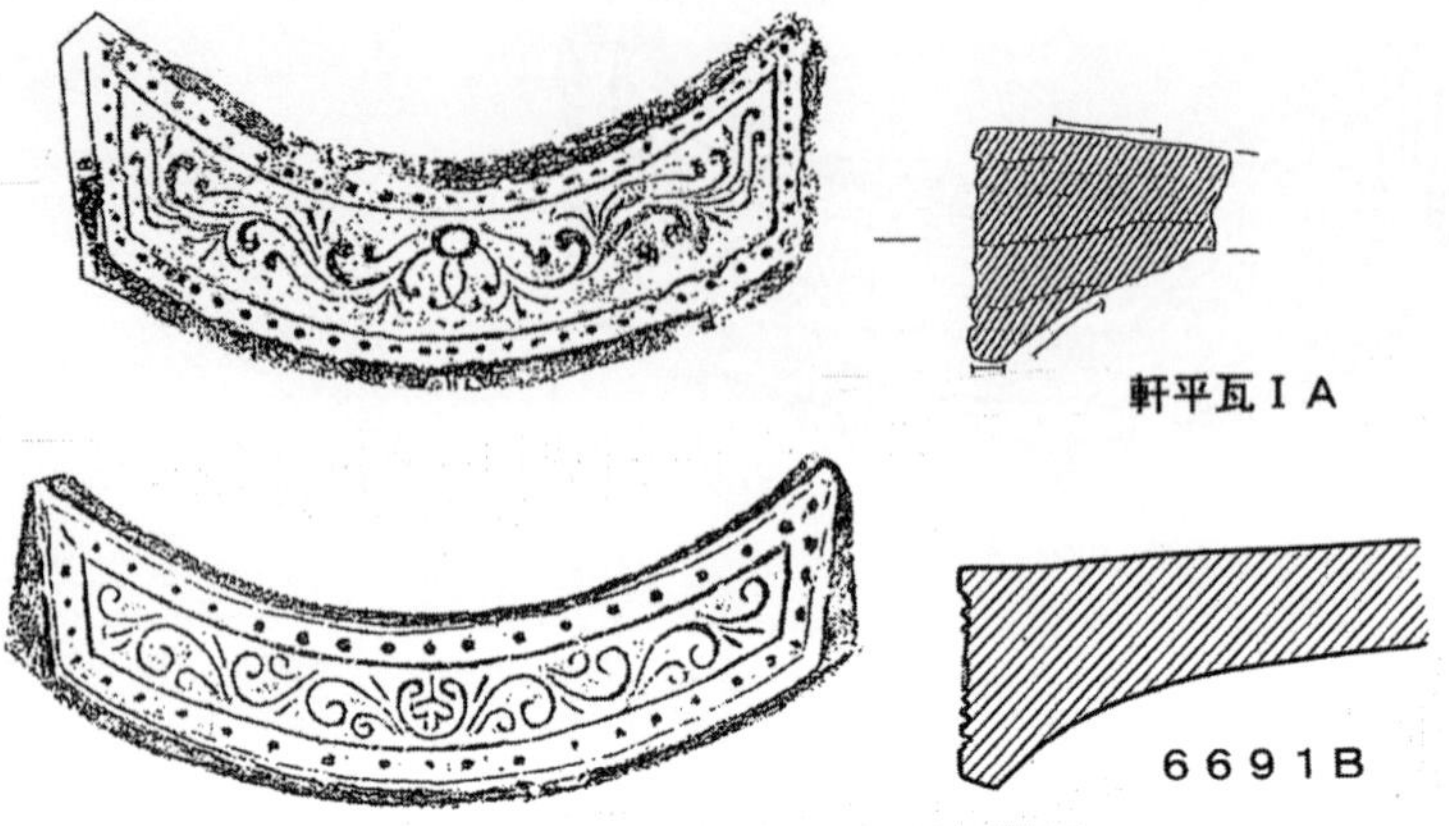

第7図　軒平瓦Ⅰ型式と6691型式

とともに中央系軒瓦を模倣して成立したと考えるのが妥当であり、甲斐国分寺創建段階の軒平瓦を特徴づける文様となる。そして後続の軒平瓦ⅢおよびⅣ型式にも引き継がれる。改笵およびタタキの違いで、外区珠文帯をもち、斜格子タタキのある改笵前のⅠA（第6図1）と、珠文帯が削られたことにより、瓦当も縮小され、縄タタキが施される改笵後のⅠB（第6図2）に分類される。ⅠAは斜格子タタキが平瓦部凸面から側面にかけて密に施される。製作技法は、積み上げ技法凸面成形台一枚作り技法（以下「積み上げ技法一枚作り」）である。断面に粘土積み重ねの痕跡が層状に認められ、瓦当面のひび割れも水平になる傾向があるという特徴がある。ⅠBは、ⅠA笵の外区珠文帯および界線も削られたことから、内区文様は直接素縁に画される。文様は平面的で、瓦当面に縄目圧痕が認められることから、笵を打ち込む前段階に縄タタキを施したと考えられる。笵の消耗が進行し、随所に笵割れを生じるようになる。笵の使用頻度が高かった証左である。

　ⅠAは川田瓦窯で焼かれ、寺本廃寺にも供給されるが、ⅠBは上土器瓦窯で生産され、甲斐国分寺のみに供給される。このことから、軒平瓦Ⅰ型式は川田瓦窯から上土器瓦窯への笵の移動があったと考えられている。甲斐国分寺跡での出土点数および軒平瓦総数二〇九点における割合は、ⅠAが二五点で一二％、ⅠBが三一点で一五％となり、後述の軒平瓦ⅡB型式に次ぐ。

軒平瓦Ⅱ型式（第6図3）　瓦当文様が軒平瓦Ⅰ型式に近似する甲斐型均整唐草文であるが、Ⅰ型式と同じ交差する二つの下向きC字状中心飾りの上部が円環形ではなく円弧状の頭部になるのを相違点とする。四回反転唐草文の左右第二単位の第一支葉の巻き込みが主葉とは反対に上向きで、左第四単位第一支葉が内向きに、Ⅰ型式では同じ高さになる右第三単位主葉が大きく巻いて第一支葉の上部に配されるのを特徴とする。タタキは斜格子目と縄目の二種類が認められ、凸面のみに施される。斜格子目タタキのあるⅡAと縄目タタキのⅡBに分類される。さらにⅡBは笵の消耗の進行による変遷が確認される。

製作技法は、積み上げ技法一枚作りおよび瓦当部となる粘土板（塊）と一枚作り平瓦部を接合する技法（接合式）が確認できる。ⅡAは、ⅠAと同じく斜格子目タタキであるが凸面のみに粗く施されるのがⅠAとの相違点である。接合技法は積み上げ技法一枚作り。甲斐国分寺跡での出土点数は三点と極めて少ないが、右第四単位主葉と第二支葉の間に笵キズの有るものと無いものがあり、また川田瓦窯採集の個体にも笵キズは認められないことから、瓦当右側に最初の笵キズが生じ、少なくとも二段階の変遷が確認される。

ⅡBでは、左右に笵キズが生じるようになり、笵の消耗の進行と笵の縮小により三段階の変遷が捉えられている。よって川田瓦窯で軒平瓦ⅡAが生産され、寺本廃寺へも供給されたが、最初に笵キズが生じた段階で、笵の移動により上土器瓦窯でⅡBが焼かれ、甲斐国分二寺にのみ供給されたことが明らかになっている。

甲斐国分寺跡での出土点数は、軒平瓦の中で最多の六七点で、その割合は約三二％を占めることから、ⅡB型式が前述の軒丸瓦Ⅰ型式とともに主体となる軒瓦であったことが明白である。すなわちそれは、上土器瓦窯の操業により甲斐国分二寺の造営が本格化したことを意味する。ⅡBの瓦当面にはⅠBと同じく縄タタキ痕があり共通性が認められる。この技法はⅠ型式およびⅡ型式の退化型式と考えられる軒平瓦Ⅲ、Ⅳ両型式にも受け継がれ、軒丸瓦Ⅰ型式とともに上土器瓦窯の工人の特性と考えられる。

以上の他に市報告書では、軒丸瓦ⅠB・Ⅲ・Ⅴ型式、軒平瓦Ⅲ・Ⅳ・Ⅵ・Ⅹ型式が創建段階とされているが、甲斐国分寺跡での出土割合は軒平瓦Ⅲ型式を除いて少ないことから、本稿の対象にしなかった。ただし、主要建物別の分布状況をみると、軒平瓦Ⅲ・Ⅳ型式については創建最終段階もしくは創建後間もない段階での差し替え用に生産された可能性も考えられる。

第8図　鬼面文鬼瓦（一宮町教委 1990 より）

鬼瓦（第8図）　アーチ形を呈し、頂部に突起をもつ鬼面文鬼瓦である。周縁は素文で高く張り出す。前歯を突き出し、目いっぱいに口角を上げて牙を剥き、かっと見開いた団栗眼を吊り上げた憤怒の形相である。額の皺を二本の弧状で表し、眉間はふっくらと球状に盛り上がり、鼻根に固定するための釘孔を穿つ。櫛原は、突起をもち、周縁に珠文帯をもたない点が相違するが、南都七大寺式に類似するとして、軒瓦よりも遅れて、天平宝字年間（七五七〜七六四）に位置づけられるⅣ式期に比定した［櫛原 一九九二］。上土器瓦窯3号窯で出土していることから、同瓦窯から供給されたことが判明している。これまでに、甲斐国分寺では当鬼面文一型式と考えられているが、3号窯から中央に方形の小孔が穿たれた、ほぼ同規模の無文の瓦製品が出土しており、鬼板の可能性も考えられる［甲府市教委 二〇〇四］。

以上のように、甲斐国分寺の創建瓦は、当初段階の川田瓦窯では中央由来の文様や製作技法を採用したが、上土器瓦窯の操業に合わせて、軒丸瓦は在地系の素弁文様を採用する。しかしそれも一時的で、以後修復期まで川田瓦窯で採用され在地化した複弁系が甲斐国分寺軒丸瓦の主流となる。一方、軒平瓦は、川田瓦窯から上土器瓦窯へと瓦笵も伴い瓦窯は代わるが、創建から修復期まで、中央由来の均整唐草文系が受け継がれていく。平瓦の一枚作りも同様である。

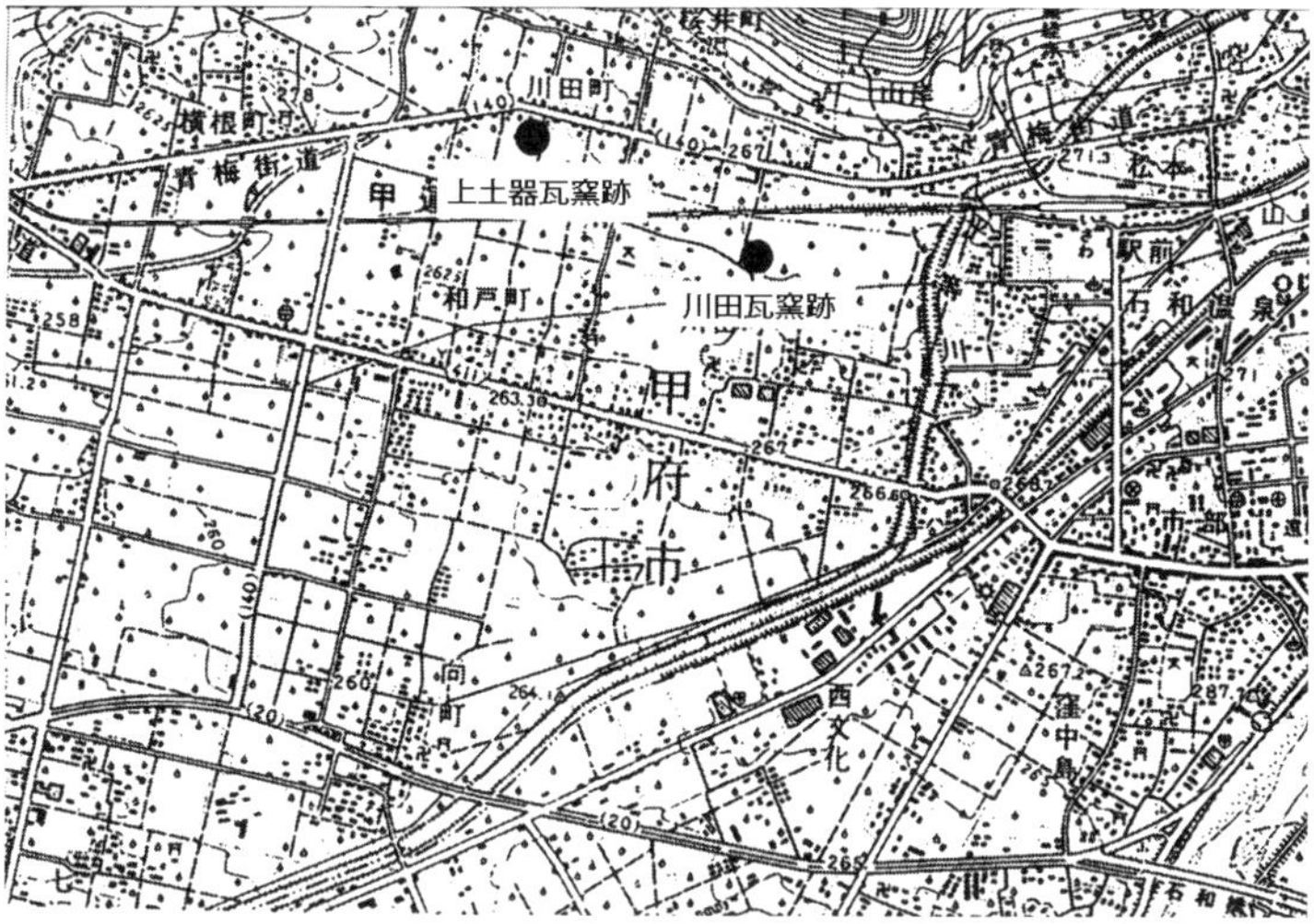

第９図　川田瓦窯跡・上土器瓦窯跡位置図（山梨県教委 1990 に加筆）

2　甲斐国分寺創建と川田瓦窯・上土器瓦窯

甲斐国分寺所用瓦を生産した瓦窯跡は、川田瓦窯跡と上土器瓦窯跡の二箇所である(第9図)。甲府市東部に位置し、笛吹川の支流である平等川(旧笛吹川)により形成された沖積地の微高地縁辺部に立地する。川田瓦窯跡の西方約五〇〇㍍に上土器瓦窯跡がある。両瓦窯跡とも戦後の窯業開発に伴う粘土採掘により窯本体は失われ、灰原および付近から広範囲にわたり大量の溶変および不良品瓦、壁体、焼土・炭化物など、明らかに窯の存在を示す関連遺物が出土することから瓦窯跡と判断されている。

川田瓦窯跡　明治二十三年(一八九〇)に発見された。発見者の中島正行によれば、微高地の裾を流れる水路中より軒丸瓦、平瓦、鴟尾などを採取し、それらのほとんどが廃品とみられる古瓦ばかりで、層を成して堆積していた箇所がある点などから「古窯跡」であると結論付けている〔中島 一九四八〕。その後、寺本廃寺の発掘調査により、出土瓦が当瓦窯軒丸瓦と同笵であることが確

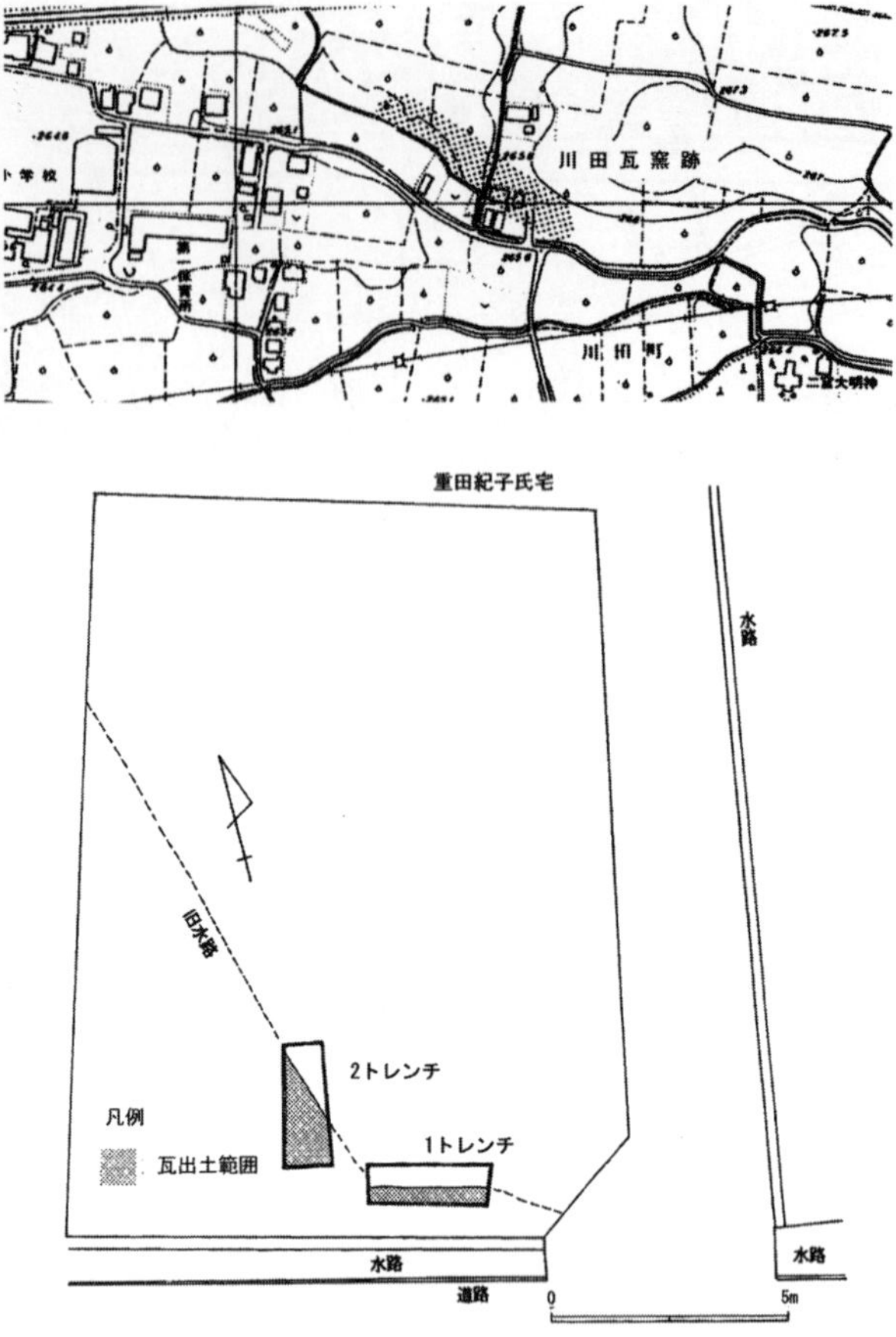

第10図　川田瓦窯跡・山梨県調査地点位置図
（山梨県教委 1990 に加筆）

認され、川田瓦窯が寺本廃寺の創建に伴い操業された専用窯であることが判明している［春日居町教委　一九八八］。平成元年（一九八九）には、中島の古瓦等採取地とほぼ同じ地点において山梨県教委が試掘調査を実施し（第10図）、中島と同じく水路付近から大量の焼土・炭・瓦が検出された。山梨県で保管する中島の採集品にも窯内で溶着・変形したものが認められるなど窯跡であることは確実であり、窯本体は旧水路に沿った微高地縁辺の南斜面に並んで構築され、瓦の散布域から一基だけでなく三～五基くらいは存在したであろうと推定された［山梨県教委　一九九〇］。瓦等の内容は、寺本廃寺と同じ軒丸瓦の他に甲斐国分寺所用の軒丸瓦Ⅱ型式およびⅤＡ型式、軒平瓦ⅡＡ型式のほか、一枚作りを含む平瓦・丸瓦である。これまでに須恵器は検出されていない。

上土器瓦窯跡　昭和六十年（一九八五）の市内分布調査により発見され、これまでに三地点が発掘調査されている。

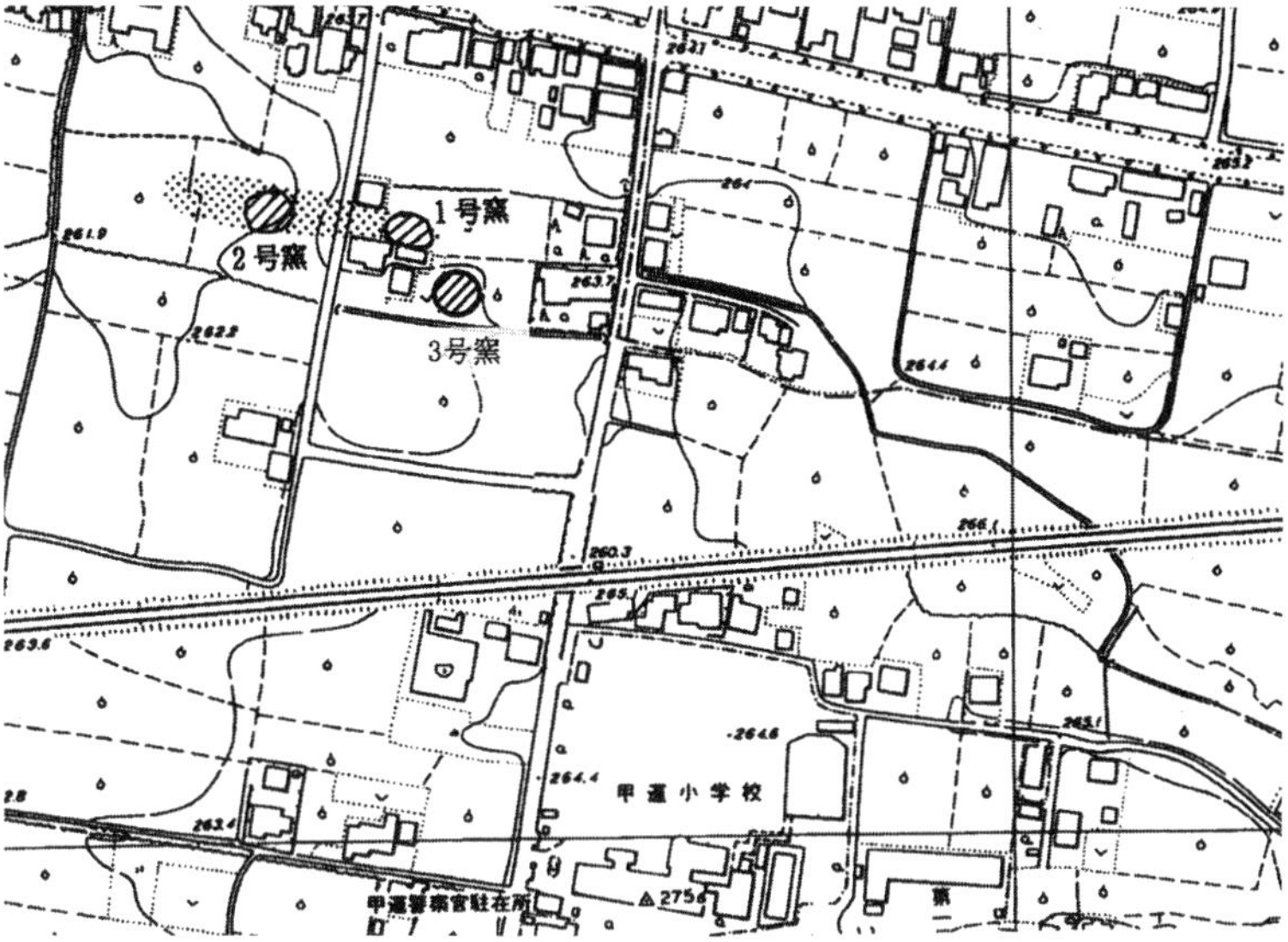

第11図　上土器瓦窯跡位置図（山梨県教委1990に加筆）

昭和六十二年（一九八七）の甲府市史編纂委調査地点が1号窯、翌昭和六十三年の山梨県教委調査地点が2号窯、平成五年（一九九三）の甲府市教委調査地点が3号窯と命名された［甲府市史編纂室 一九八九、山梨県教委 一九九〇、甲府市教委 二〇〇四］。いずれも窯壁体を含む焼土・炭化物とともに大量の瓦が面的に集中して出土した。しかもそれらは窯の中で溶変し、歪みやひび割れを起こしたものであり、三地点ともに製品とならない不良品を一括廃棄した灰原であると推定され、川田瓦窯跡同様に窯本体は削平され、消失したと認識されている。

1号～3号窯の位置関係は、1号窯の西側に2号窯、南側に3号窯が位置し、2号窯の西側にも灰原の存在が推定されることから、旧水路に沿った微高地の南斜面に瓦窯が並んでいたことが想定されている（第11図）。

1号窯からは、甲斐国分寺軒丸瓦ⅠA・ⅠB両型式、軒平瓦ⅠB・ⅡB・Ⅲの各型式と、甲斐国分寺では未検出の鳥衾あるいは棟先瓦と推定される軒丸瓦ⅠC型式、長方塼のほかに一枚作り平瓦、玉縁式丸瓦が出土。2号窯からは、甲斐国分寺軒丸瓦Ⅰ（小破片のため識別不明）およびⅤB・Ⅳ、軒平瓦ⅡB・Ⅲ・Ⅷの各型式と一枚作り平瓦、玉縁式丸瓦が出土。

古墳時代前期末と後期後半、九世紀中葉から後半代を中心とした土師器を伴う。3号窯からは、甲斐国分寺軒丸瓦ⅠA・ⅠB、軒平瓦ⅠB・ⅡB・Ⅲ・ⅤA・Ⅷ、Ⅺの各型式の外、鬼面文鬼瓦、用途不明瓦（無文鬼瓦か）、一枚作り平瓦、玉縁式丸瓦、長方塼が出土。古墳時代後期（五世紀末〜六世紀初）と平安時代（九世紀後半から十世紀前半代）の土師器を伴う。

以上をまとめると、上土器瓦窯跡の各窯では、甲斐国分寺所用の軒丸瓦Ⅰ型式を主体に軒丸瓦ⅤB・Ⅳ型式、軒平瓦ⅠB・ⅡB・Ⅲ・ⅤA・Ⅷ・Ⅺの各型式が生産されていたことが明らかである。軒平瓦は、ⅠB・ⅡB・Ⅲ型式が各瓦窯で出土しているのに対し、軒丸瓦ⅠB型式と軒平瓦Ⅷ型式は3号窯に偏っていることから、軒丸瓦ⅠBと軒平瓦Ⅷ型式は、3号窯を中心に焼かれた可能性が高い。軒丸瓦ⅠB型式に類似の軒丸瓦は、上土器瓦窯の南方に所在し、瓦の生産に関わった工人集団の居住地とされる川田遺跡群の桜井畑遺跡A・C地区からも出土している〔山梨県教委一九九〇〕。ただし、1号窯からはいずれも創建段階の軒瓦のみが出土しているため、創建瓦が焼かれた瓦窯の可能性が高いにしても、2号窯・3号窯に関しては、創建段階と修復段階の軒瓦が混在し、共伴の土師器が九世紀後半〜十世紀前半に属すことから、平安期の瓦窯跡の可能性がある。さらに複数の窯の不良品の一括廃棄場であった可能性、粘土採取後の瓦窯周辺の居住地からの土器も含めた捨て場だった可能性も検討の余地があると報告者は述べている。

いずれにしても、甲斐国分寺所用瓦の生産は、川田瓦窯において開始され、軒丸瓦ⅡAと軒平瓦ⅠA・ⅡA型式を供給し、新たに甲斐国分寺専用瓦窯として操業された上土器瓦窯において、軒丸瓦ⅠA型式と軒平瓦ⅠB・ⅡB型式が生産され、造瓦が本格化したことは軒瓦の製作技法と瓦笵の消耗状況から疑いない。以降、修復段階にも、一部を除き大部分の型式が上土器瓦窯で生産されており、甲斐国分寺所用瓦は、軒先瓦のみならず丸瓦・平瓦、鬼瓦、塼などの道具瓦も含めて、創建から修復期までほぼ一貫して、川田瓦窯と上土器瓦窯を擁する山梨郡表門郷において生産されたことは明らかである。

生産地と消費地の関係を検証するため、川田瓦窯跡・上土器瓦窯跡・甲斐国分寺跡の瓦の胎土分析が実施され、三遺跡の瓦に類似性が認められるという分析結果が得られているので、甲斐国分寺所用瓦は川田・上土器両瓦窯で生産され、供給されていたことは確実である［河西 一九九〇］。

甲斐国分寺跡出土の軒瓦の中には、軒丸瓦ⅢA・B、Ⅵ・Ⅶ・Ⅷ、軒平瓦Ⅳ・Ⅵ・Ⅸ・Ⅹといった、川田・上土器両瓦窯では未確認の各型式も存在するが、胎土分析の結果はもちろん、瓦当文様の類似性、両瓦窯産軒瓦のメルクマールとされる胎土に雲母や白色砂粒および赤色・黒色粒子を多く含み、白色粘土がマーブル状に見られるという特徴（当地域で生産された甲斐型土器にも同様な特徴がある）からも、今後、両瓦窯跡の別地点（同地域における別瓦窯も含めて）において検出される可能性が高い。

甲斐国分寺の創建時期と造瓦体制　以上の瓦の分析をもとに甲斐国分寺の創建時期を考えてみたい。梶原義実は、国分寺造営の開始時期について、瓦の面から「多くの国ではやはり七五〇年代前半には開始されていたと考えるのが自然」であるとして、天平十九年（七四七）十一月の造営督促令からの約二〇年間が、国分寺造営のピークであったとしている［梶原 二〇一〇］。

甲斐国分寺の創建段階とした軒瓦の年代観は、前述のとおり天平勝宝年間（七四九〜七五六）に位置づけられる平城宮六三一六系とされる軒丸瓦Ⅱ型式と平城宮六六九一系が祖型と推定される軒平瓦Ⅰ型式との組み合わせが確認でき、甲斐国分寺跡出土の土器の年代観も八世紀中頃をさかのぼるものは見られないことが明らかである。したがって、多くの国分寺と同様、甲斐国分寺も天平十九年詔を契機に造営事業が開始されたと考える。櫛原は、甲斐国分寺の創建期について、天平十九年詔により甲斐国分寺創建瓦の生産が開始された川田瓦窯での操業段階を創建前半期、国分寺専用窯とする上土器瓦窯の操業段階を創建後半期とし、川田瓦窯産の軒瓦の瓦当文様の年代と、上土器瓦窯の国分寺創建段階の軒瓦文様の類似性などを根拠に、次のように推定している。川田瓦窯から上土器瓦窯への技術移譲が行われ、七六〇年代に位置づけた鬼面文鬼瓦の年代観から、遅延していた国分寺の完成のため、造東大寺司の経歴をもつ山口忌寸佐美麻呂が七六一年に甲斐国守に赴任したことに関連づけ、創建段階を七四七年から七六〇年頃までとした［櫛原　一九九二］。

甲斐国分寺跡における軒瓦の型式別出土点数によれば、軒丸瓦ⅠA型式が最多で、軒平瓦ⅡB型式がそれに次ぐ。この上土器瓦窯産の両型式は他を圧倒しており、上土器瓦窯産の軒丸瓦ⅠAと軒平瓦ⅡBの両型式が組み合わされ、創建段階の主体となる軒瓦であったことは確かである。また、それに次ぐのは、軒丸瓦Ⅱと軒平瓦Ⅰの両型式だが、そのうち成形技法上、川田瓦窯産の軒丸瓦Ⅱ（1）と軒平瓦ⅠAが前二型式に先行すると考えられるため、創建当初は、山梨郡司の専用窯である川田瓦窯で軒丸瓦Ⅱ（1）と軒平瓦ⅠAが生産されたが、直ぐに甲斐国分寺専用の上土器瓦窯の操業が開始され、軒丸瓦ⅠAと軒平瓦ⅡBの生産により、甲斐国分二寺の造営は本格的な段階に入ったとする櫛原の見解はほぼ妥当といえる。ただし、上土器瓦窯創業後も川田瓦窯においてしばらくは軒丸瓦Ⅱ（2）・Ⅱ（3）と軒平瓦ⅡAが生産され、上土器瓦窯で笵を移動し生産された軒平瓦ⅠBとともに供給されていたことを考慮すると、技術の移譲ではなく、工房ごと移転したとみるべきで、上土器瓦窯においても山梨郡家の主体的な関与は継続されたと考える。須田勉は、天平十九年詔について、「国分寺の造営過程の中で大きな画期をなす施策であったことは、考古学的な造営実態から判断できる」として「国分寺造営の主体を郡司に移行させ、全国規模で造営が開始される契機となった点で、大きく評価すべき」であるという見解を示している。すなわち、須田が指摘するように、国分寺造営事業は、郡司の主体的関与なくして成立しないのである。

次に、金堂と塔どちらが先行して建設されたのか検討してみたい。主要建物における型式別出土分布状況によれば、金堂・塔・講堂・中門に限ると、軒丸瓦ⅠA・Ⅱ、軒平瓦ⅠA・ⅠB・ⅡBの各型式がほぼ各建物に認められ、各型式ともに金堂が最多である。それに対して塔は軒丸瓦Ⅰ・Ⅱ型式、軒平瓦ⅡB型式は金堂に次ぐものの、軒平瓦ⅠA

は一点で、ⅠＢは皆無である。なかでも創建当初段階の軒丸瓦Ⅱ（1）と軒平瓦ⅠＡ、その直後に位置づけられる軒丸瓦ⅠＡと軒平瓦ⅡＢの金堂での割合が際立っていることから、塔よりも金堂の建設が優先された可能性が高かったことが推測される。一方、講堂における分布状況からは、両建物よりも建設が遅れた様相が捉えられる。このことは、発掘調査によっても確認されている。

なお、甲斐国分尼寺については、これまでに伽藍地における発掘調査が行われていないため、軒瓦の実態は不明である。過去に公表されているわずかな資料によれば、軒丸瓦Ⅰ型式・Ⅱ型式・ＶＢ型式、軒平瓦ⅡＢ型式・Ⅲ型式が確認できる。それらの中に川田瓦窯産の軒丸瓦Ⅱ型式も認められるが、時期については特定できない。ただし、創建当初段階の軒平瓦ⅠＡ型式もみられないことから、建設開始は上土器瓦窯操業後の造営が本格化する時期とみて、若干ではあるが僧寺より遅れたと推定される。付属院地と考えられる甲斐国分尼寺遺跡の調査成果や伽藍の規則性からすれば、二寺は一定の基準の中でほぼ同時期に造営が進められた可能性は高い［猪股二〇二〇・二〇二二］。

3　甲斐国分寺の造瓦体制と輸送経路

寺本廃寺や川田瓦窯跡・上土器瓦窯跡が所在する山梨郡表門郷から山梨郷域にかけての甲府盆地北東部は、六世紀代に甲府盆地に進出した中央豪族の本拠地とされ、百済系渡来人に関係すると言われる積石塚を中心とする春日居古墳群が控える。七世紀末に郡家所在地とされる山梨郡山梨郷（笛吹市春日居町）に創建された寺本廃寺は、軒丸瓦の瓦当文様が百済系であることから、百済系渡来人との関係が深い氏族の造営によるものとされ［春日居町教委一九八八］、渡来人の知識と技術がその背景にあったと考えられている。さらに寺本廃寺の補修用瓦として、川田瓦窯跡から国分寺創建段階の軒丸瓦Ⅱ型式・軒平瓦Ⅰ型式が供給されていたことも判明しており、甲斐国分寺造営事業に百済系渡来人の関与は十分に考えられ、彼らを勢力下に置く山梨郡司層が主体的協力者であったことは明白である。

七世紀末に寺本廃寺の専用窯として操業が開始された川田瓦窯では、八世紀後半の国分寺造営に際して山梨郡家の協力のもと、創建当初の国分寺所用瓦の生産を開始する。その後、天平十九年(七四七)の国分寺造営督促詔以後、造営の本格化に伴って川田瓦窯付近に新たに上土器瓦窯が国分寺専用窯として創設され、本格的な造瓦体制に入る。前稿でも述べたように、甲斐国分寺の造瓦システムは、川田瓦窯と上土器瓦窯(同地域における別瓦窯も含めて)を擁する山梨郡表門郷における一元体制により行われたと考えている。すなわち、川田瓦窯から上土器瓦窯への技術移譲というよりも、川田瓦窯での操業が短期的であることからすれば、移譲ではなく移転と考えた方が自然であり、上土器瓦窯の操業も実質的に山梨郡家の影響下にあったと考える。移転後の上土器瓦窯からも軒平瓦Ⅲ型式が寺本廃寺へ供給されていることでも山梨郡家の影響は明らかである。

上土器瓦窯産の軒丸瓦ⅠＢ型式は川田遺跡群からも検出されている。この遺跡群は、川田瓦窯・上土器瓦窯跡と同じ山梨郡表門郷域に所在しており、大坪遺跡も含めた同一の遺跡群と考えられている。平野修によると、川田遺跡群は川田瓦窯の操業と同じく七世紀後半に開始された、上土器瓦窯・大坪遺跡にも関わる古代の工房群とそれに従事した工人が集住した集落遺跡と推定されている[平野 二〇〇八]。当遺跡群のうち、桜井畑遺跡Ａ・Ｃ地区では、前述の軒瓦の他にも上土器瓦窯で焼かれたと考えられる瓦が瓦溜遺構や竪穴住居からまとまって出土しているため、上土器瓦窯の工人集落の可能性は高い。出土瓦の造瓦技法の相違から、山梨郡表門郷域における複数の工人集団による造瓦体制も想定されているように[山梨県教委 一九九〇]、甲斐国分寺出土の創建段階の瓦には、同一型式の中にもいくつかの成形技法の違いが確認でき、異なる工人集団の存在は推測できる。丸瓦で三種類、平瓦に四種類の成形技法が確認されるが、それらには時期差としてたどれるものと、工人集団の違いからくるものとの二つの要因が考えられる。

繰り返すが、甲斐国分寺所用の造瓦体制は、山梨郡家の本拠地である山梨郡表門郷(川田遺跡群)において、山梨郡

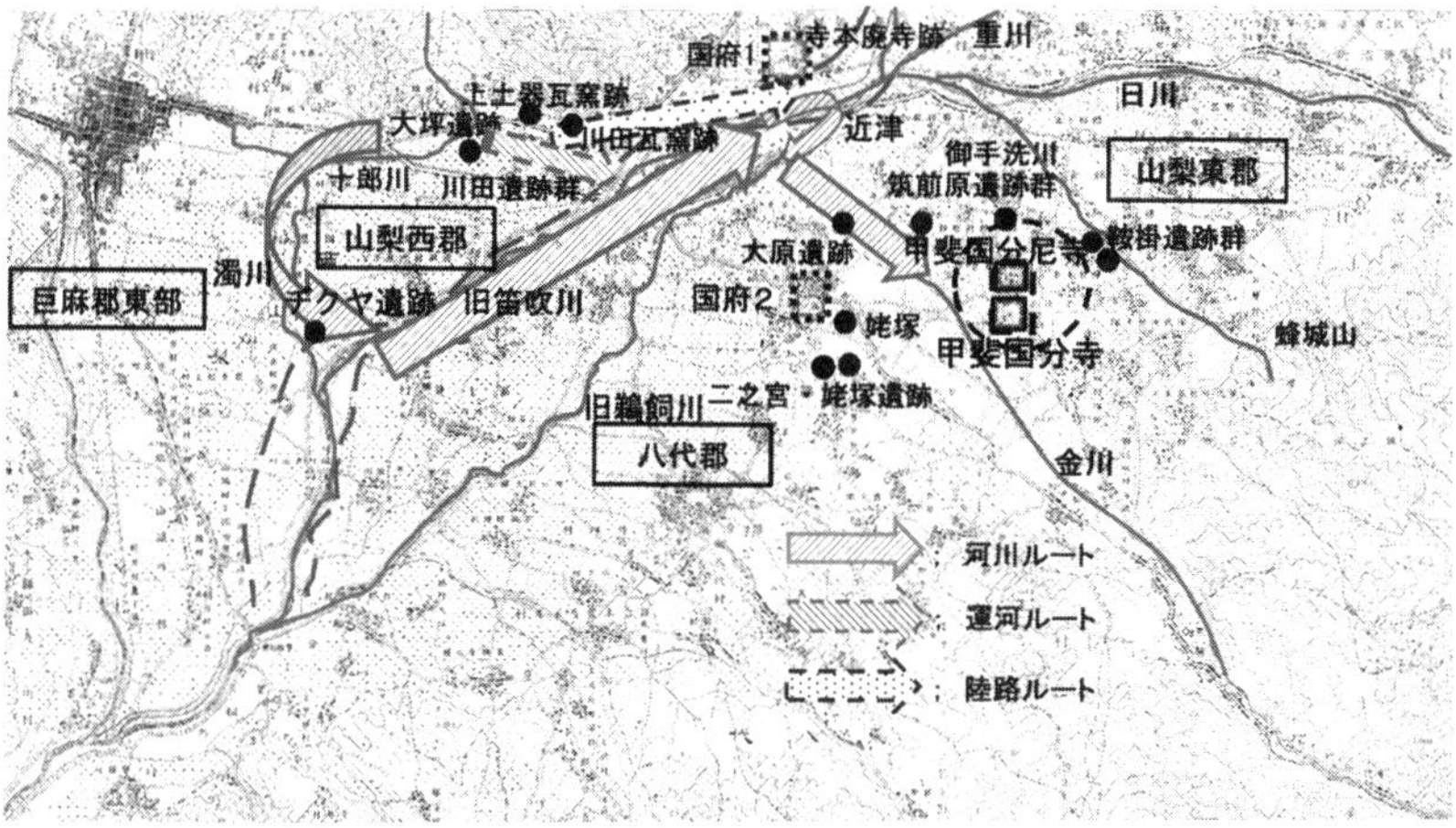

第12図　甲斐国分寺所用瓦輸送ルート想定図（明治28年地形図甲府7号に加筆）

司層の管理する複数の工人集団の工房が分散する形で、一手に造瓦が行われた状況が想定できる。すなわち、甲斐国分寺が山梨郡内に計画されたのは、天平十九年造営督促令を受け、造営を急ぐため山梨郡家の勢力下で同郡内に先行して建立されていた寺本廃寺の造瓦体制を最大限に活用したことを意味する。甲斐国には四郡ある中で、山梨郡でのみ行われたと推定される造瓦の一郡体制は、甲斐国の特色といえよう。

ここで国分寺造営に必要な膨大な量の瓦をどのようにして生産地から輸送したのかを考えてみたい（第12図）。瓦窯と国分寺造営地の距離は、直線にして約六キロである。その間には甲府盆地を流れる二大河川の一つ笛吹川が流れるが、両瓦窯の所在する山梨郷西部地域は、東海道と東山道を結ぶ列島規模の古代交通のルート上にあり、水陸交通の要衝として物資の集積及び輸送といった物流の拠点としての役割もあったと考えられている。平野修によると、瓦・土器の工房集落を抱える川田遺跡群で検出された笛吹川旧流路と水路状もしくは運河状の溝状遺構を、当遺跡群の西方に位置する大坪遺跡と結ぶ水路交通を想定し、大坪遺跡を古代の「市」ではないかと指摘している［平野二〇〇八］。望月秀和も甲府市濁川と笛吹市平等川（旧笛吹川）の合流点に近接するヂクヤ遺跡を再評価するなかで、濁川流域の大坪遺跡や川田瓦窯・上土器瓦窯などの生産地からの大量の製品を輸送する手段として、濁川と平等川(旧笛吹川)とを結ぶ古代甲斐国の水上交通路を想定している[望月　二〇〇六]。

旧笛吹川と現笛吹川(旧鵜飼川)の合流点には、明治四十年(一九〇七)の大水害によって決壊するまで「近津堤」が置かれていた。近津堤の構築目的は、現笛吹川から旧笛吹川への流路変更にあったのではないかと考えられている。その時期を古代にまで遡らせ得る根拠はないものの、可能性の一つとして想定しておきたい。近津堤は、重川と金川扇状地の東限を流れる御手洗川の合流点でもあり、河川交通の要衝としての古代の津との関連が想定されている。河川のほかにも、川田遺跡群から寺本廃寺への運河や陸路を利用した近津までのルートも考えられよう。これらを経由し金川と連絡する甲斐国分寺への瓦の古代輸送ルートを想定したい(第12図)。しかも金川河口付近には、玉井郷の中心集落であり、甲斐国分寺造営に関わりをもっていたと考えられる大原遺跡が存在する。現在の金川東岸にある「森林公園金川の森」には、明治水害以前と推定される旧流路跡が甲斐国分寺跡に近い場所に現存し、この流路跡が国分寺造営時期にも同様に流れていた旧金川の流路であったと仮定すれば、瓦輸送の水路利用の観点から国分寺の占地に金川が深く影響したとも考えられよう。

5　甲斐国分寺造営と在地氏族

文献史料上、古代山梨郡に見える氏族名には三枝直、小長谷直、大伴直があり、部民の存在からその管理者である日下部直、丈部直、物部直が推定されている[山梨県　二〇〇四]。特に小長谷(小谷)直や大伴(伴)直は、八代郡にも存在したことが知られ、この二つの氏族は山梨・八代両郡に関係したと考えられている。

寺本廃寺と二つの瓦窯が所在する山梨郡西部地域は、百済系渡来人と関係が深いとされる山梨郡司層の拠点であり、甲斐国分寺造営に伴い、彼らの本拠地に国分寺所用瓦の生産拠点が設けられたのも、造瓦技術を有する百済系渡来人を掌握する彼ら氏族層が甲斐国分寺創建に深く関与し、その造営の主体的協力者であったからであろう。

寺本廃寺の創建に関わったのは、百済系渡来人との関係が深い物部氏や大伴氏が推定されているが〔坂本 一九八八、末木 一九九〇、大隅 二〇一八〕、筆者はかつて甲斐国分尼寺遺跡の発掘調査で出土した墨書土器「大伴」（八世紀後半）と「伴」（十世紀前半）は、大伴氏の存在を考古学的に示すものとみて、甲斐国分二寺造営への大伴氏の関与を想定したことがある〔猪股 二〇〇四〕。周知のとおり大伴氏が伴氏に改められたのは弘仁十四年（八二三）であり（『続日本後紀』『日本三代実録』）、「大伴」「伴」の墨書土器の年代観とも矛盾はない。この墨書土器は、国分寺造営に主体的に関わった郡司層に大伴直氏がいたことを考古学的に裏付け得る重要な資料と言えよう（第13図）。

甲斐国分尼寺遺跡では、「浄足」という人名墨書土器（八世紀後半）も出土している。末木健が注目するように、『類聚国史』天長六年（八二九）十月十九日条に登場する「甲斐国人節婦上村主万女」が嫁した「小長谷部直浄足」と墨書土器「浄足」が同一人物であるとすれば〔末木 二〇二三〕、墨書土器の年代観との矛盾もなく非常に興味深い。文献史料上、八世紀前半頃には山梨郡に小長谷部が存在していたことも記録され、八世紀中頃に八代郡に小谷直の存在が確認できる記録もある。

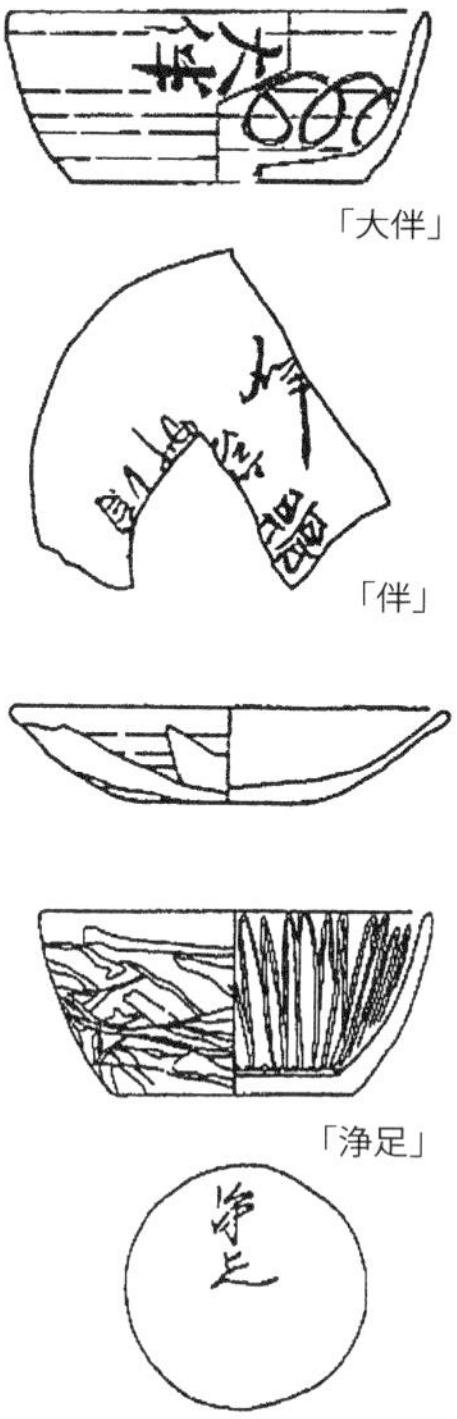

第13図　「大伴」「伴」「浄足」墨書土器

甲斐一宮浅間神社宮司古屋家に伝わる『古屋家家譜』〔鎌田 一九七九〕がある。『古屋家家譜』（以下、『家譜』と略す）については、資料的価値を疑問視する見解もあるが、甲斐に置かれた大伴部を現地管理する有力豪族の大伴直氏が自らの系図に中央貴族の

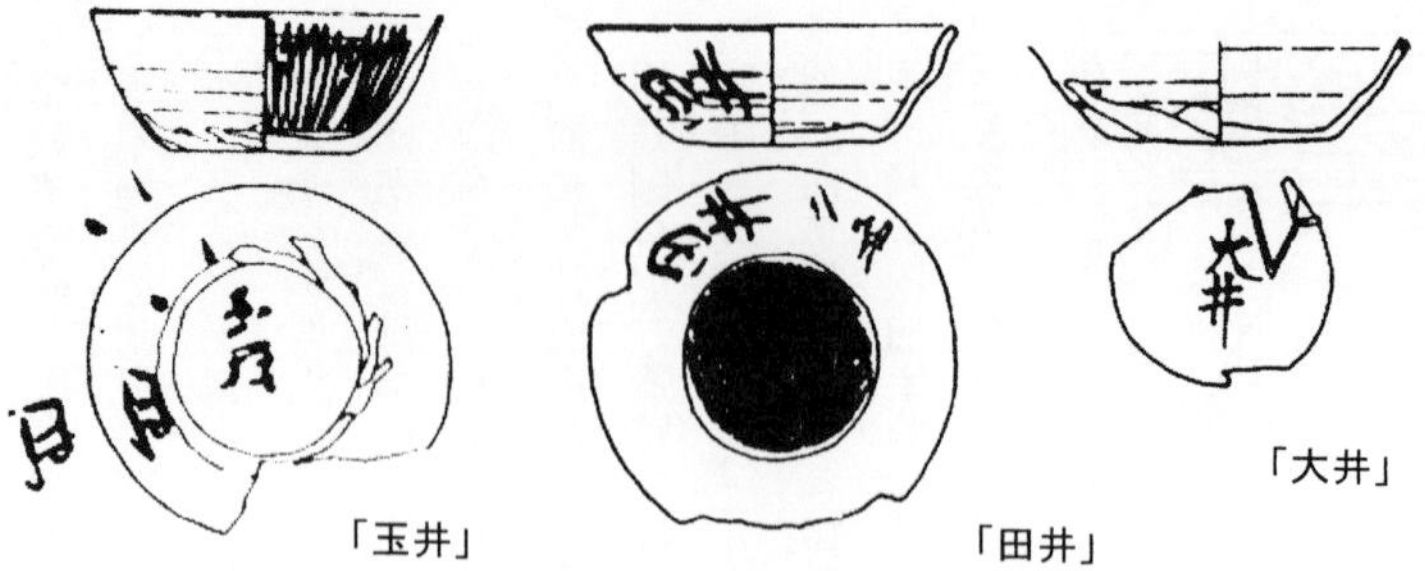

第14図　「玉井」「田井」「大井」墨書土器

大伴氏本系を接続させたものとされ、本系を入手できる存在であることと、七世紀後半の「方麻呂」以降の甲斐大伴(伴)氏系図には整合性があるとして、溝口睦子をはじめ資料的価値を高く評価する研究者もいる［溝口 一九八七、室賀 二〇一三、平川 二〇一九］。この『家譜』によると、大伴直氏は七世紀後半から八世紀前半は山梨郡を本拠とし、八世紀後半以降に八代郡の郡大領等を世襲し、大伴直氏の本拠地は山梨・八代両郡にまたがり、一族で両郡の郡司を務めていたという。しかも兄弟で甲斐掾や目の任にあった者もいて、甲斐国内での大伴(伴)直氏の優位性を主張している。さらに『家譜』によれば、大伴(伴)直氏と小長谷(小谷)直氏の間に婚姻関係が認められ、山梨・八代両郡に関わりの深い大伴(伴)直氏と小長谷(小谷)直氏の国分寺造営への関与は想定できよう。

甲斐国分寺跡の周囲には、甲斐国分寺造営とほぼ同時期の集落遺跡が存在することも明らかになっている。これらの集落遺跡は、甲斐国分寺近在の玉井郷や石禾郷など、渡来系氏族集団との関係が深いと考えられる伝統的集落や周辺の渡来系の居住地から集められた移住民・工人などの技術者で構成された新興集落と考えられている。末木健はそれをもって山梨郡林戸郷が編成されたとしているが［末木 二〇二二］、甲斐国分寺はまさにその林戸郷の中心に造営されているのである。

『続日本紀』延暦八年(七八九)六月九日条には、山梨郡の百済系渡来人の要請を受けて自らの居住地の地名をもとに「田井・玉井・大井・中井」の姓を賜ったと記録されている。林戸郷内の甲斐国分尼寺遺跡や松原遺跡では、「玉井」「田井」「大井」の墨書土器が出土しており(第14図)、考古学的に文献史料を裏付けるものとして注目されている。甲斐国内の百済系渡来人の拠点が山梨郡に置かれ、玉井郷とその周辺地に百済系渡来人の居住域を推定する末木健の説[末木 二〇二二]は、首肯できる。

これら国分寺造営に関わる集落の竪穴住居の時期的画期は、甲斐国分寺の修復期や衰退期と連動していることも確認されており、集落の周りに展開する大原遺跡をはじめとした伝統的集落遺跡の変遷とも連動していることが判明している。百済系渡来人と深い関係にあったと想定できる大伴直氏らの本拠地山梨郡の中心には、百済系渡来氏族も多数集住していたのであろう。造瓦だけでなく寺院建築・土木・測量等の諸技術を必要とした甲斐国分寺造営と造瓦体制の整備には、彼ら渡来系集団が大いに影響したのは言うまでもないであろう。

おわりに

以上、甲斐国分寺跡出土の軒瓦を中心に、生産地である川田瓦窯跡・上土器瓦窯跡の調査成果なども踏まえて、甲斐国分寺造営に伴う造瓦体制と在地社会の様相を考えてみた。論点は以下の三つに整理できる。

①甲斐国分寺の創建期軒丸瓦は、中央由来の文様や製作技法が採用された後、在地化した複弁系の甲斐国分寺軒丸瓦が主流となる。軒平瓦は創建から修復期まで中央由来の均整唐草文系が受け継がれる。平瓦の一枚作りも同様である。

②甲斐国分寺所用瓦は、先行する寺本廃寺の専用窯である川田瓦窯から供給され、国分寺専用の上土器瓦窯跡に移転し造営が本格化する。その時期は天平十九年詔以降である。創建期から修復期まで一貫して両窯の所在する山梨郡表門郷で瓦が生産され、河川・運河を利用して国分寺に供給されたと考えられる。

③造瓦を支えた技術者は、渡来系氏族の影響が強いと想定した。「田井・玉井・大井・中井」の姓を賜った山梨郡内の百済系渡来氏族などが主体であり、その居住地は金川河口付近の玉井郷を中心とした周辺域にも広がっていた。この技術者集団を率いて造瓦体制に積極的に関与したのは、山梨郡司層と考えられる。主体的に関与した在地豪族には本拠地を山梨郡・八代郡に置く、大伴(伴)直氏・小長谷(小谷)直氏であろうと考えた。彼らの本拠地である山梨郡下には、百済系渡来氏族が集住する居住地があり、甲斐国分寺造営に彼らを動員して造営事業が進められたと考えられる。

なお、伽藍内の建物は塔よりも金堂が先行し、さらに遅れて講堂が建設されたと考えられる。七重塔建立を優先する詔と異なる理由はわからないが、甲斐国の特徴として指摘できよう。

引用・参考文献

一宮町教育委員会　一九九〇『甲斐国分寺跡』
一宮町教育委員会他　一九九五『甲斐国分尼寺遺跡(第四次調査)』
一宮町教育委員会他　一九九五『甲斐国分尼寺遺跡(第五次調査)』
猪股喜彦　二〇〇四「第五章第六節　国府と甲斐国分寺」『山梨県史』通史編I原始・古代
猪股喜彦　二〇二〇『史跡甲斐国分寺跡—史跡整備のための伽藍中枢部遺構確認調査報告書—』笛吹市教育委員会
猪股喜彦　二〇二二「甲斐国分寺の占地及び一宮条里施工をめぐる国分寺地域における古代の土地開発と甲斐一宮浅間神社の立地的意義」『山梨県考古学協会誌』第二九号
大隅清陽　二〇一八『古代甲斐国の交通と社会』六一書房
河西　学　一九九〇「甲斐国分寺遺跡出土瓦の胎土分析」『甲斐国分寺跡』一宮町教育委員会
梶原義実　二〇〇八「横置型成形台一本作り軒丸瓦の諸技法とその年代」『名古屋大学文学部研究論集』一六一号
梶原義実　二〇一〇『国分寺瓦の研究』名古屋大学出版会
春日居町教育委員会　一九八八『寺本廃寺　第一・二次・三次発掘調査報告書』
鎌田純一編　一九七九『甲斐国一之宮　浅間神社誌』浅間神社

櫛原功一　一九九〇「均整唐草文軒平瓦の変遷」『山梨県考古學協会誌』第三号
櫛原功一　一九九二「甲斐国分寺瓦の変遷」『帝京大学文化財研究所研究報告』第四集
甲府市　一九八九『甲府市史』資料編第一巻
甲府市教育委員会　二〇〇四『甲府市内遺跡Ⅰ』
甲府市教育委員会他　二〇〇八『山梨学院川田運動場遺跡群（桜井畑遺跡・亀田遺跡・川田久保田遺跡）』
坂本美夫　一九八八「寺本廃寺と古墳群・集落の関係」『寺本廃寺』春日居町教育委員会
末木　健　一九九〇「甲斐仏教文化の研究」『研究紀要』五　山梨県立考古博物館・山梨県埋蔵文化財センター
末木　健　二〇二二「古代山梨郡玉井郷成立と渡来人」『甲斐』一五六号
末木　健　二〇二三『古代甲斐国の考古学』高志書院
須田　勉　二〇一六『国分寺の誕生』歴史文化ライブラリー四三〇　吉川弘文館
中島正行　一九四八「甲斐国分寺瓦窯址発見経過報告」『郷土研究』二号
奈良国立文化財研究所　一九七五『奈良国立文化財研究所基準資料Ⅱ　瓦編2　解説』
平川　南　二〇一九『地域に生きる人びと―甲斐国と古代国家』新しい古代史へ一　吉川弘文館
平野　修　二〇〇八「考古学からみた古代地域社会における「市」―山梨県甲府市大坪遺跡から何が読み取れるか―」『山梨県立博物館調査・研究報告2　古代の交易と道　研究報告書』
笛吹市教育委員会　二〇二〇『史跡甲斐国分寺跡―史跡整備のための伽藍中枢部遺構確認調査報告書―』
溝口睦子　一九八七『古代氏族の系譜』吉川弘文館
三好清超　二〇一八「5　中部地方の一本づくり・一枚づくり」『第十八回シンポジウム八世紀の瓦づくりⅧ―一本づくり・一枚づくりの展開1―』奈良国立文化財研究所
室賀寿男　二〇一三『大伴氏』古代氏族の研究④　青垣出版
望月秀和　二〇〇四『松原遺跡』一宮町教育委員会
望月秀和　二〇〇六「ヂクヤ遺跡の再考―河川流域に分布する遺跡の再評価―」『山梨県考古学協会誌』第一六号
山路直充　二〇一八「7関東地方東部の一本づくり・一枚づくり」『第十八回シンポジウム八世紀の瓦づくりⅧ―一本づくり・一枚づくりの展開1―』奈良国立文化財研究所
山梨県教育委員会　一九九〇『山梨県生産遺跡分布調査報告書（窯業遺跡）』
山梨県教育委員会　一九九〇『桜井畑遺跡A・C地区』

山梨県　二〇〇〇『山梨県史』資料編3　原始古代3
山梨県　二〇〇四『山梨県史』通史編Ⅰ　原始・古代

陸奥国分寺の瓦生産体制と在地社会
――文字瓦を中心に――

藤木　海

はじめに

国分寺造営という国家プロジェクトに在地社会がどのように対応したのかという問題を考察することは、古代国家と在地社会の統合［石母田 一九七一、佐藤 二〇一八］のあり方を具体的に検討する試みである。国分寺造営をめぐる瓦の生産体制のなかにも、その実態が端的に表れていると考えられる。とりわけ国分寺出土の文字瓦は、その好適な素材として研究に取り組まれてきた。

陸奥国分寺創建期の瓦には、国内南部諸郡の郡名と想定される刻印のみられることが古くから注目されてきた。内藤政恒は押印で記銘された郡郷が造瓦の料（経費）を寄付したことを示すとした［内藤 一九三六］。内藤はその後も同様の見解を述べ、蝦夷との摩擦が少なく安定的な支配が行われていた陸奥国南半の諸郡が国分寺の造瓦にかかわる経費を負担したことを論じている［内藤 一九六三、住田ほか 一九六八］。伊東信雄も陸奥国分寺跡の調査で出土した郡名文字瓦を国分寺造営にかかわる諸郡からの瓦の寄進または造瓦の割り当てを示すとした［伊東ほか 一九六一］。

これらの刻印文字瓦は、多賀城・多賀城廃寺では出土しないことが知られる一方、多賀城ではほぼ同じ時期にあたる第Ⅱ期に、国分寺と同様の角印で郡名などとは異なる内容の文字を押印した刻印文字瓦が出土する。高野芳宏・熊谷公男の分析により、多賀城第Ⅱ期の刻印文字瓦は瓦工名の略称と理解されている［高野・熊谷 一九七八］。また、これらの刻印文字瓦は、多賀城・多賀城廃寺・陸奥国分二寺からなるいわゆる「一城三官寺」の所用瓦を生産・供給した、神明社窯跡をはじめとする陸奥国府直属の瓦屋で生産された。上原真人は瓦工名を製品に記銘する「恭仁宮式文字瓦」から復元される「西山瓦屋的労務管理方式」が伝播したものとみている［上原 一九八四］。

ところで、国分寺創建期に先行する多賀城第Ⅰ期には、成形台に刻まれた文字の押印やヘラ書きなどにより、坂東諸国の頭文字を記銘した文字瓦が出土する。こうした記銘については、征夷事業をはじめとする東北政策における坂東諸国の果たした役割の一端を示し、国家事業として瓦の生産を負担した国の名を示したものと説明されている［伊東ほか 一九七〇、佐藤 一九九四］。須田勉は、多賀城・多賀城廃寺の造営に際して国を単位とした貢納方式が生まれ、後の陸奥・上野・下野・武蔵国分寺の造営において、この多賀城の造営方式の経験が生かされ、郡を単位とした貢納方式が採用されたことを指摘した［須田 二〇〇五］。山路直充も多賀城第Ⅰ期に用いられた文字瓦を伴う生産システムが、後に東国国分寺に伝播した可能性を指摘する。ただし、陸奥国では下野国や武蔵国などと比べて郡名文字瓦が少ないことから、文字瓦を伴う生産システムの採用は限定的であり、そのあり方は国によって差があったとみている［山路 二〇〇五・二〇一三］。

陸奥国分寺と多賀城第Ⅰ・Ⅱ期の文字瓦は、記銘の仕方や内容が異なることから、その性格の違いが指摘されてきたが、とりわけ陸奥国分寺での文字瓦の分析が進んでいないため、両者の関係は保留されてきた［吉野 二〇一七a］。そこで本稿では、陸奥国分寺跡出土の文字瓦の性格について、多賀城第Ⅰ期における文字瓦との関係などを含め、どのような経緯や生産システムの下で文字瓦が採用されたのかを個別具体的に検討し、征夷という国家事業に伴って出現した文字瓦を伴う生産体制が、国分寺造営といかなる関係にあるのかについて、試案を提示したい。

1 文字瓦の検討

(1) 多賀城第Ⅰ期の文字瓦

多賀城第Ⅰ期の文字瓦は、初期の下伊場野窯段階には成形台に陽出ないし陰刻された文字による押印で、「下」(下総)、「上」(上総)、「常」(常陸)、「相(左文字)」(相模)などの文字を記銘する(第1図)。これらは坂東の東海道諸国の国名を表すとみられる。成形台文字瓦はほかに「今」「下今」「小田」「小田造」などがある。これに後出する日の出山窯段階には成形台文字に加えヘラ書き文字が現れ、国名は上記のほか「毛」「下野」など東山道諸国が加わる。また「木」は石城(木)の可能性がある。郡名は「玉造」「新田」「冨田」「小田」「上見」(賀美)など大崎平野を中心とした諸郡を示し、人名も大崎平野の諸郡と関わるもので、それぞれ生産経費の負担に関わると考えられている[佐藤一九九四、山路二〇〇五]。

第1表のように、文字瓦は坂東諸国の国名を記したものが圧倒的に多く、かつ銘は丸瓦ⅡB類の玉縁部凸面に置かれたものが大多数を占める。すなわち国名文字瓦という共通性と記銘位置が強い結びつきをもち、複数の国名にまたがって同じ記銘者が記銘したか、複数の記銘者が一定の決まりに基づいて記銘したことが想定される。具体的な数値を示す用意はないが、多賀城でこれまでに出土している膨大な第Ⅰ期の瓦の量に対し、文字瓦は数百点に留まることからみて、記銘率は高くないと言え、例えば数十〜百枚に一枚などの割合で国名の頭文字が記銘されたと考えられる。記銘率の低さからみて文字は数量点検を目的として記銘されたと考えられ[上原二〇〇二]、瓦の出来高を把握することが記銘の目的であったとみられる。造瓦に要した労働量を瓦の出来高によって把握し、その経費を算出するためであろう。文字瓦の大多数を占める国名文字については、それが国ごとに行われたことを示すが、陸奥鎮所の造営に伴

第1表　多賀城の文字瓦(時期別)

第Ⅰ期

表記方法	銘	記銘位置	数
ヘラ書き	下	丸瓦玉縁部	72
	上	〃	8
	常	〃	29
	毛	〃	11
	木	〃	14
	冨田	〃	3
	下入	〃	1
	冨田	丸瓦凸面	2
	太田	〃	1
	下	〃	1
	生	丸瓦凹面	1
	木ヵ	〃	1
	下	平瓦凸面	3
	上	平瓦凹面	1
	玉造	〃	1
	上見富ヵ	〃	1
	木	軒丸瓦瓦当面	1
	新田伊良門	軒平瓦凹面	2
	新田	〃	5
	年王ヵ	〃	2
	下	〃	1
	上	〃	5
	上見	〃	1
	上富	〃	1
	木	〃	1
成形台等(陽出)	小田	平瓦凹面	1
	下(左文字)	〃	2
	今	〃	1
成形台等(陰刻)	下	平瓦・軒平瓦 丸瓦は常1点	6
	上A～C		7
	常		10
	相(左文字)		5
	今A		2
	今C		9
	今D		5
	今E		1
	今F		2
	今G		1
	今?		9
	下今		35
笵	相	軒丸瓦	1
	小田	軒丸瓦	3
	小田建万呂	鬼板	1
叩き板	大大大大	平瓦	1
計			271

第Ⅱ期

表記方法	銘	記銘位置	数
ヘラ書き	伊具郡麻	平瓦	1
	丸子マ大万	〃	1
	大七	〃	1
	九	〃	1
	伊	丸瓦	1
刻印	物A	平瓦・丸瓦。まれに軒先瓦	261
	物B		24
	物C		14
	丸A		312
	丸B		38
	矢A		204
	矢B		43
	矢C		4
	占A		58
	占B		1
	伊		196
	田A		114
	田B		16
	田C		13
	田D		1
計			1304

第Ⅲ期

表記方法	銘	記銘位置	個数
ヘラ書き	子	平瓦	1
刻印	+	平瓦	1
	⦀	平瓦	2
計			4

第Ⅳ期

表記方法	銘	記銘位置	数
ヘラ書き	大	平瓦	2
	井	〃	1
	乙	〃	1
	上工	〃	1
	大	〃	1
	本	〃	1
	十	〃	1
	件	〃	1
	伊	〃	1
	その他	〃	117
刻印	福	平瓦・丸瓦	3
	本		3
	本		11
	七		1
	未		4
	回ヵ		5
	上ヵ		4
	上ヵ		1
	井ヵ		1
	田ヵ		3
	記号		6
	記号		13
	記号L		3

(高野2000により作成)

刻印	記号ト	平瓦・丸瓦	5
	記号＋		3
	記号十		9
	記号十		1
	記号＝		1
	記号三		1
	記号二		2
	記号三		1
	記号		1
	記号z		6
	記号		4
	記号		6
	記号Φ		21
	記号十		2
	記号＋		2
	記号井		1
	記号ロ		1
	記号		1
	記号		6
	記号○に＋		1
	記号		2
	記号下		1
	記号○にル		1
計			264

時期不明

表記方法	銘	記銘位置	数
ヘラ書き	荷荷荷荷	丸瓦	1
	菊		1
	七		2
	田		1
	瓦瓦		1
計			6

う造瓦に動員され、坂東の国単位で把握された労働力とは、後の鎮兵につながる坂東を中心とした征夷軍の兵士であったとみることも、一案ではなかろうか。彼らの労働量を把握して粮米などを支給するための点検を、記銘の目的と想定したい。すなわち記銘者は生瓦を製作した瓦工自身か、瓦屋における生産管理者とみられ、記銘内容は造瓦の経費負担者である坂東諸国を指し、経費の請求先を瓦に記銘したと解することができる。

多賀城第Ⅰ期の文字瓦は下伊場野窯段階と、これに後続する日の出山窯C地点第2期と同F地点東斜面で、この段階では比較的小規模な操業を行っていたが、やがて日の出山C地点3期・F地点西斜面における大規模な瓦生産に移行し、文字瓦は姿を消す。複数の経費負担者が瓦屋に直接発注した「直接形式」から、陸奥国が一括して発注する「間接形式」への移行と理解することもできる[大川 二〇〇二]。吉野武は後者の段階において、瓦の生産を陸奥国が一元的に統轄・管理、運営するシステムが確立したとみている[吉野 二〇一七a]。逆に、生産体制が確立する以前に征夷軍を動員するなどして臨時的に行われた徭役は、その出来高を瓦に記銘することによって把握する必要があったのではなかろうか。

　ところで、文字瓦に記銘のある坂東の諸国や大崎平野の諸郡だけが、多賀城第Ⅰ期の造瓦に関与したわけではない。陸奥国南部の郡衙や郡衙周辺寺院では、多賀城創建期の影響を受けたとみられる文様・技法をもつ瓦が散見され

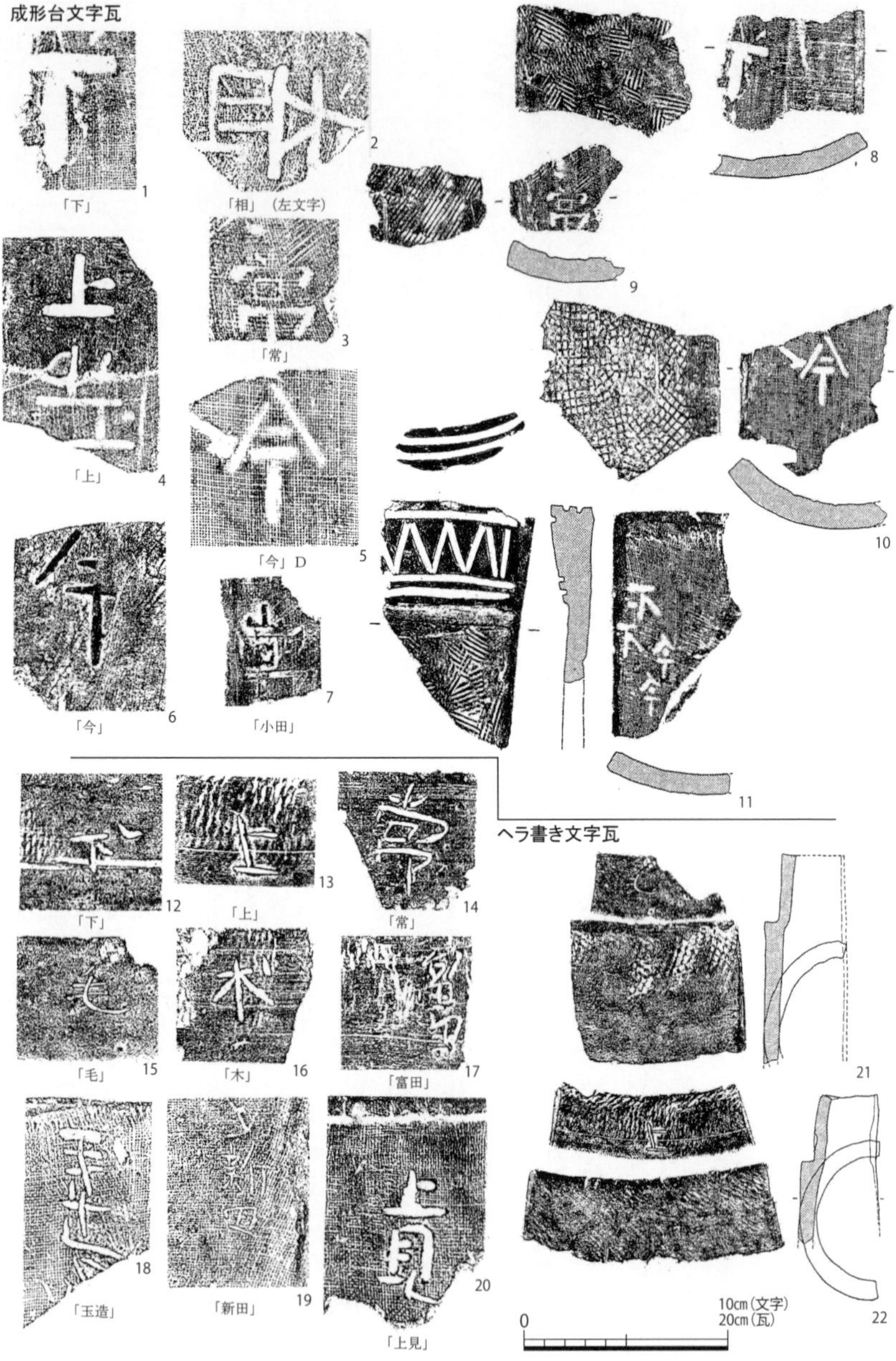

第１図　多賀城第Ⅰ期の文字瓦（高野 2000、宮城県多賀城跡調査研究所 1982 より作成）

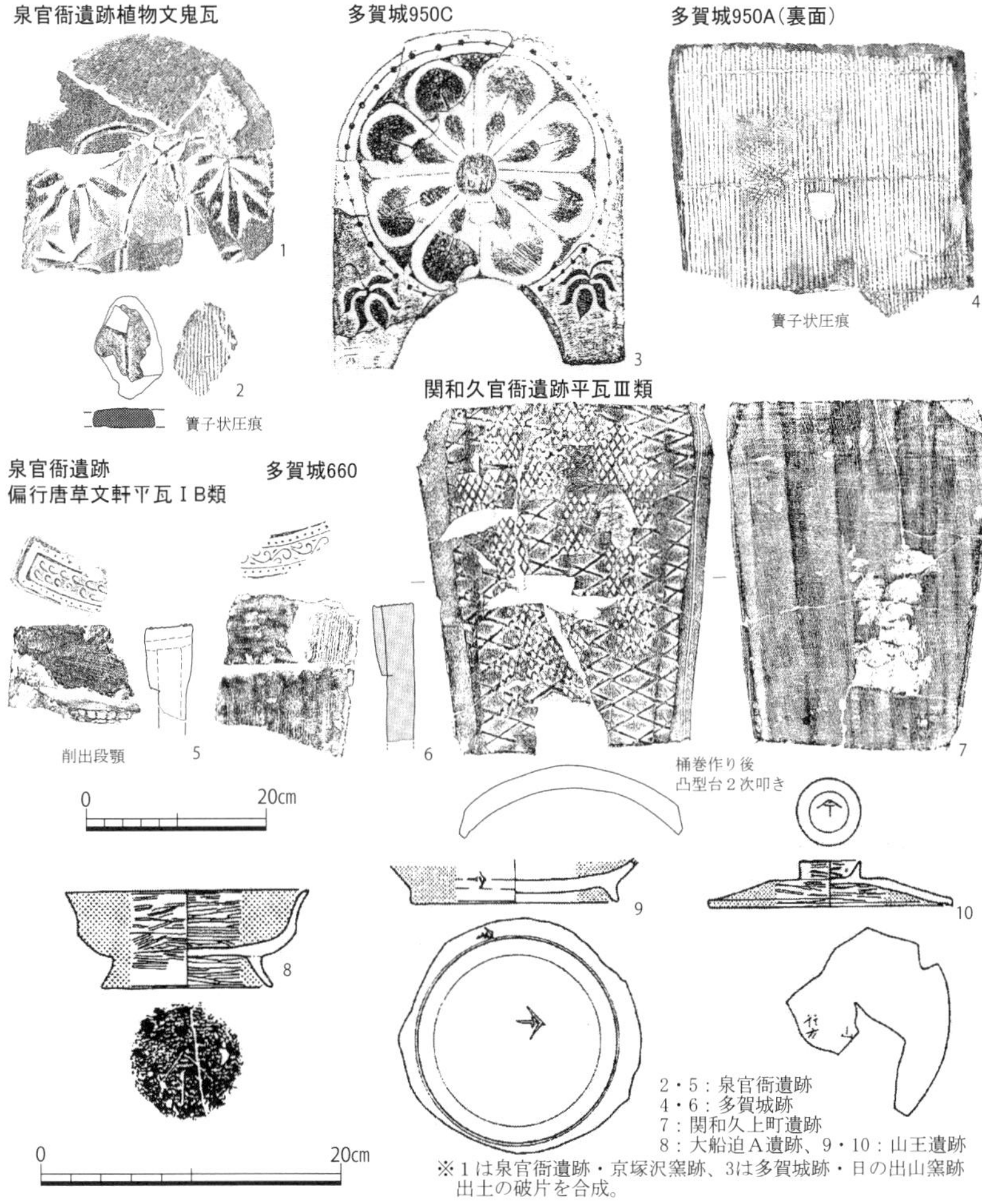

第２図　多賀城第Ⅰ期の造瓦と陸奥国南部諸郡の関与を示す遺物
（佐川ほか 2017、福島県教委ほか 1995、藤木 2022・2023、宮城県多賀城跡調査研究所 2022 より作成）

る（第２図）。例えば行方郡衙および郡衙周辺寺院である泉官衙遺跡では、創建期の植物文鬼瓦の文様が多賀城950・954などの八葉重弁蓮華文による主文様の周囲に配された側視蓮雷文と酷似し、裏面の簀の子状圧痕も共通する〔菅原二〇一一、藤木二〇二二〕。創建期に続く補修期の単弁細弁蓮華文軒丸瓦―偏行唐草文軒平瓦の文様は、多賀城第Ⅰ期末の230・231―660の影響を受けている一方、軒平瓦の接合技法は在来の包込技法を引き継ぐ。しかし、軒平瓦は旧来の直線顎にヘラで加工を加えて削出段顎としており、削出段顎も多賀城660の影響を受けたものと考えられる〔佐川ほか二〇一七〕。また白河郡衙である関和久官衙遺跡・関和久上町遺跡では、創建期の第１グループに後続する第２グループが、多賀城創建期と共通する八葉重弁蓮華文軒丸瓦と山形文の顎面文様をもつ手描重弧文軒平瓦を採用するだけでなく、平瓦は粘土紐桶巻作りで分割後に凸型台上で二次叩きを加える技法を用いており、粘土素材は異なるが、平瓦の製作技法も多賀城創建期のそれと共通する。文様だけでなく生産地でしか知り得ない細部の製作技法が多賀城と共通することは、陸奥国南部の諸郡から多賀城第Ⅰ期の造瓦に参画した瓦工が、多賀城の造営にかかわる瓦屋で身に着けた技法を本貫地に持ち帰ったことを示すのであろう。

このように、多賀城第Ⅰ期の造瓦に陸奥国南部諸郡も関与したとみられるが、瓦に記銘された坂東諸国や大崎平野の諸郡とは、関与の時期や仕方が異なっていたと考えられる。具体的には、陸奥国府の統括の下で行われる定常的なシステムにおいて作瓦が行われたと考えられるのに対し、前述のような征夷軍を動員するなどして臨時的に行われた傜役には、その出来高を瓦への記銘によって把握する必要があったのではなかろうか。

なお、「今」を行方郡に関係する集団とみる説がある〔安田二〇〇五、山路二〇一四〕。行方郡内の金沢地区製鉄遺跡群や泉官衙遺跡で、両黒の土師器坏に焼成後の針書き（刻書）で「今」と記載されたものが出土していることや、多賀城城下の山王遺跡で「今」「行方」と針書きされた両黒の土師器坏が出土しているためである。山路は「山」「山阝」の針書きがみられるものもあることから、製鉄に関わる山部氏を想定する。「今」を行方郡内の集団とみた場合、彼ら

第２表　陸奥国分寺・尼寺出土の文字瓦(仙台市史2005、高野2000より作成)

ヘラ書き					指書き			刻印			
文字	僧寺	尼寺	文字	僧寺	文字	僧寺	尼寺	文字		僧寺	尼寺
大	38	1	左	2	祐	9		伊	多賀城第II期刻印と共通	4	2以上
大工 1)	29		生	2	大	8		物		9	5
二	18		山 3)	2	乙	7		占		5	2以上
川	13	1以上	尤	2	山	6		田		2	3以上
九	13	1以上	卒	1	己	5		矢		1	
丈	10		午	1	田	4		丸		1以上	4以上
未	8		高	1	西	3		戉		1	
千	8		子	1	川	2		未		10	1以上
句	8		年	1	人	2		大		6	
本	7		処	1	中	2		百		3	
□	6	1	一五	1	有	2		真		4	1以上
有	5		郡	1	五	2		倉		1	
田	5	1以上	大 4)	2	上	1		柴		5	
上	5		木 5)	1	三	1		石		1	1以上
正	4		十ヵ	9	七	1		吉		5	
保	4				九	6		何		1	
利	4				十	1以上		力		1	
恵	4				正	1以上		苅		1以上	1以上
中	3				句	1以上		會		1以上	1以上
太	3				依		1以上	行		1以上	1以上
在	3							長		1以上	
中 2)	3							万		1	
三	3							×		1以上	
五	3							+	○の中	1	
奥	2							コ		1以上	
乙								尺			1以上
								標			1以上
								尼寺			1以上
計		6		237	計	64	1	計		68	25

1)大工を１字分で記載。2)中の上に山記号あり。3)山の上に山記号有り。4)○内に大。5)○内に木
「1以上」は点数不明のもの。

が多賀城創建期の造瓦に参加したことになり、前述の文様・技法の伝播とも整合する。[1]「今」文字瓦が多賀城第I期の瓦生産の初期段階にのみ見られることは、この段階では行方郡は分国された石城国に属し、他国から造瓦に動員されたため記銘されたと解されよう。

(2) 陸奥国分寺跡の文字瓦

陸奥国分寺では、国内南部諸郡の郡名の頭文字と推定される「石」(石城郡)、「標」(標葉郡)、「行」(行方郡)、「尺」(安積郡)、「夫」(信夫郡)、「會」(会津郡)、「柴」(柴田郡)、「苅」(苅田郡)などの刻印のみられる文字瓦が出土する(第3図・第2表)。ほ

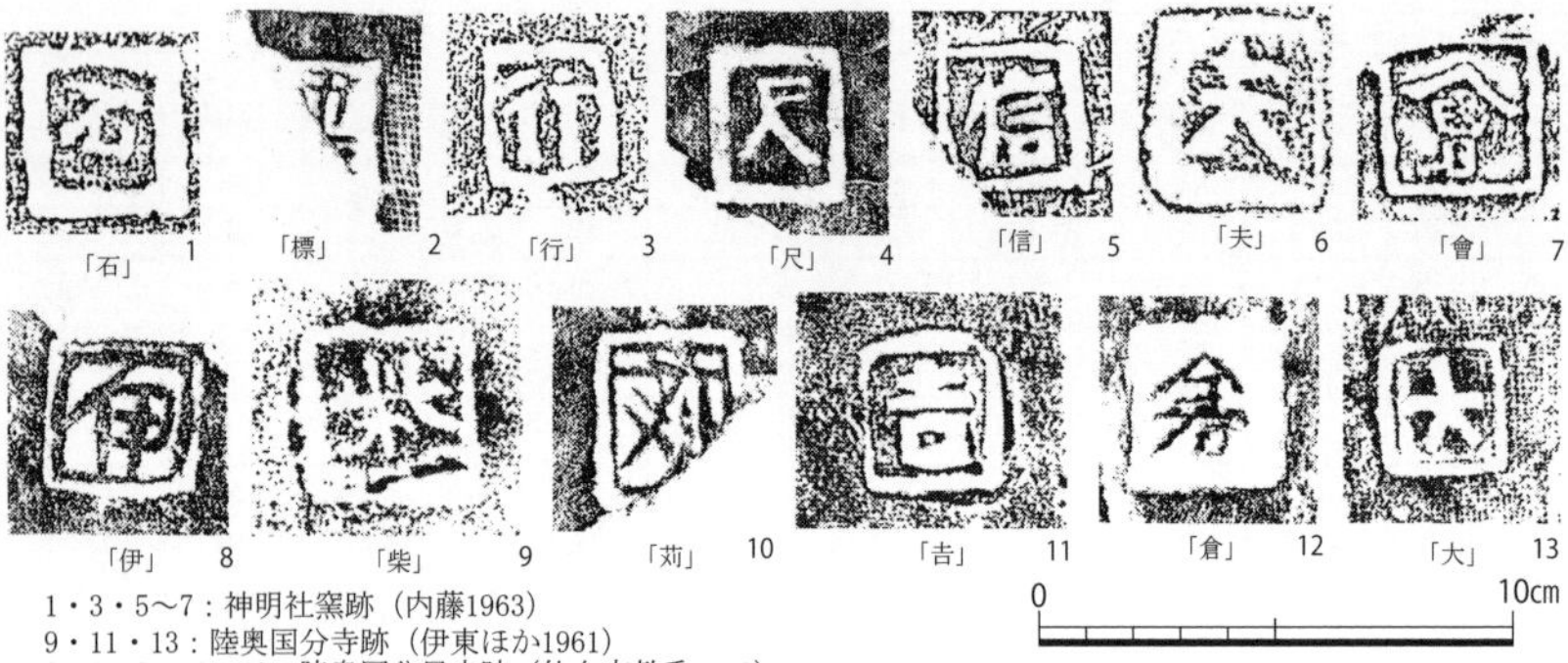

1・3・5〜7：神明社窯跡（内藤1963）
9・11・13：陸奥国分寺跡（伊東ほか1961）
2・4・8・10・12：陸奥国分尼寺跡（仙台市教委1969）

第３図　陸奥国分寺・尼寺の刻印文字

かに、「百」「倉」「吉」「大」「真」など意味が判然としないものも、例えば「倉」は会津郡に倉精郷、「吉」「真」は行方郡に吉名郷・真野郷、「大」は会津郡・行方郡に大江郷が存在することから、やはり陸奥国南部の行政単位との関わりで理解できるものもある〔山路 二〇〇五〕。こうした郡名文字瓦の意味については、生産経費の負担を示す可能性が指摘されているが〔高野 二〇〇〇〕、断案とはなっていない。

　これまで、こうした郡・郷名と一致する文字が注目されてきたが、後述する多賀城第Ⅱ期の刻印文字瓦のような分析は進んでおらず、詳細な検討は今後の課題となる。ただ、今回、そのいくつかについて実見したところ、丸瓦では「伊」「田」「占」「吉」のいずれもが、文字の内容によらず、筒部凸面の段部にちかく、左右では中央に押印されていた。「吉」以外は多賀城第Ⅱ期と同じ刻印文字だが、陸奥国分寺でのみ出土する「吉」も同じ位置に押印されており、複数の異なる文字にまたがって同じ記銘位置であることから、記銘位置は瓦工の癖ではなく、押印する位置が決められていた可能性が高い。

　刻印を伴う平瓦の多くは陸奥国分寺平瓦ⅣA類（多賀城平瓦ⅡB類）〔仙台市教委 一九九〇〕で、多賀城第Ⅱ期に相当する時期のものである。ただし、与兵衛沼窯跡蟹沢地区東地点14号窯跡では、陸奥国分寺創建期の平瓦Ⅵ類を焼台として多賀城第Ⅱ期の平瓦ⅡB類が焼成されており、その両者に「田」Bが同じ位置に押印されている〔仙台市教委 二〇一〇、斎野 二〇一七〕。また、枡江遺跡B地区でも「行」「尺」の刻印は、凹面の布目や凸面の斜位の縄叩き目をスリ消す平瓦Ⅵ類に押印されている〔仙台市教委ほか一九八〇〕。神明社窯跡A地点(蟹沢中瓦窯跡)の一九七一年の調査で出土した瓦を実見したところ、縄叩きによる一次叩きの後に、無文叩きにより二次叩きを施した平瓦ⅠC類に、「丸」「矢」の刻印が伴うことを確認できた。平瓦Ⅰ・Ⅵ類は国分寺創建期のA群に属し、従来、多賀城第Ⅱ期に先行するとされるA群の段階に、刻印による記銘が導入されていたと考えられる。

次に陸奥国分寺の刻印文字瓦の記銘率をみる。平成元年度に塔跡南地区で実施された調査でまとまった量の丸・平瓦が出土し、その量が報告されていることから〔仙台市教委一九九〇〕、「記銘率＝刻印瓦点数÷瓦個体数×１００」〔上原一九八四〕に当てはめて試算してみる。ただし、破片数による集計であるため、個体数に変換する操作が必要である。筆者の経験では総破片数の7～9％が隅の破片数である場合が多く(丸瓦7％、平瓦9％)、平均して破片数の8％が隅数となる。分類による時期区分がなされている平瓦で試算すると、[2]ⅣA類は一一九五点、隅数はその8％の九六点、個体数は÷4の二四枚である。この調査で刻印文字瓦は三点出土しており、うち一点が平瓦である。1÷24×１００＝記名率4．2％となる。[3]やや乱暴な資料操作で実態を反映するのか不安は残るものの、記銘率の低さは明瞭であり、その性格は数量検印であると考えられる。

記銘内容は、郡・郷名については従来の指摘どおり、造瓦を瓦屋に発注し経費を負担した郡・郷を単位とする集団と考えられる。一方、多賀城第Ⅱ期と同じ刻印文字瓦をはじめ、郡・郷名以外の文字瓦も多く出土している。多様な集団が国分寺の造営に参画した結果、瓦屋で重複する発注に対し、発注者ごとに仕分けして数量点検を行うことが、記銘の目的であったと考えられる。製作技法の違いや記銘内容に拠らず、決められた位置に押印したと見られることから、記銘者は生瓦を製作した個々の瓦工ではなく、瓦屋における生産管理者と考えられる。多賀城第Ⅱ期と同じ刻印の場合は後述するように、多賀城と同様に国府の所管する瓦屋所属の生産管理者を示すのであろう。

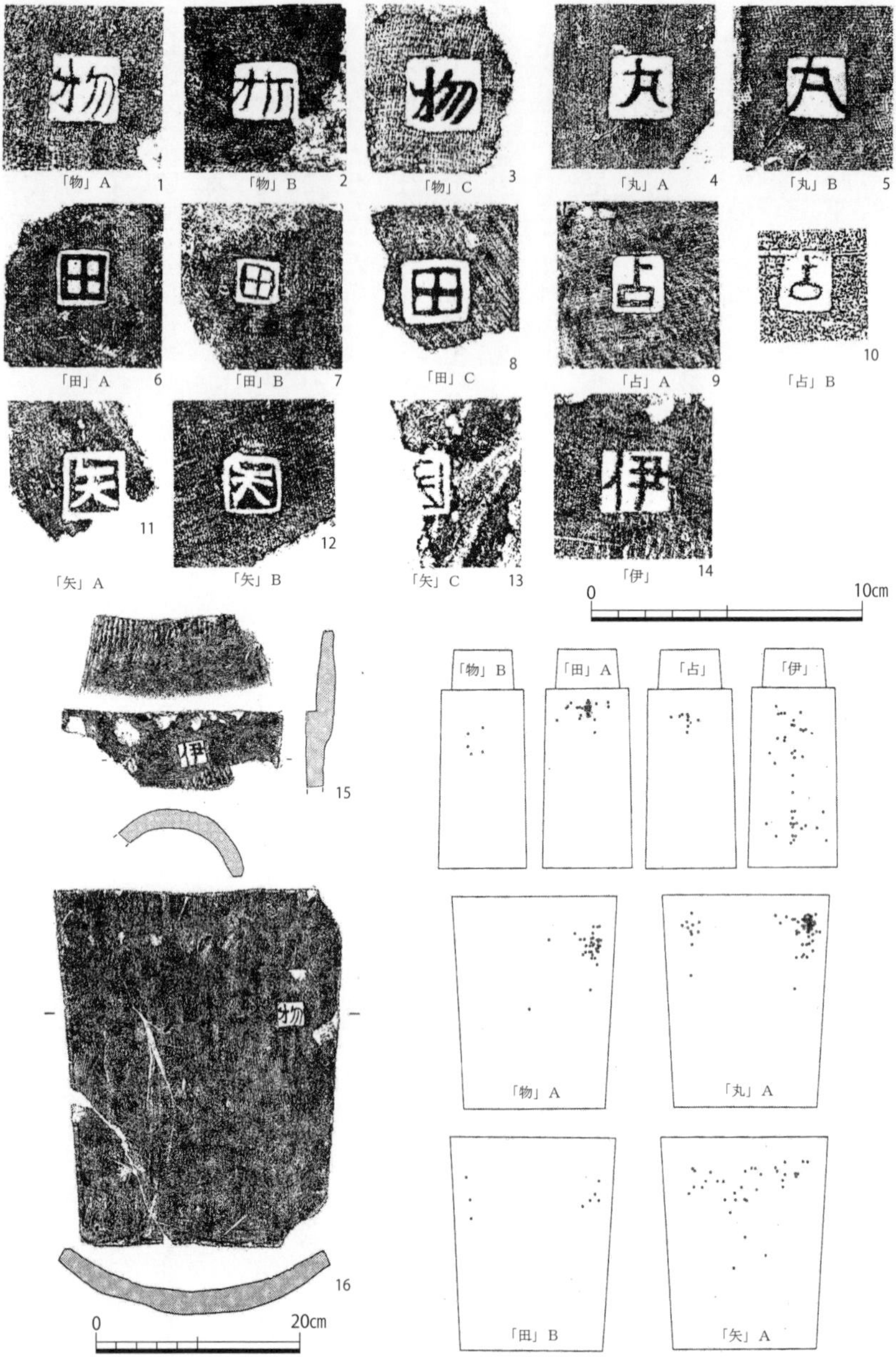

第４図　多賀城第Ⅱ期の文字瓦（高野・熊谷 1978、高野 2000 より作成）

(3) 多賀城第Ⅱ期の文字瓦

多賀城第Ⅱ期の文字瓦を取り上げた前述の高野・熊谷による研究は、瓦の考古学的特徴と文字との関係を分析した点で、その後の文字瓦研究に大きな影響を与えた画期的な研究である(第4図)〔高野・熊谷 一九七八〕。この分析では、六文字一四種の押印を基軸に、製作技法上の特徴や押印される位置との相関を見出し、押印者(記銘者)＝一四人の瓦工名の略称と結論づけている。しかし、平瓦では記銘位置が凹面の広端部寄りという共通性のなかで、その左右の隅付近と中央の三パターンに集中する傾向があり、一四種の押印はその三パターンにまたがって存在する。また成形・調整技法の特徴も、原体を厳密に識別できない縄叩きの縄目の太さや叩き方、凹面の調整の強弱により、二グループ程度に分かれるが、同じ特徴をもつ平瓦に「物」Aと「矢」Aが伴うというように、特定の印種が製作技法や記銘位置と排他的に対応するわけではない。瓦の成形・調整技法が二グループ程度に分かれ、記銘位置が三パターンに分かれることを考えた場合、生瓦は二〜三人の瓦工によって製作されたとみることも可能である。大量生産される生瓦をどの瓦工が製作したのかを仕分ける必要があると想定すれば、「物」Aと「物」Bのように同じ文字での印種の微妙な違いを識別して点検できたとは考えにくいだろう。

前述した与兵衛沼窯跡蟹沢地区東地点第14号窯跡出土の「田」Bは、国分寺創建期の陸奥国分寺平瓦Ⅵ類と多賀城第Ⅱ期の同ⅣA類(多賀城平瓦ⅡB類)に、同じ記銘位置に押印されている(第5図)。したがって記銘位置の異同や製作技法が刻印の種類と対応しないことは明らかで、個々の刻印が瓦工名を示すとは考えにくい。また筆者が実見した神明社窯跡A地点出土の平瓦ⅠCとⅣAにそれぞれ「丸」「矢」の刻印がみられ、製作技法の違いと刻印の違いに相関は必ずしも認められない。刻印の種類と記銘位置には対応関係が認められる場合もあり、押印者と刻印の種類は対応する可能性があるが、前述のように平瓦では広端寄りの左右隅ちかくか中央、丸瓦では筒部凸面中央の段部ちかくに押印する例が多く、文字の違いに拠らず似たような位置に押印しているとみられる。したがって、同じ押印者が異な

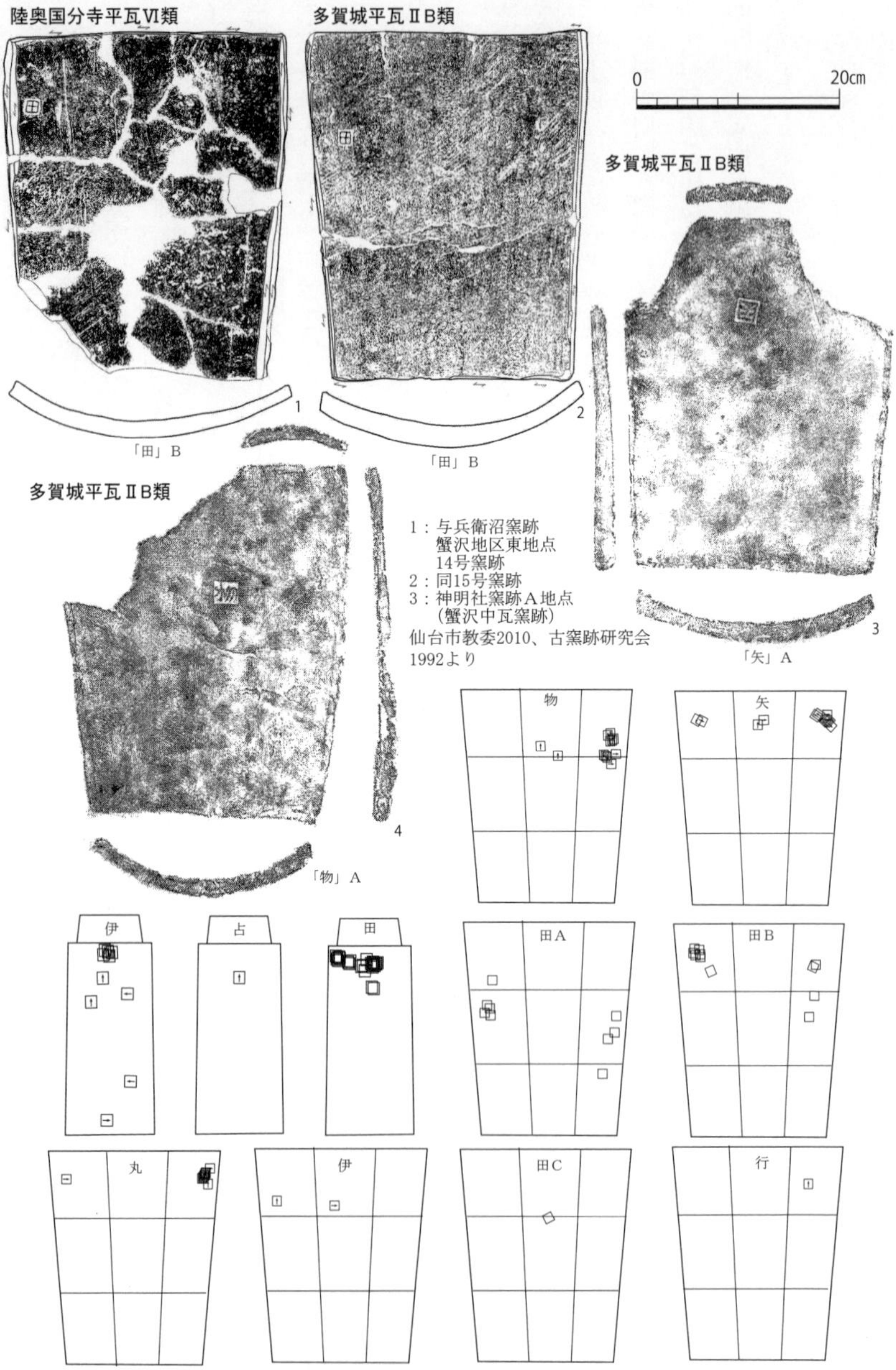

※丸瓦は凸面、平瓦は凹面に押印

第5図　陸奥国分寺・多賀城第Ⅱ期関連窯跡の刻印文字瓦

る文字の刻印を使用し、押印者の違いに拠らず記銘位置が決められていた場合が想定できる。(4) すなわち、押印者は瓦を製作した個々の工人ではない人物、具体的には生産管理者が記銘したと考えられる。ただし押印者は瓦屋に所属する特定の瓦工であった可能性もある。

第Ⅱ期の刻印文字瓦の記銘率を、瓦出土数のデータが詳しく示されている外郭跡Ⅰ南門地区の報告書〔宮城県多賀城跡調査研究所 二〇一七〕の数値に基づいて試算してみる。第Ⅱ期の刻印文字瓦は「物」「丸」「田」「伊」「矢」の五文字一〇種の刻印が、平瓦ⅡB・ⅡBa1・ⅡBa2類に押印されており、一二四点が出土している。平瓦ⅡB・ⅡBa1・ⅡBa2類の出土量は一万七七九七九点(2,954.38kg)、平瓦一枚を4kg(5)と仮定すると七三八・五九五枚、文字瓦出土数一二四点÷七三八・六枚×100＝約16.8％となる。(6) 上原真人は瓦工名を製品に記銘する「西山瓦屋的労務管理方式」が伝播したものとみているが〔上原 前掲〕、恭仁宮式文字瓦の記銘率は平瓦60％以上、丸瓦90％以上で、多賀城第Ⅱ期のそれとは大きな差がある。記銘率は高いとは言えず、その性格は数量検印と考えてよい。(7) 生産経費の把握を目的として、数量点検が行われたと考えられる。

前述のように、記銘内容が刻印ごとに個々の瓦工名を示すとは考えにくい。古川一明は、瓦を貢納した県北部の有力氏族の姓の略称とみており、この考えに従えば、記銘内容は瓦屋に瓦を発注し、その経費を支払う経費負担者(発注者)ということになる〔古川 二〇〇七〕。しかし、特定の六氏族がこれらの官営施設に伴う造瓦を一手に負担したとみるのもやや不自然に思われる。高野・熊谷は、瓦屋の管理責任者が生瓦製作に従事した瓦工の仕事量を内部的に検査するために記銘したもので、管理責任者が記銘に基づいて請求文書を作成したと理解している。記銘内容を個々の瓦工名とする以外は首肯される解釈であろう。すなわち、記銘率からみて刻印が数量検印とみられることを踏まえれば、瓦屋における生産管理者は数量点検したうえで記銘を行い、瓦屋を所管する上位の官司へ向けて請求を行ったのであろう。内部チェックであるため記銘内容は生産管理者名であり、瓦屋に所属する代表的な特定の瓦工の名前であった可能性もある。前述の多賀城第Ⅰ期や陸奥国分寺創建期のように、経費負担者（発注者＝請求先）を記銘したのではない。

2　多賀城・陸奥国分寺の瓦生産システム

(1) 文字瓦の性格

これまで、多賀城第Ⅰ期と多賀城第Ⅱ期・陸奥国分寺創建期の文字瓦を個別に検討した。その結果、文字瓦の性格・機能の理解について、以下のような試案を示すことができる。

多賀城第Ⅰ期の文字瓦については、坂東諸国の国名文字瓦から、陸奥鎮所の造営において、その経費が征夷軍の派遣元である坂東諸国による負担、具体的には造営に動員された征夷軍兵士の瓦屋における徭役労働に対し、瓦に直接記銘することにより負担者ごとに数量を把握したうえで、出来高払いを行う生産システムと想定した。また記銘者は生産管理者と考えられる。陸奥国分寺の郡・郷名文字瓦も、記銘内容は造瓦にかかわる経費負担者（発注者＝経費の請求先となる郡や郷）、記銘者（押印者）は同じく生産管理者で、記銘の目的はやはり出来高払いのための数量点検との理解が可能である。多賀城第Ⅱ期の刻印文字瓦についても記銘目的は数量点検、記銘者・記銘内容は刻印ごとの瓦工名ではなく、瓦屋に所属する特定の瓦工の可能性を含む瓦屋側の生産管理者名と考えた。

すなわち多賀城第Ⅰ期の国・郡名文字瓦と陸奥国分寺の郡・郷名文字瓦は、従来から指摘されているとおり、記銘内容は造瓦の経費負担者（国・郡・郷・氏族など）を示し、記銘目的は同じ瓦屋で経費負担者（発注者＝請求先）が複数存在する場合に、生産管理者（受注者）が瓦屋で生瓦の所定の位置に経費負担者名を記銘することによって、経費負担者ごとに仕分けして、労働量を集計するためであったと解釈できる。瓦屋が集計に基づいて経費負担者に請求を行い、労役に従事した者へ出来高払いで粮物などを支給したのであろう。

これに対し、多賀城第Ⅱ期の刻印文字は、多賀城・多賀城廃寺と陸奥国分二寺の一城三官寺に同じ刻印文字瓦がともに供給されている。瓦屋が複数の供給先へ向けて瓦の生産を行ったが、供給先の違いに拠らず、一元的な生産管理と経費の負担・請求が行われたことを示す。坂東諸国や国内南部諸郡など、国府直属の瓦屋にとって庁外の機関に対しては瓦に請求先を記銘するが、請求先が庁内、すなわち瓦屋の所属する上位の官司であれば、内部チェックのため記銘内容は造瓦の責任者名(生産管理者名)となるであろう。

多賀城第Ⅰ期と陸奥国分寺創建期・多賀城第Ⅱ期に伴う文字瓦の性格を、以上のように理解できるとすれば、瓦屋への瓦の発注が重複し、複数の経費負担者が存在する場合に、瓦に直接記銘することによって発注者ごとに数量を把握し、労役に対して出来高払いを行うため、経費負担者(発注者)へ請求を行うという点で、共通の瓦生産システムと考えることができる。そのうえで、経費の請求先が庁外の機関の場合には経費負担者を記銘し、庁内の機関が内部チェックを行う場合は瓦屋に所属し生産管理を行う責任者の名前を記銘するという違いがあったと理解される。

この方式は、多賀城第Ⅰ期の初期の小規模生産段階に行われるが、続く大規模生産段階には無記銘となる。前者は征夷軍を動員し臨時的に行われた徭役と推定され、その出来高は瓦への記銘によって把握する必要があった。これに対し、後者は定常的に行われる労役と考えられ、陸奥国府の統括の下で生産体制が整備されていたことから、瓦への記銘を必要としなかったのであろう。文字瓦を伴わない生産体制は、後続する国分寺創建期の当初の瓦生産においても引き継がれたと考えられる。

しかし、陸奥国分寺創建期の後半になって、多賀城第Ⅱ期の修造が始まると、二つの事業を同時進行で実施することが必要となった。このため、陸奥国による経費負担だけでは需要に応えられず、南部諸郡をはじめとした多様な経費負担を取り入れて、瓦生産を担うことになったのだろう。その結果、国府直属の瓦屋(造瓦組織)は二事業に応じて稼働せざるを得なくなったが、複数の経費負担者から同じ瓦屋に重複して発注された瓦生産に対し、その仕分けのために、瓦に記銘する必要が生じたのであろう。すなわち、定常的な徭役管理の枠を超えた臨時的な労務管理が発生したことに伴い、多賀城第Ⅰ期の初期と同様に、瓦への記銘によって生産管理を行うことが必要となったと考えられる。

(2) 多賀城・陸奥国分寺の瓦生産の推移と文字瓦

右に多賀城と陸奥国分寺の文字瓦の性格と両者の関係について、仮説的に試案を提示した。次には多賀城と陸奥国分寺の瓦群の推移の中に、文字瓦を位置づけて見たい(8)（第６図）。

多賀城第Ⅰ期は、軒先瓦は八葉重弁蓮華文軒丸瓦（116・114・120など）―手描重弧文軒平瓦（511など）、丸瓦は初期（下伊場野窯段階）に一部粘土板巻作り無段丸瓦がみられるが、後に粘土紐巻作り有段丸瓦と桶巻作りした後に凹型・凸型成形台で二次成形を行う平瓦によるセットが確立される。第Ⅰ期末には平城宮系の細弁蓮華文軒丸瓦（230・231）―均整唐草文軒平瓦（660）のセットとともに平瓦一枚作りが一部に導入される。

第Ⅰ期の年代は、養老四年の蝦夷反乱を契機に養老五年頃に開始され、多賀城碑にみえる神亀元年（七二四）を完成年とみるのが通説となっているが、それ以降も造営が続いた可能性が指摘されている［吉野二〇一七a］。文字瓦は、第Ⅰ期のなかでも初期の小規模に操業した窯（下伊場野窯や日の出山Ｆ地点東斜面）で出土し、また八葉重弁蓮華文軒丸瓦のなかでも古い様相をもつ116に組む平瓦ⅠＣａ類に伴う傾向にあり、操業を拡大させる段階（日の出山Ａ地点・Ｃ地点２期・Ｆ地点西斜面）には無記銘となる。

続く陸奥国分寺創建期には、当初、多賀城第Ⅰ期の八葉重弁蓮華文を引き継いだ軒丸瓦（221など）や、軒平瓦の瓦当文様・顎面文様を引き継いだ手描重弧文軒平瓦（610など）が用いられ、続いて黄金山産金遺跡の仏堂所用瓦をモデルとした偏行唐草文軒平瓦（621など）を採用する(9)。丸瓦は粘土紐巻き作り有段丸瓦、平瓦は多賀城第Ⅰ期末に出現した一枚作りに統一され、以後、軒丸瓦の文様などに新来の要素を採用する画期もあるが、丸瓦・平瓦の基本的な製作技法は

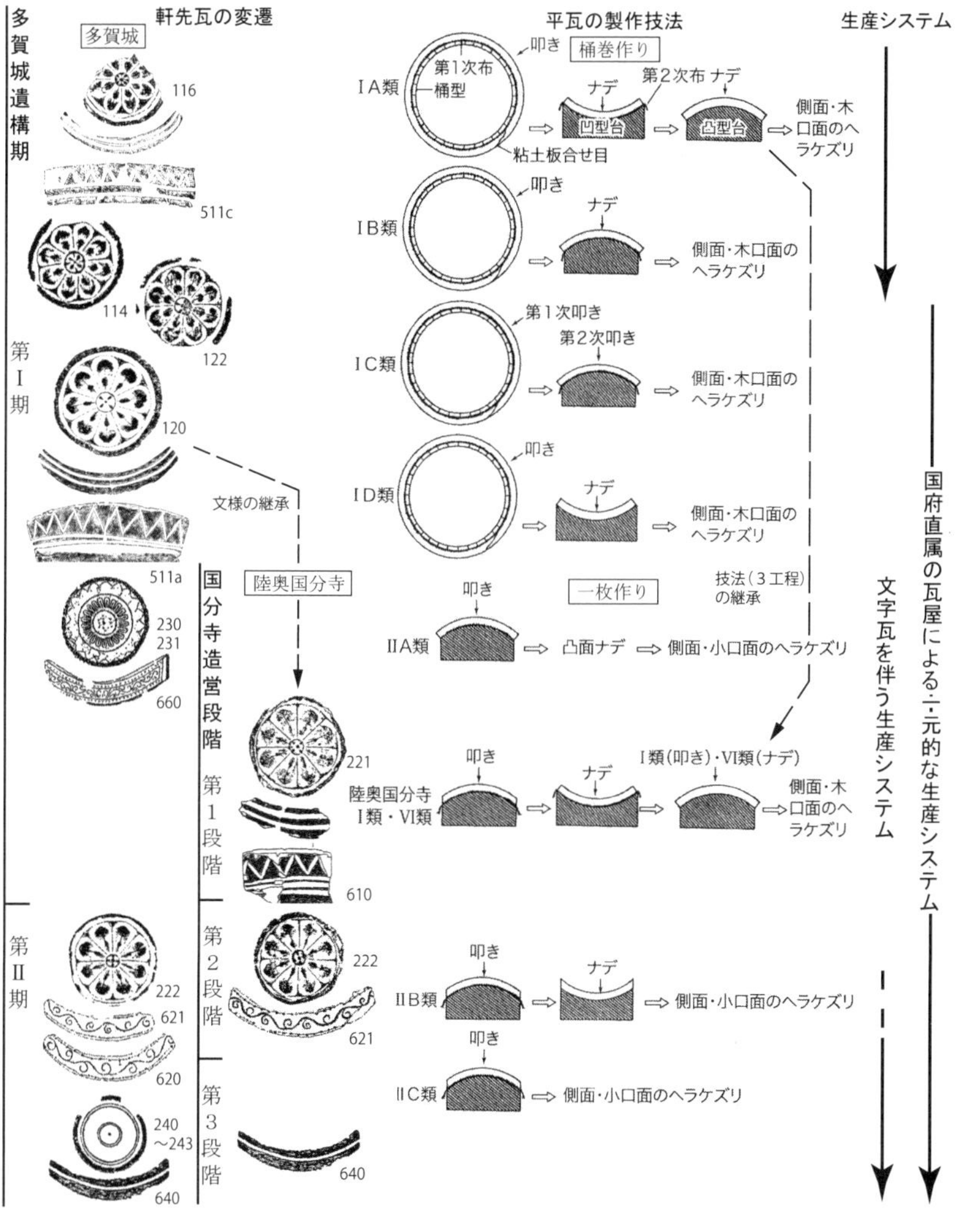

第６図　多賀城第Ⅰ期・国分寺創建期・多賀城第Ⅱ期の瓦生産の推移
（宮城県多賀城跡調査研究所 1982・1994、斎野 2023 より作成）

変化しない。ただし、陸奥国分寺跡の平瓦には、初めに凸型台を用いて一枚作りした後に凹型台→凸型台と成形・調整に三工程を行うものや、一枚作り→凹型台の二工程を踏むものがあり（陸奥国分寺平瓦A群）、桶巻作りの後に成形台を用いる多賀城第Ⅰ期の平瓦の製作工程を引き継いだものと考えられている［仙台市教委 一九九〇、斎野 二〇一七・二〇二三］。陸奥国分寺では、こうした特徴をもつ平瓦が、手描重弧文軒平瓦に用いられるが、文様・技法とも多賀城第Ⅰ期を引き継いだこれらの瓦は、多賀城では出土していないことも知られている。

国分寺創建期・多賀城第Ⅱ期については、従来、二段階に区分する捉え方が示されていた［伊東ほか 一九六一、渡邊 二〇〇七］。近年では、Ⅰグループ：八葉重弁蓮華文軒丸瓦（221など）＋手描重弧文軒平瓦（610など）、Ⅱグループ：八葉重弁蓮華文軒丸瓦＋偏行唐草文軒平瓦（621など）・単弧文軒平瓦（640）、Ⅲグループ：重圏文軒丸瓦（240～243）＋単弧文軒平瓦、に分ける菅原祥夫［菅原 二〇一七］の三段階に区分する意見が出されている。おなじく、柳澤和明も陸奥国分寺跡・国分尼寺跡創建期第1～3段階を想定しており［柳沢 二〇二二］、斎野裕彦も国分二寺創建期・多賀城第Ⅱ期1・2グループと捉え［斎野 二〇二三］、三段階区分を提示している（仮に第1～3段階とする）。

陸奥国分寺平瓦A群は1・2段階に伴い、3段階にも残存する。B群（多賀城ⅡB・C類）は2段階以降に現れる。軒先瓦の組み合わせからみても、三つの瓦群に示される三段階は、相互に重なりをもつと見てよいであろう[10]。

この時期の刻印文字瓦は、おもにB群に属す陸奥国分寺平瓦ⅣA類（多賀城ⅡB類）に伴うが、前述したようにA群の平瓦にも押印されていることを、与兵衛沼窯跡蟹沢地区東地点14号窯跡や神明社窯跡A地点、枡江遺跡で確認している。与兵衛沼窯跡蟹沢地区東地点14号窯跡では、平瓦Ⅵ類がⅣA類（多賀城ⅡB類）の焼台として使用されていることから、平瓦Ⅵ類がⅣA類に先行するのは確実である。神明社窯跡A地点では、有畦式平窯四基（第2～5遺構）・半地下式無段窖窯二基（第1・6遺構）が確認され、有畦式平窯では多賀城第Ⅱ期の重圏文軒丸瓦（240～243）と単弧文軒平瓦（640）、多数の刻印文字瓦が出土している。同窯跡では「石」「行」「尺」「信」「夫」「會」「苅」など、陸奥国南部の郡名を示すとみられる刻印瓦と、「伊」「占」「田」「丸」「物」「矢」など多賀城第Ⅱ期の刻印文字瓦がともに出土している。これらの郡名文字瓦は、第3段階に下がる可能性が高い。ただし、郡名文字の出土は第3遺構に限られ、特定の遺構に集中することから、郡名文字瓦の有無によって若干の生産段階の違いが存在する可能性もある。

これに対し、第1・2段階の陸奥国分寺創建当初の瓦窯である安養寺下瓦窯跡では、刻印文字瓦は出土していない。平瓦に刻印が行われるのは第2段階以降、おもに第3段階と考えてよい。

第1～3段階の年代の上限は、国分寺建立詔が出された天平十三年(七四一)とされ、多賀城碑に見える藤原朝獦による多賀城の修造を多賀城第Ⅱ期と関連付け、その完成を天平宝字六年(七六二)とみて、この年代を下限とする点は、諸氏の見解が一致している。吉野武は第Ⅱ期の修造が、朝獦が陸奥国守に就任する以前から開始されたとみており、第1～3段階は画然と分かれず、重なりをもって連続するのであろう［柳澤 二〇二一、吉野 二〇一七b］。刻印文字瓦は陸奥国分寺の造営に多賀城第Ⅱ期の修造が加わる第2・3段階に位置づけられる。

(3) 多賀城第Ⅰ期と第Ⅱ期の文字瓦

さて、須田勉は、多賀城第Ⅰ期の造営に際して採用された文字瓦を伴う生産システムが、後に東国国分寺の造営においても生かされたことを早くから指摘している［須田 二〇〇五］。山路直充も東国国分寺の文字瓦を、多賀城第Ⅰ期の生産システムが伝播したものとみる［山路 二〇〇五］。前述したように、陸奥国分寺創建期の瓦群は、その文様・技法において、多賀城創建期から継承したとみられる要素が多く、東国の国分寺に想定されるのと同様、陸奥国分寺出土の刻印文字瓦も、多賀城第Ⅰ期の瓦生産システムを継承した可能性がある。

神明社窯跡や枡江遺跡では、陸奥国分二寺でしか出土しない郡・郷名の刻印文字瓦と、多賀城・多賀城廃寺・陸奥国分二寺でともに出土する「伊」など六文字の刻印文字瓦が出土し、両者が同じ瓦屋で生産されていたことが知られる。これらの文字瓦の性格は前述のように、同じ瓦屋で発注元の異なる造瓦を重複して行う場合、瓦に生産管理者が記銘した検印によって数量点検を行い、把握された瓦の出来高によって発注元に経費を請求し、労役従事者に賃金(粮米など)を支払う生産システムに伴うものと想定される。このうち、瓦屋が直属の造営官司による一元的な管理の下で造瓦を行う点で、多賀城第Ⅱ期の生産管理方式は、より統制の利いたシステムと言える。これに対し、陸奥国分寺創建期の郡名文字瓦を伴う瓦生産システムは、記銘内容が発注元(＝経費の請求先)であるという点で、先行する多賀城第Ⅰ期の国郡名文字瓦を伴う初期の瓦生産システムと共通する。ただし、多賀城第Ⅰ期と国分寺創建期の間には、多賀城第Ⅰ期後半から陸奥国分寺創建期第1段階～第2段階のはじめにかけての、文字瓦を伴わない段階があり、時間的な隔たりがある。しかし、文字瓦を伴わないことを積極的に捉えれば、国分寺創建期前半の瓦生産システムは、多賀城第Ⅰ期の新しい段階の造瓦体制から連続し、これを引き継いだあり方と理解することもできよう。

陸奥国分寺創建期の主体を占める平瓦A群(平瓦Ⅰ・Ⅵ類)が多賀城に供給されていないことから、陸奥国分寺の造営は多賀城第Ⅱ期の修造に先行すると考えられている。この段階では瓦屋は専ら国分寺に向けて造瓦を行ったと考えてよい。しかしこれに続いて多賀城第Ⅱ期の修造が開始されたことで、二事業が併行して進められることとなった。これに伴って多様な経費負担者が造営に参画する事態となって、再び多賀城第Ⅰ期で実施したのと同様の生産管理を行うことが必要となったのであろう。したがって、この時期に採用された刻印文字瓦を用いた生産システムは、多賀城第Ⅰ期後半に成立した、国府直属の瓦屋が一元的に瓦生産を行うシステムと、多賀城第Ⅰ期の初期に行われた記銘を伴う生産システムを併用したものと理解することができる。

そして、やや想像を逞しくすれば、瓦に記銘された文字に基づいて数量点検を行うことを想定した場合、文書による帳簿類が伴ったはずで、文書が保存されていれば時期を隔てていても、同じ生産システムは再現可能と考えることができる。また、これも想像の域を出ないが、古川が指摘する通り[古川 二〇〇七]、多賀城第Ⅱ期の刻印文字瓦に県北の氏族名と一致するものが多いことは、瓦屋側の生産管理者のなかに、多賀城第Ⅰ期の県北諸窯における文字瓦を伴う瓦生産システムを知る者が、三〇年余り後の多賀城第Ⅱ期の造瓦組織に加わっていたことも、まったく不可能な想定ではないであろう。

多賀城第Ⅰ期の文字瓦はヘラ書き、陸奥国分寺創建期・多賀城第Ⅱ期は刻印である。記銘方法は異なるものの、後者については平城宮に大きさ・形状・字体の酷似する刻印文字瓦がみられ、記銘方法じたいは中央からの影響とみられる。

なお、多賀城第Ⅲ期には再び文字瓦が姿を消す。多賀城第Ⅲ期の瓦は国分寺には供給されておらず、国府直属の瓦屋は専ら伊治公呰麻呂の乱で被害を受けた多賀城へ向けて造瓦を行ったと考えられる。造瓦の発注が重複しないことから文字を記銘する必要がなかったのであろう。ところが、貞観地震の復興期である第Ⅳ期には、再び文字瓦が多出するようになる。自然災害により多賀城・多賀城廃寺・陸奥国分二寺が等しく被災し、災害復興のため瓦屋が一城三官寺へ向けて、創建期に匹敵する量の瓦を生産する。第Ⅳ期の文字瓦には、半ば記号化したものも多いが、多賀城第Ⅱ期の刻印と極めてよく似た角印を用いた「未」などの文字瓦も使われている。第Ⅳ期の瓦屋である堤町遺跡B地点では、第Ⅳ期の軒先瓦とともに文字瓦が出土しており、時期を隔てた第Ⅳ期にも、第Ⅱ期で採られた生産システムが復活していることがわかる。

おわりに

陸奥国では、多賀城・多賀城廃寺や大崎平野の諸城柵の造営を通じて、征夷という国家事業に伴う大規模な瓦生産を経験し、この時に構築された陸奥国府直属の瓦屋による記銘を伴わない瓦生産システムが、陸奥国分寺の造営に際して再編・継承された。国分寺の造営も当初の第1段階には記銘を伴わない生産体制のもとで進められた。

多賀城・多賀城廃寺や大崎平野の諸城柵の造営は、発注者(＝経費負担者)は陸奥国であり、一貫して陸奥国府直属の瓦屋による一元的な生産管理の下に造瓦を行っていたと考えられる。とはいえ、多賀城第Ⅰ期の初期には、未だ生産体制が確立されておらず、征夷に参画していた坂東諸国に賦課された臨時的な徭役が瓦生産に向けられたと想定できる。さらに陸奥国分寺創建期第2段階以降では、多賀城第Ⅱ期の修理事業と重なったため、国内南部諸郡の経費負担に基づく造瓦が加わったと考えられる。定常的な経費負担に基づく徭役によって一元的に管理される瓦生産に加えて、その範囲外の負担に基づく瓦生産が同じ瓦屋で行われた結果、瓦への記銘によって経費を把握する造瓦システムが採用されたのである。多賀城第Ⅰ期の初期と陸奥国分寺創建期第2段階以降に文字瓦による瓦生産の管理システムが採られたのは、成立背景は異なるものの、生産経費の正確な把握という意味合いでいえば、類似した造瓦体制といえるのではなかろうか。多賀城創建期に用いられた文字瓦を伴う瓦生産システムが東国国分寺に伝播したとする須田や山路の指摘は、少なくとも陸奥国に関しては首肯できると考える。

さて、陸奥国分寺創建期の文字瓦において、郡名が陸奥国南部諸郡に限られる理由は判然としない。下野国のような行政ブロックが機能した可能性も考えられる[大橋 二〇〇七、古川 二〇〇七]。吉野武によると、天平十八年(七四六)の鎮兵制の廃止と小田軍団の新設は、陸奥国内の財源確保や軍団兵士の動員を可能とし、国内の資力を陸奥国分二寺の造営に振り向ける目的で実施されたものと指摘している[吉野 二〇一七b]。とすれば、小田軍団の所在する北部諸郡は国内の定常的な徭役として造営に参加したために瓦に記銘されることはなかったと説明できる。

一方、多賀城創建以来の歴史的経緯を重視する立場からは、かつて陸奥鎮所への献穀に対して叙位が行われたのと同様、国分寺造営に伴う献物叙位がインセンティブとなった可能性を想定したいが、今後の検討課題である(11)。

いずれにしても、財源そのものは国内外からの寄進であっても、瓦への記銘は瓦屋が経費の請求を前提とする生産管理を行うことに目的があり、徭役や雇役に対する支払いのために記銘されたという点で「知識」にはそぐわず、文字瓦の性格は律令的な負担体系のなかに位置づけられるものではなかろうか。

以上、陸奥国分寺の文字瓦の性格と多賀城の文字瓦との関係の検討を通して、律令国家が在地社会の力をいかに国家事業に動員したのか、という問題について卑見を述べた。文字瓦そのものの分析が十分でなく、実証を伴わないまま推論を重ねる形となったが、ここでは一旦、試案を提示したうえで、今後もさらに資料と向き合い、検証を行っていくこととしたい。

註

(1) 多賀城第Ⅰ期の瓦窯の一つである大吉山瓦窯跡の第3次調査で、窖窯式木炭窯が確認された[宮城県多賀城跡調査研究所 二〇二四]。木炭窯は羽子板形の平面形をもつ焼成室の側壁に細いトンネル状の煙道がつき、行方郡や隣接する宇多郡で数多く発見されているものと酷似する。行方郡の製鉄と多賀城第Ⅰ期の造瓦との関係を示す一例に加えられよう。

(2) 丸瓦は分類がなされておらず、帰属時期は不明である。

(3) 今回、刻印文字瓦を主に陸奥国分寺平瓦ⅣA類に伴うものとして分析したが、少量ながらⅠ類やⅥ類に伴う例もあり、これを考慮すると記銘率はさらに低くなる。

(4) 今回、「田」と「伊」以外は印種の厳密な同定はできず、今後の課題としたい。ここでは、文字や瓦の型式の違いに拠らず、記銘位置にはある程度のまとまりがある点を確認しておきたい。

(5) 東北大学所蔵の完形の平瓦二点を計測したところ、一点は3.5kg、一点は5kgであった。ここでは平均をとって4kg／枚とした。

(6) ただし、平瓦ⅡBa2類は第Ⅰ期・第Ⅲ期にも伴うことから、分母となる瓦個体数は刻印とおなじ第Ⅱ期のものだけに絞れば、もう少し記銘率は高くなるであろう。軒平瓦の出土比率から推測すれば、時期の分かる軒平瓦のなかで第Ⅱ期は68.5%（一八七／二七三）、第Ⅰ期と第Ⅲ期はそれぞれ12%程度(第Ⅰ期：三四／二七三、第Ⅲ期：三三／二七三)で、平瓦ⅡB・ⅡBa1・ⅡBa2類にこの割合を比例配分すれば(24%：100＝X：16.8%、X＝約4%)で、記銘率は高くても20％程度であろう。

（7）上原真人は、記銘率の多寡に瓦生産に伴う労務管理における出来高払制・上日数制の違いを対応させて理解したが、数量検印としての記銘も本質は出来高の把握にあって、記銘率の低さが直ちに上日数制とはならない。上原も出来高の把握は七世紀的な貢納制においても必要であったとの理解を示している。

（8）多賀城第Ⅰ期から陸奥国分寺創建期・多賀城第Ⅱ期に至る「陸奥国府系瓦」は、陸奥国分寺跡［伊東ほか 一九六一］、多賀城廃寺［伊東ほか 一九七〇］、多賀城政庁跡［宮城県多賀城跡調査研究所 一九八二］や、関連瓦窯跡［進藤 一九八三、古窯跡研究会 一九八八、渡邊 二〇〇七］において調査・研究が進展するなかで、その変遷が精緻に検討されてきた。以下、その成果に依拠して記述する。

（9）伊東信雄は陸奥国分寺跡は黄金山産金遺跡より先行すると理解したが［伊東ほか 一九六一］、菅原祥夫［一九九六］・福山宗志［二〇一〇］・柳澤和明［二〇二二］は後者が先行するとみている。

（10）菅原祥夫は官衙文様（重圏文）と寺院文様（蓮華文・唐草文）の使い分けを指摘し、両者が重なる時期に供給先を分けて生産されていた可能性を指摘する［菅原 二〇一七］。

（11）ただし川尻秋生は、国分寺造営への天平十九年詔の影響を過大評価できないことを指摘し、藤原仲麻呂政権下での献物叙位の減少と続く道鏡政権下での増加に注意を向けている［川尻 二〇一三］。また熊谷公男は『続日本紀』以下の国史に陸奥国の豪族への改賜姓記事が八世紀後半に他地域に先駆けて増加することを指摘し、征夷への積極的な参画により譜第郡領氏族の地位を得るなど、新興郡領の台頭を指摘している［熊谷 一九九二］。ここでは陸奥国の特殊性と全国的な流れの両面を踏まえて背景を検討すべきことを指摘するに留める。

参考文献

浅野健太　二〇二四「上総国分寺の文字瓦と造瓦組織」『国士舘考古学』第11号
石母田正　一九七一「古代国家と生産関係」『日本の古代国家』岩波書店
伊東信雄ほか　一九六一『陸奥国分寺跡発掘調査報告書』宮城県教育委員会
伊東信雄ほか　一九七〇『多賀城跡調査報告Ⅰ―多賀城廃寺跡―』宮城県教育委員会・多賀城町

上原真人　一九八四「天平12、13年の瓦工房」『研究論集』Ⅶ　奈良国立文化財研究所
上原真人　一九八九「東国国分寺の文字瓦再考」『古代文化』第41巻第12号　古代学協会
上原真人　二〇〇二「奈良時代の文字瓦」『行基の考古学』塙書房
大川　清　二〇〇二『古代造瓦組織の研究』日本窯業史研究所
大橋泰夫　二〇〇七「下野の瓦生産と行政ブロック」『栃木の考古学』塙静夫先生古稀記念論文集『栃木の考古学』刊行会
川尻秋生　二〇一三「国分寺造営の諸段階─文献史学から─」須田勉・佐藤信編『国分寺の創建　組織・技術編』吉川弘文館
熊谷公男　一九九二「古代東北の豪族」須藤隆・今泉隆雄・坪井清足編『新版 古代の日本9　東北・北海道』角川書店
古窯跡研究会　一九七二『仙台市原町小田原 蟹沢中瓦窯跡発掘調査報告書』
古窯跡研究会　一九八八『陸奥国官窯跡Ⅴ 仙台市蟹沢中窯跡第2次調査報告─多賀城第Ⅱ期・陸奥国分寺創建期瓦窯跡 半地下式の平窯(ロストル式)』
斎野裕彦　二〇一七「陸奥国分寺・尼寺と多賀城第Ⅱ期における瓦の生産」『第43回古代城柵官衙遺跡検討会─資料集─』
斎野裕彦　二〇二三『最北の国分寺と蝦夷社会─仙台平野からみた律令国家』敬文舎
佐川正敏・藤木海　二〇一七「東北地方の六二八二─六七二一系軒瓦」『古代瓦研究』Ⅶ　奈良文化財研究所
佐藤和彦　一九九四「文字瓦」『下伊場野窯跡群』宮城県多賀城跡調査研究所
佐藤　信　二〇一八「地方官衙と地方豪族」『古代史講義─邪馬台国から平安時代まで』ちくま新書
進藤秋輝　一九八三「東北地方の瓦窯」『仏教芸術』一四八　毎日新聞社
菅原祥夫　一九九六「陸奥国府系瓦における造瓦組織の再編過程(1)─黄金山産金遺跡の所用瓦に対する再評価を中心として─」『論集しのぶ考古』
菅原祥夫　二〇一一「宇多・行方郡の鉄生産と近江」『研究紀要二〇一〇』福島県文化財センター白河館
菅原祥夫　二〇一七「陸奥国分寺の創建と造瓦組織の再編」『第43回古代城柵官衙遺跡検討会─資料集─』
須田　勉　二〇〇五「多賀城様式瓦の成立とその意義」『国士舘大学文学部人文学会紀要』第37号
須田　勉　二〇一三「国分寺造営の諸段階─考古学から─」須田勉・佐藤信編『国分寺の創建　組織・技術編』吉川弘文館
須田　勉　二〇一六『国分寺の誕生 古代日本の国家プロジェクト』歴史文化ライブラリー四三〇　吉川弘文館
住田正一・内藤政恒　一九六八『古瓦』学生社
仙台市教育委員会　一九六九『史跡陸奥国分尼寺跡環境整備並びに調査報告書』
仙台市教育委員会　一九八三『神明社窯跡─発掘調査報告─』

仙台市教育委員会　一九九〇『仙台平野の遺跡群IX―平成元年度発掘調査報告書―』
仙台市教育委員会　二〇一〇『与兵衛沼窯跡―都市計画道路「川内・南小泉線」関連遺跡 発掘調査報告書―』
仙台市教育委員会・仙台市土地開発公社・古窯跡研究会　一九八〇『枡江遺跡発掘調査報告書―造瓦所の調査―』
仙台市史編さん委員会　二〇〇五『仙台市史』資料編I 古代中世
高野芳宏・進藤秋輝・熊谷公男・渡辺伸行　一九七六「多賀城の文字瓦（その1）」『研究紀要』III　宮城県多賀城跡調査研究所
高野芳宏・熊谷公男　一九七八「多賀城第II期の刻印文字瓦」『研究紀要』V　宮城県多賀城跡調査研究所
高野芳宏　二〇〇〇「多賀城・陸奥国分寺の文字瓦」『文字瓦と考古学』日本考古学協会第66回総会国士舘大学大会実行委員会
内藤政恒　一九三六「磐城地方に関係ある「古瓦の記銘」に就いて」『岩磐史談』第1巻第2号
内藤政恒　一九六三「仙台市台ノ原・小田原瓦窯址群と出土の古瓦(二)」『歴史考古』第9・10合併号
福島県教育委員会・㈶福島県文化センター　一九九五『原町火力発電所関連遺跡調査報告』VI
福山宗志　二〇一〇「黄金山産金遺跡の軒平瓦―瓦当文様の観察と復元から―」『北杜』辻秀人先生還暦記念論集刊行会
藤木　海　二〇二二「東北地方の鬼瓦」『第21回シンポジウム 鴟尾・鬼瓦の展開II―鬼瓦―』発表要旨　奈良文化財研究所
藤木　海　二〇二三「陸奥国の瓦からみた常陸国との地域間関係」『茨城県考古学会 古代瓦シンポジウム　瓦から読み解く古代社会の諸相―基礎資料の集成と分析―』第一分冊・論考編
古尾谷知浩　二〇一〇「文字瓦と知識」『文献史料・物質資料と古代史研究』塙書房（初出二〇〇七）
古川一明　二〇〇七「7世紀の宮城県地域研究の新視点」『福島大学考古学研究室第1回公開シンポジウム 本州東北部における古墳時代の終末と律令社会の成立』
宮城県多賀城跡調査研究所　一九八二『多賀城跡　政庁跡本文編』
宮城県多賀城跡調査研究所　二〇一七「第II期多賀城改修前後の陸奥国」『多賀城跡 外郭跡I―南門地区―』
宮城県多賀城跡調査研究所　二〇二二『宮城県多賀城跡調査研究所年報二〇二一　多賀城跡』
宮城県多賀城跡調査研究所　二〇二四「大吉山瓦窯跡 第3次発掘調査」『第50回古代城柵官衙遺跡検討会―資料集―』
安田　稔　二〇〇五「古代陸奥国行方郡の鉄生産」『国士舘考古学』創刊号
山川純一　二〇〇九「神明社窯跡採集の「標」箆書き丸瓦」『宮城考古学』第11号
山路直充　二〇〇五「文字瓦の生産―七・八世紀の坂東諸国と陸奥国を中心に―」『文字と古代社会』3　吉川弘文館
山路直充　二〇一三「国分寺と文字瓦の生産」須田勉・佐藤信編『国分寺の創建　組織・技術編』吉川弘文館
山路直充　二〇一四「陸奥国への運穀と多賀城の創建」吉村武彦編『日本古代の国家と王権・社会』塙書房

柳澤和明　二〇二二「陸奥国分寺・尼寺創建から多賀城第II期造営への連続性」『日本考古学』第55号
吉野　武　二〇一七a「多賀城第I期の瓦窯跡の特徴と変化」『第43回古代城柵官衙遺跡検討会—資料集—』
吉野　武　二〇一七b「第II期多賀城改修前後の陸奥国」『多賀城跡 外郭跡I—南門地区—』宮城県多賀城跡調査研究所
渡邊泰伸　二〇〇七「陸奥国分寺跡出土瓦について—軒瓦と瓦生産からみた国分寺の変遷—」東北大学大学院文学研究科考古学研究室須藤隆先生退任記念論文集刊行会『考古学談叢』六一書房

讃岐国分寺・国分尼寺の瓦生産と在地社会
――国分寺・国分尼寺の同笵・同文瓦から――

香川 将慶

はじめに

本稿では讃岐国分寺・国分尼寺の生産瓦窯の出土遺物の状況を提示し、同笵・同文瓦の焼成や色調等の状況、出土遺跡の性格について整理・比較を行う。その成果を受けて讃岐国分寺の創建期から改修期までの生産地の様相や性格について整理し、同笵瓦が波及した地方寺院等の特徴を検討することで、国分寺・国分尼寺の造営や維持管理にあたっての在地社会とのつながりを考察したい。

1 調査状況と出土瓦

(1) 讃岐国分寺の瓦の種類

讃岐国分寺・国分尼寺は高松市国分寺町に位置している(第1図)。国分寺の本格的な発掘調査は昭和五十年代から始まった史跡整備に伴うもので、調査の結果、国分寺の中心伽藍は大官大寺式の伽藍配置になることが判明したほか、

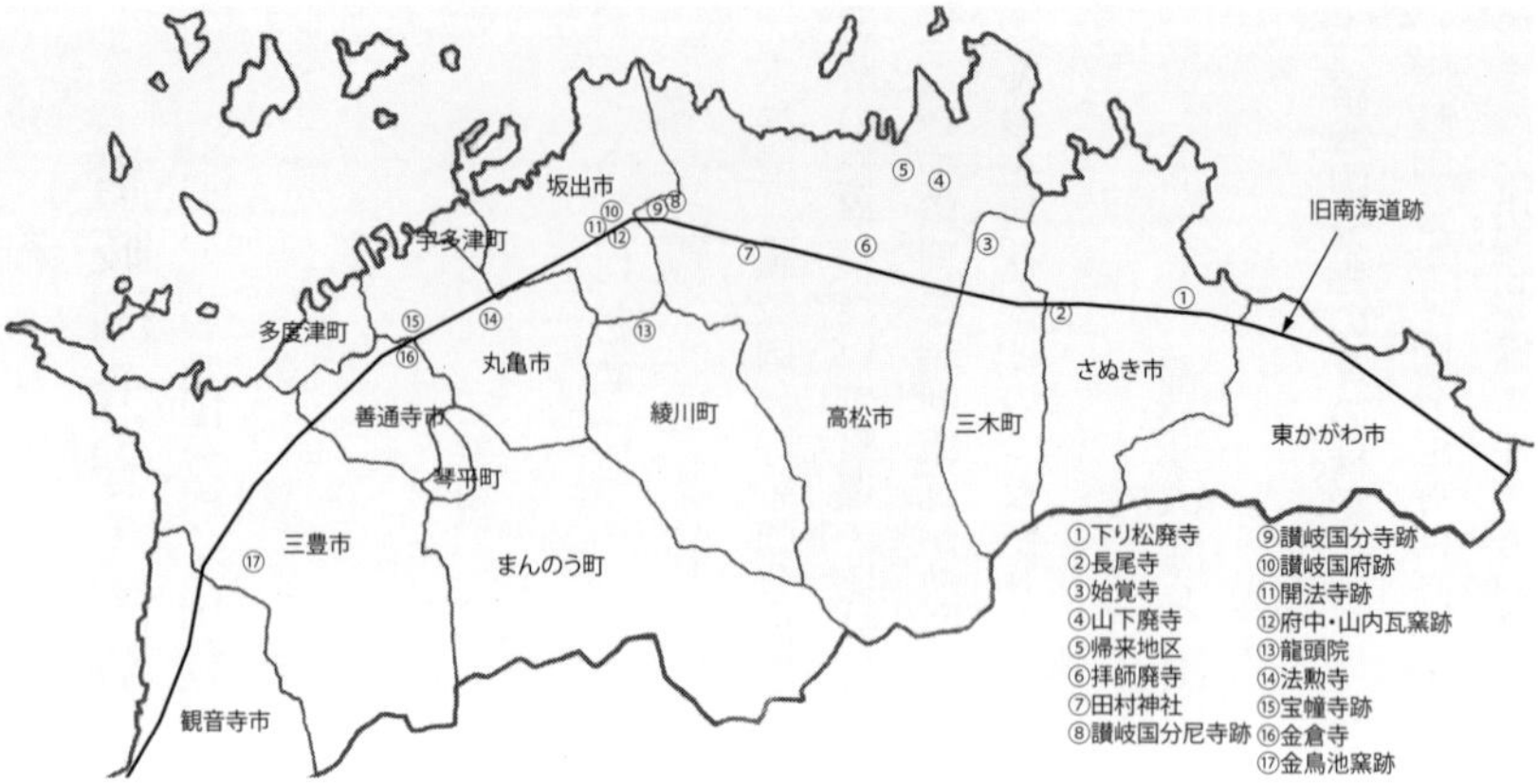

第１図　讃岐国内関連遺跡略図

僧房跡・鐘楼跡・築地塀跡・掘立柱建物等の遺構も確認されている〔高松市教委二〇一八〕。

讃岐国分寺の軒先瓦は、中世の瓦類も含めて軒丸瓦五〇型式五九種、軒平瓦五五型式六二種が確認されている〔高松市教委二〇二〇〕。その中でⅠ～Ⅳ期の画期を設定し、Ⅰ期（塔・金堂造営期）とⅡ期（僧房等造営期）を創建期、Ⅲ期を補修期、Ⅳ期を改修期としている。

最初に創建期の瓦の系譜について触れたい。讃岐国分寺の創建期瓦は、国衙系と平城京系の二種類の系統に分かれる（第2図）。国衙系の軒丸瓦は宝幢寺跡（丸亀市）に葺かれた瓦を模倣し、ＳＫＭ01が生産された。この文様系譜の下にＳＫＭ03・06が作笵され、当初は国分寺専用の瓦笵として生産される。製作技法はＳＫＭ01をみると、接合式と横置き型一本作りの二種類を確認している。笵傷の進行を基準にして接合式から横置き型一本作りになることが判明しており、国衙系の軒丸瓦は相対的に接合式から横置き型一本作りに変化した可能性が推測される。一方、軒平瓦は特定の文様から派生していないが、東大寺式の瓦を模倣してＳＫＨ01Ａ～Ｃが生産された。製作技法は笵傷の進行をもとに、桶巻作りから一枚作りになることが判明している。また、国衙系の軒丸瓦と軒平瓦の胎土は型式によって若干の差異はあるものの、一～五ミリ程度の白色粒や黒色粒を含む。色調は灰色系で、焼成は硬質になる傾向がある。ＳＫＭ

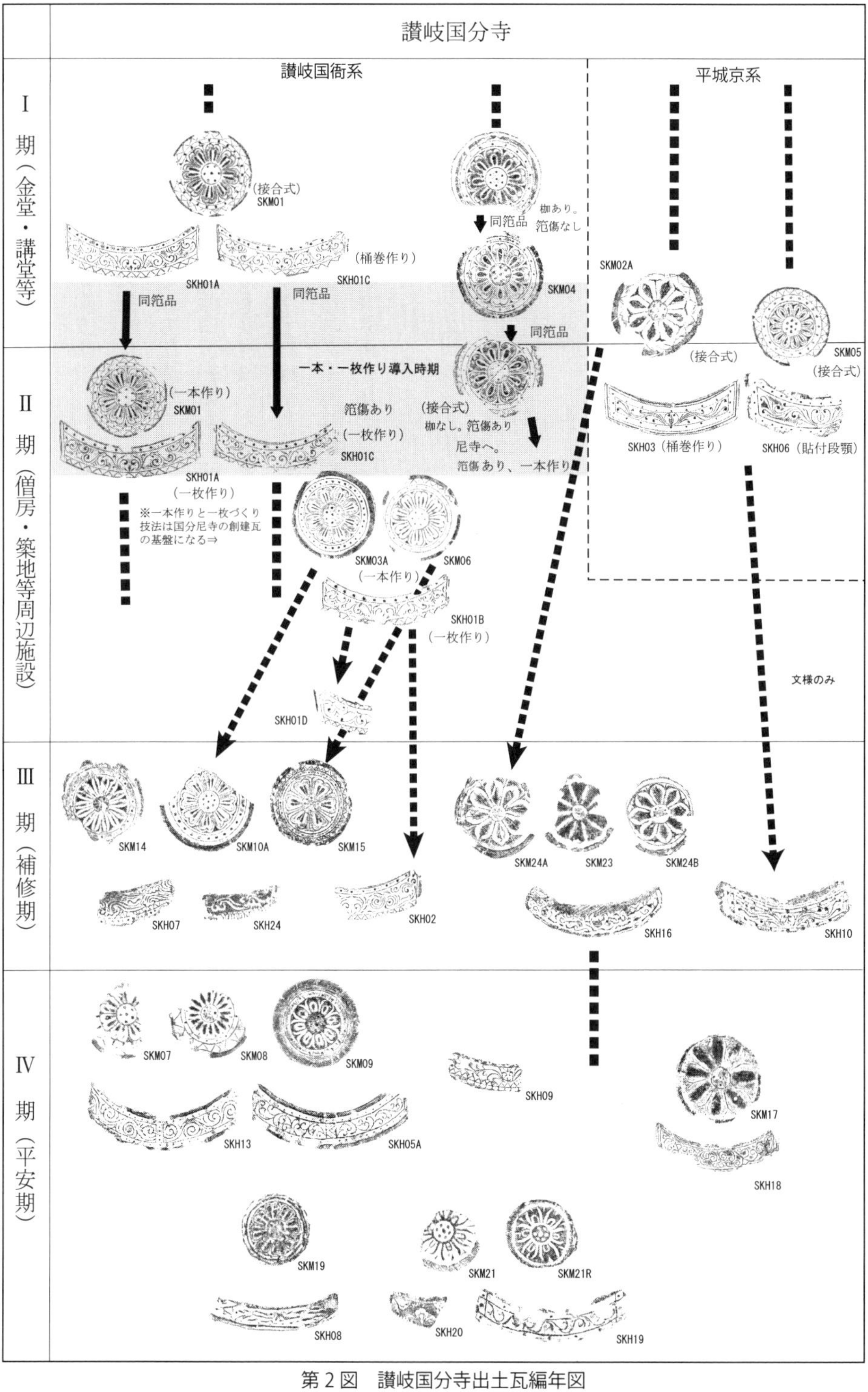

第２図　讃岐国分寺出土瓦編年図

03A等の一部の個体には、いぶし焼を呈しているものもある。

平城京系は軒丸瓦と軒平瓦ともに、平城京の寺院で採用された瓦を模倣して生産している。平城京系の軒丸瓦はSKM05で、大安寺等で使用された6304型式を模倣している。製作技法は接合式である。軒平瓦はSKH03・06が上げられ、SKH03は唐招提寺の三釉瓦を模倣したものと考えられる。製作技法は桶巻き作りである。平城京系の軒丸瓦と軒平瓦の胎土は白色粒を含み、色調は灰色～暗灰色で、焼成は相対的に硬質のものが多い。国衙系の軒先瓦とは焼成状況が異なり、灰被りをしている瓦が多い。これらの特徴は国衙系の瓦類にはほとんど確認されておらず、製作技法の流れも異なり、さらに府中・山内瓦窯跡では出土していないため、別の場所で生産された可能性が高い。

また、出土比率の関係をもとに軒先瓦の組み合わせをみると、平城京系のSKH03と組み合う可能性がある型式は、SKM02Aが挙げられる。この型式は弘安寺(まんのう町)で出土するKA103を模倣したと考えられる。文様は在地系であるため、国衙系に属する可能性もあるが、組み合うSKH03はⅡ期に位置づけられており、この時期の国衙系に属する軒丸瓦は一本作りなのである。SKM02Aは接合式であるため、国衙系とは別工房であった可能性があることから、平城京系の生産に伴い成立した瓦笵とも考えている。

以上が創建期(Ⅰ・Ⅱ期)の瓦の生産系譜である。時期は八世紀第3四半期の天平勝宝年間から神護景雲年間頃と考えられる。

Ⅲ期は、瓦の出土量が創建期の種類と比較すると少量であり、補修期とされている。この時期の軒丸瓦はSKM10AやSKM24Aなど、少なくとも六型式、軒平瓦はSKH02やSKH10等、少なくとも計五型式が該当すると考えられる。文様系譜は創建期の軒先瓦を模倣するものが多い。製作技法は、軒丸瓦Ⅲ期が接合式、軒平瓦は桶巻作り、一枚作りである。色調は灰色系が多数を占め、胎土は創建期と比較し粗粒が多い。焼成は硬質と軟質が混在する。時期は九世紀ごろと考えている。

Ⅳ期は、改修期である。この時期の軒丸瓦はＳＫＭ07やＳＫＭ08等、軒平瓦はＳＫＨ05Ａ、ＳＫＨ13等が挙げられる。特にＳＫＭ07が三九点、ＳＫＭ09が四六点、ＳＫＨ05Ａが八四点であり、変遷図に掲載している他型式は多くても出土量が一〇点台であることを考慮すると、改修期の主要な瓦であると考えられる。色調は灰〜にぶい黄褐色系で、軟質やや軟質である。胎土に一〜五ミリ程度の白色粒や赤色粒を含む。

時期はⅢ期以降で平安期とし［香川 二〇二〇］、今後再考する必要があると考えているが、松尾忠幸はＳＫＨ05Ａが京都府法性寺跡出土の中心飾「修」銘をもつ軒平瓦を模倣したと考え、十世紀中頃と考えている［松尾 二〇一五］。

Ⅳ期以降の瓦類については今回取り上げないが、巴文の軒丸瓦（ＳＫＭ32）や蓮珠文を起因とした軒平瓦（ＳＫＨ44）が出土している。

(2) 讃岐国分尼寺の出土瓦

讃岐国分尼寺は国分寺の調査から遅れて史跡整備に伴う発掘調査等を行っている。調査の結果、講堂跡や尼房跡、寺域の区画に伴う溝等を確認している［高松市教委 二〇一七］。創建期以降で出土する尼寺の軒先瓦は、国分寺と同笵のものが多数を占め［高松市教委 二〇一七］、平安期までの讃岐国分尼寺の軒先瓦は、軒丸瓦一三種一四型式、軒平瓦九種一四型式を確認している（第3図。以下、括弧内は国分寺との同笵関係を示す）。

創建期の軒丸瓦はＫＢ101・ＫＢ102・ＫＢ103Ａ・ＫＢ103Ｂ・ＫＢ108（ＳＫＭ04）である。軒平瓦はＫＢ201Ａ（ＳＫＨ01Ｃ）・ＫＢ201Ｂ（ＳＫＨ01Ｂ）・ＫＢ201（ＳＫＨ01Ａ）・ＫＢ207が挙げられる(1)。

軒先瓦の組み合わせは、胎土・色調・焼成をもとに、ＫＢ103ＢとＫＢ202、ＫＢ101とＫＢ201Ｂが挙げられる。出土量は、ＫＢ103Ｂは金堂跡で最も多く、時期差を示す可能性がある。しかし、他の型式で建物ごとに出土量の差違はみられない。創建期以降から平安期にかけては、軒丸瓦ＫＢ105（ＳＫＭ15）やＫＢ106（ＳＫＭ09）、ＫＢ109（ＳＫＭ07）等が挙

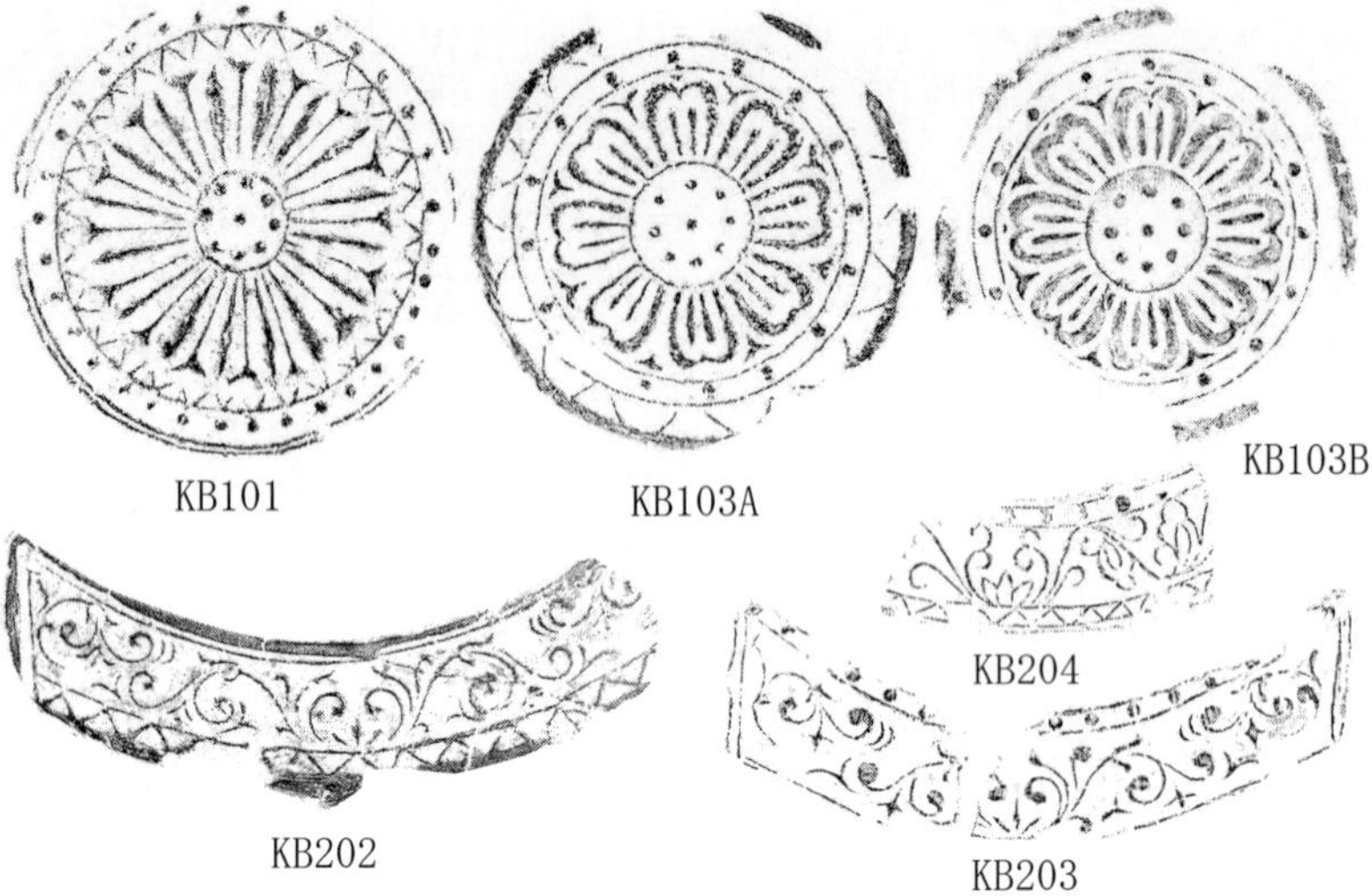

第３図　讃岐国分尼寺の軒先瓦

げられる。軒平瓦はＫＢ204やＫＢ208（ＳＫＨ04）、ＫＢ209（ＳＫＨ10）、ＫＢ211（ＳＫＨ19）等が挙げられる。

妹尾はＫＢ106とＫＢ106Ｃの組み合わせが創建に伴うものとし、その後、ＫＢ103Ａ・ＢとＫＢ202の組み合わせを想定している。最も多いＫＢ101はＫＢ203との組み合わせが想定されている。妹尾は修繕時の瓦と評価している［妹尾二〇一七］。

年代観の想定は多様な意見があるものの、報告では創建年代を七七〇年代前後（神護景雲年間）と想定している［高松市教委二〇一七］。筆者の年代観は別稿で論じたいが、今回と取り上げるＫＢ101を筆者は国分寺のⅡ期相当、またＫＢ204は国分寺のⅢ期相当と考えている。

(3) 讃岐国分寺・国分尼寺の瓦生産窯

国分寺・国分尼寺の瓦を供給した窯跡には、高松市と坂出市にまたがる府中・山内瓦窯跡がある。これまで本調査の実施はないものの、踏査等から一三〜一四基の窯跡が推測される。窯構造が判明しているのは、有段式登窯二基と有牀式平窯二基である。採集されている瓦には、軒丸瓦ＳＫＭ03Ａ・ＳＫＭ07・ＫＢ104、軒平瓦ＳＫＨ01Ｃ・ＳＫＨ04がある。国分寺と府中山

第１表　讃岐国分寺等出土瓦の特徴

遺跡名	所在地	型式名	年代	焼成	胎土	色調	参考文献
讃岐 国分寺跡	高松市 国分寺町	SKM03A	Ⅰ・Ⅱ	硬質(一部いぶし焼)	緻密～やや密	灰色～暗灰	高松市教委 2020（一部、加筆修正）
		SKM07	Ⅳ	軟質	粗雑～やや粗雑	にぶい黄褐色～淡橙色	
		SKM09	Ⅳ	やや軟質	粗雑～やや粗雑	暗灰色～黒色	
		SKH01A	Ⅰ・Ⅱ	硬質	緻密～やや密	青灰～灰色、一部に黒褐色	
		SKH01B	Ⅰ・Ⅱ	硬質	緻密～やや密	灰色～暗灰	
		SKH01C	Ⅰ・Ⅱ	硬質	緻密～やや密	灰色～暗灰	
		SKH03	Ⅰ・Ⅱ	硬質	緻密～やや密	灰色	
讃岐 国分尼寺	高松市 国分寺町	KB101	Ⅰ・Ⅱ	硬質	緻密～やや密	灰褐色	高松市教委 2017
		KB204	Ⅲ	硬質	緻密	灰褐～淡灰褐色	
府中 山内瓦窯跡	高松市 国分寺町・ 坂出市府中町	SKM03A	Ⅰ・Ⅱ	－	－	－	渡部 2013a
		SKH01C	Ⅰ・Ⅱ	－	－	－	
		SKH04	Ⅲ	－	－	－	
		SKM07	Ⅳ	軟質	やや粗雑	にぶい黄褐色	渡部 2013a、高松市教委 2020

内瓦窯跡の双方で出土する型式、焼成・色調・胎土は同一である。また、府中・山内瓦窯跡で出土していないＳＫＨ01Ａ等の型式も双方で出土する型式と焼成・色調・胎土が近似することから、創建期の軒先瓦は府中・山内瓦窯跡で生産された可能性が高いと考えている(2)。国分寺に瓦を供給していることや国分寺・国分尼寺とは約一～二キロの距離であって国府とも近接しており、国衙系の窯場として整備されたと考えられる。

府中・山内瓦窯跡で生産された軒先瓦は、いずれも讃岐国分寺・国分尼寺で出土する。さらにＳＫＭ01と組み合うＳＫＨ01Ａは国分寺・国分尼寺以外では出土していない。この結果をふまえて、府中・山内瓦窯跡は讃岐国衙が専用瓦屋（国分寺瓦屋）として整備したとも指摘されている［渡部二〇一三ａ］。また、国分寺瓦屋の成立期には宝幢寺跡や東大寺の瓦文様の影響を受けて瓦生産を実施するが、その後、他寺院の瓦文様の影響を受けずにＳＫＭ01やＳＫＨ01Ａ・Ｃをもとに、国衙系工房独自の文様系譜（軒丸瓦：ＳＫＭ３Ａ・ＳＫＭ06、軒平瓦ＳＫＨ01Ｂ等）が成立する。創建期の国分寺・国分尼寺の瓦生産は、府中・山内瓦窯跡を中心に瓦生産を実施し、他寺院・窯跡からの影響は希薄であったと考えている［香川 二〇二〇］。ただし、府中・山内瓦窯跡の周辺には、十瓶山窯跡群（陶窯跡群）が所在し、創建期やその後の瓦生産に関与した可能性はあると考えている。

国分寺へ供給した窯跡の候補地の一つに金鳥池窯跡（三豊市）がある。確認調査により有牀式平窯を二基確認し、出土する軒先瓦から八世紀末～九世紀にかけての窯跡と考えられる［三豊市教委 二〇一三］。同笵の軒先瓦は出土していないものの、叩き具や色調等が類似した平瓦は出土している。Ⅲ期に国分寺へ瓦を供給した窯跡の一つと想定している［高松市教委 二〇二〇］。なお、各地で出土する同笵瓦・同文瓦で国分寺等から出土する型式の特徴は第１表のとおりである。

２　同笵・同文軒先瓦の分布と特徴

２節では、讃岐国分寺・国分尼寺の創建期（Ⅰ期）から国分寺の改修期（Ⅳ期）相当までに生産された軒先瓦の波及と出土遺跡の特徴等を概観したい（第４図）。

①下り松廃寺（さぬき市大川町）

下り松廃寺では礎石を確認しているが詳細は不明である。これまでに採集された瓦は軒丸瓦五型式、軒平瓦一型式で、創建年代は白鳳期と考えられ、奈良時代にかけて存続したとされている［高松市歴史資料館 一九九六］。小片のため確証はないが、国分尼寺ＫＢ101と同笵瓦も出土している。色調は浅黄色、胎土は粗く後述の始覚寺で出土するＳＩ104（ＫＢ101と同笵）と同様の特徴をもつ。始覚寺の瓦生産窯と同一であった可能性がある。

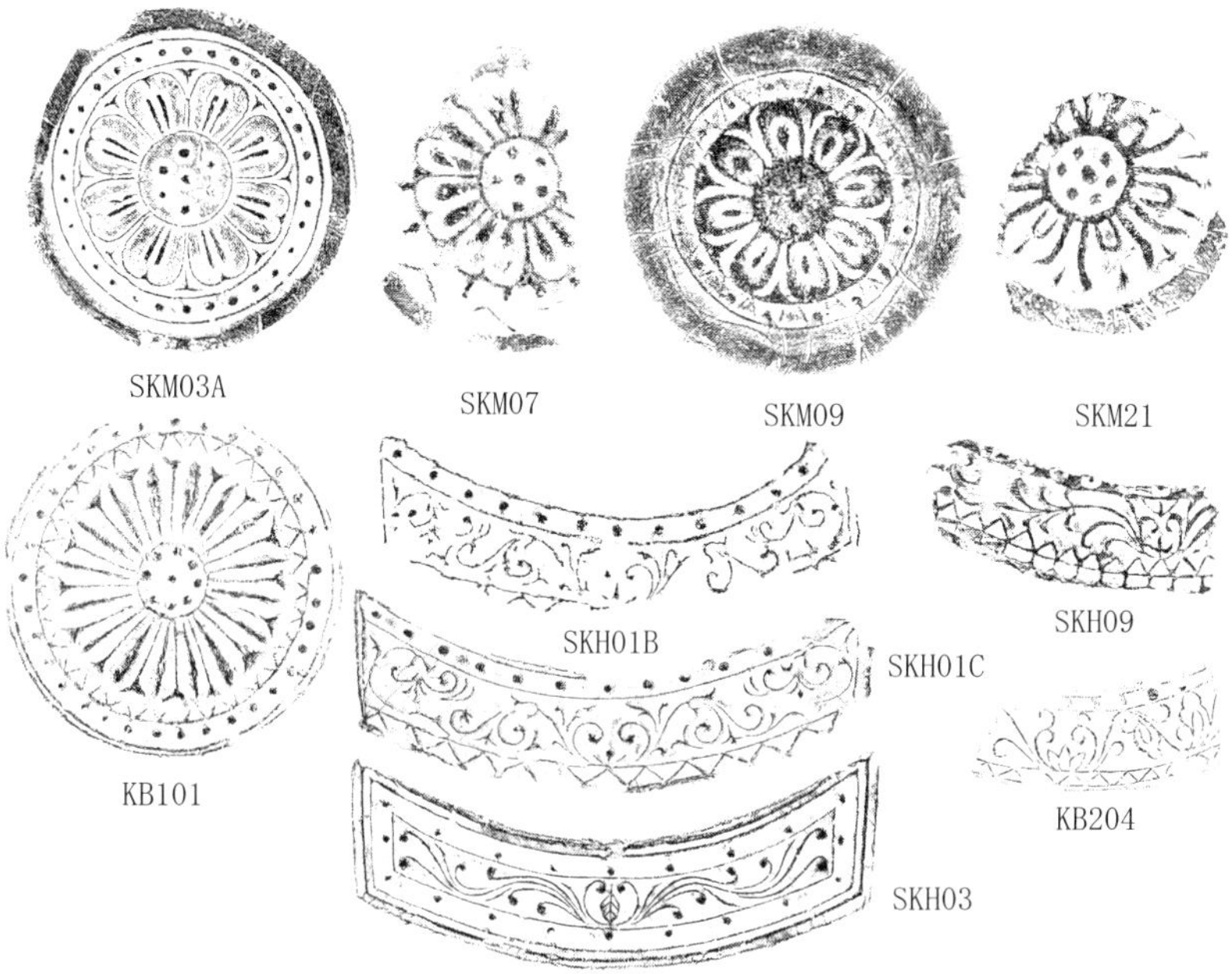

第４図　讃岐国分寺・国分尼寺同笵・同文瓦資料

②長尾寺（さぬき市長尾西）

長尾寺の創建年代は定かでないが、寺伝によれば天平十一年に行基による創建が伝えられている。長尾寺では国分寺ＳＫＭ07・ＳＫＨ01Ｂと同笵瓦が出土する。ＳＫＭ07の色調は黄土色で焼成も不良である［安藤一九六七］。この特徴は国分寺で出土するＳＫＭ07の焼成・色調と類似することから、ＳＫＭ07の生産地が国分寺と同様の窯跡であった可能性が指摘できる。

③始覚寺（三木町井上）

これまでの発掘調査や採集資料から軒丸瓦四型式、軒平瓦二型式が確認されている。白鳳期末から奈良時代初頭の創建とされ、奈良時代にかけて存続した寺院と推測される［高松市歴史資料館 一九九六］。発掘調査の結果、回廊跡や寺域北側の区画施設である築地塀、出土資料や位置関係から始覚寺に供給したと考えられる窯跡四基を確認している［香川県教委 一九九六］。境内に礎石は残るものの、金堂跡等の中心伽藍の様相は不明である。

始覚寺では国分尼寺ＫＢ101（ＳＩ104）と同笵瓦が出土

している。ＳＩ104の技法は接合式である。色調は浅黄色で、胎土は粗く、焼成はやや軟質である。胎土に白色粒の砂粒を多く含み粗い。資料の摩耗が進んでいるために、笵傷から国分尼寺の資料と前後関係を判断することはできない。焼成等の特徴は山下廃寺出土の国分寺・国分尼寺の同笵瓦ＳＫＭ01Ｂ（ＹＭ202）と近似する。

④山下廃寺（高松市高松町）

始覚寺とは異なる郡にあるが、直線距離で約六キロの位置にある。これまでの採集資料では軒丸瓦六型式、軒平瓦二型式、創建年代を白鳳期末と予想され、奈良時代にかけて存続したと推測されている。現地に礎石は残るが、発掘調査は実施されず、中心伽藍や周辺の様相も不明である〔高松市歴史資料館 一九九六〕。

山下廃寺では、国分寺・国分尼寺ＳＫＨ01Ｂと同笵瓦（ＹＭ202）、国分尼寺ＫＢ101（ＹＭ102）と同文瓦が出土している。ＹＭ202の技法は接合式である。色調は浅黄色で胎土が粗く、焼成はやや軟質である。小片であったため国分寺の資料と前後関係を解明することはできなかった。ＹＭ102も小片であり、国分尼寺の資料と同文としているものの、同笵の可能性もある。

⑤帰来地区出土瓦

高松市高松町字帰来地区でＳＫＭ07が採集された。現在は同市牟礼町の洲崎寺に拓本資料が保管されている。拓本資料によると、硯として転用されていることがわかり、二次的な移動があったことを考慮する必要はあるものの、採集地周辺は津の存在が推測されており、高松市北東の新川河口まで海運で運んだことを示唆している〔香川県埋文 二〇一五〕。帰来周辺で採集されたＳＫＭ07は国分寺と同笵瓦である。

⑥拝師廃寺（高松市林町）

採集資料から軒丸瓦二型式が確認されている。創建年代は平安時代であると推測されている〔高松市歴史資料館 一九九六〕。周知の埋蔵文化財包蔵地内で発掘調査が行われ、古代瓦が出土しているが〔高松市教委 二〇一〇〕、中心伽藍等の様相は不明である。拝師廃寺では国分寺ＳＫＭ07と同笵瓦が出土している。

⑦田村神社（高松市一宮町）

讃岐一宮として今日まで続く神社である。田村神社の初見史料は『続日本紀』嘉祥二年（八四九）であり、田村神社の周辺では讃岐国分寺の創建期瓦が採集されている。奈良時代末にまでに神社に伴う神宮寺、または付属する仏教施設等が存在した可能性が指摘されているが［渡部 二〇一三b］、筆者は府中・山内瓦窯跡の国分寺Ⅱ期相当頃に位置づけられる瓦が供給されているため、瓦が伴う遺構はこの時期に位置づけられると考えている。

田村神社では国分寺・国分尼寺ＳＫＨ01Ｂと同笵瓦が出土している。同笵瓦の技法は接合式である。色調は灰色、胎土は白色・黒色粒をわずかに含むが緻密であり、焼成も硬質である。この特徴は国分寺で出土するＳＫＨ01Ｂと同様であり、国分寺と同一窯（府中・山内瓦窯跡）で生産された可能性がある。

⑧讃岐国府跡（坂出市府中町）

近年、香川県教育委員会により讃岐国府跡探査事業で発掘調査が実施され、特に開法寺跡の東方側を中心に調査が進められた［香川県教委 二〇一六・二〇一九］。調査の結果、区画に伴う掘立柱塀、大型掘立柱建物等、国府関連の遺構群が確認され、三期の画期が設定された。画期1は七世紀後葉の正方位主軸の建物がある七世紀末～八世紀初頭、画期2は八世紀後葉～十一世紀中葉に想定されている。画期3は十一世紀中葉～十三世紀が想定されている［香川県教委 二〇一九］。

讃岐国府跡では国分寺・国分尼寺ＳＫＭ21Ａ一点、ＳＫＨ01Ｂ一点、ＳＫＭ09七点、ＫＢ101一点の同笵瓦が出土している［香川県教委 二〇一九］。ＫＢ101の色調は青灰色、焼成は硬質であり、讃岐国分尼寺の出土資料と色調等は同一である。

讃岐国府跡で出土する同笵瓦の割合は、遺跡全体で百数点出土した軒丸瓦・軒平瓦のうち、いずれの型式も一～五点とごくわずかである。さらに調査地の多くが開法寺跡に近接しているため、当該寺院からの流れ込みの可能性もある。

⑨開法寺跡（坂出市府中町）

発掘調査で塔跡、講堂跡、僧房跡と礎石建物・掘立柱建物等を確認している。報告では軒丸瓦二二型式、軒平瓦一八型式を確認している(3)［坂出市教委 二〇二〇］。創建年代は七世紀中頃と十世紀の意見があり、定着していない［渡部 二〇二〇］。最終的に十二世紀末に建物のほとんどは廃絶し、中世になって施設が建造された痕跡もない［渡部二〇二〇］。

出土瓦は、ＳＫＭ09（ＫＨ110）一三点、ＳＫＨ01Ｃ（ＫＨ206）一点、ＳＫＨ01Ｂ（ＫＨ208）一点である［渡部 二〇一六］。ＳＫＭ09の色調はにぶい黄褐色、胎土は白色粒や赤色粒が混入し、焼成はやや軟質であり、讃岐国分寺の出土資料と色調等は同一である。

⑩法勲寺（丸亀市飯山町）

採集資料で軒丸瓦一種一三型式、軒平瓦七型式を確認している。白鳳期に創建し、平安時代後半頃まで存続したと考えられる。発掘調査は実施されず、中心伽藍の様相も不明である。法勲寺ではＫＢ104と同文と考えられる瓦が採集されている（法勲寺：ＨＫ202）。小片であるため同文としたが、珠文の配置関係から同笵の可能性がある。

⑪龍燈院（綾川町滝宮）

天平年間に草創し、寛平元年に菅原道真により再興するが、その後は荒廃と再興を繰り返し、明治期に廃寺になったとされている［安藤 一九六七］。

龍燈院では国分寺ＳＫＭ07と同笵瓦が出土している。製作技法は接合式である。色調は灰色であり、胎土は約三〜四ミリ程度の赤色粒と二ミリ程度の白色粒を含む。色調や胎土をみると、国分寺に供給されたＳＫＭ07と同一窯跡で生産されたと考えられる。

⑫宝幢寺跡（丸亀市郡家町）

採集資料で軒丸瓦六型式、軒平瓦一型式を確認している。宝幢寺跡の軒丸瓦は讃岐国分寺の創建期軒丸瓦の祖型になったことが指摘されている〔高松市歴史資料館 一九九六など〕。白鳳期末〜奈良時代初頭頃に創建、奈良時代にかけての寺院と考えられる。宝幢寺地内に礎石が残存しているが、全体の様相は不明である。

宝幢寺跡ではSKM03A（HD103）と同笵が出土している。(4) 製作技法は一本作りである。色調は灰黄色で、胎土は白色・黒色粒をわずかに含み、焼成は硬質である。笵傷の進行がSKM03Aから大きく進んでいないことから、SKM03Aと大きな時間差がなく供給されたと考えられる。また、製作技法や焼成等はSKM03Aと近似するので、同一生産地であった可能性はある。

⑬**金倉寺**（善通寺市金蔵寺町）

「讃岐国鶏足山金倉寺縁起」によると、宝亀五年（七七四）に建立し、当初は道善寺と呼称され、延長六年（九二八）に醍醐天皇の勅により金倉寺に改名され、官寺となったという。その他の記述から最盛期は平安中期と考えられる〔安藤二〇〇二〕。

金倉寺では国分寺SKH03が出土し、珠文の配置関係等から同笵と考えられる。

⑭**小阪合遺跡**（大阪府八尾市若草町）

弥生時代中期から平安時代後期まで続く集落遺跡である。検出した遺構は溝・井戸跡・水田等である。近隣には七世紀中葉から東郷廃寺が建立され、西側には建立氏族の居宅が営まれ、周辺にも祭祀遺構や土器の廃棄場等が確認されている。

小阪合遺跡では、SKM03AとSKH09の同笵瓦が出土している。SKM03Aは讃岐国分寺の資料と同じ笵傷を確認できる。製作技法は一本作りである。焼成はいぶし焼を呈しており、讃岐国分寺でも確認されるので、府中・山内瓦窯跡で生産され、直接搬入されたと考えられる〔大文研二〇〇〇〕。SKH09は中心飾りの笵傷の有無から同笵瓦である。笵傷の状況をもとに讃岐国分寺に供給した後、小阪合遺跡に供給されたと推測されている[大文研 二〇〇〇]。

⑮東郷廃寺(東郷遺跡、大阪府八尾市光町)

これまでの調査で寺院の中心部は明らかになっていないが、周辺施設と考えられる掘立柱建物や井戸等を確認している。出土瓦は他地域の瓦が多数出土し、原山廃寺式軒丸瓦、「吉備寺式」軒丸瓦の祖型となった摂津堂ヶ芝廃寺出土資料と同笵瓦が出土している[大文研 二〇〇〇]。

東郷廃寺ではSKH09と同笵瓦が出土している。外面には煤が付着しており、讃岐国から直接搬入された可能性がある[大文研 二〇〇〇]。

3　同笵・同文瓦の動向と画期

(1)　Ⅰ・Ⅱ期(創建期)

2節で提示したように他遺跡で出土する国分寺・国分尼寺同笵・同文瓦は、軒丸瓦五型式、軒平瓦五型式である(第4図・第2表)。国分寺の創建期の軒先瓦は1節(1)で示したように国衙系と平城京系に分けられる。生産地は、国衙系が府中・山内瓦窯跡であり、平城京系は不明である。平城京系は焼成や技法が国衙系と異なるため、他所で生産されたと考えられる。国衙系の瓦の特徴として、焼成は概ね硬質から普通で、色調は灰色系、胎土に一～五ミリ程度の白色粒や黒色物を含んでいる。確認していない国衙系型式の焼成・胎土等の特徴は生産地である府中・山内瓦窯跡で出土する国分寺・国分尼寺の同笵瓦と近似する。そのため府中・山内瓦窯跡で出土していない国衙系の瓦も同窯跡で生産された可能性を推測している。

まず、府中・山内瓦窯で生産された同笵瓦の資料を整理する。SKH01Bが出土する遺跡は、讃岐国府や開法寺跡、

第2表　讃岐国分寺関連瓦出土状況

遺跡名	所在地	国分寺・国分尼寺型式名	出土遺跡型式名	同笵 or 同文	焼成	胎土	色調	参考文献
下り松廃寺	さぬき市大川町	KB101	SG103	同笵	―	粗	浅黄	高松歴館 1996
長尾寺	さぬき市長尾西	SKH01B	―	同笵	―	―	―	安藤 1967
		SKM07	―	同笵	―	―	浅土	香川県 1987
始覚寺	三木町井上	KB101	SI104	同笵	やや軟質	粗	浅黄	高歴館 1996
山下廃寺	高松市高松町	SKH01B	YM202	同笵	やや軟質	粗	浅黄	香川 2022
		KB101	YM102	同文	―	―	―	高歴館 1996
帰来周辺採集	高松市高松町	SKM07	―	同笵か	―	―	―	香川県埋文 2015
拝師廃寺	高松市林町	SKM07	HY102	同笵か	―	―	―	高歴館 1996
田村神社	高松市一宮町	SKH01B	―	同笵	硬質	緻密	灰	香川 2022
讃岐国府跡	坂出市府中町	SKM09	―	同笵	やや軟質	―	―	香川県教委 2019
		SKM21A	―	同笵	―	―	―	
		SKH01B	―	同笵	―	―	―	
		KB101	―	同笵	硬質	緻密	青灰	
開法寺跡	坂出市府中町	KB204	KH204	同文	―	―	―	坂出市教委 2020
		SKH01B	KH209	同笵	―	―	―	高松市教委 2017
		SKH01C	KH207	同笵	―	―	―	香川県教委 2019
		SKM09	KH110	同笵	やや軟質	やや粗	にぶい黄褐色	坂出市教委 2020
法勲寺	丸亀市飯山町	KB204	KH202	同文	―	―	―	安藤 1967
龍燈院	綾川町滝宮	SKM07	―	同笵	―	やや粗	灰色	高歴館 1996
宝幢寺跡	丸亀市郡家町	SKM03A	HD103	同笵	硬質	緻密	灰黄	高歴館 1996
金倉寺	善通寺市金蔵寺町	SKH03	―	同笵か	―	―	―	安藤 2002
小阪合遺跡	大阪府八尾市若草町	SKM03A	―	同笵	讃岐国分寺と同様（大文研 2000）			大文研 2000
		SKH09	―	同笵	讃岐国分寺と同様（大文研 2000）			大文研 2000
東郷遺跡	大阪府八尾市光町	SKH09	―	同笵	讃岐国分寺と同様（大文研 2000）			大文研 2000

田村神社である。讃岐国府や開法寺跡は国衙が管理する遺跡である。出土量が僅少であることから補修的な位置づけで瓦が供給されたと考えられる。田村神社は讃岐一宮であり、国衙との関連のある寺院等の遺跡があって、瓦の供給を受けたと考えられる。讃岐国府跡で出土するKB101も同様に補修用として供給されたと考えられる。

宝幢寺跡や大阪府八尾市小阪合遺跡でSKM03Aの同笵瓦が出土している。宝幢寺跡で出土する瓦の色調は灰黄色であり、胎土は白色・黒色粒を含むため、府中・山内瓦窯跡から供給されたと考えられる。また、小阪合遺跡の出土資料も府中・山内瓦窯跡より供給されたと指摘されている。小阪合遺跡の出土資料は笵傷の進行も国分寺の出土資料と大きな差は認められず、時間差がなく供給されたと推測される［大文研 二〇〇〇］。小阪合遺跡の周辺には田辺廃寺等、開法寺跡のKH202型式と関連のある瓦類が出土している古代寺院が存在している［渡部 二〇一三b］。河内国の当該地域と讃岐国は、瓦を通じて白鳳期からのつながりを見出すことができる。

これらの遺跡の特徴をまとめておこう。宝幢寺跡は国分寺の創建瓦の瓦文様に影響を与えた寺院で、国衙と関係をもつ。開法寺跡は立地関係等から讃岐国府と一体に整備された寺院であり、讃岐国内の中でも極めて重要な古代寺院であったと考えられる。開法寺跡で出土するSKH01B・Cは極めて僅少であるものの、遺跡の性格上、国衙の影響を受ける寺院と考えられ、補完的に供給された可能性がある。田村神社の性格は不明ながらも、官衙的な性格を帯びた遺跡が所在した可能性は指摘されている［渡部 二〇一三b］。

一方、同笵瓦でありながら府中・山内瓦窯跡や讃岐国分寺・国分尼寺で出土する瓦と焼成等が異なる遺跡として、山下廃寺SKH01B（YM202）、始覚寺KB101（SI104）、下り松廃寺KB101（SG103）が挙げられる。これらの寺院の資料は、ともに焼成が軟質かやや軟質であり、色調は浅黄色系統で、胎土に二〜五ミリ程度の白色粒・石英を含む粗いものである。府中・山内瓦窯跡や国分寺・国分尼寺の資料と異なるので、別の窯跡で生産されたことは明らかである。

SKH01BやKB101を生産した府中・山内瓦窯跡は、国衙系の工房として整備され、国衙で瓦笵の管理を行っていたことが推測される。その後、国分寺等の瓦生産が一段落してから、某窯に瓦笵が移動し、山下廃寺や始覚寺等に瓦を供給したと推測している(5)。また、瓦笵が移動した型式の年代は、ＳＫＨ01Ｂは創建期の中でもＳＫＨ01ＢはⅡ期に近く、ＫＢ101も国分尼寺創建期よりも若干遅れて供給された瓦である[高松市教委 二〇一七・二〇二〇]。いずれの瓦も創建期の中で新しい時期に位置づけられる軒先瓦が他所に供給されている。一方、国分寺創建当初(Ⅰ期)に採用されたと考えられるＳＫＨ01Ｃは、国衙の管理下にある開法寺跡以外では出土せず、国分寺・国分尼寺で使用され続ける。特にＳＫＨ01Ｃと同年代に作笵されたと考えられるＳＫＨ01Ａは国分尼寺に供給されて以降、改笵や笵割れが生じたとしても使用され続け、讃岐国分寺・国分尼寺を象徴とする瓦笵となっており、国衙で長年管理し、使用したと考えられる。

このように、創建期の瓦、特にＳＫＨ01型式をみると、創建当初(Ⅰ期)に作笵されたＳＫＨ01Ａ・Ｃは国衙で管理、国分寺・国分尼寺で使用され続けたのに対して、創建期(Ⅱ期)に作笵されたＳＫＨ01Ｂは国分寺・国分尼寺の瓦生産が一段落した後、国衙に関連のある遺跡に瓦を供給し、その後、瓦笵を某窯に移動したと考えられる。

平城京系の瓦であるＳＫＨ03は金倉寺で出土している。その背景は金倉寺の創建年代等が不明であるためわからない。伝承によれば、金倉寺の前身寺院は宝亀年間に創建したことが伝わっている。ＳＫＨ03の年代観も考慮すれば、この寺院の創建期に伴い供給された可能性は推測できる。

(2) Ⅲ期(補修期)

Ⅲ期の瓦生産は府中・山内瓦窯跡からＳＫＨ04が出土しており、補修期の瓦を生産したと考えられる。法勲寺と開法寺跡で讃岐国分尼寺と同文であるＫＢ204が出土している。小片であるため同文としているが、珠文等の配置が同一であることから同笵の可能性もある。

(3) Ⅳ期（改修期）

Ⅳ期の軒先瓦は、国分寺では軒丸瓦ＳＫＭ07・ＳＫＭ08・ＳＫＭ09が挙げられ、軒平瓦はＳＫＨ05Ａ・Ｂが挙げられる。このうち、ＳＫＭ07が府中・山内瓦窯跡から出土している。ＳＫＭ07の特徴として、色調はにぶい黄褐色～淡橙色で、胎土は一～五ﾐﾘ程度の白色粒と赤色粒を含み、焼成は軟質かやや軟質である。この特徴は同時期の軒先瓦にも確認でき、創建期瓦と同様に改修期の軒先瓦は府中・山内瓦窯跡で生産された可能性が推測される。

ＳＫＭ07と同笵瓦は龍燈院・拝師廃寺・長尾寺で確認できる。これらの瓦の色調や焼成の特徴は龍燈院・長尾寺ともに色調が浅黄色であり、焼成もやや軟質である(6)。さらに、龍燈院の資料の胎土は白色粒と赤色粒を含んでいる。いずれの特徴も府中・山内瓦窯跡で生産された資料と一致し、少なくとも龍燈院と長尾寺は同窯跡から供給されたと考えられる。

ＳＫＭ09が開法寺跡で、ＳＫＨ09が大阪府小阪合遺跡と東郷廃寺から出土している。いずれも焼成や色調等が讃岐国分寺の出土資料と同一であるため、生産地は同じである可能性が高い。

まとめ

讃岐国分寺・国分尼寺創建期の瓦生産は、主に府中・山内瓦窯跡で組織された国衙系と、国衙が関与して成立したと考えられる平城京系の二系統により行われたと想定できる。特に、府中・山内瓦窯跡は、創建期から改修期にかけての軒先瓦が出土しており、国分寺・国分尼寺に対して継続的な瓦生産を実施したと考えられる。窯は国分寺瓦屋として継続的な維持管理が国衙によって行われたと考えられる。

府中・山内瓦窯跡で生産された瓦が国分寺・国分尼寺に供給されている一方で、Ⅱ期以降にＳＫＭ03ＡやＳＫＨ01

B、KB101が他遺跡で出土する実態が明らかになった。まず、開法寺跡・讃岐国府跡・田村神社・宝幢寺跡で出土する同笵瓦は府中・山内瓦窯跡から供給されている。これらの遺跡は国衙と関連のある遺跡であり、国衙の工房である同窯から瓦が供給されたと考えられる。その後、SKH01BとKB101の瓦笵は、東讃に設置された某窯に移動したと考えられ、山下廃寺等の東讃地域の寺院に瓦を供給した。同笵瓦が出土する寺院の有力豪族が讃岐国分尼寺の整備に協力し、讃岐国衙との政治的関係を背景として、氏寺や有力寺院に瓦や瓦笵の提供を受けたとも考えられている［渡部二〇一三b］。しかし、筆者は東讃地域の寺院に瓦を供給した背景に、国衙が東讃の古代寺院の補修・改修等に関与した可能性を指摘したい。その理由は①SKH01Bの瓦笵は国衙が管理したと考えられ、簡単に地方寺院に瓦笵の移動ができなかったと考えられること、②供給した東讃の寺院から国分寺への瓦生産に携わった痕跡がないこと、③いずれの寺院も奈良時代中期以前には建立されて一定期間を経過しているために補修・改修が必要になった、と考えている。また、供給した笵種は国分寺・国分尼寺の創建期瓦の中でも新しく、国衙組織の中でも古相の瓦（SKH01A等）と扱いが異なっていたと考えられる。

Ⅳ期では、府中・山内瓦窯跡の瓦SKM07が龍燈院・長尾寺・拝師廃寺に供給されたと考えられる。出土遺跡の特徴としては、龍燈院はかつての滝宮天満宮の神宮寺としての役割があり、長尾寺は国分寺創建期のSKH01Bを供給されており、国衙との関連性が強い遺跡である。長尾寺からも国分寺創建瓦の供給に引き続き、Ⅳ期の瓦が供給されていることから、国衙との関連の深い遺跡と考えられる。この時期も国分寺・国分尼寺や国衙と関連のある遺跡に加え、補修あるいは整備が必要な寺院に瓦を供給したと考えられる。

興味深いのは大阪府八尾市周辺の遺跡と讃岐国との関連である。古くは田辺廃寺と開法寺跡の軒先瓦の関連性が指摘され、讃岐国分寺造営中にも創建期瓦SKM03Aや改修期瓦SKH09が直接、東郷廃寺や小阪合遺跡に供給されている。数百年もの間、中河内地域と讃岐国との間で何らかの交流が行われたことが想定できる。特に、国分寺同笵供給以降は、国衙が管理した府中・山内瓦窯跡から瓦が供給されていることから讃岐国衙が主体となって中河内地域と交流を行ったと考えられる。

讃岐国分寺・国分尼寺の瓦生産は、府中・山内瓦窯跡を中心に国衙が主体的に実施したと考えられ、国分寺・国分尼寺の造営や維持管理に国衙が積極的に関与した可能性がある。その過程で開法寺跡や田村神社等の国衙関連の施設にも府中・山内瓦窯跡の瓦を供給し、施設の維持管理を行ったと考えられる。このような行為は創建期から改修期まで断続的に行われたと考えられる。さらに、山下廃寺や始覚寺等の地方寺院の維持管理にも国衙が関与したと想定されるので、讃岐国衙は僧寺・尼寺の造営や維持の過程で讃岐国内を中心とした国衙関連施設や地方寺院の維持管理も行っていたと考えられる。(7)

註

(1) 創建期の軒平瓦としてKB201D・KB201E・KB201Fも創建期に位置づけられる可能性がある。
(2) SKH01Bは白色粒を他のSKH01型式より多く含む傾向にある［香川 二〇二〇］。この差は時期差による可能性がある。
(3) 未型式を含む。
(4) SKM10が宝幢寺跡からも出土していると報告書されている［安藤 一九七四］。
(5) 某窯の所在地は同笵瓦の分布状況から始覚寺で検出された窯跡［香川県教委 一九九六］等、東讃地域に所在したと推測している。
(6) SKM07が百相廃寺（高松市）からも出土していると報告書されている［安藤 一九七四］。
(7) その背景は別途考察する必要がある。のちに定額寺になった寺院であった場合、讃岐国衙からの維持管理に関わる支援を受けられたことなどが推測される。

引用・参考文献

安藤文良　一九六七「讃岐古瓦図録」『文化財協会報』特別号八　香川県教育委員会
安藤文良　一九七四『古瓦百選―讃岐の古瓦』美巧社
安藤文良　二〇〇二「金倉寺出土古瓦について」『文化財協会報』第二一号　善通寺市教育委員会
大阪府文化財調査研究センター　二〇〇〇『小阪合遺跡』
香川県教育員会　一九九六「県営農業基盤整備事業（三木北部地区）」『埋蔵文化財試掘調査報告Ⅸ』
香川県埋蔵文化財センター　二〇一五『多肥北原西遺跡』
香川県教育委員会　二〇一六『讃岐国府跡一』
香川県教育委員会　二〇一九『讃岐国府跡二』
香川将慶　二〇二〇「讃岐国分寺瓦屋の成立と在地寺院の瓦生産の関連性について」『さぬき野に種をまく』「片桐さん」退職記念論集刊行会
坂出市教育委員会　二〇二〇『開法寺跡Ⅰ』
妹尾周三　二〇一七「讃岐国分尼寺の創建期軒瓦とその特徴について」『史跡讃岐国分尼寺跡』高松市教育委員会
高松市教育委員会　二〇一〇『拝師廃寺』
高松市教育委員会　二〇一七『史跡讃岐国分尼寺跡』
高松市教育委員会　二〇一八『特別史跡讃岐国分寺跡』遺構編
高松市教育委員会　二〇二〇『特別史跡讃岐国分寺跡』遺物編②
高松市歴史資料館　一九九六『讃岐の古瓦展』
松尾忠幸　二〇一五「古代の讃岐国分寺・国分尼寺」『仏教芸術』三三九号　毎日新聞社
三豊市教育委員会　二〇一三『紫雲出山遺跡・金鳥池窯跡』
渡部明夫　二〇一三a「讃岐国分寺の瓦生産」『讃岐国分寺の考古学的研究』同成社
渡部明夫　二〇一三b「讃岐国分寺に関連する古代の寺院・瓦」『讃岐国分寺の考古学的研究』同成社
渡部明夫　二〇一六「軒瓦から見た開法寺」『坂出市史研究』第二号　坂出市史編さん所
渡部明夫　二〇二〇「瓦からみた開法寺」『開法寺跡Ⅰ』坂出市教育委員会

山陽・山陰の国分寺と在地社会

妹尾　周三

はじめに

奈良時代、「国華」と呼ばれた国分寺は、天平十三年（七四一）の詔によって国司に造営が命じられた官寺の一つである（『類聚三代格』巻三、天平十三年二月十四日）。この事業は、当時、鎮護国家を目指していた中央政府が地方支配を行う上での精神的な支え、また諸国における仏教の指導拠点として、国府に近い清浄の地に国分僧寺（金光明四天王護国之寺）と国分尼寺（法華滅罪之寺）、すなわち一組の国分二寺を建立するものであった。

しかし、この一連の造営工事は、必ずしも順調には進まなかった。詔から六年後の天平十九年（七四七）に至っても国司の怠慢によって伽藍の造営はおろか、用地の選定すら行われていない国が存在することから、中央政府が七道諸国に催検使を派遣し、さらに国師にも造営に加わるよう指示を出している。そして郡司をはじめとする在地の有力豪族（郡領層）らに助成を求めるため、塔・金堂・僧坊を三年以内に完成させたならば、彼らの子孫を郡司職に任ずるという恩典を用意したのである（『続日本紀』天平十九年十一月己卯条）。国分寺の造営や維持は、その国の人びとの負担や寄進なくしては難しかったようで、彼らを直接支配し、把握していた在地の豪族層をこの事業に取り込む必要があったのであろう。

本稿では、古代の山陽・山陰道諸国に建立された国分寺（僧寺・尼寺）における創建瓦の生産と供給、また古代山陽道の安芸国分寺から出土した仏教行事の関係資料に焦点をあて、国分寺と在地社会について考えてみたい。

1　創建瓦の生産と供給

古代の地方寺院や地方官衙の屋根に葺かれた瓦は、当時の先進地である大和やその周辺諸国から出土した瓦との類似点を見出すことで伝播や広がりを語ることが多い。双方の軒丸瓦や軒平瓦など特徴ある資料を直接突き合わせ、瓦当文様や製作技法、また胎土や焼成などを詳細に比較検討したうえで、年代や文様の系譜はもちろん歴史的な背景まても推測しているのである。

ところが、国分寺の造営は中央政府などからさまざまな支援があったとされるが、考古学的に証明された事例は少ない。資料がもっとも豊富な軒丸瓦や軒平瓦についても、平城宮や平城京、またその周辺地域の諸寺院と同じものが出土している国分寺は、紀伊国・信濃国・安芸国などわずかしかないのである［妹尾二〇一四a］。そこで、ここでは古代の山陽・山陰道諸国に建立された国分寺の創建瓦に注目し、それぞれの国の中での分布状況から、生産と供給を推定したうえで、在地社会について考えてみよう。なお、国分尼寺が確認されていない国については、国分僧寺だけを検討対象とする。

(1) 同笵瓦や同文瓦の広がり

国分寺（僧寺・尼寺）に葺かれた創建瓦と同笵や同文の軒瓦についてそれぞれの国での分布状況をみると、①「国分寺のみの国」、②「特定の官衙からも出土する国」、そして③「特定の官衙や氏寺からも出土する国」の三種類に分けることができる。

① 国分寺のみの国（第1図）

国分寺以外からは同笵もしくは同文の軒瓦が出土していない国である。山陽道は周防国、山陰道では丹波国・丹後国・但馬国・出雲国・隠岐国の五か国が該当する。

周防国　周防国分寺は、山口県防府市に所在する。国分僧寺の創建瓦は八葉の単弁蓮華文軒丸瓦と、矢形状の中心飾りから二条一組の唐草が左右にのび、外区に並ぶ珠文に周環をもつ均整唐草文軒平瓦の組み合わせである。軒丸瓦は有段の接合式、軒平瓦は粘土板一枚作りだが、顎の形状は段顎と曲線顎の二種類がある。周防国府（政庁正殿か）では長門国府から導入された文様意匠の軒瓦が出土するが、国分僧寺には導入されなかった［妹尾二〇一二a］。

丹波国　丹波国分寺は、京都府亀岡市に所在する。国分僧寺の創建瓦は在地色が濃厚な四葉の忍冬文軒丸瓦と、柄鏡状の中心飾りから一条の唐草が左右にのびた均整唐草文軒平瓦の組み合わせである。軒丸瓦は有段の横置き型一本作り、軒平瓦は粘土板一枚作りの直線顎である。国分尼寺の創建瓦は同笵の忍冬文軒丸瓦と均整唐草文軒平瓦の組み合わせだが、軒丸瓦の製作技法は横置き型一本作りから一般的な接合式に変化しており、焼成や胎土も国分僧寺とは大きく異なる［中澤二〇〇五、妹尾二〇一九］。

丹後国　丹後国分寺は、京都府宮津市に所在する。国分僧寺の創建瓦は一六葉の細弁蓮華文軒丸瓦と、中心飾りから唐草が左右にのびた均整唐草文軒平瓦の組み合わせである。軒丸瓦は有段の接合式、軒平瓦は粘土板一枚作りによる。国分尼寺については明らかでない［京都府教委二〇一三］。

但馬国　但馬国分寺は、兵庫県豊岡市に所在する。国分僧寺の創建瓦は八葉の単弁蓮華文軒丸瓦と、「V」字状の中心飾りから反転しつつ唐草が左右にのびた均整唐草文軒平瓦の組み合わせである。軒丸瓦は有段の接合式、軒平瓦は粘土板一枚作りによるが、出土量は少ない。国分尼寺については明らかでない［豊岡市教委二〇一五］。

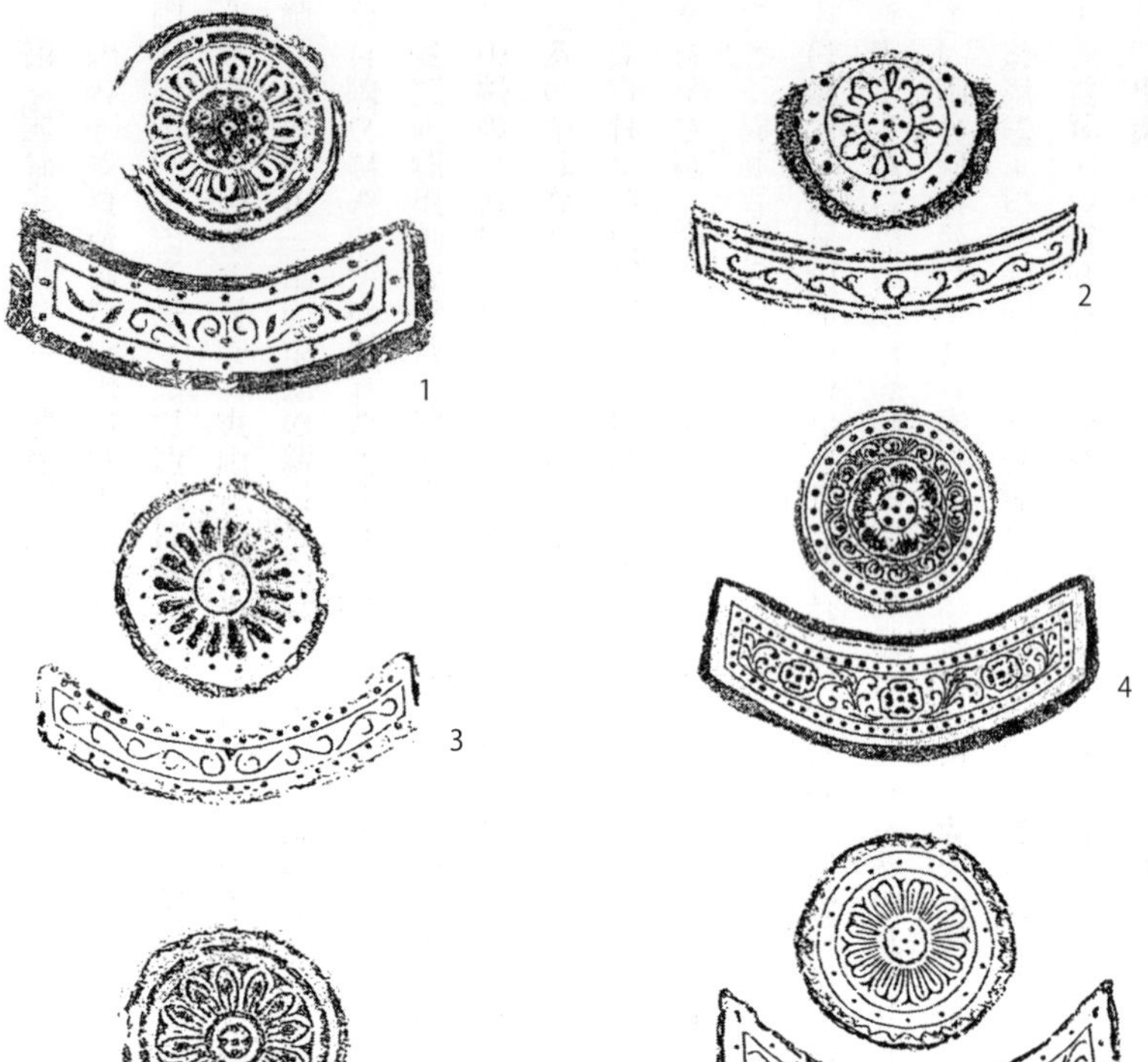

1：周防国分寺
2：丹波国分寺
3：但馬国分寺
4：出雲国分寺
5：隠岐国分寺
6：安芸国分寺
7：長門国分寺

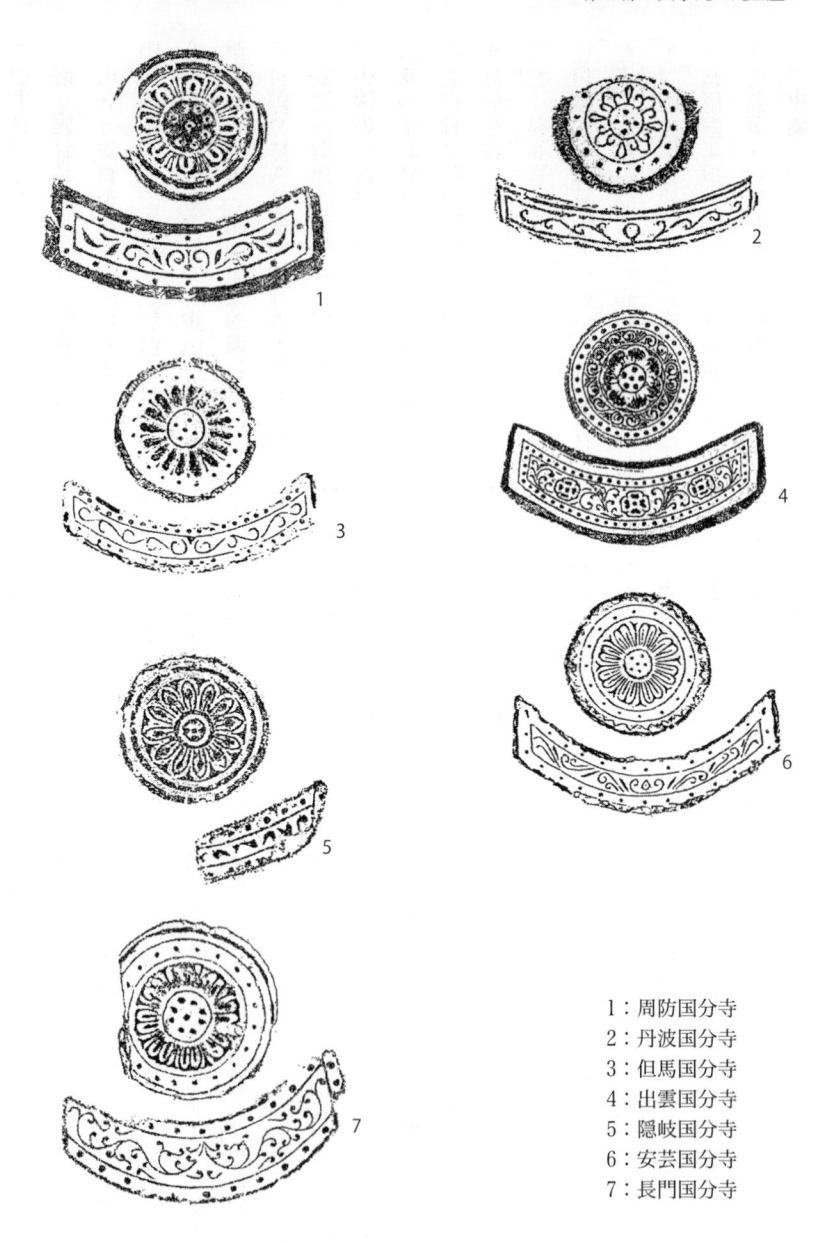

第１図　山陽・山陰道諸国の国分寺出土軒瓦(1)

出雲国　出雲国分寺は、島根県松江市に所在する。国分僧寺の創建瓦は唐草文縁の七葉複弁蓮華文軒丸瓦と、団花文の間に唐草を入れた均整唐草文軒平瓦の組み合わせである。軒丸瓦は有段の接合式、軒平瓦は粘土板一枚作りの曲線顎で、ともに灰白色もしくは青灰色を呈し、胎土の砂粒も少なく焼成は堅緻である。国分尼寺の創建瓦は同笵の複弁蓮華文軒丸瓦と均整唐草文軒平瓦の組み合わせだが、軒平瓦は瓦当面に離れ砂を用いているようで、瓦当文様は粗く、顎部の形状も段顎に変化する［妹尾二〇一九］。

隠岐国　隠岐国分寺は、島根県隠岐郡隠岐の島町に所在する。国分僧寺の創建瓦は蓮弁の中央に楕円形の子葉をもつ伯耆上淀廃寺式系の一二葉単弁蓮華文軒丸瓦と、山形状の中心飾りから勾玉状に途切れた唐草文が両側に展開する均整唐草文軒平瓦の組み合わせである。軒丸瓦は有段の接合式だが、軒平瓦はこの間に粘土紐桶巻き作りから粘土板桶巻き作りに変化する。国分尼寺の創建瓦は裏面に布目痕が付いた横置き型一本作りで、軒平瓦は左右に広がる勾玉状の唐草文となる［妹尾二〇〇五a、花谷二〇一六］。

②特定の官衙からも出土する国（第1図）

国府や駅家など特定の官衙からも同笵もしくは同文の軒瓦が出土する国である。山陽道は安芸国・長門国だが、山陰道には該当する国はない。

安芸国　安芸国分寺は、広島県東広島市に所在する。国分僧寺の創建瓦は平城宮六三〇八Ｊの八葉複弁蓮華文軒丸瓦と、有珠点菱形の中心飾りから二条一組の唐草が左右にのびた均整唐草文軒平瓦の組み合わせだが、六三〇八Ｒの八葉複弁蓮華文軒丸瓦もわずかに出土する。軒丸瓦は有段の接合式、軒平瓦は粘土板桶巻き作りの直線顎となる。同笵の軒丸瓦と軒平瓦は府中町下岡田遺跡（古代山陽道安芸駅家）で出土し、同文の軒丸瓦と軒平瓦は広島市佐伯区中垣内遺跡（古代山陽道種箆駅家）からも出土する。国分尼寺については明らかでない［妹尾二〇一二b］。

長門国　長門国分寺は、山口県下関市に所在する。国分僧寺の創建瓦は八葉の複弁蓮華文軒丸瓦と、中央で「ハ」

字状に分岐した唐草が左右にのびた均整唐草文軒平瓦の組み合わせである。先行する長門国府（政庁正殿など）の創建瓦を原形として作られた瓦当文様で、下関市前田茶臼山遺跡（古代山陽道臨門駅家）に導入された後に国分僧寺などというように長期間使用されたため、瓦当面の笵傷は徐々に進行・増加しており、軒平瓦の瓦当文様は脇区が切り詰められるなど改笵が著しい。軒丸瓦は有段の接合式、軒平瓦は粘土板一枚作りの段顎である。国分尼寺については明らかでない［妹尾 二〇一二a］。

③ 特定の官衙だけでなく、氏寺からも出土する国（第2図）

特定の官衙だけでなく、氏寺からも同笵もしくは同文の軒瓦が出土する国である。山陽道は播磨国・備前国・備中国・備後国、山陰道は石見国が該当する。

播磨国　播磨国分寺は、兵庫県姫路市に所在する。国分僧寺の創建瓦は八葉の単弁蓮華文軒丸瓦と、山形文を乗せた中心飾りから二条一組の唐草が左右にのびた均整唐草文軒平瓦の組み合わせである。軒丸瓦は有段の接合式、軒平瓦は粘土板一枚作りの段顎で、同笵品は両者ともに国分尼寺、また姫路市本町遺跡（播磨国府の政庁か）、加古川市古大内遺跡（古代山陽道賀古駅家）、たつの市奥村廃寺などで出土する［妹尾 二〇一九］。

備前国　備前国分寺は、岡山県赤磐市に所在する。国分僧寺の創建瓦は中房に蓮子のない八葉の単弁蓮華文軒丸瓦と、「工」字状の中心飾りから左右に唐草を反転させた均整唐草文軒平瓦の組み合わせである。軒丸瓦は有段の接合式、軒平瓦は粘土板一枚作りの曲線顎で、同笵品は軒丸瓦と軒平瓦が国分尼寺（赤磐市仁王堂池遺跡）、軒丸瓦が備前市香登廃寺、また同文の軒丸瓦が岡山市妙興寺廃寺で出土する［赤磐市教委 二〇〇九ほか］。

備中国　備中国分寺は、岡山県総社市に所在する。国分僧寺の創建瓦は八葉の重弁蓮華文軒丸瓦と、平城宮六六六三系の均整唐草文軒平瓦の組み合わせである。軒丸瓦は有段と無段があるがともに接合式、軒平瓦は粘土板一枚作りの直線顎で、同笵品は総社市矢部遺跡（古代山陽道津峴駅家か）で出土する。また、国分尼寺にも同笵品が葺かれるが、

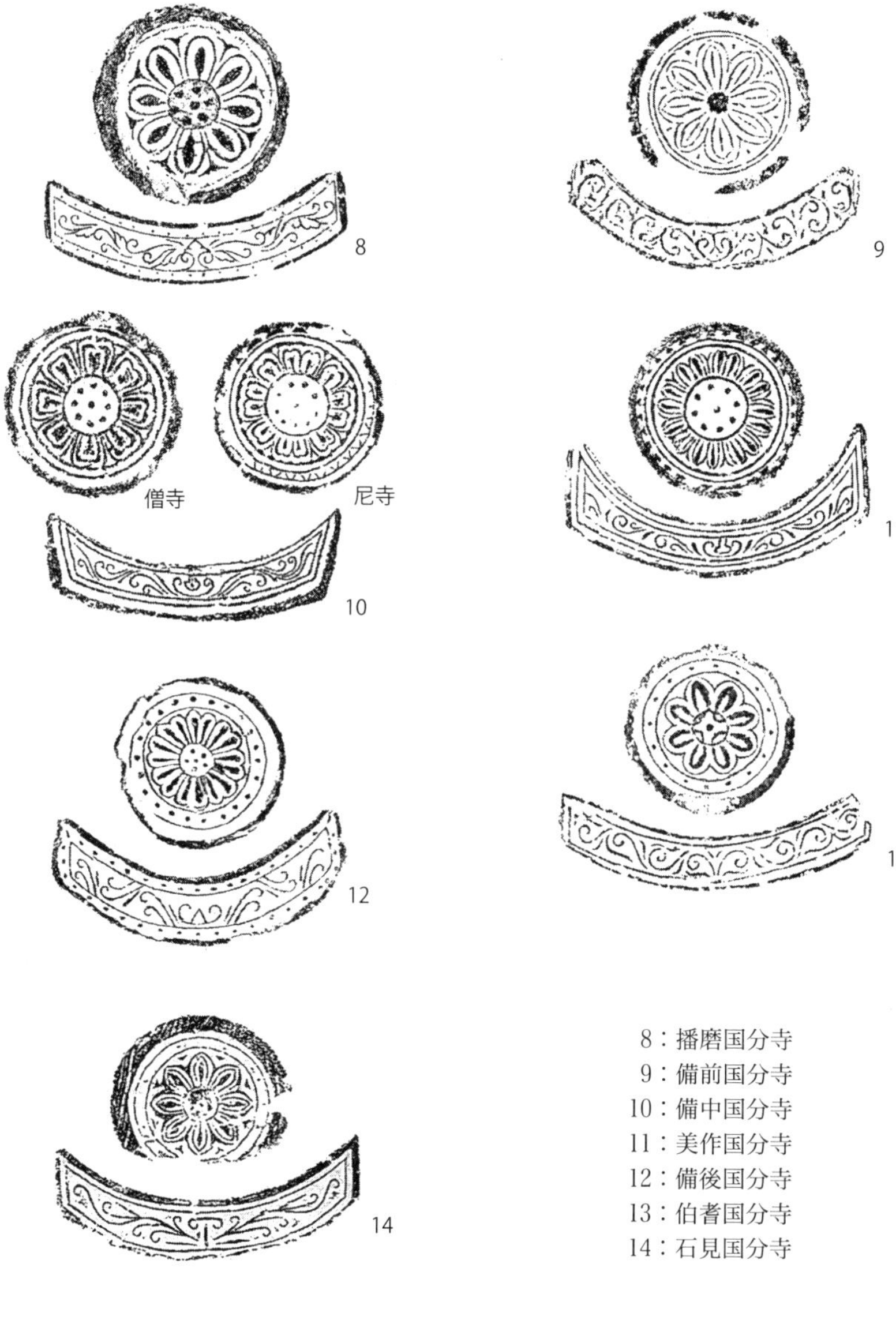

第２図　山陽・山陰道諸国の国分寺出土軒瓦(2)

軒丸瓦は重弁と複弁が交互に並んだ重複混合弁となる八葉蓮華文軒丸瓦が新たに作笵され、平城宮六六六三系の均整唐草文軒平瓦と組み合うとともに、同笵品は笠岡市関戸廃寺で出土する。これらの軒瓦には著しい縄タタキが施されている[妹尾 二〇一六]。

美作国　美作国分寺は、岡山県津山市に所在する。国分僧寺の創建瓦は平城宮六二二五系の複弁蓮華文軒丸瓦と、平城宮六六六三系の均整唐草文軒平瓦の組み合わせである。ともに先行して造営された美作国府所用瓦(政庁正殿など)として作笵されたもので、軒丸瓦は有段の接合式、軒平瓦は粘土板一枚作りの段顎だが、胎土や焼成は異なる。国分尼寺の創建瓦も同じ複弁蓮華文軒丸瓦と均整唐草文軒平瓦の組み合わせだが、瓦当文様の笵傷は進行・増加している。また、国分僧寺から北西に約六キロ離れた津山市大田茶屋遺跡や真庭市勝間田・平遺跡でも同笵瓦や同文瓦が出土するが、前者は国分寺僧らも修行したと推測される山林寺院の一つ、後者は官衙(勝田郡衙)の可能性が考えられている[妹尾 二〇〇二、大橋 二〇一一、湊 二〇一四]。

備後国　備後国分寺は、広島県福山市に所在する。国分僧寺の創建瓦は八葉の複弁蓮華文軒丸瓦と、逆「V」字形の中心飾りから二条一組の唐草が左右にのびた均整唐草文軒平瓦の組み合わせである。当初の軒丸瓦は有段で外縁に凸線鋸歯文帯をめぐらせた接合式、軒平瓦は粘土板桶巻き作りの段顎で、同笵品は尾道市本郷平廃寺、府中市前原遺跡(官衙か)などで出土する。また、この軒丸瓦は改笵によって外区の凸線鋸歯文帯が削り取られ、軒平瓦は粘土板桶巻き作りや粘土板一枚作りの直線顎に変化している。同笵品は備後国府(政庁正殿か)や府中市前原遺跡(官衙か)、福山市中島遺跡(古代山陽道品治駅家)などで出土する。国分尼寺については明らかでない[妹尾 二〇一四b]。

伯耆国　伯耆国分寺は、鳥取県倉吉市に所在する。国分僧寺の創建瓦は八葉の素弁蓮華文軒丸瓦と、「V」字状の中心飾りから上下に反転する唐草が左右にのびた均整唐草文軒平瓦の組み合わせである。ともに先行して造営された伯耆国府所用瓦(政庁正殿など)として作笵されており、軒丸瓦は有段の接合式、軒平瓦は粘土板一枚作りの段顎と曲線顎が存在する。国分尼寺（倉吉市法華寺畑遺跡）は規則的な建物跡の存在から官衙を転用した可能性も指摘されているが、出土した軒瓦は国分僧寺と同笵である。また、米子市上淀廃寺とは同笵、東伯郡湯梨浜町野方・弥陀ヶ平廃寺とは同文の軒丸瓦がそれぞれ出土している［上原二〇一五、妹尾二〇一五］。

石見国　石見国分寺は、島根県浜田市に所在する。国分僧寺の創建瓦は八葉の重弁蓮華文軒丸瓦と、横線の両端を巻き込んだ「T」字状の中心飾りをもつ均整唐草文軒平瓦の組み合わせである。国分尼寺と同じく軒丸瓦は有段式で製作技法は横置き型一本作り、軒平瓦は粘土板一枚作りだが、浜田市下府廃寺から出土する軒平瓦は段顎となる。また、これらと同笵の軒丸瓦は石見国府推定地からも出土する［妹尾二〇一九］。

(2) 瓦の生産と供給

ここまで、国分寺（僧寺・尼寺）の創建瓦について、それぞれの国内での広がりを概観してきた。そしてこれらを分けると、次のようにまとめることができた。

・国分寺のみの国……周防国・丹波国・丹後国・但馬国・出雲国・隠岐国
・特定の官衙からも出土する国……安芸国・長門国
・特定の官衙や氏寺からも出土する国……播磨国・備前国・備中国・美作国・備後国・伯耆国・石見国

国分寺の軒瓦が「特定の官衙からも出土する国」や「特定の官衙や氏寺からも出土する国」の中で、これらが国分寺の創建以前から生産されていたと考えられる国は、美作・備後・長門・伯耆の四か国で、石見国もその可能性が推定される。このうち長門国分寺の軒瓦は、長門国府の意匠を原形として作られた同文品で、当初は古代山陽道の臨門駅家に葺かれ、その後に長門国分寺などへ供給されている。また、美作・備後・伯耆の各国分寺の軒瓦も当初はそれぞれの国の国府所用瓦として生産・供給されたものである。

屋根瓦は、国府では荘厳化が必要な政庁正殿など一部の中心建物にしか葺かれていなかったが、大半の国分寺は主要堂塔すべてが瓦葺きであったため、使用された瓦の量は大きく異なる。一例として発掘調査が進んでいる伯耆国府と伯耆国分寺について創建瓦の出土数量を比較すると、国府は軒丸瓦が二四点、軒平瓦は九点だが、国分寺では軒丸瓦が八八点、軒平瓦は七八点で、その合計は国府が三三点(一六・六㌫)、国分寺は一六六点(八三・四㌫)と両者の間には五倍以上の開きがある。こうした状態は他国においてもうかがうことができるため、伯耆国だけが特異な事例ではないといえよう[妹尾二〇一五]。

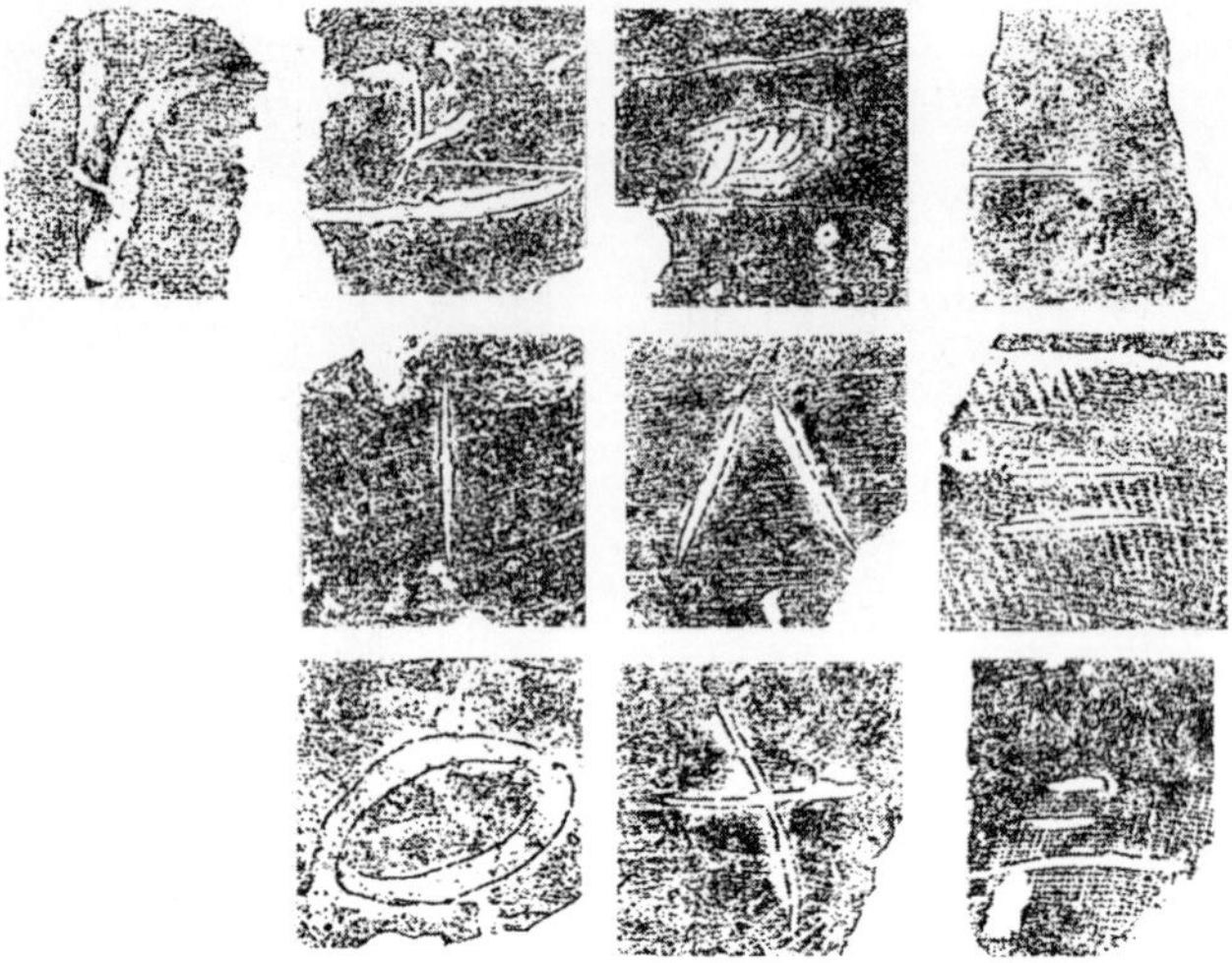

第３図　備前国分寺の文字瓦（一部改変）

ところで、諸国においては、遅くとも奈良時代の中頃になると国衙が土木・建築・木工・金工・工芸などの専門集団を組織するようになる。いわゆる官営工房(国衙工房)の成立だが、瓦についても土器や陶磁器類とともに窯業部門としてこの組織に組み込まれ、国府をはじめとする官衙の造営やその維持管理にあたったと推測される。しかし、前述したように国分寺に供給する瓦の数量は、国府とは比べものにならないほど多かった。このため国司らは早期の完成を目指してそれまでの瓦工房を拡充し、労働力も増員したことは想像に難くない。国力が豊かな国では、施工現地に「国分寺瓦屋」と呼ばれるような大規模な工房施設を設けたと考えられるのである[須田二〇一六]。

備前国分寺では、これまでの発掘調査で二二七枚以上もの文字瓦が出土している（第3図）。文字は「一」・「二」・「三」・「四」・「八」・「十」・「上」・「―」・「〇」・「r」など記号も含めて一〇種類以上が確認されるが、これらは平瓦一〇枚から二〇枚に一枚という比率で焼成前に刻まれているという。分析をおこなった報告者は、文字瓦から導かれる多数の工人の存在は、「短期間での造営が課せられた備前国分寺が、それを可能とするためにとった対応策が、工人の大量動員であったとみられる」とまとめている〔赤磐市教委二〇〇九ほか〕。また、安芸国分寺では、金堂の創建瓦を葺き替えた段階で、再利用できない瓦が廃棄されたと考えられる土坑が創建期の境内で検出された。そしてこの土坑の中から出土した数百枚の瓦について形状をはじめ法量や製作技法などを統計的に分析したところ、丸瓦（軒丸瓦）と平瓦（軒平瓦）を作る瓦専業集団がそれぞれ三名の瓦工人に率いられ、短期間にこの生産にあたったと推定している〔妹尾二〇一二b〕。

　こうした瓦生産には、土器作りに従事していた人たちが徴発されたと推測できる。しかし一方では、国内各地の瓦工房から製品を賦課として供給させ、またそこで働いていた人たちも雑徭の一環として「国分寺瓦屋」などに徴発されたのであろう。さらに周防・丹波・但馬・隠岐の四か国のように、国分寺の造営後も同笵品や同文品がその国の官衙や氏寺に広がっていないことからすると、これらの国では造営工事のためのみに臨時ともいえる瓦工房が設けられたと推定されるのである。

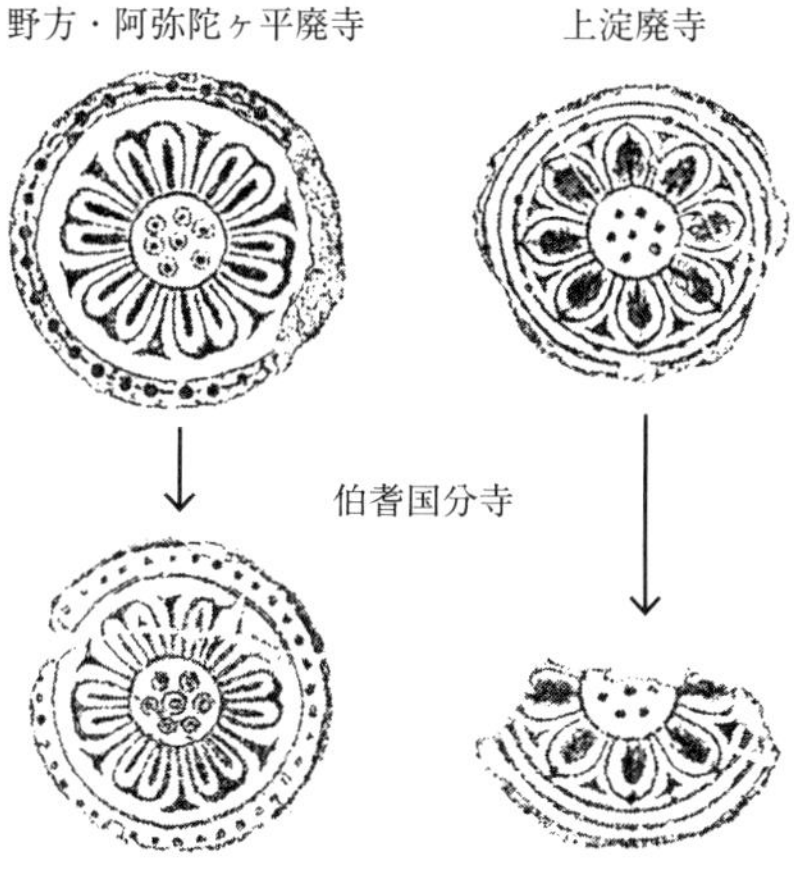

第４図　伯耆国分寺出土の同笵・同文瓦

　ところが、ここで注目したいのは、氏寺の軒瓦が出土している国分寺と、国分寺の軒瓦が出土している氏寺の存在である。前者は伯耆国分寺、後者には播磨・備前・備後の各国分寺と備中国分尼寺があたる。このうち伯耆国分寺では、上淀廃寺と同笵の軒丸瓦や野方・弥陀ヶ平廃寺と同文の軒丸瓦が出土しているため、この寺院に瓦を供給していた工房との関係が推定されている（第4図）。また、播磨国では奥村廃寺、備前国では香登廃寺、備中国では関戸廃寺というように前二者の寺院では国分寺所用瓦、後者の寺院では国分尼寺所用瓦が出土しており、しかもその時期は、いずれも国分僧寺（国分尼寺）の造営工事がほぼ終盤に差し掛かった段階と考えられる。このため、こうした状態は現地の瓦工房（「国分寺瓦屋」）などで働いていた工人たちが、工房の縮小や閉鎖、もしくは解散などに伴い帰郷した可能性も推測され、その際にこれらの寺院にも軒瓦がもたらされたと推測できないだろうか。それはこうした寺院を建立し、維持管理していた特定の有力豪族らが国司の指示に従い、国分寺（僧寺・尼寺）の造営工事に協力した結果と捉えたい。

2　仏教行事と関係資料

国分寺の仏教行事については、国分寺建立の詔にみる「毎月八日の『金光明最勝王経』の転読」、「月の半ばに至るごとに受戒の羯磨の暗誦」、「毎月の六斎日の不殺生戒の厳守」などがあげられる。しかし、安芸国分寺では創建当時の境内の東端で土坑が発見され、その中から仏教行事の一つである「安居会」や「斎会」に関係すると考えられる資料（木簡八二点、土器一二〇点〈墨書土器四二点〉、木器・木製品五〇点以上）が出土した（第5図）。

「安居会」とは、夏期の間に僧尼が懺悔をしつつ、仏教の戒律にしたがって寺院で修行する仏教行事の一つである。「夏安居」とも称される。『延喜式』（玄蕃寮）によると、京畿の十五大寺での安居会は「四月十五日から七月十五日までの

第5図　安芸国分寺出土の墨書土器（「安居」、「齋會」）

三か月間、経典の講説を行う。」とあるが、国分寺での安居会については実施期間が明記されていない。しかし、そこで読まれた経典は『金光明最勝王経』(義浄訳)一部十巻本である。また「斎会」とは、「経典の読唱後に出仕した僧尼に対して供養する(食事を振る舞う)仏教行事。」とされる。『弘仁式』(主税)や『延喜式』(玄蕃・主税)によると「斎会は宮中での御斎会とは異なり、諸国の国分寺において正月八日から十四日に行われた『金光明最勝王経』の転読とその後の供養を指す。」とある。これらの内容については別稿に譲るが、ここでは安芸国分寺での仏教行事と在地社会について、出土した資料から考えてみよう[東広島市教委 二〇二二]。

なお、これらの一括資料については「広島県安芸国分寺跡土坑出土品」(考古資料)として、令和五年六月二十七日付けで重要文化財に指定されている。

(1) 土坑と出土した遺物

① 発見された四五一号土坑

この土坑は、国分寺の維持管理施設である大衆院の出入口にあたる東門近くで発見された遺構(ゴミ穴)である。東面築地塀にほぼ並行して掘られており、南北に長い逆台形状を呈していた。規模は長さ約九・〇㍍、幅は北側が約五・〇㍍だが、南側は約三・五㍍と狭く、深さは約〇・八㍍である。土坑の覆土は上から上層(整地土)、中層(埋戻土)、下層(堆積土)と大きく三層に分かれ、遺物は下層の中に広がる厚さ一〇から四〇㌢の木屑層に包含されていた。また、木屑層から出土した土器の一部は、この土坑を壊して掘られていた四五〇号溝の下層から出土したものと接合している。溝が掘削されたのは、土坑が埋め戻されて整地された後の八世紀後半で、溝の上層からは九世紀前半の土器が出土していることから、その頃までは排水路として機能していたと考えられる。

1

・□　□〔四カ〕斗　目大夫御料者　送人　秦人乙麿　付□□
『之之之』
『之之之之　之　之　之　之之　秦秦秦　秦』
・×□〔嶋カ〕　天平勝寶二年四月廿九日帳佐伯マ足嶋

2

「<山方郡宇伎郷簀」

3

「山方郡葆<」

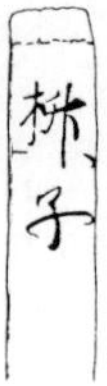

4

「枡子」

5

「山方郡六□〔月カ〕佐良<」

6

「<佐伯郡米五斗」

7

「<木綿郷供料五斗<」

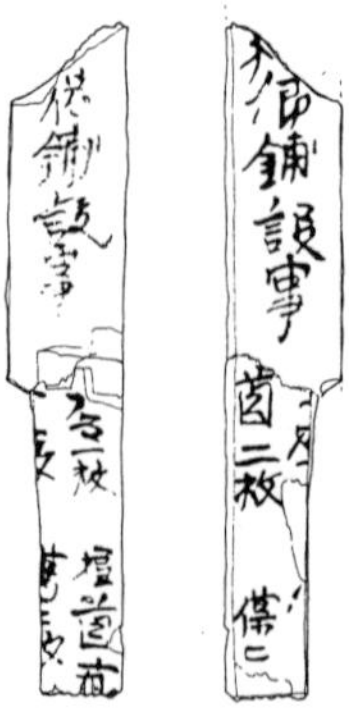

8

・×□郷鋪設事
□□〔薦カ〕×　□
茵二枚　葆□〔二カ〕
・×□〔郷カ〕鋪設事
□〔薦カ〕一枚　□〔座カ〕茵二□
□□枚　□□〔葆二カ〕枚

第６図　安芸国分寺出土の木簡

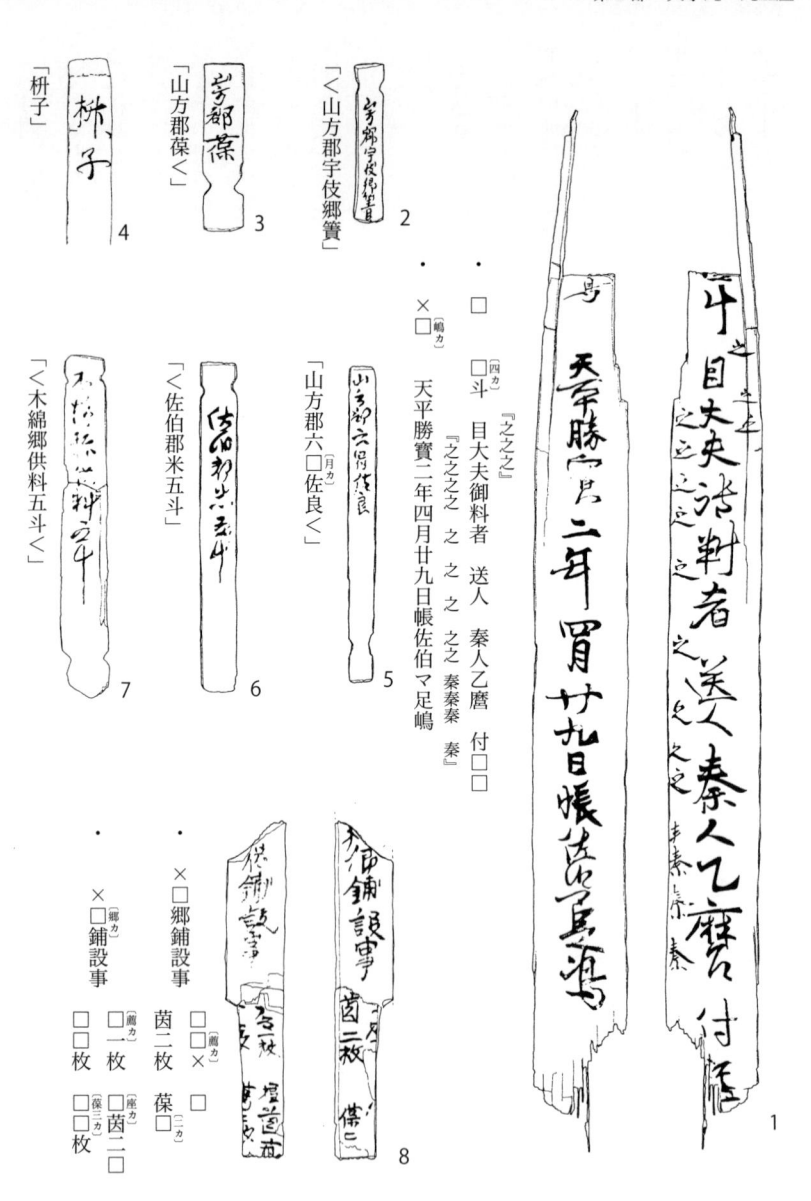

②出土した遺物

木　簡　木簡は、削屑を含めると八二点が出土している(第6図)。「天平勝寶二年四月廿九日」(七五〇年)の紀年銘が鮮明に残る安芸国司(「目」)からの「御料」(米か)の送付(寄進)を示す長大な木簡をはじめ、鋪設具や米・油などに付けられていた貢進木簡類(品物に付けられていた荷札と、それを整理・保管し、管理するための付札)が多い。これらには人名が認められず、安芸国分寺を取り巻く古代安芸国内のさまざまな郡名や郷名が書かれており、他に「供養」・「供料」などと記入された記録木簡、また文書木簡や封緘木簡、題籤木簡なども出土しており注目される。そして削屑の中には横材を利用したものが複数あることから、帳簿類の存在もうかがえるのである。

土　器　土器は、一二〇点(須恵器九八点、土師器六点、焼塩土器一六点など)以上が出土している。供膳具である須恵器の皿や蓋杯類、また器の内外面にススが著しく付着した灯明皿を中心とし、それに少量の土師器の皿や甕が伴う。墨書土器には、寺院の存在を彷彿させる「寺前」・「寺」・「佛」・「像」をはじめ、仏教行事である「安居」や「齋會」、また僧侶の名前と考えられる「勝千」・「厳及」などが記されたものが含まれる。そしてこの他に生産された粒塩を高温で再加熱し、三角錐状の形に成形・凝固化させるための焼塩土器が多量に出土している。焼塩は斎会などの調味料に用いられるとともに、仏法僧らへの供養品でもあったと考えられよう。

木器・木製品　木器・木製品は、五〇点以上が出土している。これらの中で特記されるものは箸・物指と角筆である。箸の中には一般的な長さとされる八寸(約二四チセン)を超える長いものがあり、仏教行事に出仕した僧侶らの人数を確認するための「籌」(出勤札)として使われた可能性がある。物指の表裏には複数の刻線、側面にも同じ位置に切り込みが見られ、経紙などに罫線を引くための線引き道具と推測される。また、先端が鋭く尖り鉛筆状を呈した角筆も多数存在することから、これを利用して経典類に読み仮名や句読点などの符号を書き込んだ可能性が考えられている。出土品でしかも使用年代が明らかな角筆としては、わが国最古のものであろう。この他に糸巻きや檜扇、杓子なども見受けられ、明瞭な二次加工痕の残る木簡（貢進木簡類か）の再生品も複数出土している。

食用植物　四五一号土坑の下層（木屑層）からはこうした人工遺物の他に、ウメの核・モモの核・スモモの核・オニグルミの核、またサンショウやイヌザンショウの実、さらにはクリの果皮、ヒョウタンの種子・ウリの種子・カボチャの種子などの自然遺物（植物遺存体）が二三種類以上も出土している。これらは仏教行事における食用植物の利用を考える資料として貴重なものである。

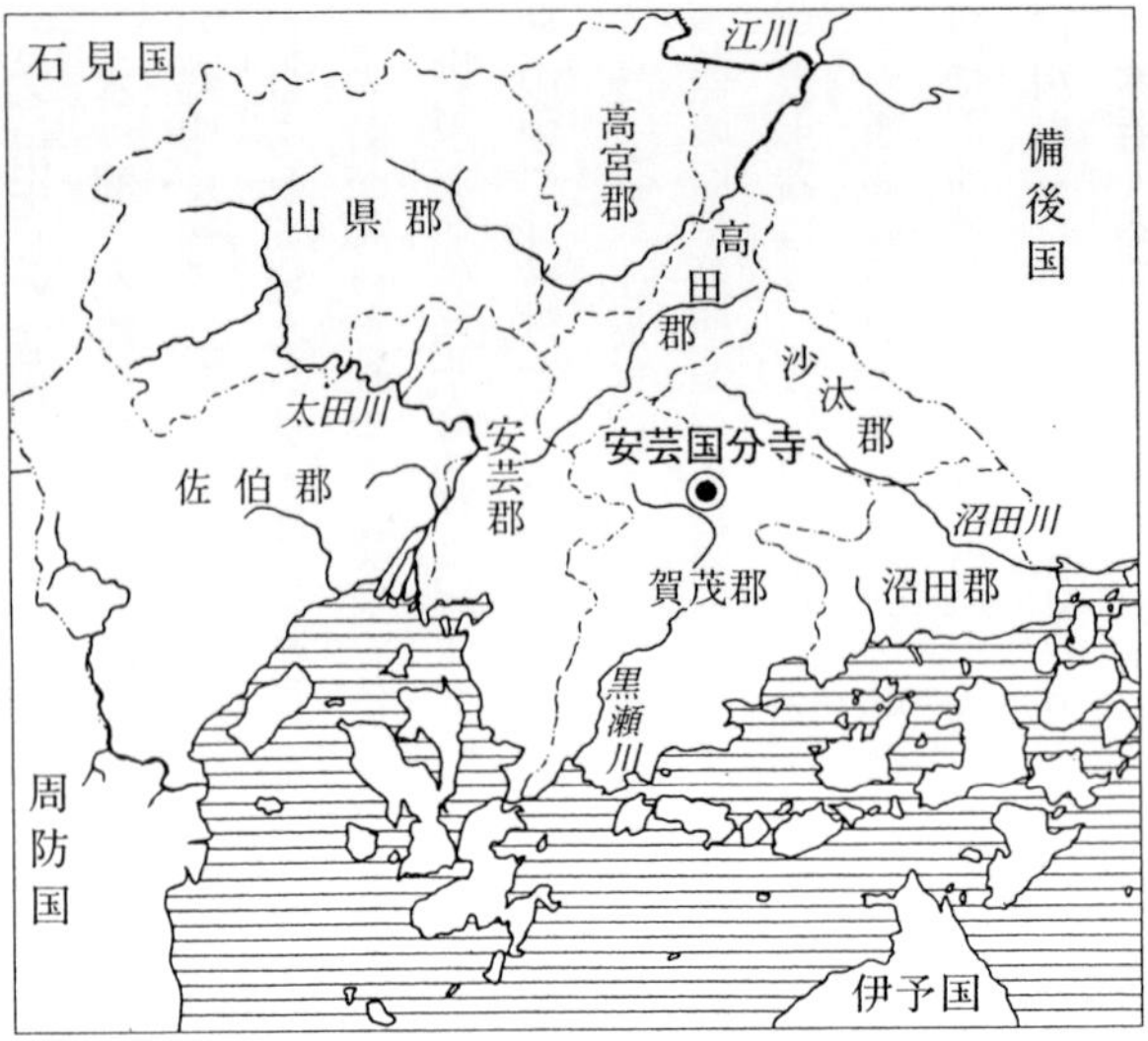

第7図　古代の安芸国

⑵　木簡にみる地名

土坑から出土した木簡は、四五〇号溝の掘削によって遺存状態が悪く、文字が目視や赤外線などで判読できるものはそれほど多くはない。しかし、貢進木簡類（荷札や付札類）には発送元の地名に国名がなく、郡名から始まるもの（「〇〇郡」、「〇〇郡＋〇〇郷」）と、郷名だけのもの（「〇〇郷」）が存在するが、いずれも人名までは記されていない。地名の最初に国名（安芸国）が書かれていないのは、当初から発送先がこの国の国分寺に決まっていたからであり、郷名のみのものは国分寺の所在郡であった賀茂郡内から送られた品物に付いていたと考えられよう。具体的には、郡名から始まる木簡は「山方郡」（四点）、「沙田郡」（三点）、「佐伯郡」（一点）、「高宮郡」（一点）、郷名のみの木簡は「木綿郷」（二点）、「高屋郷」（一点）で、この他に文書木簡の中には「安芸郡」の郡名も認められる（第7図）。

一方、送られてきた品物を木簡の記述から見ると、「米」は四点で仏法僧への供養米と考えられるが、他に「葆」（三点）・「薦」（二点）・「簀」（二点）・「茵」（三点）・「油」（一点）・「佐良」（一点）などがある。このうち「葆」は傘や旗竿の先端に取り付ける羽飾り、「薦」は真菰や藁を粗く編んだ筵、「簀」は葭簀または竹や葦を粗く編んだ筵、「茵」は真綿入りの座具、そして「油」は灯明や食用に使われた菜種油と推定される。「佐良」は木製の皿であろう。また、「舗設」とは臨時の会場を設営することで、木簡にも「安居料」の文字が認められることから、この仏教行事に必要な調度品類が安芸国内に、しかも発送人としての人名が記されていないことから、郡単位や郷単位に割り当てられた賦課物と考えられるのである。この他、地名がなく品物名のみの「小豆」や「枡子」などは、国内各地から貢進されたものではなく、安芸国分寺に附属して設けられていた薗院（薗畠）からの収穫物の一部と推定されよう。

なお、「山方郡」は山県郡、「高宮郡」はのちの高田郡、「沙田郡」は墨書土器に見る「沼田郡」と合わさって、のちに豊田郡として建郡されるのである。

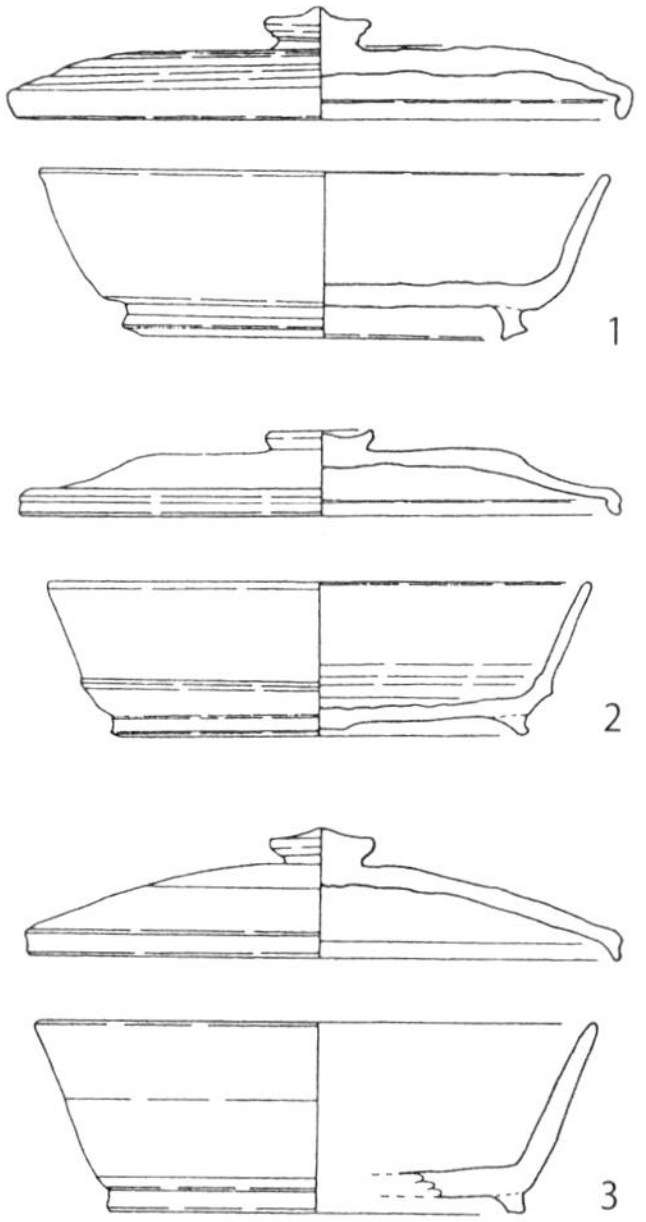

第８図　安芸国分寺出土の須恵器

(3) 須恵器の形状と生産地

七世紀後半から八世紀にかけての須恵器の中には、つまみをもつ蓋をかぶせた「蓋杯」（杯蓋・杯身）と呼ばれる器種が出現する。この形式の須恵器は地域によって形が少しずつ異なるため、生産地（工房群）を特定するためには都合の良い資料である。四五一号土坑からこの杯蓋が一七点、杯身は二一点が出土し、これらは三種類に分けられている(第8図)［藤岡・妹尾 二〇一一］。

1 杯蓋は、扁平で口縁端部が強く折れ曲がるが、つまみは端正な宝珠形である。杯身は、体部が緩やかに立ち上がるもので、貼付高台は底面に強いナデを施すために窪み、内端面が接地する。

2 杯蓋は、上面が平らで口縁部が下方に強く折れ曲がるが、つまみは扁平なボタン状のものが多い。杯身は、体部が急激に立ち上がるもので、外面下方には段もしくは稜線がめぐり、貼付高台は台形状や「コ」字状を呈する。

3 杯蓋は、緩やかに膨らむ笠状で、強く折れ曲がった口縁部には凹線状の窪みが認められ、つまみは端正な宝珠形である。杯身は、体部が上方に急激に立ち上がり、貼付高台は台形状や「コ」字状を呈する。

これらを型式学的に並べると、3→1→2の順で変化すると考えられる。しかし、器形や製作技法はもちろん、胎土や焼成なども大きく異なることから、この違いは型式(年代)差ではなく生産地の違い、すなわち工人集団や工人系譜(工房群)の違いを示していると考えられよう［妹尾 二〇〇五b］。

このうち1は、その特徴から東広島市高屋町東山窯跡の製品と推定される［広島県埋文 一九九二］。この窯跡の発掘調査は窯体前面の灰原などを対象として行われたが、杯蓋と杯身は1のタイプしか出土しておらず、長期間の操業は考え難い。しかし、周辺からも同じ形状の須恵器が出土することから、この他にも窯跡の存在が推定されるのである。2は、三原市北部の高坂町から久井町に広がる久井・御調窯跡群の製品と考えられる［向田 二〇〇〇］。窯跡は特定されていないが、これに続く資料は同窯跡群内の三原市久井町熊ヶ迫八号窯跡最終操業面や、同四号窯跡第一次操業面などから出土している。3は、東広島市西条町三永水源地窯跡群内の新開窯跡出土資料に類似品が認められる［東広島市事業団 二〇〇七］。詳細は今後の調査検討を待ちたいが、この窯跡群の中には安芸国分寺の創建瓦を焼成したと考えられる瓦窯跡(窖窯)も存在するのである。

これらの窯跡を古代の行政区域(郡)にあてはめると、東山窯跡と三永水源地窯跡群は賀茂郡(郷名は不明)、久井・

御調窯跡群は沼田郡域に比定されることから、須恵器はこの生産地（いずれも国衙工房群か）から必要に応じて供給されたと考えられよう。

おわりに

国分寺建立の詔では、国分寺の造営は国司に対して命じられたが、実際には国司のもとで国内諸郡の負担や寄進がなくしては、こうした大事業は進まなかったといわれている。

そこで古代の山陽・山陰道諸国の国分寺において資料がもっとも豊富な創建軒瓦を検討したところ、その国の国力によってさまざまな規模の瓦工房（「国分寺瓦屋」）が設けられ、そこで働く人びとの大半は国司が徴発した雑徭によると考えられた。また、一部の国分寺では氏寺との間で同笵や同文の軒瓦が共有されているため、氏寺の壇越である有力豪族らからの寄進が推定された。そして国分寺創建直後の状況を、仏教行事である安居会や斎会の関係資料からうかがうと、それに使われた調度品類は多くが国内の郡単位や郷単位に賦課として割り当てられており、須恵器については瓦と同様に窯業部門の国衙工房から供給されたと考えられるのである。

さらに、一般的にはこの他に在地社会の人びとによる知識や寄進についてもよく語られている。しかし、古代の山陽・山陰道諸国の国分寺においては、その事例をうかがえる直接的な資料を見いだすことはできなかった。今後の課題としたい。

参考文献
赤磐市教育委員会　二〇〇九『備前国分寺跡』
上原真人　二〇一五『国分寺研究の現状と課題』（倉吉文化財講演会レジュメ）

大橋康夫　二〇一一「地方官衙創設期における瓦葺建物の検討」『社会文化論集』
京都府教育委員会　二〇二三『国史跡丹後国分寺跡第三次調査現地説明会資料』
須田　勉　二〇一六『国分寺の誕生』吉川弘文館
妹尾周三　二〇〇二「古代の仏堂と倉」『環瀬戸内海の考古学―平井勝氏追悼論文集―』
妹尾周三　二〇〇五a「山陰に広がる上淀廃寺式軒丸瓦」『考古論集―川越哲志先生退官記念論文集』
妹尾周三　二〇〇五b「安芸地域」『古代の土器研究』八（聖武朝の土器様式）
妹尾周三　二〇一二a「長門国府・国分寺を中心とした軒瓦の様相」『広島大学総合博物館研究報告』四
妹尾周三　二〇一二b「国分寺の創建瓦と造瓦体制」『日本考古学』三三
妹尾周三　二〇一四a「国分寺造営と瓦笵の移動」『季刊考古学―特集王権擁護の寺・国分寺』一二九
妹尾周三　二〇一四b「備後における奈良時代の軒瓦」『考古学雑誌』九八―三
妹尾周三　二〇一五「軒瓦からみた伯耆国庁と国分寺の造営」『古代文化研究』二三
妹尾周三　二〇一六「軒瓦からみた備中国分寺の造営過程」『古文化談叢』七七
妹尾周三　二〇一九「軒瓦からみた国分僧寺と国分尼寺の建立」『考古学雑誌』一〇一―二
豊岡市教育委員会、但馬国府・国分寺館　二〇一五『但馬国分寺跡』Ⅱ
中澤　勝　二〇〇五「報告、丹波国分寺跡の発掘調査について」『シンポジウム丹波国分寺を考える―記録集』Ⅰ
花谷　浩　二〇一六「隠岐国分寺創建瓦をめぐる諸問題」『隠岐国分寺　埋蔵文化財発掘調査報告書』
向田裕始　二〇〇〇「芸備地方における須恵器生産（二）」『研究輯録』Ⅹ
東広島市教育委員会　二〇二二『重要考古資料　安芸国分寺跡土坑出土品』
東広島市教育文化振興事業団　二〇〇七『三永水源地窯跡群詳細分布調査報告書』
広島県埋蔵文化財調査センター　一九九二「東山窯跡」『山陽自動車道建設に伴う埋蔵文化財発掘調査報告』Ⅷ
藤岡孝司・妹尾周三　二〇一一「安芸国分寺」『国分寺の創建』（思想・制度編）吉川弘文館
湊　哲夫　二〇一四「美作地域の六二二五―六六六三系軒瓦」『八世紀の瓦づくりⅢ―平城京式軒瓦の展開―』

・瓦の拓本（第1図～第4図）については、各報告書から転載した。
・第5図の写真は、東広島市教育委員会から許可を受け、提供していただいた。
・第6図～第8図は、筆者が作成した。

執筆者一覧

須田　勉（すだ つとむ）　奥付上掲載

浅井　希（あさい のぞむ）　一九七九年生まれ、川口市教育委員会文化財課。［主な著者論文］「相模国分僧尼寺の罹災」（『季刊考古学』第一二九号）、「相模国分僧寺の造営年代と造瓦組織」（『国士舘大学考古学』第9号）、「相模国分尼寺の造営年代と変遷の検討」（『国士舘大学考古学』第10号）

山口耕一（やまぐち こういち）　一九六三年生まれ、しもつけ風土記の丘資料館館長。［主な論文］「下野国河内・都賀郡の地域開発」（『古代の開発と地域の力』高志書院）、「食器からみる古代の下野」（『とちぎを掘る』随想舎）、「古代から中世へ」（『戦乱でみるとちぎの歴史』下野新聞社）

櫻井敦史（さくらい あつし）　一九七一年生まれ、市原市教育委員会文化財課。［主な論文］「市原八幡宮と中世八幡の都市形成―文献・考古・石造物史料から―」（『市原市文化財センター研究紀要』5、㈶市原市文化財センター）、「事例研究　上総国分寺」（高橋一夫・田中広明編『古代の災害復興と考古学』高志書院）

有吉重蔵（ありよし じゅうぞう）　奥付上掲載

依田亮一（よだ りょういち）　一九七〇年生まれ、国分寺市教育委員会市史編さん室長。［主な論文］「神仏と山川藪沢の開発―鎌倉郡沼濱郷―」（天野努・田中広明編『古代の開発と地域の力』高志書院）、「神奈川県の条里」（関東条里研究会編『関東条里の研究』東京堂出版）、「東国の官衙と土器―相模国の事例を中心として―」（奈良文化財研究所編『官衙・集落と土器1 宮都・官衙と土器』クバプロ）

髙橋　香（たかはし かおり）　一九七三年生まれ、かながわ考古学財団。［主な論文］「渡河地に立地する集落について―河原口坊中遺跡は救急院か？―」（『論叢古代相模Ⅱ』相模の古代を考える会）、「下寺尾廃寺出土の素弁軒丸瓦について―顔があった寺―」（『学術財研究』第1集、佛教大学）、「相模・武蔵における山林寺院の様相について―瓦塔と瓦を中心に―」（『かながわ考古学』23、かながわ考古学財団）

河野一也（かわの かずや）　一九五二年生まれ、毛野考古学研究所主幹研究員。［主な論文］「相模国分寺の屋瓦と造営」（『王朝の考古学』雄山閣）、「相模国分寺」（『国分寺の創建』吉川弘文館）、「国分寺の創建と平窯の導入」（『日本古代考古学論集』同成社）

猪股喜彦（いのまた よしひこ）　一九五六年生まれ。［主な論文］「金川扇状地の土地開発―甲斐国分寺周辺の集落―」（『帝京大学山梨文化財研究所研究報告』第七集）、「甲斐国分寺地域における集落の構造と展開に関する若干の考察」（『山梨県考古学協会誌』第一三号）、「甲斐国分寺の占地及び一宮条里施工をめぐる国分寺地域における古代の土地開発と甲斐一宮浅間神社の立地的意義」（『山梨県考古学協会誌』第二九号）

藤木　海（ふじき かい）　一九七三年生まれ、南相馬市教育委員会文化財課（主任文化財主事）。［主な論文］「山寺としての大悲山石仏」（『季刊考古学』第一五六号）、「陸奥国分寺瓦窯　台原・小田原窯跡群」（須田勉・河野一也編『古代東国の国分寺瓦窯』高志書院）

香川将慶（かがわ まさのり）　一九九一年生まれ、高松市役所文化芸術振興課（文化財専門員）。［主な論文］「山陽・四国地方の鴟尾」（『古代瓦研究XI』—鴟尾・鬼瓦の展開1　鴟尾—）、「寒風古窯跡群出土鴟尾の製作技法等に関する研究」（『国士舘考古学』第10号）

妹尾周三（せお しゅうそう）　一九六〇年生まれ、廿日市市教育委員会。［主な論文］「横見廃寺式軒丸瓦の検討」（『古代』九七、早稲田大学考古学会）、「国分寺の創建と造瓦体制」（『日本考古学』三三、日本考古学協会）、「石見の古代寺院と瓦づくり」（『日本古代考古学論集』同成社）

あとがき――武蔵国分寺研究に想うこと――

私が武蔵国分寺跡と関わるようになったのは、大学の恩師大川清先生の勧めで国分寺市立第四中学校の建設に伴う発掘調査に参加し、その後、市職員に採用されたことがきっかけであった。一九七四年から、市の武蔵国分寺跡保存基本方針に基づく広域調査が始まり(調査団長滝口宏、副団長大川清・永峯光一・坂詰秀一の各先生)、開始当初は、大国武蔵国の特殊事例とされた東西八町、南北五町の寺地と、その中央に位置する三町半四方の僧寺伽藍、南西隅の一町半四方の尼寺伽藍などの再確認を主目的とした。一九九二年から整備計画に基づく事前遺構確認調査に移行しており、現在、尼寺跡の調査・整備工事を終了し、二〇〇三年から僧寺跡の調査・整備工事を継続中である(現在の調査団長坂詰秀一先生)。このように武蔵国分寺跡の確認調査に基づく保存活用は計画通りに進捗している。この間の武蔵国分寺跡の調査研究は、他の国分寺と同様に個別の国分寺の解明が進んだ時期で、一九八六年に全国的な研究成果の総括書として角田文衛編の『新修国分寺の研究』が刊行され、武蔵国分寺跡も収録されている。

さて、国分寺研究で在地社会の動向を重視する視点が重要視されるようになった契機は何時からであろうか。それは、一九九四年に開催された国分寺市制三〇周年シンポジウム「関東の国分寺　在地から見た国分寺造営」(主催関東古瓦研究会・国分寺市教育委員会)からであろう。シンポジウムの記録は、四年後に『聖武天皇と国分寺　在地から見た関東国分寺の造営』として刊行されている。一九八一年に高橋一夫・大金宣亮・阿久津久・須田勉の各氏を中心に発会した関東古瓦研究会は、全国的にも調査が進んでいる関東の国分寺の総合的な研究も重要な研究テーマに掲げ、最新の調査成果をもとにシンポジウムを開催した。研究を主導する須田勉氏は、①塔の造営先行事例が国分寺造営の着手時期に関連すること、②等閑視されてきた石田茂作の寺域のみならず運営空間をも重要視する考えに基づき、伽藍地（仏教空間）＋付属院地（運営空間）を寺院地、寺院地外を寺地に区分し、明確化を図った。このことから、特殊な事例とされた関東の国分寺が平城京内諸官寺並みの規模を有していること、③本格的な伽藍造営前の仮設的な施設の設置などに見られる造寺計画変更等の契機が、天平十九年詔（郡司層への協力要請）に関係すること、④瓦の生産体制について、上野・武蔵両国分寺では、先行造営された塔とその後造営された金堂等では瓦の生産体制が大きく変化しており、これも天平十九年詔に関係することなど、今後の国分寺研究の新視点について問題提起を行った上で、「国分寺の創建問題を考えるうえで重要なことは、律令国家の要請と、それを受け止めた在地社会の動向や各国の様々な障害を乗り越えて達成した日本の律令国家の特質を読み解くことにある」としている。

これらの新視点の多くに関わりを有する武蔵国分寺は、さらに郡郷名瓦・人名瓦などの文字資料も豊富であり、国指定一〇〇周年に当たる二〇二二年に、本書刊行の契機となったシンポジウムが二回開催され、武蔵国分寺創建に関わる在地社会の動向について、須田氏の問題提起以降の研究成果が明らかにされた。

また本書刊行の本年は、きしくも国分寺市制六〇周年、さらに武蔵国分寺跡の広域調査が始まってから五〇周年の節目の年に当たる。改めて武蔵国分寺跡研究に関わりを持った多くの先学の熱い思いを継承し、さらなる武蔵国分寺研究に邁進したいと思っている。

最後に、本書の刊行をお引き受けいただき、ご尽力いただいた高志書院の濱久年氏に心から感謝を申し上げる次第である。

二〇二四年七月

住田古瓦・考古学研究支援委員会委員

有吉 重蔵

【編者略歴】
須田　勉（すだ つとむ）
1945年生まれ、元国士舘大学教授。
［主な著書］
『国分寺の誕生―日本古代の国家プロジェクト―』（吉川弘文館）、『日本古代の寺院・官衙造営―長屋王政権の国家構想―』（吉川弘文館）、『国分寺の創建―思想・制度編―』『国分寺の創建―組織・技術編』（編著・吉川弘文館）

有吉 重蔵（ありよし じゅうぞう）
1950年生まれ、住田古瓦・考古学研究支援委員会委員。
［主な著書論文］
「武蔵国分寺創建期瓦窯再考」（『日本古代考古学論集』同成社）、「武蔵国分寺瓦の研究」（『古瓦の考古学』考古調査ハンドブック18　ニューサイエンス社）

国分寺造営と在地社会

2024年12月10日第1刷発行

編　者　須田　勉・有吉重蔵
発行者　濱　久年
発行所　高志書院
〒101-0051 東京都千代田区神田神保町2-28-201
TEL03(5275)5591　FAX03(5275)5592
振替口座　00140-5-170436
http://www.koshi-s.jp

印刷・製本／亜細亜印刷株式会社

Printed in Japan ISBN978-4-86215-253-4